Tatbestands- und Rechtsfolgenprobleme
von Bilanzgarantien
beim Unternehmenskauf

Europäische Hochschulschriften

European University Studies

Publications Universitaires Européennes

Reihe II **Rechtswissenschaft**

Series II Law

Série II Droit

Band/ Volume **6079**

Maximilian Hermans

Tatbestands- und Rechtsfolgenprobleme von Bilanzgarantien beim Unternehmenskauf

PETER LANG

Bibliografische Information der Deutschen Nationalbibliothek
Die Deutsche Nationalbibliothek verzeichnet diese Publikation in der Deutschen Nationalbibliografie; detaillierte bibliografische Daten sind im Internet über http://dnb.d-nb.de abrufbar.

Zugl.:Münster (Westf.), Univ., Diss. der Rechtswissenschaftlichen Fakultät, 2018

D 6
ISSN 0531-7312
ISBN 978-3-631-76727-6 (Print)
E-ISBN 978-3-631-78111-1 (E-PDF)
E-ISBN 978-3-631-78112-8 (EPUB)
E-ISBN 978-3-631-78113-5 (MOBI)
DOI 10.3726/b14798

Diese Publikation wurde begutachtet.

www.peterlang.com

Für Manon

Vorwort

Die vorliegende Arbeit wurde im Sommersemester 2018 von der Rechtswissenschaftlichen Fakultät der Westfälischen Wilhelms-Universität Münster als Dissertation angenommen. Rechtsprechung und Literatur wurden bis Dezember 2017 berücksichtigt.

Mein Dank gilt zunächst meinem Doktorvater Herrn Professor Dr. *Ingo Saenger* für die hervorragende Betreuung und Unterstützung dieser Arbeit sowie für die Erstellung des Erstgutachtens. Im Rahmen eines einwöchigen Summer Course im Rahmen des maßgeblich von Herrn Professor Dr. *Saenger* geprägten Münsteraner Masterstudiengangs "Mergers & Acquisitions" wurde mein Interesse an diesem spannenden Gebiet geweckt. Herrn Professor Dr. *Johann Kindl* danke ich für die zügige Erstellung des Zweitgutachtens.

Mein Dank gebührt auch der Sozietät *Glade Michel Wirtz* in Düsseldorf. Obschon eine vollzählige Aufzählung angebracht wäre, würde diese wohl den Rahmen dieses Vorworts sprengen. Während meiner Tätigkeit als wissenschaftlicher Mitarbeiter durfte ich dort viele Einblicke in die Praxis – insbesondere auch im M&A-Bereich – nehmen. Diese Erfahrungen waren für die Anfertigung der vorliegenden Arbeit sehr wertvoll. Stellvertretend für das gesamte GMW-Team sei dafür an dieser Stelle Herrn Dr. *Jochen W. Markgraf*, Herrn Dr. *Jan Hermes*, LL.M. und Herrn Dr. *Martin Rücker* herzlich gedankt.

Meinen Eltern *Andrea* und *Bernd Hermans* danke ich für ihre Unterstützung, dafür, dass sie mich stets in meinen Entscheidungen bestärkt haben – und überhaupt für alles. Auch meinen Schwiegereltern *Inge* und Dr. *Oliver Kranert* danke ich für ihre Unterstützung.

Ein ganz besonderer Dank gilt aber meiner Frau *Manon Kristin Hermans* – für ihre Liebe, ihre beispiellose Geduld, Motivation, Unterstützung und den stetigen Zuspruch. Ihr ist diese Arbeit daher gewidmet.

Düsseldorf, im Juni 2018

Maximilian Hermans

Inhaltsübersicht

Literaturverzeichnis 15

Rechtsprechungsverzeichnis 39

Abkürzungsverzeichnis 43

A. Einleitung 47

I. Einführung in die Thematik 49

II. Arbeitshypothese und Gang der Darstellung 52

1. Arbeitshypothese 52
2. Gang der Darstellung 53

B. Grundlagen 55

I. Der Begriff des „Unternehmenskaufs“ 55

II. Der Ablauf einer M&A-Transaktion 58

1. Vorvertragliche Phase 59
2. Due Diligence und Verhandlungsphase 59
3. Schuldrechtlicher Vertragsschluss (*Signing*) 63
4. Dinglicher Vollzug (*Closing*) 64

III. Das gesetzliche Gewährleistungssystem 65

1. Sachmängelhaftung 66
2. Haftung aus culpa in contrahendo 68
3. Haftung aufgrund arglistiger Täuschung 70
4. Zwischenergebnis 70

C. Garantievereinbarungen als Alternative zum gesetzlichen Haftungssystem ... 71

I. Der Begriff der Garantie ... 72

II. Zweck und Nutzung von Garantien ... 73

1. Einfluss anglo- amerikanischer Vertragskultur ... 74
2. Die ökonomischen Funktionen von Garantien ... 76
3. Kritik an der ökonomischen Betrachtung ... 79

III. Garantietypen im BGB ... 82

1. Garantievertrag im Sinne des § 311 Abs. 1 BGB ... 82
2. Garantie im Sinne des § 443 BGB ... 85
3. Garantie im Sinne des § 276 Abs. 1 S. 1 BGB ... 88
4. Die Garantiehaftung und der Anspruch aus vorsätzlicher c.i.c. ... 88
5. Haftungsbeschränkungen ... 91
   a) Kenntnis des Verkäufers ... 92
   b) Quantitative Haftungsbeschränkungen ... 93
      aa) Einzelne Schwellenwerte ... 93
      bb) Haftungshöchstgrenze ... 94
6. Haftungsausschlüsse ... 94
   a) § 442 BGB: Kenntnis des Käufers ... 95
   b) Offengelegte Informationen ... 95
   c) § 444 BGB ... 96
7. Freistellungen (*Indemnities*) ... 98

D. Die Bilanzgarantie im Unternehmenskaufvertrag ... 103

I. Die Funktionen einer Bilanzgarantie ... 106

1. Funktionen der objektiven Bilanzgarantie ... 106
2. Funktionen der subjektiven Bilanzgarantie ... 107

II. Der materielle Gehalt von Bilanzgarantien ... 108

1. Der Jahresabschluss als Referenzpunkt ... 111
   a) Rechtlicher Rahmen ... 112
   b) Funktionen eines Jahresabschlusses ... 114

2. Tatbestand: Die „Richtigkeit“ des garantierten Jahresabschlusses 117
a) Der relevante Fehlerbegriff 118
aa) Bilanzberichtigung und -änderung 118
bb) Nichtigkeit im Sinne des § 256 AktG 120
b) Problematik der Wertaufhellung 122
aa) Meinungsspektrum bezüglich des maßgeblichen Zeitpunkts 122
bb) Stellungnahme 125
c) Vertragsgestalterische Möglichkeiten der Parteien 129
d) Die Rechtsprechung des BFH zum objektiven Fehlerbegriff 130
e) Zwischenfazit 131
3. Subjektive Bilanzgarantien 132
a) Die bilanzrechtliche Generalnorm als normativer Anknüpfungspunkt 133
aa) Anwendungsbereich 136
bb) Verhältnis zu Einzelvorschriften/GoB 139
cc) Die Generalnorm im Lichte subjektiver Bilanzgarantien 142
b) Der Bilanzeid als „alternative Bilanzgarantie“? 148
c) Elemente und Gestaltungsmöglichkeiten subjektiver Bilanzgarantien 151
aa) Materielle Verknüpfung mit dem Bilanzrecht 152
bb) Bilanzierungs- und Bewertungskontinuität 153
cc) Verweis auf Bestätigungsvermerk 154
dd) Kenntnisqualifikation und Sorgfaltsmaßstab 157
ee) Formulierungsvorschläge für subjektive Bilanzgarantien 159
(1) Formulierungsvorschlag 1 (ausgewogen) 159
(2) Formulierungsvorschlag 2 (veräußererfreundlich) 160
(3) Erwerberfreundlicher Formulierungsvorschlag? 160

d) Stellungnahme ... 161
4. Objektive Bilanzgarantien ... 163
a) Materieller Gehalt ... 165
aa) Garantie der objektiven Richtigkeit des Jahresabschluss ... 167
bb) Kenntnisunabhängige Bilanzgarantie ... 172
b) Alternativer Ansatz für eine objektivierte Bilanzgarantie ... 174
c) Zwischenfazit ... 178
5. Die Position der Rechtsprechung zur Auslegung von Bilanzgarantien ... 179
a) OLG München ... 180
b) OLG Frankfurt a. M. ... 181
c) Stellungnahme ... 184

E. Die Rechtsfolgenseite von Bilanzgarantien ... 187

I. Die dogmatische Einordnung der Rechtsfolge ... 188

II. Der Bezugspunkt der Garantieverletzung im Tatbestand ... 191

III. Der relevante Schaden ... 192
1. Ausgangspunkt der Schadensberechnung ... 193
2. Die Aktivlegitimation des Erwerbers zur Geltendmachung des Schadens ... 195

IV. Verweis auf die §§ 249, 251 BGB ... 198
1. Folgen eines Verweises auf die §§ 249, 251 BGB ... 199
a) Grundprinzipien des Schadensrechts ... 199
aa) Naturalrestitution ... 199
bb) Schadenskompensation ... 201
b) Übertragung auf die Bilanzgarantie ... 202
aa) Subjektive Bilanzgarantie ... 202
bb) Objektive Bilanzgarantie ... 207

c) Normative Korrektur durch den Schutzzweck der Bilanzgarantie ... 211
aa) Schutzzweck subjektiver Bilanzgarantien ... 212
bb) Schutzzweck objektiver Bilanzgarantien ... 214
d) Ersatzfähigkeit mittelbarer oder indirekter Schäden ... 215
aa) Gesetzlicher Anknüpfungspunkt ... 215
bb) Vertragliche Regelung ... 216
2. Die Bilanzauffüllungsthese ... 217
a) Meinungsspektrum ... 217
b) Stellungnahme ... 220
3. Haftungsbeschränkungen und –ausschlüsse ... 222
4. Zwischenfazit ... 222

F. Alternative Sicherungsmechanismen für das Wertverständnis der Parteien ... 225

I. Wechselwirkungen zwischen Kaufpreisklauseln und Bilanzgarantie ... 226
1. Modelle der Kaufpreisermittlung ... 226
a) Das „Locked Box"- Modell ... 226
b) Das „Cash free/Debt free"- Modell ... 227
c) Gemischte Modelle ... 228
2. Mögliche Wechselwirkungen: Kaufpreisgarantie als Alternative zu einer „klassischen" Bilanzgarantie? ... 228
3. Earn-out-Klauseln und die Bilanzgarantie ... 231
4. Die Problematik der Rückstellungen im Jahresabschluss ... 233
a) Allgemeine Problematik ... 233
b) Die Rolle der Bilanzgarantie ... 235
aa) Subjektive Bilanzgarantie ... 236
bb) Objektive Bilanzgarantie ... 237

II. Die Eigenkapitalgarantie als Ergänzung einer Bilanzgarantie ... 239
1. Ausgestaltung einer Eigenkapitalgarantie ... 240
2. Rechtsfolgen der Eigenkapitalgarantieverletzung ... 242

a) Problematik der maßgeblichen Wertminderung ... 242
b) „Subjektive“ Eigenkapitalgarantie ... 243
c) „Objektive“ Eigenkapitalgarantie ... 244
3. Wechselwirkungen ... 245

G. Eigener Lösungsvorschlag ... 247
I. Verortung im Unternehmenskaufvertrag ... 247
II. Ausgestaltung einer subjektiven Bilanzgarantie ... 248
1. Tatbestand ... 248
2. Rechtsfolge ... 249
a) Veräußererfreundliche Formulierung ... 249
b) Erwerberfreundliche Formulierung ... 250
III. Umgang mit objektiven Bilanzgarantien ... 251
1. Kaufpreisanpassung als Alternative ... 251
2. Objektivierte Bilanzgarantie ... 252
IV. Ausgestaltung einer Eigenkapitalgarantie ... 253

H. Thesenartige Zusammenfassung und Fazit ... 257
I. Thesenartige Zusammenfassung ... 257
1. Abschnitt A. ... 257
2. Abschnitt B. ... 257
3. Abschnitt C. ... 257
4. Abschnitt D. ... 258
5. Abschnitt E. ... 258
6. Abschnitt F. ... 259
7. Abschnitt G. ... 259
II. Fazit ... 260

Literaturverzeichnis

Abendroth, Christiane, Der Bilanzeid – Sinnvolle Neuerung oder systematischer Fremdkörper?, WM 2008, S. 1147–1151.

Aderhold, Lutz, Culpa in contrahendo beim Unternehmenskauf, DStR 1991, S. 844–847.

Adler, Hans/Düring, Walther/Schmaltz, Kurt, Rechnungslegung und Prüfung der Unternehmen - Tb. 4 – Kommentar zum HGB, AktG, GmbHG, PublG nach den Vorschriften des Bilanzrichtliniengesetzes, Stuttgart, 6. Aufl. 1997 (zit. *Adler/Düring/Schmaltz*, Tb. 4).

Adler, Hans/Düring, Walther/Schmaltz, Kurt, Rechnungslegung und Prüfung der Unternehmen - Tb. 5 – Kommentar zum HGB, AktG, GmbHG, PublG nach den Vorschriften des Bilanzrichtliniengesetzes, Stuttgart, 6. Aufl. 1997 (zit. *Adler/Düring/Schmaltz*, Tb. 5).

Adler, Hans/Düring, Walther/Schmaltz, Kurt, Rechnungslegung und Prüfung der Unternehmen - Tb. 1 – Kommentar zum HGB, AktG, GmbHG, PublG nach den Vorschriften des Bilanzrichtliniengesetzes, Stuttgart, 6. Aufl. 1994 (zit. *Adler/Düring/Schmaltz*, Tb. 1).

Adler, Hans/Düring, Walther/Schmaltz, Kurt, Rechnungslegung und Prüfung der Unternehmen - Tb. 7 – Kommentar zum HGB, AktG, GmbHG, PublG nach den Vorschriften des Bilanzrichtliniengesetzes, Stuttgart, 6. Aufl. 2000 (zit. *Adler/Düring/Schmaltz*, Tb. 7).

Akerlof, George A., The Market for "Lemons": Quality Uncertainty and the Market Mechanism, Q. J. Econ. 1970, S. 488–500.

Arbeitskreis „Immaterielle Werte im Rechnungswesen" der Schmalenbach-Gesellschaft für Betriebswirtschaft e. V., Leitlinien zur Bilanzierung selbstgeschaffener immaterieller Vermögensgegenstände des Anlagevermögens nach dem Regierungsentwurf des BilMoG, DB 2008, S. 1813–1821.

Bachmann, Gregor, Gutachten E zum 70. Deutschen Juristentag – Reform der Organhaftung? - Materielles Haftungsrecht und seine Durchsetzung in privaten und öffentlichen Unternehmen, München 2014 (zit. *Bachmann*, Reform der Organhaftung).

Baetge, Jörg/Börner, Dietrich/Forster, Karl-Heinz/Schruff, Lothar (Hrsg.), Rechnungslegung, Prüfung und Beratung – Herausforderungen für den Wirtschaftsprüfer – Festschrift zum 70. Geburtstag von Professor Dr. Rainer Ludewig, Düsseldorf 1996 (zit. *Bearbeiter*, in: FS Ludewig).

Baetge, Jörg/Kirsch, Hans-Jürgen /Thiele, Stefan (Hrsg.), Bilanzrecht – Handelsrecht mit Steuerrecht und den Regelungen des IASB : Kommentar; Bd. 1: Aktuelles - Einführung - §§ 238 - 289 HGB, Berlin: 1. Aufl. 2002 (zit. *Bearbeiter*, in: Baetge/Kirsch/Thiele, Bilanzrecht, Bd. 1, 1. Aufl. 2002).

Baetge, Jörg/Kirsch, Hans-Jürgen/Thiele, Stefan (Hrsg.), Bilanzrecht – Handelsrecht mit Steuerrecht und den Regelungen des IASB: Kommentar; Bd. 2: §§ 290 - 342a HGB, Berlin: 1. Aufl. 2002 (zit. *Bearbeiter*, in: Baetge/Kirsch/Thiele, Bilanzrecht, Bd. 2, 1. Aufl. 2002).

Baetge, Jörg/Kirsch, Hans-Jürgen/Thiele, Stefan, Bilanzen, Düsseldorf, 13. Aufl. 2014 (zit. *Baetge/Kirsch/Thiele*, Bilanzen).

Baker, David/Jillson, Robert (Hrsg.), Due Diligence, Disclosures and Warranties in the Corporate Acquisitions Practics, London, Dordrecht, Boston, 2. Aufl. 1991 (zit. *Bearbeiter*, in: Due Diligence, Disclosures and Warranties in the Corporate Acquisitions Practics).

Bamberger, Heinz Georg/Roth, Herbert (Hrsg.), Beck'scher Online-Kommentar BGB (34. Ed.), München 2015 (zit. *Bearbeiter*, in: BeckOK-BGB).

Barnert, Thomas, Mängelhaftung beim Unternehmenskauf zwischen Sachgewährleistung und Verschulden bei Vertragsschluss im neuen Schuldrecht, WM 2003, S. 416–425.

Baumbach, Adolf/Hopt, Klaus J. (Hrsg.), Handelsgesetzbuch – mit GmbH & Co., Handelsklauseln, Bank- und Börsenrecht, Transportrecht (ohne Seerecht), München: 37., neu bearbeitete Auflage 2016 (zit. *Bearbeiter*, in: Baumbach/Hopt, HGB, 37. Aufl. 2016).

Baums, Theodor, Eigenkapital: Begriff, Aufgaben, Sicherung, ZHR (175) 2011, S. 160–209.

Beck, Ralf/Klar, Michael, Asset Deal versus Share Deal - Eine Gesamtbetrachtung unter expliziter Berücksichtigung des Risikoaspekts, DB 2007, S. 2819–2826.

Beisel, Daniel/Andreas, Friedhold E. (Hrsg.), Beck'sches Mandats-Handbuch Due Diligence, München 2007 (zit. *Bearbeiter*, in: Beck-MHB Due Diligence).

Beisel, Daniel/Klumpp, Hans-Hermann/Schindler, Darius O. (Hrsg.), Der Unternehmenskauf – Gesamtdarstellung der zivil- und steuerrechtlichen Vorgänge einschließlich gesellschafts-, arbeits- und kartellrechtlicher Fragen bei der Übertragung eines Unternehmens, München, 7. Aufl. 2016 (zit. *Bearbeiter*, in: Unternehmenskauf).

Beisse, Heinrich, Grundsatzfragen der Auslegung des neuen Bilanzrechts, BB 1990, S. 2007–2012.

Berens, Wolfgang/Brauner, Hans U./Strauch, Joachim (Hrsg.), Due Diligence bei Unternehmensakquisitionen, Stuttgart, 5. Aufl. 2008 (zit. *Bearbeiter*, in: Due Diligence bei Unternehmensakquisitionen).

Berg, Werner/Nachtsheim, Sabine/Kronberger, Sylvia, Zusammenschlüsse zwischen multinationalen Unternehmen und Fusionskontrolle, RiW 2003, S. 15–23.

Bergjan, Ralf, Die Auswirkungen der Schuldrechtsreform 2002 auf den Unternehmenskauf – unter besonderer Berücksichtigung der Gewährleistungshaftung des Unternehmensverkäufers, zugl. Diss. Universität Münster 2003, Berlin 2003 (zit. *Bergjan*, Auswirkungen).

Bergjan, Ralf/Schäfer, Verena, Die Ausgestaltung von Bilanzgarantien in der Praxis des Unternehmenskaufvertrags – – Zugleich Besprechung von OLG Frankfurt/M., Urteil vom 07.05.20156 – 26 U 35/12 und den Folgen für die Beratungspraxis –, DB 2016, S. 2587–2591.

Binz, Mark K./Freudenberg, Götz, Die Bilanzgarantie im Unternehmenskaufvertrag, DStR 1991, S. 1629–1631.

Birk, Dieter (Hrsg.), Transaktionen, Vermögen, Pro Bono – Festschrift zum zehnjährigen Bestehen von P+P Pöllath + Partners, München 2008 (zit. *Bearbeiter*, in: FS P+P).

Birk, Dieter/Pöllath, Reinhard/Saenger, Ingo (Hrsg.), Forum Unternehmenskauf 2006 – Aus dem Münsteraner Studiengang "Mergers & Acquisitions", München 2006 (zit. *Bearbeiter*, in: Forum Unternehmenskauf 2006).

Bisle, Michael, Gewährleistungs- und Garantieklauseln in Unternehmenskaufverträgen, DStR 2013, S. 364–367.

Bitz, Michael/Schneeloch, Dieter/Wittstock, Wilfried/Patek, Guido, Der Jahresabschluss – Nationale und internationale Rechtsvorschriften, Analyse und Politik, München, 6. Aufl. 2014 (zit. *Bitz/Schneeloch/Wittstock/Patek*, Der Jahresabschluss).

Blumenberg, Jens/*Crezelius*, Georg/*Gosch*, Dietmar/*Schüppen*, Matthias (Hrsg.), Festschrift für Wilhelm Haarmann, Düsseldorf 2015 (zit. *Bearbeiter*, in: FS Haarmann).

Blunk, Andreas/Rabe, Sebastian, Bilanz- und Eigenkapitalgarantien beim GmbH-Geschäftsanteilskauf, GmbHR 2011, S. 408–413.

BMJ, Stellungnahme aus dem Bundesministerium der Justiz zu § 444 BGB, ZGS 2003, S. 307–310.

Böcking, Hans-Joachim/Castan, Edgar/Heymann, Gerd/Pfitzer, Norbert/Scheffler, Eberhard (Hrsg.), Beck'sches Handbuch der Rechnungslegung - HGB und IFRS - Bd. I – Stand: Juli 2016, München: 50. Aufl. (zit. *Bearbeiter*, in: Beck-HdR, Bd. I, 50. Aufl.

Borgman, Michael/Kalnbach, Peter, Bilanzgarantien in M&A-Verträgen, M&A Review 2007, S. 227–231.

Bormann, Michael/Trautmann, Oliver, Kommentar zu OLG Frankfurt a.M., 7.5.2015 - 26 U 35/12, GmbHR 2016, S. 122–124.

Brand, Oliver, Schadensersatzrecht, München, 2. Aufl. 2015 (zit. *Brand*, Schadensersatzrecht).

Braun, Carolyn/Pfeil, Marcus, Sind so schöne Zahlen, brand eins Wirtschaftsmagazin 11/2011, S. 124–128.

Breithaupt, Joachim/Ottersbach, Jörg H. (Hrsg.), Kompendium Gesellschaftsrecht – Formwahl - Gestaltung - Muster für die Praxis, München, 1. Aufl. 2010 (zit. *Bearbeiter*, in: Kompendium Gesellschaftsrecht).

Broichmann, Alice/Schumacher, Kai, Beweisführung und Schadensberechnung bei Unternehmenskaufverträgen, FYB Financial Yearbook Germany 2014, S. 70–79.

Broom, Herbert, A selection of legal maxims : classified and illustrated., Philadelphia, 7. Aufl. 1874 (zit. *Broom*, Legal Maxims).

Brox, Hans/ Walker, Wolf-Dietrich, Besonderes Schuldrecht, München, 40. Aufl. 2016 (zit. *Brox/Walker*, Besonderes Schuldrecht).

Brox, Hans/ Walker, Wolf-Dietrich, Allgemeines Schuldrecht, München, 40. Aufl. 2016 (zit. *Brox/Walker*, Allgemeines Schuldrecht).

Buchwaldt, Ekkehard, Bilanz und Beteiligungserwerb, NJW 1994, S. 153–158.

Busse von Colbe, Walther, Die deutsche Rechnungslegung vor einem Paradigmawechsel, zfbf 2002, S. 159–172.

Busse von Colbe, Walther/Crasselt, Nils/Bernhard, Pellens, Lexikon des Rechnungswesens – Handbuch der Bilanzierung und Prüfung, der Erlös-, Finanz-, Investitions- und Kostenrechnung, München, 5. Aufl. 2011 (zit. *Busse von Colbe/Crasselt/Bernhard*, Lexikon des Rechnungswesens).

Canaris, Claus-Wilhelm/Habersack, Mathias/Schäfer, Carsten (Hrsg.), Handelsgesetzbuch - Großkommentar – Bd. 5 - §§ 238 - 289a, Berlin/ Boston: 5., neu bearbeitete Auflage 2014 (zit. *Bearbeiter*, in: Staub, GK-HGB, Bd. 5, 5. Aufl. 2014).

Cartwright, John, Misrepresentation, Mistake and Non-Disclosure, London, 3. Aufl. 2012 (zit. *Cartwright*, Misrepresentation).

Clement, Reiner, Preis und Qualitätseffekte, WiSt 2005, S. 213–215.

Coenenberg, Adolf G./Haller, Axel/Schultze, Wolfgang, Jahresabschluss und Jahresabschlussanalyse – Betriebswirtschaftliche, handelsrechtliche, steuerrechtliche und internationale Grundlagen – HGB, IAS/IFRS, US-GAAP, DRS, Stuttgart, 24. Aufl. 2016 (zit. *Coenenberg/Haller/Schultze*, Jahresabschluss und Jahresabschlussanalyse, S.).

Däubler-Gmelin, Herta, Die Entscheidung für die so genannte Große Lösung bei der Schuldrechtsreform – Zum Entwurf eines Gesetzes zur Modernisierung des Schuldrechts, NJW 2001, S. 2281–2289.

Dauner-Lieb, Barbara/Langen, Werner (Hrsg.), Schuldrecht – Bd. 2 - §§ 241-853 BGB, Baden-Baden: 3. Auflage 2016 (zit. *Bearbeiter,* in: Dauner-Lieb/Langen (Hrsg.), NK-BGB, Bd. 2, 3. Aufl. 2016).

Dauner-Lieb, Barbara/Thiessen, Jan, Garantiebeschränkungen in Unternehmenskaufverträgen nach der Schuldrechtsreform, ZIP 2002, S. 108–114.

Dauner-Lieb, Barbara/Thiessen, Jan, Das neue Leistungsstörungsrecht - Leistungshemmend und störanfällig?, DStR 2002, S. 809–816.

Demuth, Ralf, Bedeutung und Reichweite der Aufgabe des subjektiven Fehlerbegriffs im Bilanzsteuerrecht – Zugleich Anmerkung zum Beschluss des Großen Senats (BFH v. 31.1.2013 - GrS 1/10), EStB 2013, S. 350–354.

Deutsches Aktieninstitut (DAI), Stellungnahme zum Regierungsentwurf eines Transparenzrichtlinie- Umsetzungsgesetzes (TUG) vom 28. Juni 2006 – 16. August 2006, NZG 2006, S. 696–701.

Driesch, Dirk/Riese, Joachim/Schlüter, Jörg/Senger, Thomas (Hrsg.), Beck'sches IFRS-Handbuch – Kommentierung der IFRS/IAS, München, 5. Aufl. 2016 (zit. *Bearbeiter,* in: Beck'sches IFRS-Handbuch).

Drüen, Klaus-Dieter, Der Große Senat des BFH und die objektiv richtige Bilanz – Überlegungen zum BFH-Beschluss vom 31.1.2013 - GrS 1/10 zur Aufgabe des subjektiven Fehlerbegriffs hinsichtlich bilanzieller Rechtsfragen, GmbHR 2013, S. 505–513.

Drygala, Tim/Wächter, Gerhard H. (Hrsg.), Bilanzgarantien bei M&A-Transaktionen – Beiträge der 1. Leipziger Konferenz "Mergers & Acquisitions" am 16. und 17.5.2014 in Leipzig, München 2015 (zit. *Bearbeiter,* in: Tagungsband Leipziger Konferenz M&A 2014).

Ebenroth, Carsten Thomas/Boujong, Karlheinz/Joost, Detlev/Strohn, Lutz (Hrsg.), Handelsgesetzbuch: HGB – Band 1: §§ 1-342e, München: 3. Aufl. 2014 (zit. *Bearbeiter,* in: EBJS, HGB, Bd. 1, 3. Aufl. 2014).

Eilers, Stephan/Koffka, Nils Matthias/Mackensen, Marcus (Hrsg.), Private Equity – Unternehmenskauf, Finanzierung, Restrukturierung, Exitstrategien, München, 2. Aufl. 2012 (zit. *Bearbeiter,* in: Private Equity).

Eppinger, Christoph/Zeyer, Fedor (Hrsg.), Erfolgsfaktor Rechnungswesen, Wiesbaden 2012 (zit. *Bearbeiter,* in: Erfolgsfaktor Rechnungswesen).

Ettinger, Jochen/Jaques, Henning (Hrsg.), Beck'sches Handbuch Unternehmenskauf im Mittelstand, München 2012 (zit. *Bearbeiter,* in: Beck-Hdb. Unternehmenskauf im Mittelstand).

Faust, Florian, Garantie und Haftungsbeschränkung in § 444 BGB, ZGS 2002, S. 271–274.

Fleischer, Holger, Der deutsche "Bilanzeid" nach § 264 Abs. 2 Satz 3 HGB, ZIP 2007, S. 97–106.

Fleischer, Holger, Informationsasymmetrie im Vertragsrecht – Eine rechtsvergleichende und interdisziplinäre Abhandlung zu Reichweite und Grenzen vertragsschlußbezogener Aufklärungspflichten, zugl. Habil. Universität Köln, 1998/99, München 2001 (zit. *Fleischer*, Informationsasymmetrie).

Fleischer, Holger/Hüttemann, Rainer (Hrsg.), Rechtshandbuch Unternehmensbewertung, Köln, 1. Aufl. 2015 (zit. *Bearbeiter*, in: Rechtshandbuch Unternehmensbewertung).

Flick, Martin, Die Garantie beim Unternehmenskauf, zugl. Diss. Universität Münster 2007, Berlin 2007 (zit. *Flick*, Die Garantie beim Unternehmenskauf).

Forst, Paul/Suchanek, Markus/Klopsch, Wolfgang, Handelsrechtliche Bilanzierungsfehler und ihre Auswirkungen auf die tatsächliche Durchführung eines Gewinnabführungsvertrags, GmbHR 2013, S. 914–922.

Gasteyer, Thomas/Branscheid, Michaela, Garantie und Haftungsausschluss beim Unternehmenskauf, AG 2003, S. 307–316.

Glade, Anton, Praxishandbuch der Rechnungslegung und Prüfung – Systematische Darstellung und Kommentar zum Bilanzrecht, Herne/ Berlin, 2. Aufl. 1995 (zit. *Glade*, Praxishandbuch der Rechnungslegung und Prüfung).

Goette, Wulf/Habersack, Mathias (Hrsg.), Münchener Kommentar zum Aktiengesetz - Bd. 4 - §§ 179-277, München: 3. Aufl. 2013 (zit. *Bearbeiter*, in: MüKo-AktG, Bd. 4, 3. Aufl. 2013).

Goette, Wulf/Habersack, Mathias (Hrsg.), Münchener Kommentar zum Aktiengesetz - Bd. 3 - §§ 118-178, München: 3. Aufl. 2013 (zit. *Bearbeiter*, in: MüKo-AktG, Bd. 3, 3. Aufl. 2013).

Goetz, Charles J./Scott, Robert E., Liquidated Damages, Penalties and the Just Compensation Principle: Some Notes on an Enforcement Model and a Theory of Efficient Breach, Columbia Law Review 1977, S. 554–594.

Gosch, Dietmar, Aufgabe des subjektiven Fehlerbegriffs hinsichtlich bilanzieller Rechtsfragen, BFH-PR 2013, S. 178–180.

Gosch, Dietmar (Hrsg.), Körperschaftssteuergesetz: Kommentar, München, 3. Aufl. 2015 (zit. *Bearbeiter*, in: KStG).

Göthel, Stephan R./Fornoff, Martin, Bilanzgarantien bei Unternehmenskäufen – Praxishinweise und Gestaltungsempfehlungen, DB 2017, S. 530–534.

Grabowski, Olaf/Harrer, Herbert, Wesentliche Elemente von Zusicherungen und/oder Garantien beim Unternehmenskauf, DStR 1993, S. 20–23.

Grewe, Daniel/Lauscher, Florian, Bilanzgarantien im Unternehmenskaufvertrag: Arten, Auslegung und Folgen der Verletzung – OLG Frankfurt/M., Urteil vom 7.5.2015 - 26 U 35/12, NWB 2016, S. 2434-2439.

Griffiths, Aled, Transatlantischer Graben, JUVE Rechtsmarkt 11/13, S. 78–86.

Groh, Manfred, Der Fall Tomberger - Nachlese und Ausblick, DStR 1998, S. 813–819.

Gronstedt, Sebastian/Jörgens, Stefan, Die Gewährleistungshaftung bei Unternehmensverkäufen nach dem neuen Schuldrecht, ZIP 2002, S. 52–65.

Gross, Detlev G., Rechtliche Anforderungen an Schiedsgutachten am Beispiel von Unternehmensbewertungen, DStR 2000, S. 1959–1962.

Großfeld, Bernhard/Luttermann, Claus, Bilanzrecht – Die Rechnungslegung in Jahresabschluß und Konzernabschluß nach Handelsrecht und Steuerrecht, Europarecht und IAS/IFRS, Heidelberg, 4. Aufl. 2005 (zit. *Großfeld/Luttermann*, Bilanzrecht).

Grottel, Bernd/Schmidt, Stefan/Schubert, Wolfgang J./Winkeljohann, Norbert (Hrsg.), Beck'scher Bilanz-Kommentar – Handels- und Steuerbilanz. §§ 238 bis 339, 342 bis 342e HGB, München: 10., neubearbeitete Auflage 2016 (zit. *Bearbeiter*, in: BeBiKo, 10. Aufl. 2016).

Grützner, Thomas/Schmidl, Michael, Verjährungsbeginn bei Garantieansprüchen, NJW 2007, S. 3610–3614.

Habersack, Mathias/Mülbert, Peter O./Schlitt, Michael (Hrsg.), Unternehmensfinanzierung am Kapitalmarkt, Köln, 3. Aufl. 2013 (zit. *Bearbeiter*, in: Unternehmensfinanzierung am Kapitalmarkt).

Hahne, Klaus D., Aufgabe des subjektiven Fehlerbegriffs hinsichtlich bilanzieller Rechtsfragen, BB 2013, S. 1011.

Hasenauer, Clemens, Internationalisierung der Vertragskultur an Hand von Unternehmenskauf- und Finanzierungsverträgen, European Review of Private Law 2012, S. 711–738.

Häublein, Martin, Der Beschaffenheitsbegriff und seine Bedeutung für das Verhältnis der Haftung aus culpa in contrahendo zum Kaufrecht, NJW 2003, S. 388–393.

Heckschen, Heribert/Herrler, Sebastian/Starke, Timm (Hrsg.), Beck'sches Notar-Handbuch, München, 6. Aufl. 2015 (zit. *Bearbeiter*, in: BeckNotar-Hdb).

Heldt, Cordula/Ziemann, Sascha, Sarbanes-Oxley in Deutschland? Zur geplanten Einführung eines strafbewehrten „Bilanzeides" nach dem Regierungsentwurf eines Transparenzrichtlinie-Umsetzungsgesetzes, NZG 2006, S. 652–654.

Helm, Sabrina, Neue Institutionenökonomik - Einführung und Glossar, Düsseldorfer Schriften zum Marketing, Nr. 2, Düsseldorf, 2. Aufl. 1997 (zit. *Helm*, Neue Institutionenökonomik - Einführung und Glossar).

Hennrichs, Joachim, Bilanzberichtigung bei Verkennung der Grundsätze ordnungsmäßiger Buchführung – Zugleich Besprechung des Urteils des BFH vom 5.6.2007 - I R 47/06, BB 2007, 2337, BB 2007, S. 2335–2337.

Hennrichs, Joachim, Blick ins Bilanz(steuer)recht, NZG 2016, S. 1255–1258.

Hennrichs, Joachim, Zum Fehlerbegriff im Bilanzrecht, NZG 2013, S. 681–687.

Hennrichs, Joachim, Zur Haftung auf Schadenersatz wegen unrichtiger Bilanzgarantien bei M&A-Transaktionen, NZG 2014, S. 1001–1008.

Hennrichs, Joachim, Die Bedeutung der EG-Bilanzrichtlinie für das deutsche Handelsbilanzrecht, ZGR 1997, S. 66–88.

Hennrichs, Joachim/Kleindiek, Detlef/Watrin, Christoph (Hrsg.), Münchener Kommentar zum Bilanzrecht, Bd. 2 - Bilanzrecht, §§ 238-342e HGB, München: 1. Auflage 2013 (zit. *Bearbeiter*, in: MüKo-Bilanzrecht, Bd. 2, 1. Aufl. 2013).

Hermanns, Marc, Garantien beim Unternehmens- und Anteilskaufvertrag - Gestaltungsmöglichkeiten und Formulierungsvorschläge, ZIP 2002, S. 696–700.

Herrmann, Carl/Heuer, Gerhard/Raupach, Arndt (Hrsg.), Einkommensteuer- und Körperschaftsteuergesetz – Kommentar, Köln (zit. *Bearbeiter*, in: Herrmann/Heuer/Raupach, EStG/KStG.

Hettler, Stephan/Stratz, Rolf-Christian/Hörtnagl, Robert (Hrsg.), Beck'sches Mandatshandbuch Unternehmenskauf, München, 2. Aufl. 2013 (zit. *Bearbeiter*, in: Beck-MHB Unternehmenskauf).

Heuermann, Bernd/Brandis, Peter (Hrsg.), EStG – KStG – GewStG Kommentar – Bd. 1 – §§ 1-8 EStG, München: 133. Aufl. 2016 (zit. *Bearbeiter*, in: Blümich, EStG – KStG – GewStG, Bd. 1, 133. Aufl. 2016).

Heuser, Paul J./Theile, Carsten, IAS/IFRS Handbuch – Einzel- und Konzernabschluss, Köln, 2. Aufl. 2005 (zit. *Heuser/Theile*, IAS/IFRS Handbuch).

Heussen, Benno, Letter of Intent – Absichtserklärungen, Geheimhaltungsvereinbarungen, Optionen, Vorverträge, Köln, 2. Aufl. 2014 (zit. *Heussen*, Letter of Intent).

Hilgard, Mark C., Berechnung des Schadens bei Verletzung einer Eigenkapitalgarantie beim Unternehmenskauf, BB 2013, S. 937–942.

Hilgard, Mark C., Der Freistellungsanspruch beim Unternehmenskauf, BB 2016, S. 1218–1237.

Hilgard, Mark C., Berechnung des Schadens bei Verletzung von Garantien eines Unternehmenskaufvertrags, ZIP 2005, S. 1813–1821.

Hilgard, Mark C., Bagatell- und Cap-Klauseln beim Unternehmenskauf, BB 2004, S. 1233–1239.

Hilgard, Mark C./Kraayvanger, Jan, Unternehmenskauf - Rechtsfolgen eines selbstständigen Garantieversprechens nach der Reform, MDR 2002, S. 678–683.

Hoffmann, Wolf-Dieter, Wertaufhellung – das Bilanzierungsproblem schlechthin, BB 1996, S. 1157–1164.

Hoffmann, Wolf-Dieter, Aufgabe des subjektiven Fehlerbegriffs hinsichtlich bilanzieller Rechtsfragen, DB 2013, S. 733–734.

Hoffmann, Wolf-Dieter, Das abschließende Beurteilungsvermögen des Abschlußprüfers und der Bestätigungsvermerk, BB 1994, S. 1743–1749.

Hoffmann, Wolf-Dieter, Bilanzgarantien, NWB StuB 2016, S. 365–366.

Hoffmann-Becking, Michael (Hrsg.), Münchener Handbuch des Gesellschaftsrechts – Bd. 4 – Aktiengesellschaft, München, 4. Aufl. 2015 (zit. *Bearbeiter*, in: MünchHdb-GesR, Bd. 4, 4. Aufl. 2015).

Hoffmann-Becking, Michael (Hrsg.), Münchener Handbuch des Gesellschaftsrechts – Bd. 4 – Aktiengesellschaft, München, 3. Aufl. 2007 (zit. *Bearbeiter*, in: MünchHdb-GesR, Bd. 4, 3. Aufl. 2007).

Hoffmann-Becking, Michael/Gebele, Alexander/Bartsch, Michael (Hrsg.), Beck'sches Formularbuch Bürgerliches, Handels- und Wirtschaftsrecht, München, 12. Aufl. 2016 (zit. *Bearbeiter*, in: Beck-FB BHW).

Holt, Charles A., Markets, Games & Strategic Behavior, Boston 2007 (zit. *Holt*, Markets, Games & Strategic Behavior).

Hölters, Wolfgang (Hrsg.), Aktiengesetz: AktG, München: 2. Aufl. 2014 (zit. *Bearbeiter*, in: Hölters, AktG, 2. Aufl. 2014).

Hölters, Wolfgang (Hrsg.), Handbuch Unternehmenskauf, Köln, 8. Aufl. 2015 (zit. *Bearbeiter*, in: Handbuch Unternehmenskauf).

Holzapfel, Hans-Joachim/Pöllath, Reinhard (Hrsg.), Unternehmenskauf in Recht und Praxis - Rechtliche und steuerliche Aspekte, Köln, 15. Aufl. 2017 (zit. *Bearbeiter*, in: Unternehmenskauf in Recht und Praxis).

Holzapfel, Hans-Joachim/Pöllath, Reinhard, Unternehmenskauf in Recht und Praxis - Rechtliche und steuerliche Aspekte, Köln, 11. Aufl. 2003 (zit. *Holzapfel/Pöllath*, Unternehmenskauf in Recht und Praxis (11. Aufl. 2003)).

Holzapfel, Hans-Joachim/Pöllath, Reinhard, Unternehmenskauf in Recht und Praxis - Rechtliche und steuerliche Aspekte, Köln, 14. Aufl. 2010 (zit. *Holzapfel/Pöllath*, Unternehmenskauf in Recht und Praxis (14. Aufl. 2010)).

Holzapfel, Hans-Joachim/Pöllath, Reinhard, Unternehmenskauf in Recht und Praxis - Rechtliche und steuerliche Aspekte, Köln, 13. Aufl. 2008 (zit. *Holzapfel/Pöllath*, Unternehmenskauf in Recht und Praxis (13. Aufl. 2008)).

Hommelhoff, Peter, Zur Abgrenzung von Unternehmenskauf und Anteilserwerb, ZGR 1982, S. 366–390.

Hommelhoff, Peter/Rawert, Peter/Schmidt, Karsten (Hrsg.), Festschrift für Hans-Joachim Priester zum 70. Geburtstag, Köln 2007 (zit. *Bearbeiter*, in: FS Priester).

Hopt, Klaus J./Wiedemann, Herbert (Hrsg.), Aktiengesetz - Großkommentar - Bd. 7/2, Berlin: 4., neubearbeitete Aufl. 2013 (zit. *Bearbeiter*, in: GroßKomm-AktG, Bd. 7/2, 4. Aufl. 2013, 4. Aufl. 2013).

Huber, Ulrich, Mängelhaftung beim Kauf von Gesellschaftsanteilen, ZGR 1972, S. 395–420.

Huber, Ulrich, Die Praxis des Unternehmenskauf im System des Kaufrechts, AcP (202) 2002, S. 179–242.

Hüffer, Uwe/Koch, Jens (Hrsg.), Aktiengesetz - Kommentar, München: 12. Aufl. 2016 (zit. *Bearbeiter*, in: Hüffer/Koch, AktG, 12. Aufl. 2016).

Institut der Wirtschaftsprüfer in Deutschland e.V. (IDW e.V.) (Hrsg.), WP Handbuch 2012 Bd. I - Wirtschaftsprüfung, Rechnungslegung, Beratung, Düsseldorf, 14. Aufl. 2012 (zit. *Bearbeiter*, in: WP Handbuch 2012, Bd. I).

Institut der Wirtschaftsprüfer in Deutschland e.V. (IDW e.V.), IDW Stellungnahme zur Rechnungslegung: Änderung von Jahres- und Konzernabschlüssen - IDW RS HFA 6, in: WPg Supplement 2/2007, 77 ff.

Jaletzke, Matthias/Henle, Walter R. (Hrsg.), M&A Agreements in Germany - Englischsprachige Unternehmenskaufverträge nach deutschem Recht, München 2011 (zit. *Bearbeiter*, in: M&A Agreements).

Jauernig, Othmar (Hrsg.), Kommentar zum Bürgerlichen Gesetzbuch, München: 16. Aufl. 2015 (zit. *Bearbeiter*, in: Jauernig, BGB, 16. Aufl. 2015).

Kästle, Florian, Post-M&A-Streitigkeiten nehmen zu - ist die M&A-Praxis darauf vorbereitet?, M&A Review 2014, S. 71–75.

Kästle, Florian/Haller, Heiko, Schieds- oder Schiedsgutachterverfahren zur Feststellung eines Material Adverse Change (MAC) beim Unternehmenskauf, NZG 2016, S. 926–933.

Kästle, Florian/Oberbracht, Dirk, Unternehmenskauf - Share Purchase Agreement, München, 2. Aufl. 2010 (zit. *Kästle/Oberbracht*, Unternehmenskauf - SPA).

Kaufmann-Kohler, Gabrielle/Johnson, Alexandra (Hrsg.), Arbitration of Merger and Acquisition Disputes – ASA Swiss Arbitration Association - Conference of January 21, 2005 in Basel - ASA Special Series No. 24, Genf 2005 (zit. *Bearbeiter*, in: Arbitration of Merger and Acquisition Disputes).

Kiem, Roger (Hrsg.), Kaufpreisregelungen beim Unternehmenskauf – Bewertung - Kaufpreisermittlung - Klauselgestaltung - Kaufpreisanpassung, München, 1. Aufl. 2015 (zit. *Bearbeiter*, in: Kaufpreisregelungen).

Kiethe, Kurt, Vorstandshaftung aufgrund fehlerhafter Due Diligence beim Unternehmenskauf, NZG 1999, S. 976–983.

Kindl, Johann, Unternehmenskauf und Schuldrechtsmodernisierung, WM 2003, S. 409–415.

King, Christopher C., Die Bilanzgarantie im Unternehmenskauf, zugl. Diss. Universität Hamburg 2009, Köln 2010 (zit. *King*, Bilanzgarantie).

Kirchfeld, Achim/Hoenig, Klaus Marinus/Klingen, Sebastian, Rechtsentwicklungen im Zusammenhang mit M&A-Transaktionen 2016, DB Beilage 06 – Unternehmensrelevante Rechtsentwicklungen 2016 – Bedeutung für 2017 2016, S. 28–30.

Klass, Gregory, Efficient Breach – Georgetown Public Law and Legal Theory Research Paper No. 13-018, Georgetown Public Law and Legal Theory Research Paper No. 13-018.

Kleindiek, Detlef, Eigenkapital im nationalen und internationalen Bilanzrecht: Kapitalabgrenzung nach IFRS und HGB, ZHR (175) 2011, S. 247–276.

Kleissler, Max, Die Bilanzgarantie: Eine Betrachtung von Tatbestand und Rechtsfolgen nach einem Urteil des OLG Frankfurt a. M., NZG 2017, S. 531–538.

Knott, Hermann J., Unternehmenskauf nach der Schuldrechtsreform, NZG 2002, S. 249–256.

Knott, Hermann J./Mielke, Werner (Hrsg.), Vertragskommentar Unternehmenskauf, Köln, 5. Aufl. 2016 (zit. *Bearbeiter,* in: Vertragskommentar Unternehmenskauf).

Köbler, Gerhard, Etymologisches Rechtswörterbuch, Stuttgart 1995 (zit. *Köbler*, Etymologisches Rechtswörterbuch).

Koller, Ingo/Kindler, Peter/Roth, Wulf-Henning/Morck, Winfried (Hrsg.), Handelsgesetzbuch - Kommentar, München: 8. Auflage 2015 (zit. *Bearbeiter,* in: Koller/Kindler/Roth/Morck, HGB, 8. Aufl. 2015).

König, Kai-Michael/Gießelmann, Tim Christian, Zur Haftung beim Unternehmenskauf - Voraussetzungen und Schadensbegriff bei der objektiven und der subjektiven Bilanzgarantie, GWR 2016, S. 155–159.

Koppmann, Verena, Die gesetzliche Aufklärungspflicht des Verkäufers und ihre Erfüllung beim Unternehmenskauf - ein Praxisleitfaden, BB 2014, S. 1673–1680.

Körber, Torsten, Geschäftsleitung der Zielgesellschaft und due diligence bei Paketerwerb und Unternehmenskauf, NZG 2002, S. 263–272.

Kraft, Ernst Thomas, Die Abgrenzung von Eigen- und Fremdkapital nach IFRS – Darstellung anhand von Beispielen der Eigen- und Fremdkapitalfinanzierung, ZGR 2008, S. 324–356.

Krieger, Gerd/Schneider, Uwe H. (Hrsg.), Handbuch Managerhaftung – Vorstand, Geschäftsführer, Aufsichtsrat, Pflichten und Haftungsfolgen, typische Risikobereiche, Köln, 2. Aufl. 2010 (zit. *Bearbeiter,* in: Handbuch Managerhaftung).

Krispenz, Sabina, Umwelthaftung in Unternehmenskaufverträgen – Ein Überblick über die Gestaltungsmöglichkeiten, M&A Review 2015, S. 448–453.

Krömker, Michael, Due Diligence - ein M&A-Tool mit rechtlichen Fallstricken, M&A Review 2008, S. 201–205.

Kumm, Nina, Praxisfragen der Regelpublizität nach Inkrafttreten des TUG, BB 2009, S. 1118–1122.

Küting, Karlheinz, Auf der Suche nach dem richtigen Gewinn – Die Gewinnkonzeption von HGB und IFRS im Vergleich, DB 2006, S. 1441–1450.

Küting, Karlheinz/Kaiser, Thomas, Aufstellung oder Feststellung: Wann endet der Wertaufhellungszeitraum? – Implikationen für die Anwendung des Wertaufhellungsprinzips bei Berichtigung, Änderung und Nichtigkeit des handelsrechtlichen Jahresabschlusses, WPg 2000, S. 577–596.

Küting, Karlheinz/Pfitzer, Norbert/Weber, Claus-Peter (Hrsg.), Bilanz als Informations- und Kontrollinstrument – Kapitalmarktorientierte Rechnungslegung und integrierte Unternehmenssteuerung, Stuttgart 2008 (zit. *Bearbeiter,* in: Bilanz als Informations- und Kontrollinstrument).

Küting, Karlheinz/Weber, Claus-Peter (Hrsg.), Handbuch der Rechnungslegung – Einzelabschluss – Bd. 2 – HGB §§ 249-269 – Kommentar zur Bilanzierung und Prüfung, Stuttgart: 5., aktualisierte und erw. Aufl. 2002 (zit. *Bearbeiter,* in: HdR-E, Bd. 2, 5. Aufl. 2002).

Küting, Karlheinz/Weber, Claus-Peter (Hrsg.), Handbuch der Rechnungslegung – Einzelabschluss – Bd. 3 – HGB §§ 270-335b – Kommentar zur Bilanzierung und Prüfung, Stuttgart: 5., aktualisierte und erw. Aufl. 2002 (zit. *Bearbeiter,* in: HdR-E, Bd. 3, 5. Aufl. 2002).

Küting, Karlheinz/Weber, Claus-Peter (Hrsg.), Handbuch der Rechnungslegung – Einzelabschluss – Bd. 1 – HGB §§ 238-248 – Kommentar zur Bilanzierung und Prüfung, Stuttgart: 5., aktualisierte und erw. Aufl. 2002 (zit. *Bearbeiter,* in: HdR-E, Bd. 1, 5. Aufl. 2002).

Lange, Oliver, Ungelöste Rechtsfragen der gesetzlichen Unternehmensmangelgewährleistung, ZGS 2003, S. 300–306.

Lappe, Thomas/Gattringer, Volker (Hrsg.), Carve-Out-Transaktionen – Recht, Steuern und Bilanzen bei Ausgliederung und Verkauf von Unternehmensteilen, München 2016 (zit. *Bearbeiter,* in: Carve-Out-Transaktionen).

Leffson, Ulrich/Rückle, Dieter/Großfeld, Bernhard (Hrsg.), Handwörterbuch unbestimmter Rechtsbegriffe im Bilanzrecht des HGB, Köln 1986 (zit. *Bearbeiter,* in: HuRB).

Leuz, Christian/Verrecchia, Robert E., The Economic Consequences of Increased Disclosure, Journal of Accounting Research Vol. 38 (Supplement 2000), S. 91–124.

Liebs, Rüdiger, Der Unternehmenskauf, Köln, 2. Aufl. 2003 (zit. *Liebs*, Der Unternehmenskauf).

Looschelders, Dirk, Schuldrecht – Besonderer Teil, München, 5. Aufl. 2010 (zit. *Looschelders*, Schuldrecht BT).

Lorz, Rainer/Pfisterer, Benedikt/Gerber, Olaf (Hrsg.), Beck'sches Formularbuch GmbH-Recht, München 2010 (zit. *Bearbeiter,* in: Beck-FB GmbH-Recht).

Louven, Christoph/Mehrbrey, Kim Lars, Bedeutung aktueller M&A-Streitigkeiten für die Gestaltungspraxis, NZG 2014, S. 1321–1328.

Lowe, David Jordan, The Expectation Gap in the Legal System: Perception Differences between Auditors and Judges, Journal of Applied Business Research (10) 1994, S. 39–44.

Lüdicke, Jochen/Sistermann, Christian (Hrsg.), Unternehmenssteuerrecht – Gründung - Finanzierung - Umstrukturierung - Übertragung - Liquidation, München 2008 (zit. *Bearbeiter*, in: Unternehmenssteuerrecht).

Luttermann, Claus, Bilanzwahrheit international – Die Rechtsanbindung von Rechnungslegung und Wirtschaftsprüfung, ZVglRWiss (103) 2004, S. 18–30.

Maier-Reimer, Georg/Schilling, Myriam, Bilanzgarantien in Unternehmenskaufverträgen, KSzW 2016, S. 4–13.

Maier-Reimer, Georg/Schilling, Myriam, Information und Haftung beim Unternehmenskauf – Nutzen und Risiken des Datenraums, IWRZ 2016, S. 106–114.

Massumi, Shirin Maria, Quo vadis - Unternehmenskaufverträge? Unternehmenskaufverträge nach der Deutschen Schuldrechtsreform – Annäherung an anglo-amerikanische Unternehmenskaufverträge?, zugl. Diss. Paris Lodron Universität Salzburg 2008, München 2008 (zit. *Massumi*, Unternehmenskaufverträge).

Mehrbrey, Kim Lars/Hofmeister, Lisa, Schadensersatz bei Verletzung einer Bilanzgarantie, NZG 2016, S. 419–421.

Mellert, Christofer Rudolf, Selbstständige Garantien beim Unternehmenskauf - Auslegungs- und Abstimmungsprobleme, BB 2011, S. 1667–1674.

Metz, Christian, Unternehmenskauf und internationale Rechnungslegung – Kaufpreisklauseln in M&A-Verträgen und ihre bilanzielle Abbildung, zugl. Diss. Universität des Saarlandes 2012, Berlin 2012 (zit. *Metz*, Unternehmenskauf und internationale Rechnungslegung).

Meyer-Sparenberg, Wolfgang/Jäckle, Christof (Hrsg.), Beck'sches M&A-Handbuch – Planung, Gestaltung, Sonderformen, regulatorische Rahmenbedingungen und Streitbeilegung bei Mergers & Acquisitions, München 2017 (zit. *Bearbeiter*, in: Beck'sches M&A-Handbuch).

Michalski, Lutz, Funktion, Arten und Rechtswirkungen von Ersetzungsklauseln, NZG 1998, S. 7–15.

Mohr, Jochen, Grundlagen des Schadensersatzrechts, JURA 2010, S. 168–179.

Möller, Jan, Offenlegungen und Aufklärungspflichten beim Unternehmenskauf – System, Regelungskonzepte und Haftungsrisiken, NZG 2012, S. 841–847.

Moxter, Adolf, Der Einfluß der EG-Bilanzrichtlinie auf das Bilanzsteuerrecht, BB 1978, S. 1629–1632.

Moxter, Adolf, Bilanzlehre – Bd. II – Einführung in das neue Bilanzrecht, Frankfurt am Main, 3. Aufl. 1990 (zit. *Moxter*, Bilanzlehre, Bd. II).

Mugdan, Benno, Die gesammten Materialien zum Bürgerlichen Gesetzbuch für das Deutsche Reich – II. Band. Recht der Schuldverhältnisse, Berlin 1899 (zit. *Mugdan*, Materialien II).

Müller, Klaus J., Einfluss der due diligence auf die Gewährleistungsrechte des Käufers beim Unternehmenskauf, NJW 2004, S. 2196–2199.

Müller, Stefan, EBIT, EBITDA & Co. - Was soll das?, BC 2017, S. 94–96.

Müller-Stewens, Günter/Kunisch, Sven/Binder, Andreas (Hrsg.), Mergers & Acquisitions – Handbuch für Strategen, Analysten, Berater und Juristen, Stuttgart, 2. Aufl. 2016 (zit. *Bearbeiter*, in: Mergers & Acquisitions Handbuch).

Ohmen, Philipp/Seidler, Holger, Wertaufhellung und Wertbegründung nach HGB und IFRS – ABC praxisrelevanter Fälle, BB 2015, S. 3051–3055.

Oser, Peter, Objektiver Fehlerbegriff im Bilanzsteuerrecht – Ein Schwanengesang auf die Nichtanwendungserlasse der Finanzverwaltung?, DB 2013, S. 2466–2467.

Paefgen, Walter G., Haftung für mangelhafte Aufklärung aus culpa in contrahendo – Zur Täuschung über den Vertragsinhalt und ihre Folgen im Zivilrecht, Baden-Baden 1999 (zit. *Paefgen*, Mangelhafte Aufklärung).

Palandt, Otto (Hrsg.), Kommentar zum Bürgerlichen Gesetzbuch, München: 76. Aufl. 2017 (zit. *Bearbeiter*, in: Palandt, 76. Aufl. 2017).

Parisi, Francesco, The Harmonization of Legal Warranties in European Sales Law: An Economic Analysis, Am. J. Comp. L. 2004, S. 403–431.

Petersen, Karl/Zwirner, Christian, Rechnungslegung und Prüfung im Umbruch: Überblick über das neue deutsche Bilanzrecht – Veränderte Rahmenbedingungen durch das verabschiedete Bilanzrechtsmodernisierungsgesetz (BilMoG), KoR 2009, S. 1–45.

Petersen, Thieß, Adverse Selektion, WiSt 2007, S. 309–311.

Picot, Gerhard (Hrsg.), Unternehmenskauf und Restrukturierung – Handbuch zum Wirtschaftsrecht, München, 4. Aufl. 2013 (zit. *Bearbeiter*, in: Unternehmenskauf und Restrukturierung).

Picot, Gerhard, Unternehmenskauf und Sachmängelhaftung – Rechtsfortbildung durch den BGH?, DB 2009, S. 2587–2594.

Picot, Gerhard (Hrsg.), Handbuch Mergers & Acquisitions – Planung, Durchführung, Integration, Stuttgart, 5. Aufl. 2012 (zit. *Bearbeiter*, in: Hdb. M & A).

Porter, Brenda, An Empirical Study of the Audit Expectation-Performance Gap, Accounting and Business Research (24) 1994, S. 49–68.

Pöschke, Moritz, Bilanzrechtliche Kriterien für die Abgrenzung von Eigen- und Fremdkapital, Corporate Finance law 2011, S. 195–201.

Rasner, Andreas, Die Bedeutung von Parteiwissen für die Gestaltung von Unternehmenskaufverträgen, WM 2006, S. 1425–1432.

Reiche, Klaus, Instrumente zur Verminderung der Informationsasymmetrie beim Unternehmenskauf, DStR 2000, S. 2056–2060.

Richter, Heiner, Die Generalklausel des § 264 Abs. 2 HGB und die Forderung des true and fair view, BB 1988, S. 2212–2219.

Richter, Rudolf/Furubotn, Eirik G., Neue Institutionenökonomik, Tübingen, 4. Aufl. 2010 (zit. *Richter/Furubotn*, Neue Institutionenökonomik).

Rieg, Robert/Heyd, Reinhard, Informationsfunktion der Handelsbilanz und BilMoG: Ergebnisse einer Feldstudie zur Bilanzierungspraxis bei nicht-kapitalmarktorientierten Unternehmen, IRZ 2013, S. 335–341.

Riha, Michael Franz, Ökonomische Analyse des Sachmängelgewährleistungsrechts des BGB, zugl. Diss. Universität München, 2007, München 2007 (zit. *Riha*, Ökonomische Analyse des Sachmängelgewährleistungsrechts).

Riße, Arno, Garantieversprechen anlässlich eines Kaufvertrags, zugl. Diss. Universität Münster 2008, Hamburg 2009 (zit. *Riße*, Garantieversprechen).

Risse, Jörg/Kästle, Florian/Gebler, Olaf, M&A und Corporate Finance von A-Z, München, 2. Aufl. 2010 (zit. *Risse/Kästle/Gebler*, M&A und Corporate Finance von A-Z).

Rittmeister, Maximilian, Due Diligence beim Unternehmenskauf – Teil 1: Rechtliche Zulässigkeit der Informationsweitergabe durch die Geschäftsführung der Zielgesellschaft, M&A Review 2008, S. 528–532.

Rödder, Thomas/Hötzel, Oliver/Mueller-Thuns, Thomas, Unternehmenskauf, Unternehmensverkauf – Zivil- und steuerrechtliche Gestaltungspraxis, München 2003 (zit. *Rödder/Hötzel/Mueller-Thuns*, Unternehmenskauf, Unternehmensverkauf).

Römermann, Volker (Hrsg.), Münchener Anwaltshandbuch GmbH-Recht, München, 3. Aufl. 2014 (zit. *Bearbeiter*, in: MAH GmbH-Recht).

Rotthege, Georg/Wassermann, Bernd (Hrsg.), Unternehmenskauf bei der GmbH, Heidelberg 2011 (zit. *Bearbeiter*, in: Unternehmenskauf bei der GmbH).

Rowedder, Heinz/Schmidt-Leithoff, Christian (Hrsg.), GmbHG – Kommentar, München: 5. Aufl. 2013 (zit. *Bearbeiter*, in: Rowedder/Schmidt-Leithoff (Hrsg.), GmbHG, 5. Aufl. 2013).

Ruhnke, Klaus/ Deters, Eric, Die Erwartungslücke bei der Abschlussprüfung, ZfB (67) 1997, S. 923–945.

Ruhnke, Klaus/Schmiele, Catharina/Schwind, Jochen, Die Erwartungslücke als permanentes Phänomen der Abschlussprüfung - Definitionsansatz, empirische Untersuchungen und Schlussfolgerungen, zfbf (62) 2010, S. 394–421.

Säcker, Franz Jürgen/Rixecker, Roland/Oetker, Hartmut (Hrsg.), Münchener Kommentar zum Bürgerlichen Gesetzbuch – Bd. 4 - Schuldrecht Besonderer Teil II, §§ 611-704, München: 6. Aufl. 2012 (zit. *Bearbeiter*, in: MüKo-BGB, Bd. 4, 6. Aufl. 2012).

Säcker, Franz Jürgen/Rixecker, Roland/Oetker, Hartmut (Hrsg.), Münchener Kommentar zum Bürgerlichen Gesetzbuch – Bd. 5 - §§ 705 - 853, München: 6. Aufl. 2013 (zit. *Bearbeiter*, in: MüKo-BGB, Bd. 5, 6. Aufl. 2013).

Säcker, Franz Jürgen/Rixecker, Roland/Oetker, Hartmut (Hrsg.), Münchener Kommentar zum Bürgerlichen Gesetzbuch – Bd. 2 - Schuldrecht Allgemeiner Teil, München: 7. Aufl. 2016 (zit. *Bearbeiter*, in: MüKo-BGB, Bd. 2, 7. Aufl. 2016).

Säcker, Franz Jürgen/Rixecker, Roland/Oetker, Hartmut (Hrsg.), Münchener Kommentar zum Bürgerlichen Gesetzbuch – Bd. 1 - §§ 1 - 240 BGB, München: 7. Aufl. 2015 (zit. *Bearbeiter*, in: MüKo-BGB, Bd. 1, 7. Aufl. 2015).

Säcker, Franz Jürgen/Rixecker, Roland/Oetker, Hartmut (Hrsg.), Münchener Kommentar zum Bürgerlichen Gesetzbuch – Bd. 5 - §§ 705 - 853, München: 6. Aufl. 2013 (zit. *Bearbeiter*, in: MüKo-BGB, Bd. 5, 6. Aufl. 2013).

Säcker, Franz Jürgen/Rixecker, Roland/Oetker, Hartmut/Limperg, Bettina (Hrsg.), Münchener Kommentar zum Bürgerlichen Gesetzbuch – Bd. 3 - §§ 433 - 534 BGB, Finanzierungsleasing, CISG, München: 7. Aufl. 2016 (zit. *Bearbeiter*, in: MüKo-BGB, Bd. 3, 7. Aufl. 2016).

Saenger, Ingo/Aderhold, Lutz/Lenkaitis, Karlheinz/Speckmann, Gerhard (Hrsg.), Handels- und Gesellschaftsrecht – Praxishandbuch, Baden-Baden, 2. Aufl. 2011 (zit. *Bearbeiter*, in: Praxishdb. HaGesR).

Schellhorn, Mathias, Der Bilanzeid nach § 264 Abs. 2 Satz 3 HGB - Anwendungsfragen und Bedeutung, DB 2009, S. 2363–2366.

Schiffer, Jack/Mayer, Carolin, Sorgfaltspflichten des Verkäufers und des Käufers beim Unternehmenskauf: die neue Rechtsprechung – Zugleich Besprechung der Urteile des LG Hamburg vom 13.3.2015 – 315 O 89/13 und des OLG Frankfurt a.M. vom 7.5.2015 – 26 U 35/12, BB 2016, 721, BB 2016, S. 2627–2632.

Schildbach, Thomas, Die neue Generalklausel für den Jahresabschluß von Kapitalgesellschaften - zur Interpretation des Paragraphen 264 Abs. 2 HGB, BFuP (39) 1987, S. 1–15.

Schlotter, Carsten, Die Abkehr vom subjektiven Fehlerbegriff bei steuerbilanziellen Rechtsfragen – materielle Wirkungen und verfahrensrechtliche Fragen, FR 2013, S. 835–842.

Schmalenbach, Eugen, Dynamische Bilanz, Köln, Opladen, 11. Aufl. 1953 (zit. *Schmalenbach*, Dynamische Bilanz).

Schmidt, Fritz, Die organische Bilanz im Rahmen der Wirtschaft, Leipzig 1921 (zit. *Schmidt*, Die organische Bilanz im Rahmen der Wirtschaft).

Schmidt, Karsten/Ebke, Werner F. (Hrsg.), Münchener Kommentar zum Handelsgesetzbuch – Band 4: Drittes Buch. Handelsbücher. §§ 238 - 342e, München: 3. Auflage 2013 (zit. *Bearbeiter*, in: MüKo-HGB, Bd. 4, 3. Aufl. 2013).

Schmidt, Karsten/Lutter, Marcus (Hrsg.), Aktiengesetz – Kommentar – Bd. 2: §§ 150-410, SpruchG, Köln: 3., neu bearbeitete Aufl. 2015 (zit. *Bearbeiter*, in: Schmidt/Lutter (Hrsg.), AktG, Bd. 2, 3. Aufl. 2015).

Schmidt-Räntsch, Jürgen, Die Haftung des Verkäufers nach der Schuldrechtsreform am Beispiel des Unternehmenskaufs, AnwBl 2003, S. 529–535.

Schmitz, Christian, Mängelhaftung beim Unternehmenskauf nach der Schuldrechtsreform, RNotZ 2006, S. 561–602.

Schmoeckel, Mathias/Rückert, Joachim/Zimmermann, Reinhard (Hrsg.), Historisch-kritischer Kommentar zum BGB – Band II. Schuldrecht: Allgemeiner Teil – 1. Teilband – §§ 241-304, Tübingen 2007 (zit. *Bearbeiter*, in: HKK-BGB, Bd. 2, 1. Tb. 2007).

Schön, Hans, Wie unrichtige Darstellung in der Rechnungslegung den Deal gefährdet – der Grundsatz der Bilanzwahrheit in M&A-Disputes, M&A Review 2014, S. 122–127.

Schramm, Marianne/Hansmeyer, Ekkehart (Hrsg.), Transaktionen erfolgreich managen – Ein M&A-Handbuch für die Praxis, München 2010 (zit. *Bearbeiter*, in: Transaktionen erfolgreich managen).

Schröcker, Stefan, Unternehmenskauf und Anteilskauf nach der Schuldrechtsreform, ZGR 2005, S. 63–100.

Schulze, Reiner/Dörner, Heinrich/Ebert, Ina/Hoeren, Thomas/Kemper, Rainer/Saenger, Ingo/Schreiber, Klaus/Schulte-Nölke, Hans/Staudinger, Ansgar/Wiese, Volker (Hrsg.), Handkommentar zum Bürgerlichen Gesetzbuch, Baden-Baden: 9. Aufl. 2017 (zit. *Bearbeiter*, in: Schulze u.a., Hk-BGB, 9. Aufl. 2017).

Schulze-Osterloh, Joachim, Objektiver oder subjektiver Fehlerbegriff im Handelsbilanzrecht, ZHR (179) 2015, S. 9–43.

Schulze-Osterloh, Joachim, HGB-Reform: Der Einzelabschluß nicht kapitalmarktorientierter Unternehmen unter dem Einfluß von IAS/IFRS, BB 2004, S. 2567–2570.

Schulze-Osterloh, Joachim/Hennrichs, Joachim/Wüstemann, Jens (Hrsg.), Handbuch des Jahresabschlusses – Bilanzrecht nach HGB, EStG, IFRS – Bd. 1 – Abt. 1, Köln 2016 (zit. *Bearbeiter*, in: HdJ, Bd. 1).

Schüppen, Matthias, Anmerkung zu BGH, Urteil vom 18.09.1996 – VIII ZR 238/95, WiB 1997, S. 366–368.

Schütt, Philipp, Streitigkeiten über Freistellungsansprüche in Unternehmenskaufverträgen, NJW 2016, S. 980–985.

Seibt, Christoph H. (Hrsg.), Beck'sches Formularbuch Mergers & Acquisitions, München, 2. Aufl. 2010 (zit. *Bearbeiter*, in: Beck-FB M&A).

Seibt, Christoph H., Rechtssicherheit beim Unternehmens-, Beteiligungs- und Anlagenverkauf: Analyse der Änderungen bei §§ 444, 639 BGB, NZG 2004, S. 801–803.

Seibt, Christoph H./Raschke, Thorsten/Reiche, Felix, Rechtsfragen der Haftungsbegrenzung bei Garantien (§ 444 BGB n.F.) und M&A-Transaktionen, NZG 2002, S. 256–262.

Seibt, Christoph H./Reiche, Felix, Unternehmens- und Beteiligungskauf nach der Schuldrechtsreform (Teil II), DStR 2002, S. 1181–1187.

Semler, Johannes/Volhard, Rüdiger (Hrsg.), Arbeitshandbuch für Unternehmensübernahmen – Vorbereitung - Durchführung - Folgen ; ausgewählte Drittländer, München 2001 (zit. *Bearbeiter*, in: Unternehmensübernahmen Bd. 1).

Semler, Johannes/Volhard, Rüdiger (Hrsg.), Arbeitshandbuch für Unternehmensübernahmen – Das neue Übernahmerecht, München 2003 (zit. *Bearbeiter*, in: Unternehmensübernahmen Bd. 2).

Siekmann, Helmut (Hrsg.), Festschrift für Theodor Baums zum siebzigsten Geburtstag, Bd. I, Tübingen 2017 (zit. *Bearbeiter*, in: FS Baums, Bd. I).

Soergel, Hans Theodor (Hrsg.), Kommentar zum Bürgerlichen Gesetzbuch mit Einführungsgesetzen und Nebengesetzen – Bd. 3/2, Schuldrecht 1/2 - §§ 243–304, Stuttgart, Berlin, Köln: 13. Aufl. 2014 (zit. *Bearbeiter*, in: Soergel, BGB, Bd. 3/2, 13. Aufl. 2014).

Spindler, Gerald/Stilz, Eberhard (Hrsg.), Kommentar zum Aktiengesetz – AktG – Bd. 2 – §§ 150-410 AktG, IntGesR, SpruchG, SE-VO, München: 3. Aufl. 2015 (zit. *Bearbeiter*, in: Spindler/Stilz (Hrsg.), AktG, Bd. 2, 3. Aufl. 2015).

Spindler, Gerald/Stilz, Eberhard (Hrsg.), Kommentar zum Aktiengesetz – AktG – Bd. 1 – §§ 1-149 AktG, München: 3. Aufl. 2015 (zit. *Bearbeiter*, in: Spindler/Stilz (Hrsg.), AktG, Bd. 1, 3. Aufl. 2015).

Stapperfend, Thomas, Zur Durchführung der Bilanzberichtigung nach § 4 Abs. 2 Satz 1 EStG – Zugleich eine Anmerkung zum Urteil des BFH v. 28.4.1998 – VIII R 46/96, FR 1998, 650, FR 1998, S. 822–828.

Staroßom, Heiko, Corporate Finance – Teil 1: Grundlagen, Zins- und Währungsmanagement, Kalkulationsprogramm, Wiesbaden 2013 (zit. *Staroßom*, Corporate Finance I).

Stöber, Michael, Beschaffenheitsgarantien des Verkäufers, zugl. Diss. Universität Marburg 2005, Berlin 2006 (zit. *Stöber*, Beschaffenheitsgarantien).

Strelow, Markus/Hein, Oliver, Garantiehaftung: Beschränkung trotz § 444 BGB - Ein Vorschlag für die Praxis des Unternehmenskaufs, DB 2003, S. 1155–1160.

Stummel, Dieter, Standardvertragsmuster zum Handels- und Gesellschaftsrecht Deutsch-Englisch, München, 5. Aufl. 2015 (zit. *Stummel*, Standardvertragsmuster).

Suchy, Oliver, Schadensumfang bei Haftung von Vorständen und Geschäftsführern wegen Unternehmensgeldbußen für kartellrechtliche Verstöße, NZG 2015, S. 591–594.

Theusinger, Ingo/Baumann, Jana, Zu einer "harten" Bilanzgarantie beim Unternehmenskauf – Anmerkung zu OLG Frankfurt v. 07.05.2015 – 26 U 35/12, EWiR 2016, S. 371–372.

Towfigh, Emanuel V./Petersen, Niels (Hrsg.), Ökonomische Methoden im Recht, Tübingen, 2. Aufl. 2017 (zit. *Bearbeiter*, in: Ökonomische Methoden im Recht).

Triebel, Volker, Anglo-amerikanischer Einfluß auf Unternehmenskaufverträge in Deutschland - eine Gefahr für die Rechtsklarheit?, RiW 1998, S. 1–7.

Triebel, Volker (Hrsg.), Mergers & Acquisitions – Strategie, Steuern, Recht, Heidelberg 2004 (zit. *Bearbeiter*, in: Mergers & Acquisitions).

Triebel, Volker/Hölzle, Gerrit, Schuldrechtsreform und Unternehmenskaufverträge, BB 2002, S. 521–537.

Umnuß, Karsten (Hrsg.), Corporate Compliance Checklisten – Rechtliche Risiken im Unternehmen erkennen und vermeiden, München, 2. Aufl. 2012 (zit. *Bearbeiter*, in: Corporate Compliance Checklisten).

Unberath, Hannes, Die Vertragsverletzung, zugl. Habil. Universität München, 2006, Tübingen 2007 (zit. *Unberath*, Die Vertragsverletzung).

Vogt, Gabriele, Die Due Diligence - ein zentrales Element bei der Durchführung von Mergers & Acquisitions, DStR 2001, S. 2027–2034.

von Braunschweig, Philipp, Variable Kaufpreisklauseln in Unternehmenskaufverträgen, DB 2002, S. 1815–1818.

von Gierke, Klaus/Paschen, Uwe, Mängelgewährleistung beim Unternehmenskauf, GmbHR 2002, S. 457–464.

von Kanitz, Friedrich, Bilanzkunde für Juristen, München, 3. Aufl. 2014 (zit. *von Kanitz*, Bilanzkunde).

von Staudinger, Julius (Hrsg.), Kommentar zum Bürgerlichen Gesetzbuch – Buch 2: Recht der Schuldverhältnisse, §§ 433-480 (Kaufrecht), Berlin Neubearbeitung 2013 (zit. *Bearbeiter*, in: Staudinger, BGB, Buch 2 (§§ 433-480) Neubearbeitung 2013).

von Staudinger, Julius (Hrsg.), Kommentar zum Bürgerlichen Gesetzbuch – Buch 2: Recht der Schuldverhältnisse, §§ 249-254 (Schadensersatzrecht), Berlin Neubearbeitung 2017 (zit. *Bearbeiter*, in: Staudinger, BGB, Buch 2 (§§ 249-254) Neubearbeitung 2017).

von Staudinger, Julius (Hrsg.), Eckpfeiler des Zivilrechts, Berlin, 2012. Aufl. 2012 (zit. *Bearbeiter*, in: Eckpfeiler).

von Staudinger, Julius (Hrsg.), Kommentar zum Bürgerlichen Gesetzbuch – Buch 2: Recht der Schuldverhältnisse, §§ 255-304 (Leistungsstörungsrecht 1), Berlin Neubearbeitung 2014 (zit. *Bearbeiter*, in: Staudinger, BGB, Buch 2 (§§ 255-304) Neubearbeitung 2014).

Wachter, Thomas (Hrsg.), Praxis des Handels- und Gesellschaftsrechts, Bonn, 3. Aufl. 2015 (zit. *Bearbeiter*, in: Praxis HaGesR).

Wächter, Gerhard H., Schadensrechtliche Probleme beim Unternehmenskauf: Naturalherstellung und Bilanzgarantien, NJW 2013, S. 1270–1276.

Wächter, Gerhard H., M & A Litigation – M&A-Recht im Streit, Köln, 3. Aufl. 2017 (zit. *Wächter*, M & A Litigation, 3. Aufl. 2017).

Wächter, Gerhard H., Bilanzgarantien und ihre Auslegung – – Zugleich eine Besprechung von OLG Frankfurt a.M., 7.5.2015 – 26 U 35/12 ("Mobilkran") –, BB 2016, S. 711–714.

Wächter, Gerhard H., M & A Litigation – M&A-Recht im Streit, Köln, 2. Aufl. 2014 (zit. *Wächter*, M&A Litigation, 2. Aufl. 2014).

Walz, Robert (Hrsg.), Beck'sches Formularbuch Zivil-, Wirtschafts- und Unternehmensrecht Deutsch-Englisch, München, 3. Aufl. 2014 (zit. *Bearbeiter*, in: Beck-FB ZWU).

Wandt, Manfred, Gesetzliche Schuldverhältnisse – Deliktsrecht - Schadensrecht - Bereicherungsrecht - GoA, München, 7. Aufl. 2015 (zit. *Wandt*, Gesetzliche Schuldverhältnisse).

Wardenbach, Frank, Ausschluss der Garantiehaftung durch Erkenntnisse aus der Due Diligence, KSzW 2011, S. 389–396.

Weber-Grellet, Heinrich (Hrsg.), Einkommensteuergesetz – Kommentar, München: 35. Aufl. 2016 (zit. *Bearbeiter*, in: Schmidt, EStG, 35. Aufl. 2016, 35. Aufl. 2016).

Weber-Grellet, Heinrich, Abschied vom subjektiven Fehlerbegriff – Anmerkungen zum Beschluss vom 31. 1. 2013, BFH Aktenzeichen GrS 1/10, DStR 2013, S. 729–733.

Weigl, Gerald, Die Auswirkungen der Schuldrechtsreform auf den Unternehmenskauf, DNotZ 2005, S. 246–260.

Weißhaupt, Frank, Äquivalenzsicherung im Unternehmenskaufvertrag durch Kaufpreisklauseln und Jahresabschlussgarantien, BB 2013, S. 2947–2954.

Weißhaupt, Frank, Haftung und Wissen beim Unternehmenskauf – - über Gestaltungsspielräume im M&A-Recht -, WM 2013, S. 782–789.

Werner, Rüdiger, Earn-Out-Klauseln – Kaufpreisanpassung beim Unternehmenskauf, DStR 2012, S. 1662–1667.

Wessing, Kurt, Vertragsklauseln beim Unternehmenskauf, ZGR 1982, S. 455–471.

Westermann, Harm Peter/Grunewald, Barbara/Maier-Reimer, Georg (Hrsg.), Erman, Bürgerliches Gesetzbuch – Handkommentar mit AGG, EGBGB (Auszug), ErbbauRG, HausratsVO, LPartG, ProdHaftG, UKlaG, VAHRG und WEG, Köln: 14., neubearbeitete Auflage 2014 (zit. *Bearbeiter*, in: Erman, BGB, Bd. 2, 14. Aufl. 2014).

Wiedmann, Harald/Böcking, Hans-Joachim/Gros, Marius (Hrsg.), Bilanzrecht – Kommentar zu den §§ 238 - 342e HGB, München: 3. Aufl. 2014 (zit. *Bearbeiter*, in: Wiedmann/Böcking/Gros, Bilanzrecht, 3. Aufl. 2014).

Willemsen, Heinz Josef, Zum Verhältnis von Sachmängelhaftung und culpa in contrahendo beim Unternehmenskauf, AcP (182) 1982, S. 515–572.

Winnefeld, Robert, Bilanz-Handbuch – Handels- und Steuerbilanz, Rechtsformspezifisches Bilanzrecht, Bilanzielle Sonderfragen, Sonderbilanzen, IAS/IFRS-Rechnungslegung, München, 5. Aufl. 2015 (zit. *Winnefeld*, Bilanz-Handbuch).

Witte, Jürgen Johannes/Mehrbrey, Kim Lars, Variable Kaufpreisregelungen in Unternehmenskaufverträgen im Geflecht von Schiedsgutachtervereinbarungen und Schiedsgerichtsklauseln, NZG 2006, S. 241–245.

Wollersheim, Jutta/Barthel, Erich (Hrsg.), Forum Mergers & Acquisitions 2011 – Beiträge aus rechts- und wirtschaftswissenschaftlicher Sicht, Wiesbaden 2011 (zit. *Bearbeiter*, in: Forum Mergers & Acquisitions 2011).

Wüstemann, Jens/Bischof, Jannis, Eigenkapital im nationalen und internationalen Bilanzrecht: Eine ökonomische Analyse, ZHR (175) 2011, S. 210–246.

Zerres, Thomas, Schuldrechtsreform - Haftungsausschlüsse und -beschränkungen beim Unternehmenskauf, MDR 2003, S. 368–372.

Rechtsprechungsverzeichnis

Bundesfinanzhof (BFH), *Urteil* v. 27.04.1965 - I R 324/62 S = BFHE 82, 445.

Bundesfinanzhof (BFH), *Urteil* v. 04.04.1973 - I R 130/71 = BStBl. II 1973, 485.

Bundesfinanzhof (BFH), *Urteil* v. 28.10.1981 - I R 115/78 = BStBl. II 1982, 488.

Bundesfinanzhof (BFH), *Urteil* v. 24.01.1990 - I R 17/89 = BeckRS 1990, 22009343.

Bundesfinanzhof (BFH), *Urteil* v. 19.01.1993 - VIII R 128/84 = BFHE 170, 511.

Bundesfinanzhof (BFH), *Urteil* v. 27.11.1997 - IV R 95/96 = BFHE 185, 160.

Bundesfinanzhof (BFH), *Urteil* v. 07.05.1998 - IV R 24/97 = via juris.

Bundesgerichtshof (BGH), *Urteil* v. 23.10.1951 - I ZR 31/51 = BGHZ 3, 261.

Bundesgerichtshof (BGH), *Urteil* v. 09.06.1959 - VIII ZR 107/58 = NJW 1959, 1584.

Bundesgerichtshof (BGH), *Urteil* v. 16.12.1960 - II ZR 137/59 = via juris.

Bundesgerichtshof (BGH), *Urteil* v. 16.10.1968 - I ZR 81/66 = NJW 1969, 184.

Bundesgerichtshof (BGH), *Urteil* v. 12.11.1969 - I ZR 93/67 = NJW 1970, 653.

Bundesgerichtshof (BGH), *Urteil* v. 12.11.1969 - I ZR 93/67 = NJW 1970, 653.

Bundesgerichtshof (BGH), *Urteil* v. 27.02.1970 - I ZR 103/68 = WM 1970, 819.

Bundesgerichtshof (BGH), *Urteil* v. 18.03.1977 - I ZR 132/75 = NJW 1977, 1538.

Bundesgerichtshof (BGH), *Urteil* v. 25.05.1977 - VIII ZR 186/75 = NJW 1977, 1536.

Bundesgerichtshof (BGH), *Urteil* v. 20.12.1978 - VIII ZR 246/77 = NJW 1979, 645.

Bundesgerichtshof (BGH), *Urteil* v. 02.03.1979 - V ZR 157/77 = NJW 1979, 2243.

Bundesgerichtshof (BGH), *Urteil* v. 02.06.1980 - VIII ZR 64/79 = NJW 1980, 2408.

Bundesgerichtshof (BGH), *Urteil* v. 10.07.1987 - V ZR 236/85 = NJW-RR 1988, 10.

Bundesgerichtshof (BGH), *Urteil* v. 16.10.1987 - V ZR 170/86 = NJW-RR 1988, 394.

Bundesgerichtshof (BGH), *Urteil* v. 03.03.1989 - V ZR 212/87 = NJW 1989, 2050.

Bundesgerichtshof (BGH), *Urteil* v. 14.06.1989 - VIII ZR 132/88 = NJW-RR 1989, 1043.

Bundesgerichtshof (BGH), *Urteil* v. 06.10.1989 - V ZR 223/87 = NJW-RR 1990, 78.

Bundesgerichtshof (BGH), *Urteil* v. 30.03.1990 - V ZR 113/89 = NJW 1990, 1723.

Bundesgerichtshof (BGH), *Urteil* v. 29.03.1996 - II ZR 263/94 = BGHZ 132, 263.

Bundesgerichtshof (BGH), *Urteil* v. 18.09.1996 - VIII ZR 238/95 = via juris.

Bundesgerichtshof (BGH), *Urteil* v. 18.06.1997 - XII ZR 192/95 = NJW 1997, 2813.

Bundesgerichtshof (BGH), *Urteil* v. 10.02.1999 - VIII ZR 70/98 = NJW 1999, 1542.

Bundesgerichtshof (BGH), *Urteil* v. 04.04.2001 - VIII ZR 32/00 = NJW 2001, 2163.

Bundesgerichtshof (BGH), *Urteil* v. 04.04.2001 - VIII ZR 32/00 = NJW 2001, 2163.
Bundesgerichtshof (BGH), *Urteil* v. 18.06.2001 - II ZR 248/99 = NJW-RR 2001, 1611.
Bundesgerichtshof (BGH), Versäumnisurteil v. 28.11.2001 - VIII ZR 37/01 = NJW 2002, 1042.
Bundesgerichtshof (BGH), *Urteil* v. 16.04.2002 - VI ZR 227/01 = NJW 2002, 2232.
Bundesgerichtshof (BGH), *Urteil* v. 16.11.2005 - IV ZR 120/04 = NJW-RR 2006, 394.
Bundesgerichtshof (BGH), *Urteil* v. 15.03.2006 - VIII ZR 120/04 = NJW-RR 2006, 1185.
Bundesgerichtshof (BGH), *Urteil* v. 19.05.2006 - V ZR 264/05 = NJW 2006, 3139.
Bundesgerichtshof (BGH), Teilversäumnis- und Schlussurteil v. 29.11.2006 - VIII ZR 92/06 = NJW 2007, 1346.
Bundesgerichtshof (BGH), *Urteil* v. 15.01.2007 - II ZR 245/05 = BGHZ 170, 283.
Bundesgerichtshof (BGH), *Urteil* v. 27.03.2009 - V ZR 30/08 = NJW 2009, 2120.
Bundesgerichtshof (BGH), *Urteil* v. 30.09.2009 - VIII ZR 238/08 = NJW 2010, 1135.
Bundesgerichtshof (BGH), *Urteil* v. 17.01.2013 - III ZR 11/12 = NJOZ 2013, 1382.
Bundesgerichtshof (BGH), *Urteil* v. 30.01.2013 - XII ZR 38/12 = NJW 2013, 1083.
Europäischer Gerichtshof (EuGH), Urteil v. 27.06.1996 - C-234/94 = Slg. 1996, I-3133.
Europäischer Gerichtshof (EuGH), Urteil v. 03.10.2013 - C-322/12 = ECLI: EU: C:2013:632.
Europäischer Gerichtshof (EuGH), Urteil v. 15.06.2017 - C-444/16, C-445/16 = NZG 2017, 915.
Großer Senat des Bundesfinanzhofs (BFH GrS), Urteil v. 31.01.2013 - GrS 1/10 = BFHE 240, 162 = BStBl II 2013, 317.
Landesarbeitsgericht Düsseldorf (LAG Düsseldorf), *Teilurteil* v. 20.01.2015 - 16 Sa 459/14 = BeckRS 2015, 65417.
Landgericht Düsseldorf (LG Düsseldorf), *Urteil* v. 15.10.2013 - 7 O 6/12 U = via juris.
Landgericht Hamburg (LG Hamburg), *Urteil* v. 13.05.2015 - 315 O 89/13 = via juris.
Landgericht München (LG München), *Urteil* v. 10.12.2013 - 5 HK O 1387/10 = NZG 2014, 345.
Oberlandesgericht Frankfurt a. M. (OLG Frankfurt a. M.), *Urteil* v. 07.05.2015 - 26 U 35/12 = NZG 2016, 435.

Oberlandesgericht München (OLG München), *Urteil* v. 30.03.2011 - 7 U 4226/10 = via juris.
Reichsgericht (RG), *Urteil* v. 20.02.1902 - VI 399/01 = RGZ 50, 219.
Reichsgericht (RG), *Urteil* v. 13.03.1906 - Rep. II 344/05 = RGZ 63, 57.
Reichsgericht (RG), *Urteil* v. 15.11.1907 - Rep. II. 383/07 = RGZ 67, 86.
Reichsgericht (RG), *Urteil* v. 15.02.1913 - I 358/12 = RGZ 81, 359.

Abkürzungsverzeichnis

ABl.EG	Amtsblatt der Europäischen Gemeinschaften
AcP	Archiv für die civilistische Praxis (Zeitschrift)
AG	Die Aktiengesellschaft (Zeitschrift)
AktG	Aktiengesetz vom 06.09.1965 (BGBl. I S. 1089)
Am. J. Comp. L.	The American Journal of Comparative Law (Zeitschrift)
AnwBl	Anwaltsblatt (Zeitschrift)
BB	Betriebs-Berater (Zeitschrift)
BetrVG	Betriebsverfassungsgesetz in der Fassung der Bekanntmachung vom 25.09.2001 (BGBl. I S. 2518)
BFH	Bundesfinanzhof
BFH-PR	Entscheidungen des BFH für die Praxis der Steuerberatung
BFuP	Betriebswirtschaftliche Forschung und Praxis (Zeitschrift)
BGB	Bürgerliches Gesetzbuch in der Fassung der Bekanntmachung vom 02.01.2002 (BGBl. I S. 42)
BGBl.	Bundesgesetzblatt
BGH	Bundesgerichtshof
BilMoG	Gesetz zur Modernisierung des Bilanzrechts (Bilanzrechtsmodernisierungsgesetz – BilMoG) vom 25.05.2009 (BGBl. I S. 1102)
BMJ	Bundesministerium der Justiz und für Verbraucherschutz
BT-Drs.	Bundestagsdrucksache
DB	Der Betrieb (Zeitschrift)
DNotZ	Deutsche Notar-Zeitschrift
DStR	Deutsches Steuerrecht (Zeitschrift)
EL	Ergänzungslieferung
EStB	Der Ertrag-Steuer-Berater (Zeitschrift)
EStG	Einkommenssteuergesetz in der Fassung der Bekanntmachung vom 08.10.2009 (BGBl. I S. 3366)
EuGH	Europäischer Gerichtshof
EWiR	Entscheidungen zum Wirtschaftsrecht
FR	Finanz-Rundschau Ertragsteuerrecht (Zeitschrift)
GmbHG	Gesetz betreffend die Gesellschaften mit beschränkter Haftung vom 20.04.1892 (RGBl. I S. 477)
GmbHR	GmbH-Rundschau (Zeitschrift)
GWR	Gesellschafts- und Wirtschaftsrecht (Zeitschrift)

HGB	Handelsgesetzbuch vom 10.05.1897 (RGBl. I S. 219)
IAS/IFRS	International Accounting Standards/International Financial Reporting Standards
IRZ	Zeitschrift für internationale Rechnungslegung
IWRZ	Zeitschrift für Internationales Wirtschaftsrecht
KStG	Körperschaftssteuergesetz in der Fassung der Bekanntmachung vom 15.10.2002 (BGBl. I S. 4144)
KSzW	Kölner Schrift zum Wirtschaftsrecht
MDR	Monatsschrift für Deutsches Recht
NJOZ	Neue Juristische Online-Zeitschrift
NJW	Neue Juristische Wochenschrift
NJW-RR	Neue Juristische Wochenschrift Rechtsprechungs-Report
NWB	Neue Wirtschafts-Briefe (Zeitschrift)
NWB StuB	NWB Unternehmenssteuern und Bilanzen (Zeitschrift)
NZG	Neue Zeitschrift für Gesellschaftsrecht (ehemals: WiB)
Q. J. Econ.	The Quarterly Journal of Economics (Zeitschrift)
RGBl.	Reichsgesetzblatt
RGZ	Entscheidungssammlung des Reichsgerichts in Zivilsachen
RiW	Recht der internationalen Wirtschaft (Zeitschrift)
Rn.	Randnummer
RNotZ	Rheinische Notarzeitschrift
SEC	United States Securities and Exchange Commission (US-amerikanische Börsenaufsichtsbehörde)
SPA	Share Purchase Agreement (Anteilskaufvertrag)
SteuK	Steuerrecht kurzgefaßt (Zeitschrift)
Tb.	Teilband
UMAG	Gesetz zur Unternehmensintegrität und Modernisierung des Anfechtungsrechts vom 22.09.2005, BGBl I, Nr. 60, S. 2802
WiB	Wirtschaftliche Beratung (Zeitschrift; seit 1998: NZG)
WiSt	Wirtschaftswissenschaftliches Studium (Zeitschrift)
WM	Wertpapier-Mitteilungen, Zeitschrift für Wirtschafts- und Bankrecht
WPg	Die Wirtschaftsprüfung (Zeitschrift)
WpÜG	Wertpapiererwerbs- und Übernahmegesetz vom 20.12.2001 (BGBl. I S. 3822)
WuB	Entscheidungsanmerkungen zum Wirtschafts- und Bankrecht (Loseblattsammlung)
zfbf	Schmalenbachs Zeitschrift für betriebswirtschaftliche Forschung

ZGS	Zeitschrift für Vertragsgestaltung, Schuld- und Haftungsrecht (ehemals: Zeitschrift für das Gesamte Schuldrecht)
ZHR	Zeitschrift für das gesamte Handelsrecht und Wirtschaftsrecht
ZIP	Zeitschrift für Wirtschaftsrecht
ZVglRWiss	Zeitschrift für Vergleichende Rechtswissenschaft

Für alle übrigen Abkürzungen wird verwiesen auf *Kirchner*, Abkürzungsverzeichnis der Rechtssprache, 8. Auflage 2015.

A. Einleitung

Streitigkeiten in oder aufgrund von Unternehmens- oder Anteilstransaktionssachverhalten nehmen zu. Das Feld der sogenannten „Post-M&A-Litigation", also der dem eigentlichen Transaktionsprozess nachgelagerten Prozessführung, scheint beständig zu wachsen. Dies mag nicht zuletzt auch durch die in den letzten Jahren verstärkt zu beobachtende Tendenz einer gewissen „Verrechtlichung" privatwirtschaftlicher Aktivitäten gefördert werden. Vorstands- bzw. Organhaftung, die *Business Judgment Rule*, Compliance, Corporate Governance: Alle diese Schlagwörter waren in den „alten Zeiten" der sogenannten „Deutschland AG"[1] zwar nicht undenkbar, aber jedenfalls nicht gängig – und die sich daraus ergebenden Positionen wurden, soweit ersichtlich, nur selten – sofern überhaupt – durchgesetzt. Mittlerweile hat sich jedoch gewissermaßen eine Gegenkultur zur Deutschland AG entwickelt und in den letzten Jahren auch etabliert.[2] Beispielhaft dafür lassen sich spektakuläre Haftungsprozesse gegen Manager mit zum Teil hohen geltend gemachten Ansprüchen aufzeigen.[3] Damit einher geht eine gesteigerte Vorsicht und ein Trend zur rechtlichen Absicherung unternehmerischer Entscheidungen, der indes durchaus kritisch rezipiert wird.[4]

1 Instruktiv dazu: „Dossier Deutschland AG", *Capital* vom 20.04.2000, S. 151; insbesondere mit Blick auf personelle Verflechtungen zwischen Aufsichtsrat und Vorstand: „Unter Freunden", manager magazin 8/2001, S. 92.

2 Dies beschreibt *Bachmann,* Reform der Organhaftung, E 18 ff.; ferner in die gleiche Richtung gehend „Treuloses Kapital", manager magazin 1/2001, S. 58.

3 Hier sind insbesondere das viel beachtete „Siemens/Neubürger"- Urteil, LG München, *Urteil* v. 10.12.2013 - 5 HK O 1387/10 = NZG 2014, 345, sowie das ablehnende Urteil bzgl. Regressforderungen i.H.v. EUR 291 Millionen gegen einen ehemaligen Thyssen-Krupp- Manager, LAG Düsseldorf, *Teilurteil* v. 20.01.2015 - 16 Sa 459/14 = BeckRS 2015, 65417, zu nennen. Während es bei beiden Urteilen zwar nicht um gescheiterte Transaktionen geht, wird jedoch die wachsende Bereitschaft, Gesellschaftsorgane persönlich mit für diese zum Teil ruinösen Schadensersatzforderungen für Fehlverhalten bzw. -entscheidungen verantwortlich zu machen, eindrucksvoll verdeutlicht. Vgl. dazu auch *Suchy*, NZG 2015, S. 591, der sich insbesondere mit dem Urteil des LAG Düsseldorf auseinandersetzt.

4 Vgl. bspw. „In die Zange genommen", WirtschaftsWoche Nr. 7 vom 9. Februar 2015, S. 72; oder die früheren Beiträge „In der Haftungsfalle", WirtschaftsWoche Nr. 17 vom 23.04.2012, S. 78 sowie „Die Klagegesellschaft", manager magazin 6/2011, S. 40.

Dies wirkt sich auch auf das Transaktionsgeschäft aus. Die Durchführung einer M&A-Transaktion[5] ist eine insbesondere für den Käufer regelmäßig mit bedeutsamen finanziellen Risiken verbundene Entscheidung. Die beteiligten Interessengruppen im Unternehmen – seien es (Mit-)Gesellschafter, Aktionäre oder der Aufsichtsrat – sind aufgrund des geschilderten „Sinneswandels“ sensibilisierter für derartige Risiken als beispielsweise noch in den 80er und 90er Jahren, in denen die sogenannten „Mega-Fusionen“ aufkamen.[6] Derartige „Hochzeiten im Himmel“[7], getrieben durch Globalisierung und den Zwang zu schnellerem Wachstum, führten nach einer anfänglichen M&A-Euphorie oftmals schnell zur Ernüchterung.[8] Es ist anzunehmen, dass die Sensibilisierung für die finanziellen Risiken einer M&A-Transaktion daher durch gewissermaßen „öffentlich gescheiterte“ Mega-Fusionen gestärkt wurde.

Insofern liegt die Schlussfolgerung nahe, dass tendenziell mehr Ansprüche aus einem Unternehmens- oder Anteilskaufvertrag auch durchgesetzt werden, da Unternehmen bzw. deren Organe sich ein Nichtstun – in Form der unterlassenen Geltendmachung womöglich bestehender Ansprüche – schlicht „nicht mehr leisten“ können. Derartige Ansprüche nicht zu verfolgen und geltend zu machen ist insofern haftungsträchtiger geworden.[9] Vor diesem Hintergrund lässt sich der verstärkte Trend zur Anspruchsdurchsetzung im Nachgang einer M&A-Transaktion im Rahmen der „Post-M&A-Litigation“ beobachten und erklären.[10]

---

5 Der Begriff „M&A“ (Mergers & Acquisitions) wird im Folgenden als Synonym und Oberbegriff für alle Arten von Transaktionen genutzt.

6 Vgl. bspw. „Reiche Schlucker“, manager magazin 6/1998, S. 66.

7 So der Daimler-Vorstandsvorsitzende *Jürgen E. Schrempp* zu der Fusion von Daimler und Chrysler in einem Interview, vgl. „Hochzeit im Himmel“, WirtschaftsWoche Nr. 21 vom 14. Mai 1998, S. 52.

8 Vgl. bspw. „Fusionen: Ende des Wahns“, WirtschaftsWoche Nr. 6 vom 1. Februar 2001, S. 46; der Artikel nimmt auch Bezug auf die zu diesem Zeitpunkt bereits als gescheitert angesehene Fusion von Daimler und Chrysler, vgl. auch Fn. 7.

9 Vgl. „Schlummernde Ansprüche“, Frankfurter Allgemeine Zeitung Nr. 233/2014 vom 8. Oktober 2014, S. 16.

10 Zu diesem Ergebnis kommt auch *Schalast*, in: Müller-Stewens/Kunisch/Binder (Hrsg.), Mergers & Acquisitions Handbuch, S. 490, 492; vgl. auch *Kästle*, M&A Review 2014, S. 71, sowie die von diesem in Bezug genommene repräsentative „Post M&A Dispute Study 2013/2014“, die von der Unternehmensberatung Alvarez & Marsal und der internationalen Sozietät Baker & McKenzie durchgeführt wird; die Studie ist in der deutschen Fassung abrufbar unter http://www.ifus-institut.de/fileadmin/pdf/Post_M_A_Disputes_Study_dt.pdf (zuletzt abgerufen am 25. April 2017).

Die vorliegende Arbeit konzentriert sich auf einen Teilbereich der Post-M&A-Litigation, nämlich die Garantievereinbarungen in Unternehmenskaufverträgen, und dabei insbesondere auf die Bilanzgarantien und die Rechtsfolgen solcher Garantien. Garantien als verschuldensunabhängige Zusicherungen – darauf wird im Folgenden noch einzugehen sein – gehören zu den regelmäßig umstrittensten Regelungen in einem Unternehmenskaufvertrag. Eine Bilanzgarantie sticht dabei hinsichtlich ihrer Relevanz noch einmal heraus, denn oftmals wird der (garantierte) Jahresabschluss auch als Grundlage für die Kaufpreisberechnung herangezogen.[11] Eine Verletzung dieser Garantie kann im Nachgang einer M&A-Transaktion also durchaus weit reichende Folgen nach sich ziehen.

Trotz ihrer großen Bedeutung werden Bilanzgarantien, soweit ersichtlich, erst seit kurzer Zeit tiefergehend in der juristischen Literatur behandelt. Welchem Umstand die vorherige Nichtbeachtung geschuldet ist, lässt sich nicht herausfinden. Indes haben in den vergangenen Jahren insbesondere zwei obergerichtliche Entscheidungen[12] ein womöglich neues Licht auf die Bilanzgarantien und die Rechtsfolgen bei einer Verletzung geworfen. Die vorliegende Arbeit nimmt unter anderem auch dies zum Anlass, sich der umstrittenen Thematik der Bilanzgarantien zu widmen.

I. Einführung in die Thematik

Wertet man die einschlägige Fachliteratur zur Thematik der Bilanzgarantie in Unternehmenskaufverträgen, insbesondere Formularbücher mit beispielhaften Vertragsmustern[13], aus, so erschließt sich deren hohe praktische Relevanz unmittelbar. Jedoch wird die Bilanzgarantie dabei praktisch kaum umfassend und – entsprechend der noch zu zeigenden möglichen wirtschaftlichen Sprengkraft einer Bilanzgarantie – im Detail behandelt, was in einem gewissen Widerspruch zur allgemein konsentierten hohen Relevanz des Garantiekatalogs steht. Auch spezielle, auf die Tatbestandsseite der Bilanzgarantie abgestimmte

---

11 Vgl. nur exemplarisch *Göthel/Fornoff*, DB 2017, S. 530.

12 Die angesprochenen Urteile des OLG München, *Urteil* v. 30.03.2011 - 7 U 4226/10 = via juris sowie des OLG Frankfurt a. M., *Urteil* v. 07.05.2015 - 26 U 35/12 = NZG 2016, 435 werden ausführlich unter D.II.5 behandelt.

13 So beispielsweise *Schrader*, in: Seibt (Hrsg.), Beck-FB M&A, Muster C. II. 2, § 8.3.3; *Meyer-Sparenberg*, in: Hoffmann-Becking/Gebele/Bartsch (Hrsg.), Beck-FB BHW, Muster III. A. 16. § 5 (2) sowie Muster III. A. 18. § 4 (4); *Stummel*, Standardvertragsmuster, Muster V. 2. a., § 4 Abs. 9; *Schorlemer*, in: Lorz/Pfisterer/Gerber (Hrsg.), Beck-FB GmbH-Recht, Muster D. III., § 7 (3) b.

Rechtsfolgenregelungen bilden in der Praxis eher die Ausnahme als die Regel.[14] Der Blick auf die mit der Nutzung von Bilanzgarantien einhergehenden Problematiken scheint dabei jedenfalls – trotz der vorstehend bereits geschilderten zunehmenden Relevanz von Post-M&A-Streitigkeiten – oftmals vernachlässigt zu werden.

Im Streitfall obliegt es dann einem am verhandlungsintensiven und dynamischen Prozess des Unternehmenskaufs nicht beteiligten Dritten – also in der Regel einem Richter, Schiedsrichter oder Schiedsgutachter –, eine interessengerechte Lösung im Sinne der beteiligten Parteien zu finden. *Idealiter* gelingt dies auch – das Gelingen sollte jedoch von den Beteiligten keinesfalls als selbstverständlich angenommen werden. Instruktiv ist hier die Lektüre der genannten obergerichtlichen Urteile[15], die verdeutlichen, wie weitgehend zwischen den Parteien eines Unternehmenskaufs ausgehandelte Klauseln der gerichtlichen Deutungshoheit unterliegen: Es war in beiden Fällen zu entscheiden, ob es sich bei der streitgegenständlichen Bilanzgarantie um eine subjektive oder objektive Garantie handelte, in beiden Fällen nahm das jeweilige Gericht eine objektive Bilanzgarantie an – wie zu zeigen sein wird, mit erheblichen Auswirkungen.[16] Zwar erscheint es aus der kautelarjuristischen Perspektive fahrlässig, eine solche eindeutige Differenzierung nicht bereits zu einem Bestandteil des Unternehmenskaufvertrages gemacht zu haben. Und dies, obschon der Trend – entgegen weniger Stimmen in der Literatur[17] - zu immer längeren und ausführlicheren Verträgen mit einer gewissen angelsächsischen Prägung geht.[18] Bei M&A-Transaktionen sollte der vorausschauenden Vertragsgestaltung eine dem Risiko angemessene Bedeutung beigemessen werden.

Dem Garantiekatalog insgesamt als anerkanntermaßen zentralem Vertragsbestandteil wird viel Aufmerksamkeit gewidmet. Demgegenüber nehmen sich jedoch die Rechtsfolgenregelungen – also sämtliche den haftungsausfüllenden Tatbestand betreffende Fragen – oftmals recht schmal aus; zum Teil finden

---

14 Vgl. *Bergjan/Schäfer*, DB 2016, S. 2587, 2591, nach denen der Rechtsfolgenseite in bei Garantien „[…] *oft nur untergeordnete Aufmerksamkeit zuteil* [werde].“; nach *Göthel/Fornoff*, DB 2017, S. 530, 534 seien „[…] *spezifische Rechtsfolgenregelung*[en] *bislang weitgehend unbeachtet* […]“ geblieben; vgl. ferber auch *Louven/Mehrbrey*, NZG 2014, S. 1321, 1326.

15 OLG München, *Urteil* v. 30.03.2011 - 7 U 4226/10 = via juris; OLG Frankfurt a. M., *Urteil* v. 07.05.2015 - 26 U 35/12 = NZG 2016, 435.

16 Siehe dazu die ausführliche Erörterung der beiden genannten Urteil unter D.II.5.

17 Vgl. *von Drygalski*, in: FS P+P, S. 51 ff.

18 *Hasenauer*, European Review of Private Law 2012, S. 711, 714 f., 718 ff.

sich in Verträgen aus der Praxis, aber auch in Vertragsmustern sogar lediglich Hinweise darauf, dass die §§ 249 ff. BGB anwendbar seien.[19] Der haftungsausfüllende Tatbestand ist allerdings, zumindest aus wirtschaftlicher Sicht, der neuralgische Punkt einer Haftungsnorm, denn anhand dessen wird die konkrete Höhe eines sich aus Vorliegen des haftungsbegründenden Tatbestands ergebenden Schadens bestimmt. Eine in diesem Punkt unzureichende vertragliche Regelung kann im schlimmsten Fall unübersehbare (finanzielle) Auswirkungen haben.

Ein einfaches Beispiel dafür lässt sich schnell konstruieren: Wird zum Beispiel seitens des Veräußerers garantiert, dass alle Maschinen der Zielgesellschaft einwandfrei funktionieren und ist dies nicht der Fall, ist die Rechtsfolge nach den gesetzlichen Regelungen der §§ 249 ff. BGB zunächst einmal die Naturalrestitution, der Verkäufer muss also den Zustand herstellen, der ohne die Verletzung der Garantie bestünde. Präziser: Es muss der Zustand hergestellt werden, der bestünde, wenn der zum Zeitpunkt der Abgabe der Garantie bestehende Zustand sich „ungehindert", also ohne die Garantieverletzung, hätte fortentwickeln können. Bedenkt man, dass ein Unternehmen durch den Defekt einer unter Umständen im Produktionsprozess maßgeblich wichtigen Maschine erhebliche Produktionsausfälle und damit einhergehend auch Umsatzeinbußen zu befürchten hat, drängt sich das finanzielle Risiko des Garantiegebers unter dem Stichwort „mittelbarer Schaden"[20] geradezu auf – denn im Rahmen der §§ 249 ff. BGB ist der mittelbare Schaden (die durch die defekte Maschine hervorgerufenen Umsatzeinbußen o.ä.) grundsätzlich ebenso wie der unmittelbare Schaden (die defekte Maschine) zu ersetzen.[21]

Ungleich komplexer verhält es sich in bilanziellen Sachverhalten, in denen Angaben nur selten eindeutig in die Kategorien „zutreffend" oder „unzutreffend" eingeordnet werden können. Der Jahresabschluss, der zwar inhaltlich „nur" die Vergangenheit abbildet, stellt gleichwohl häufig ein zentrales Element und gewissermaßen das betriebswirtschaftliche bzw. finanzielle Fundament bei

19 Ein solcher Formulierungsvorschlag findet sich bspw. bei *Meyer-Sparenberg*, in: Hoffmann-Becking/Gebele/Bartsch (Hrsg.), Beck-FB BHW, Muster III. A. 16., § 6 (1); in Anm. 48 zu diesem Muster weist *Meyer-Sparenberg* zwar zutreffend darauf hin, dass eine solche Regelung ein häufiger Streitpunkt in den Vertragsverhandlungen ist, ohne jedoch dabei auch auf das der eigentlichen Transaktion nachgelagerte Konfliktpotential einzugehen.

20 Siehe dazu auch die Ausführungen unter E.IV.1.d).

21 *Oetker*, in: MüKo-BGB, Bd. 2, 7. Aufl. 2016, § 249 Rn. 99 ff.; *Brand*, Schadensersatzrecht, § 2 Rn. 20 sowie bereits *Mugdan*, Materialien II, S. 10.

M&A-Transaktionen dar. Auf den Jahresabschluss bezogene Garantieversprechen müssen daher stets mit Blick auf die Folgen ihrer Verletzung entwickelt werden. Während nämlich die juristischen Auswirkungen – jedenfalls vordergründig – recht eindeutig zu sein scheinen, werden die wirtschaftlichen Folgen augenscheinlich häufig nur unzureichend bedacht. Die Verknüpfung zwischen der juristischen und insofern „technischen" Umsetzung einer Garantie in einem Unternehmenskaufvertrag und den wirtschaftlichen Folgen im Falle ihrer Verletzung ist ein neuralgischer Punkt bei der Vertragsgestaltung. Es kann sich dabei durchaus anbieten, eine Garantieklausel von ihrer (gewünschten) Rechtsfolge her zu entwickeln, um die wirtschaftlichen Auswirkungen besser steuern oder prognostizieren zu können. Ein Verweis auf die – direkte oder sinngemäße – Geltung der §§ 249 ff. BGB als Rechtsfolge kann dabei unter Umständen nicht ausreichen, um die wirtschaftlichen Bedürfnisse der Parteien abzubilden. Wie nachfolgend dargestellt, sollen auch derartige Erwägungen zu den Rechtsfolgen vor dem Hintergrund der geltenden gesetzlichen Regelungen der §§ 249 ff. BGB in der vorliegenden Arbeit analysiert werden, um zu ermitteln, inwieweit die Parteien eines Unternehmenskaufvertrags zweckmäßigerweise lediglich darauf rekurrieren müssen, ohne weitergehende Sonderregelungen zu vereinbaren.

II. Arbeitshypothese und Gang der Darstellung

1. Arbeitshypothese

Die der vorliegenden Arbeit zugrunde gelegte These ist, dass die „klassische" Bilanzgarantie, wie sie regelmäßig in Unternehmenskaufverträgen vereinbart wird, sowohl hinsichtlich ihres Tatbestands als auch ihrer Rechtsfolge jedenfalls teilweise verkannt wird. Zwei jüngere obergerichtliche Urteile, die im weiteren Verlauf der Arbeit ausführlich analysiert werden[22], bestätigen dieses uneinheitliche Verständnis und zeigen die diesem Verständnis immanenten wirtschaftlichen Risiken für die Parteien.

Obschon der Garantiekatalog regelmäßig zu den wohl verhandlungsintensivsten Bestandteilen eines Unternehmenskaufvertrags gehört, scheint eine tiefergehende Auseinandersetzung über den Tatbestand und die Rechtsfolgen einer Bilanzgarantie im Schrifttum – mit wenigen Ausnahmen – nur sehr begrenzt

22 Vgl. OLG München, *Urteil* v. 30.03.2011 - 7 U 4226/10 = via juris sowie OLG Frankfurt a. M., *Urteil* v. 07.05.2015 - 26 U 35/12 = NZG 2016, 435; beide Urteile werden ausführlich unter D.II.5 behandelt.

stattzufinden. Insbesondere mögliche Problemstellungen auf der Rechtsfolgenseite werden ausgeblendet, wenn – wie es häufig der Fall ist – lediglich die §§ 249, 251 BGB auf der haftungsausfüllenden Ebene für anwendbar erklärt werden. Tatbestand und Rechtsfolge einer wirtschaftlich relevanten Garantie sollten jedoch stets in der Zusammenschau bewertet und entsprechend ausgestaltet werden.

Welche Auswirkungen „verkannte Bilanzgarantien" haben können und inwieweit eine individuelle Regelung, die innerhalb des im weiteren Verlauf noch darzustellenden geschlossenen Haftungssystems eines Unternehmenskaufvertrags gewissermaßen „systemkonform" wäre, den Bedürfnissen der Parteien eher Rechnung tragen kann, ist Gegenstand der nachfolgenden Darstellung. Anhand der Bilanzgarantie lassen sich in praxisrelevanten Konstellationen die entsprechenden Problematiken exemplifizieren.

Einschränkend muss vorab angemerkt werden, dass die vorliegende Arbeit in bilanzrechtlicher Hinsicht den primären Schwerpunkt auf das Bilanzrecht des HGB legt; die IAS/IFRS werden nicht vertieft behandelt. Da für die wohl überwiegende Zahl der in Deutschland ansässigen Unternehmen – mit Ausnahme internationaler, börsennotierter Konzerne, die beinahe ausnahmslos nach IAS/IFRS bilanzieren[23] – das Bilanzrecht des HGB maßgeblich sein dürfte, wurde dieser Ansatz gewählt.

2. Gang der Darstellung

Nachfolgend werden zunächst grundlegende Begrifflichkeiten sowie der allgemeine Ablauf einer M&A-Transaktion dargestellt (B.I. und B.II.). Alsdann wird in Abschnitt B.III. die Haftungsordnung im Unternehmenskaufvertrag beleuchtet, von der aus zur Darstellung der alternativ zur gesetzlichen Haftungsordnung vereinbarten Garantien in Abschnitt C. übergeleitet wird. In Abschnitt D. wird dann die Bilanzgarantie ausführlich zunächst hinsichtlich ihrer tatbestandlichen Probleme untersucht. Den ebenfalls regelmäßig problematischen Rechtsfolgenseiten von Bilanzgarantien wird mit Abschnitt E. ein eigenes Kapitel gewidmet. Kaufpreisanpassungsregelungen sowie die Eigenkapitalgarantie als alternative Möglichkeiten zur Absicherung der wirtschaftlichen Interessen der Parteien und deren mögliche Wechselwirkungen zu einer „klassischen" Bilanzgarantie

---

23 Vgl. dazu die Darstellung des Deutschen Rechnungslegungs Standards Committee e.V. unter http://www.drsc.de/service/ifrs/applied_frs/index.php?idx=1&filter_last_changes=1&Submit=Aktualisieren (zuletzt abgerufen am 25. April 2017).

werden in Abschnitt F. untersucht. Ein eigener Lösungsvorschlag zum Umgang mit Bilanzgarantien sowie der Eigenkapitalgarantie wird in Abschnitt G. erläutert, bevor in Abschnitt H. die vorangegangenen Abschnitte noch einmal mit den wichtigsten Thesen zusammengefasst werden. Den Abschluss der Arbeit bildet ein Fazit (unter Abschnitt H.II.).

B. Grundlagen

Der Bereich des „M&A-Rechts" ist ein wesentlich durch die Praxis geprägtes Rechtsgebiet, bei dem neben rechtlichen Fragestellungen stets auch die wirtschaftlichen Interessen der Beteiligten berücksichtigt werden müssen. Im Folgenden soll zunächst ein Überblick über den rechtlichen Terminus des „Unternehmenskaufs" gegeben werden. Daneben wird gewissermaßen eine Grundstruktur für den Ablauf einer M&A-Transaktion erläutert; zudem wird das im Zusammenhang mit derartigen Transaktionen grundsätzlich einschlägige und anwendbare gesetzliche Haftungsregime untersucht.

I. Der Begriff des „Unternehmenskaufs"

Nicht jede M&A-Transaktion ist *per se* ein „Unternehmenskauf" im rechtstechnischen Sinne. Eine solche Differenzierung vorzunehmen, mag zunächst praktisch obsolet klingen, indes ist sie im Kontext des Mängelgewährleistungsrechts durchaus relevant. Obgleich das gesetzliche Mängelgewährleistungsrecht, wie im Folgenden zu zeigen sein wird, regelmäßig abbedungen wird, soll der gleichwohl zentrale Terminus des „Unternehmenskaufs" der Vollständigkeit halber nachfolgend im Überblick dargestellt werden. Dabei ist weniger die konkrete Ausgestaltung des Kaufs, also die Frage, ob ein *asset deal* oder ein *share deal* vorliegt, als der Umfang des „Kaufgegenstands" relevant.

Werden bei einem *asset deal* die der Entität „Unternehmen" zugeordneten Wirtschaftsgüter in einem solchen Umfang wirksam – insbesondere unter Wahrung des Bestimmtheitserfordernisses – auf einen Erwerber übertragen, dass dieser in der Lage ist, das Unternehmen fortzuführen, liegt ein Unternehmenskauf vor.[24] Bei einem *share deal* ist dagegen umstritten, ab welcher Anteilshöhe ein Unternehmenskauf vorliegt. Die vertretenen Ansichten variieren dabei in einem Spektrum zwischen 50 % und 100 % der erworbenen Anteile.[25] Konsensfähig ist daher zumindest, dass der Erwerber Anteile in einer Höhe erwerben muss, die ihm die Kontrolle des Unternehmens ermöglicht, um einen Unternehmenskauf anzunehmen und damit die Anwendbarkeit der Mängelgewährleistungsrechte anzunehmen. Anderenfalls läge lediglich

---

24 *Reiner*, in: Semler/Volhard (Hrsg.), Unternehmensübernahmen Bd. 2, § 56 Rn. 16; BGH, *Versäumnisurteil* v. 28.11.2001 - VIII ZR 37/01 = NJW 2002, 1042.

25 Einen Überblick bietet *Grunewald*, in: Erman, BGB, Bd. 2, 14. Aufl. 2014, § 453 Rn. 21.

ein Beteiligungskauf vor, bei dem der Erwerber keine Mängelgewährleistungsrechte geltend machen kann. Nach dem BGH muss der Erwerber eine Position erlangen, in der er faktisch wie ein Alleinunternehmer anzusehen ist, in seinen Entscheidungen also durch keine Minderheitenrechte eingeschränkt werden kann, mithin „[...] *sämtliche oder nahezu sämtliche Anteile* [...]“[26] erwerben. Zudem beziehen Mängelgewährleistungsrechte sich stets auf das Unternehmen als Ganzes, sodass es in der Tat nachvollziehbar erscheint, die Schwelle für die Annahme eines Unternehmenskaufs nicht allzu niedrig anzusetzen. Zu diskutieren ist allerdings die Argumentation von *Hommelhoff*[27] und, diesen aufgreifend, *Schröcker*, die den Erwerb von mindestens 75 % – mithin eine qualifizierte Mehrheit, mit der in einer GmbH Satzungsänderung durchsetzbar wäre, § 53 Abs. 2 GmbHG – fordert.[28] Mit einer solchen Mehrheit hat der Anteilserwerber eine gefestigte „Herrschaftsposition“ in der Gesellschaft, also eine faktische Unternehmerstellung, inne. Folgte man dem BGH, wäre auch diese Ansicht im Ergebnis abzulehnen, denn es bestehen trotz der (qualifizierten) Kontrollmehrheit des Anteilserwerbers noch Minderheitenrechte, beispielsweise gemäß § 50 GmbHG. Auch das Aktiengesetz enthält differenzierte Regelungen zum Schutz von Minderheitsgesellschaftern, die zum Teil schon Anteile in Höhe von lediglich 1 % (oder einen anteiligen Betrag am Grundkapital von 100.000 Euro, beispielsweise in § 142 Abs. 2 AktG) genügen lassen.[29] Indes kann diese insgesamt auf einen bestimmten prozentualen Schwellenwert – der dann konsequenterweise jenseits der 99 %[30] liegen müsste – begrenzte, rein rechnerische Sichtweise nicht allein maßgeblich sein. Vielmehr muss maßgeblich sein, welche Position der Erwerber im Unternehmen faktisch erlangt: Mit einem Anteilserwerb von 75 % kann der Erwerber sämtliche Entscheidungen treffen, die Satzung alleine ändern oder gar – bei einer GmbH – die Gesellschaft auflösen (§ 60 Abs. 1

26 BGH, *Urteil* v. 04.04.2001 - VIII ZR 32/00 = NJW 2001, 2163, 2164.

27 Vgl. *Hommelhoff*, ZGR 1982, S. 366, 378 ff., der jedoch im Ergebnis vertritt, einen Unternehmenskauf hinsichtlich der Haftung des Anteilsveräußerers bereits ab einer fünfzigprozentigen Anteilsveräußerung anzunehmen.

28 Vgl. *Schröcker*, ZGR 2005, S. 63, 67 f.

29 Eine tabellarische Übersicht über die gesetzlichen Minderheitenrechte im Aktiengesetz findet sich noch bei *Semler*, in: Hoffmann-Becking (Hrsg.), MünchHdb-GesR, Bd. 4, 3. Aufl. 2007, § 42 Rn. 32 ff.; in der nunmehr aktuellen 4. Aufl. ist diese Übersicht nicht mehr enthalten.

30 Präziser müsste der Wert einerseits über 99 % liegen, andererseits dürfte aber auch, wiederum bezogen auf das AktG, ein verbleibender Minderheitsanteil nicht über 100.000 Euro wert sein.

Nr. 2 GmbHG), sofern im entsprechenden Unternehmen das gesetzlich vorgesehene Normalstatut gilt. Es bestehen zwar weiterhin Minderheitenrechte. Diese bieten regelmäßig aber nur geringe Substanz, um den Mehrheitsanteilsinhaber von Entscheidungen abzuhalten oder diese zu blockieren. Weitestgehend ist – wiederum betont sei hier die Geltung des Normalstatuts als Prämisse – die Stellung des fünfundsiebzigprozentigen Anteilsinhabers daher mit der Stellung eines Alleinunternehmers vergleichbar. Berücksichtigt werden muss ferner, dass neben den durch die Anteile erworbenen Gewinnbezugsrechten auch das unternehmerische Risiko zu 75 % bei dem Anteilserwerber liegt. Diese Position stößt letztendlich jedoch bereits dann an ihre Grenzen, wenn von dem gesetzlichen Normalstatut abgewichen wird, zum Beispiel gemäß § 53 Abs. 2 S. 2 GmbHG satzungsmäßig eine über die erforderliche 75 %- Mehrheit bei der Satzungsänderung hinausgehende Mehrheit festgelegt wird. In der Konsequenz dessen könnte man zwar auf abstrakte Voraussetzungen abstellen, beispielsweise dergestalt, dass ein Unternehmenskauf dann angenommen werden könnte, wenn der Erwerber die satzungsändernde Mehrheit der Anteile erwirbt. Dies trägt jedoch dem Einzelfall nur unzulänglich Rechnung, da ein so vielgestaltig denkbarer und von zahlreichen Faktoren abhängiger Prozess wie ein Unternehmenskauf m. E. nicht auf lediglich ein formelles Kriterium reduziert werden kann, wenn interessen- und sachverhaltsgerechte Ergebnisse erzielt werden sollen.

In Anbetracht der vielfältigen Erscheinungsformen von Unternehmen einerseits und M&A-Transaktionen andererseits ist es daher vorzugswürdig, keine starre prozentuale Grenze zu ziehen. Eine Beurteilung im Einzelfall ist stets zusätzlich erforderlich. Wenn jedoch eine prozentuale Grenze gezogen werden muss, ist es aber nach der hier vertretenen Ansicht im Ergebnis eher vertretbar, der Rechtsprechung zu folgen, nach der nahezu alle Anteile erworben werden müssen, um von einem Unternehmenskauf auszugehen[31], wobei natürlich auch dann die Umstände des Einzelfalls zu berücksichtigen sind. Unabhängig von der gegebenenfalls erforderlichen rechtlichen – und wie gezeigt wurde, umstrittenen – Differenzierung wird im weiteren Verlauf dieser Arbeit der Terminus des „Unternehmenskaufs" in einem insoweit untechnischen Sinne als Synonym für sowohl den Anteils- als auch den Unternehmenskauf verwendet, sofern nicht explizit differenziert wird.

31 St. Rspr., beispielsweise schon BGH, *Urteil* v. 27.02.1970 - I ZR 103/68 = WM 1970, 819; sowie aktueller BGH, *Urteil* v. 04.04.2001 - VIII ZR 32/00 = NJW 2001, 2163, 2164.

II. Der Ablauf einer M&A-Transaktion

Die Darstellung einer „typischen" M&A-Transaktion ist aufgrund der vielfältigen Transaktionsformen unter dem Sammelbegriff „M&A" zunächst schwierig. Im weiteren Sinne fallen darunter Zusammenschlüsse (*Mergers*), (vollständige oder teilweise) Übernahmen (*Acquisitions*), aber auch Fälle des Management Buy-Outs (*MBO*)[32] oder des Leveraged Buy-Outs (*LBO*)[33] – um nur einige Erscheinungsformen zu nennen.[34] Zudem kann eine M&A-Transaktion entweder als *„share deal"* oder als *„asset deal"* ausgestaltet sein.[35] Bei einem *share deal* werden die Anteile eines Unternehmens verkauft, so dass das Unternehmen als solches in seinem Bestand unverändert bleibt, da in rechtlicher Hinsicht nur der Unternehmensträger wechselt.[36] Bei einem *asset deal* hingegen wird zwar einerseits regelmäßig ein Unternehmen oder Betriebsteil als Sachgesamtheit verkauft, jedoch – im Gegensatz zum *share deal* – dergestalt, dass die dem zu verkaufenden Unternehmen oder Betriebsteil zugeordneten Vermögensgegenstände bzw. Wirtschaftsgüter und nicht die Anteile des Rechtsträgers verkauft werden.[37] Daneben lässt sich anhand der Verfahrensarten differenzieren. Der Erwerb eines nicht börsennotierten Unternehmens kann entweder „bilateral" zwischen Käufer und Verkäufer oder in einem Bieterverfahren mit mehreren potentiellen Käufern durchgeführt werden. Davon unterscheidet sich wiederum die „öffentliche Übernahme", also der Erwerb einer die Kontrolle des Unternehmens ermöglichenden Beteiligung gemäß § 29 Abs. 1 WpÜG bei börsennotierten Unternehmen.

Trotz der vorstehend nur grob skizzierten vielfältigen Erscheinungsformen von M&A-Transaktionen lässt sich hinsichtlich des Ablaufs dennoch eine gewisse Grundstruktur ausmachen, die sich in den wohl meisten Transaktionen erkennen lässt.

---

32 Dazu näher *Beisel*, in: Beisel/Klumpp/Schindler (Hrsg.), Unternehmenskauf, § 13 Rn. 1 ff.

33 Vgl. dazu bspw. *Gabrysch*, in: Breithaupt/Ottersbach (Hrsg.), Kompendium Gesellschaftsrecht, Teil 1., Kap. C. Rn. 65 f.

34 Eine kurze und auch nicht abschließende Übersichtsdarstellung findet sich bei *Liebs*, Der Unternehmenskauf, Rn. 86 ff.

35 Zur Unterscheidung und insb. den unterschiedlichen Implikationen hinsichtlich des Risikoaspekts instruktiv *Beck/Klar*, DB 2007, S. 2819, 2821 f.

36 *Heckschen*, in: Heckschen/Herrler/Starke (Hrsg.), BeckNotar-Hdb., Teil D, Kap. V. Rn. 28.

37 Vgl. *Weidenkaff*, in: Palandt, 76. Aufl. 2017, § 453 Rn. 7; BGH, *Urteil* v. 30.01.2013 - XII ZR 38/12 = NJW 2013, 1083, 1084.

1. Vorvertragliche Phase

Wörtlich genommen ließe sich ein Großteil der Vorgänge bei einer M&A-Transaktion unter das Schlagwort „Vorvertragliche Phase“ subsumieren, da der Vertragsschluss erst (relativ) am Ende einer jeden Transaktion steht. Auf Käufer- sowie Verkäuferseite wird zunächst intern entschieden, innerhalb welcher Spanne sich ein später genau zu ermittelnder Kaufpreis bewegen darf.[38] Daneben werden bereits in dieser frühen Phase regelmäßig – entweder jeweils intern oder beispielsweise durch einen „Letter of Intent“ (LoI)[39] – grundsätzliche Rahmenbedingungen der entsprechenden Transaktion festgelegt. Insbesondere im Hinblick auf die noch zu erörternde Due Diligence ist hier ein LoI als schriftliche Absichtserklärung – wenn auch nicht zwingend als bindender Vorvertrag, aber zumindest als Beleg grundsätzlich ernsthafter Kaufabsichten – die wohl gängigere Variante.

2. Due Diligence und Verhandlungsphase

Unmittelbar mit der Verhandlungsphase verknüpft ist die Due Diligence des bzw. der Kaufinteressenten.[40] Der Begriff „Due Diligence“ entstammt dem amerikanischen Kapitalmarkt- und Anlegerschutzrecht[41] und bedeutet übersetzt „erforderliche Sorgfalt“. Die Due Diligence entspricht zwar in ihrer ursprünglichen Konzeption lediglich einem „[…] *haftungsrechtlichen Verhaltensstandard, der dem Sorgfaltsmaßstab des § 276 BGB nahe kommt*“[42], hat sich jedoch im M&A-Bereich als Oberbegriff für eine im Vorfeld der Transaktion durchgeführte Überprüfung des Zielunternehmens unter den verschiedensten Aspekten[43] gewissermaßen verselbständigt. Die Due Diligence ist auf den fundamentalen,

38 Vgl. *Hölters*, in: Hölters (Hrsg.), Handbuch Unternehmenskauf, Teil 1 Rn. 1.134.

39 Näher dazu *Heussen*, Letter of Intent, Rn. 1 ff. (Funktionen) sowie Rn. 31 ff. (Formen).

40 Vgl. *Kiethe*, NZG 1999, S. 976.

41 Vgl. *Vogt*, DStR 2001, S. 2027; präzise entstammt der Terminus Section 11 Subsection (b) des Securities Act von 1933, vgl. auch *Wardenbach*, KSzW 2011, S. 389; ferner wird auch in der auf Grundlage des Securities Exchange Act von 1934 erlassenen SEC-Verordnung 10b-5 (1942) auf die Due Diligence Bezug genommen, vgl. *Berens/Strauch*, in: Berens/Brauner/Strauch (Hrsg.), Due Diligence bei Unternehmensakquisitionen, Kap. Betriebswirtschaftliche Grundlagen, S. 6 ff.

42 *Körber*, NZG 2002, S. 263.

43 Gängig sind insbesondere die Bereiche *legal*, *financial* und *tax*; daneben können eine Vielzahl weiterer Bereiche wie beispielsweise *commercial*, *environmental*, *IT* oder *human resources* Gegenstand einer DD sein, vgl. dazu insgesamt *Andreas*, in: Beisel/Andreas (Hrsg.), Beck-MHB Due Diligence, Teil G Rn. 1 ff.

ebenfalls dem anglo-amerikanischen Rechtskreis entstammenden Grundsatz des „*caveat emptor*“[44] zurück zu führen, nach dem der Käufer die Mangelfreiheit der Kaufsache durch entsprechend sorgfältige Prüfung bzw. über die Vereinbarung verkäuferseitiger Garantien sicherstellen muss, da dem Verkäufer in dieser Hinsicht – anders als im deutschen Gewährleistungsrecht – keine Pflichten auferlegt sind bzw. waren.[45] Obschon beispielsweise im britischen Recht der *Sale of Goods Act* 1979 die Anwendung dieser Maxime mittlerweile zugunsten eines verbesserten Käuferschutzes limitiert[46] und im amerikanischen Recht ebenfalls eine gewisse Abkehr von der uneingeschränkten Anwendung zu beobachten ist[47], kann dieser bis auf das Jahr 1603 zurück zu verfolgende Grundsatz[48] auch heute noch als „gedanklicher Ausgangspunkt“ der Due Diligence betrachtet werden.

Der Prozess eines Unternehmenskaufs ist insgesamt von einer asymmetrischen Informationsverteilung geprägt: Der Verkäufer kennt „sein“ Unternehmen in aller Regel gut, der Käufer hingegen tritt als Außenstehender in den Prozess ein und muss sich – meist binnen kurzer Zeit – ein möglichst prägnantes Bild des Unternehmens schaffen, um „auf Augenhöhe“ mit dem Verkäufer verhandeln und den Kaufgegenstand realistisch einschätzen und bewerten zu können. In den seltensten Fällen wird das Bild des Käufers jedoch vollständig sein, denn „lebendige Unternehmen“ unterliegen einer Dynamik, die auch durch eine sorgfältigste Prüfung kaum exakt abgebildet werden kann. Oftmals wird zudem von einer umfassenden Due Diligence abgesehen und die Prüfung auf eine so genannte „*Red Flag Due Diligence*“[49]

---

44 Nach *Broom*, Legal Maxims, p. 768; zitiert nach *Fleischer*, Informationsasymmetrie, S. 823, sei das „bis heute maßgebliche Präjudiz“ der Entscheidung *Smith* v. *Hughes* (1871), LR 6 QB 597 zu entnehmen, obschon der *caveat emptor*- Grundsatz bis auf das Jahr 1603 zurück datiert, vgl. Fn. 48.

45 Vgl. *Müller*, NJW 2004, S. 2196.

46 *Sale of Goods Act* 1979, Part II, Sec. 14, abrufbar unter http://www.legislation.gov.uk/ukpga/1979/54/section/14 (zuletzt abgerufen am 25. April 2017).

47 Vgl. die Entscheidung *Jeffrey M. Stambovsky* v. *Helen Ackley and Ellis Realty*, 169 A.D.2d 254, 572 N.Y.S. 2d 672, 60 USLW 2070 (New York Supreme Court, Appellate Division), bei welcher die Berufungsinstanz mit einem Votum von 3:2 eine Abkehr vom *caveat emptor*- Grundsatz vornahm, dessen Geltung der New Yorker Supreme Court als Vorinstanz noch angenommen hatte.

48 So führen *Cartwright*, Misrepresentation, S. 426 sowie *Fleischer*, Informationsasymmetrie, S. 822 den *caveat emptor*- Grundsatz auf den Fall *Chandelor* v. *Lopus*, (1603) Cro. Jac. 4, 79 E.R. 3 zurück.

49 Instruktiv dazu das LG Düsseldorf, *Urteil* v. 15.10.2013 - 7 O 6/12 U = via juris.

beschränkt wird, bei der lediglich mögliche „*Deal Breaker*" identifiziert werden.[50]

In der Due Diligence gewährt der Verkäufer dem/den Kaufinteressenten grundsätzlich einen Einblick in alle relevanten, das Unternehmen betreffende Unterlagen und Fakten.[51] Die Interessenlage des Verkäufers ist dabei von einem gewissen Zielkonflikt geprägt. Einerseits haben die im Rahmen der Due Diligence offen gelegten Informationen im Unternehmenskaufvertrag maßgeblichen Einfluss auf den Haftungsumfang, was durchaus im Interesse des Verkäufers liegt (dazu sogleich). Andererseits gewährt der Verkäufer einem oder gar mehreren Kaufinteressenten Einblicke in das „Innerste" des Unternehmens und legt Daten offen, die Wettbewerbern und Konkurrenten im regelmäßigen Geschäftsgang verborgen bleiben. Zwar werden im Vorfeld einer Due Diligence im Regelfall Vertraulichkeitserklärungen (sog. *Non- Disclosure Agreements*, NDA)[52] unterzeichnet, aber sollte eine Transaktion nicht zustande kommen, verfügt ein Wettbewerber oder Konkurrent dennoch über detaillierte Informationen über das Unternehmen.

Dieser Konflikt lässt sich letzten Endes nicht vollumfänglich auflösen. Zwar gibt es keine Rechtsgrundlage, die den Verkäufer dazu verpflichtet, eine Due Diligence zu gestatten. Im Gegenteil ist die Frage nach einer Pflicht der Organe der Zielgesellschaft, eine Due Diligence zu gestatten (und falls eine solche Pflicht bejaht wird, in welchem Umfang dies zu tun ist), wenngleich auch nicht mehr im engeren Sinne umstritten, jedenfalls aber nicht eindeutig zu beantworten.[53] Letztlich wird vermutlich kaum ein Käufer auf eine Due Diligence als Informationsgrundlage verzichten. Die umstrittene Frage, ob die Durchführung einer Due Diligence im Zuge einer M&A-Transaktion mittlerweile zur Verkehrssitte geworden ist, soll hier indes nicht vertieft behandelt werden.[54] Allenfalls muss

---

50 Zu diesem Befund gelangt auch eine im Rahmen des „FINANCE M&A Panel Februar 2016" durchgeführte Befragung; s. http://www.finance-magazin.de/file admin/PDF/Panels/FINANCE_M_A_Panel_Umfrage_ Februar_2016.pdf (zuletzt abgerufen am 25. April 2017).

51 Vgl. *Picot*, in: Berens/Brauner/Strauch (Hrsg.), Due Diligence bei Unternehmensakquisitionen, Kap. Wirtschaftsrechtliche Grundlagen, S. 319; *Koppmann*, BB 2014, S. 1673, 1677 f. bietet einen Überblick über die Werkzeuge, die insbesondere dem Verkäufer bei der Strukturierung der Due Diligence zur Verfügung stehen.

52 Vgl. *Beisel*, in: Beisel/Andreas (Hrsg.), Beck-MHB Due Diligence, Teil B Rn. 45 ff.

53 So im Ergebnis auch *Rittmeister*, M&A Review 2008, S. 528; *Krömker*, M&A Review 2008, S. 201, 203 ff.

54 Zum Streitstand *Beisel*, in: Beisel/Klumpp/Schindler (Hrsg.), Unternehmenskauf, § 2 Rn. 9 f. m.w.N.

in diesem Zusammenhang konstatiert werden, dass die Annahme einer *„gleichmäßigen, einheitlichen und freiwilligen tatsächlichen Übung“*[55], so die Definition des BGH[56], im Falle der – von Transaktion zu Transaktion nach Art und Umfang stets unterschiedlich ausgestalteten – Due Diligence eher fernliegend erscheint. Auch der oben bereits genannte Interessenkonflikt des Verkäufers, einem potentiellen Käufer im Falle des Scheiterns der Transaktion keinen umfassenden Einblick in sein Unternehmen gewährt zu haben, kann der „freiwilligen Übung“ durchaus entgegenstehen. Auch die zahlreichen denkbaren Ausgestaltungen einer Due Diligence sind in der Tendenz eher dazu geeignet, eine – Einheitlichkeit voraussetzende – Verkehrssitte abzulehnen. Dennoch: Als Marktstandard in M&A-Transaktionen ist die Due Diligence ein etabliertes und regelmäßig praktiziertes Verfahren zur Absicherung des Käufers und in gewissem Maße auch des Verkäufers (dazu sogleich).

Ob aufgrund der durch das UMAG[57] eingeführten *Business Judgment Rule* nicht gegebenenfalls bereits von einem „faktischen Zwang“ zur verkäuferseitigen Gestattung und käuferseitigen Durchführung einer Due Diligence auszugehen sein könnte, mag im Rahmen dieser Arbeit dahingestellt bleiben.[58] Letzten Endes wird die Frage, ob eine Due Diligence durchgeführt wird oder nicht, stets im Einzelfall zu betrachten und zu bewerten sein.

Die in der Due Diligence gewonnenen Erkenntnisse fließen sodann in den weiteren Verhandlungsprozess ein, insbesondere für die Thematik der verkäuferseitigen Haftung ist die Due Diligence von entscheidender Relevanz.[59] So wird zwar der Verkäufer nicht umhin können, gewisse Garantien abzugeben – was noch im Detail zu erörtern sein wird –, damit korrespondierend kann jedoch die Haftung des Verkäufers für alle dem Käufer im Rahmen der Due Diligence offen gelegten Umstände ausgeschlossen werden, und dies unabhängig davon, ob der Käufer letzten Endes Kenntnis davon erlangt – sofern nur der Verkäufer

---

55 BGH, *Urteil* v. 30.09.2009 - VIII ZR 238/08 = NJW 2010, 1135, 1136 Rn. 11.

56 St. Rspr.; zuvor bereits BGH, *Urteil* v. 30.03.1990 - V ZR 113/89 = NJW 1990, 1723, 1724.

57 Gesetz zur Unternehmensintegrität und Modernisierung des Anfechtungsrechts vom 22.09.2005, BGBl. I S. 2802.

58 Eine aus der Business Judgment Rule zu folgernde Pflicht bejahend: *Fietz*, in: Umnuß (Hrsg.), Corporate Compliance Checklisten, Kap. 9 Rn. 57; dies dagegen vorzugswürdig als eine im Einzelfall zu treffende Ermessensentscheidung bewertend *Fleischer*, in: Spindler/Stilz (Hrsg.), AktG, Bd. 1, 3. Aufl. 2015, § 93 Rn. 170 f.

59 Instruktiv dazu auch *Wardenbach*, KSzW 2011, S. 389.

die ordnungsmäßige Offenlegung nachweisen kann (sog. *Sandbagging*).[60] Dies schafft eine dem (dispositiven) § 442 Abs. 1 BGB gegenläufige Regelungssituation[61], wobei gelten dürfte, dass das Vertrauen des Käufers in den Garantiekatalog bei einer großen Zahl von Offenlegungen nicht sonderlich gestärkt werden dürfte. Regelmäßig sind jedoch die Rechtsgedanken des § 442 Abs. 1 BGB auch Bestandteil des Vertrags, sodass lediglich Kenntnis oder fahrlässige Unkenntnis des Käufers relevant sind.[62] Teilweise erstrecken sich derartige Klauseln auch auf solche Umstände, die vernünftigerweise aus den im Datenraum offen gelegten Informationen hätten gefolgert werden können bzw. die dem Käufer anderweitig bekannt sind.[63]

Eine generalisierende Aussage darüber, wie mit Erkenntnissen aus der Due Diligence im weiteren Verlauf einer M&A-Transaktion verfahren wird, lässt sich daher kaum fundiert treffen. Regelmäßig dürfte das „reine" *Sandbagging* jedoch eher den Ausnahmefall darstellen, insbesondere, da der M&A-Bereich derzeit als ein eher käuferseitig dominierter Markt wahrgenommen wird[64] und das *Sandbagging* – wie oben bereits beschrieben – eine verkäuferfreundliche Regelung darstellt.

3. Schuldrechtlicher Vertragsschluss (*Signing*)

Nach den Vertragsverhandlungen schließt sich der schuldrechtliche Abschluss, also das Verpflichtungsgeschäft in Form der Unterzeichnung (*Signing*) – und damit einhergehend in der Regel die notarielle Beurkundung – des Kaufvertrages, an. Das Signing an sich ist in den wohl meisten Fällen lediglich eine Formsache. Von größerer Relevanz ist allerdings die sich an das Signing anschließende und bis zum Closing – dazu sogleich – andauernde Phase. Deren Dauer lässt sich nicht generalisierend feststellen. Häufig ist die Beantragung der kartellrechtlichen

---

60 Insb. zum „*Sandbagging*": *Weißhaupt*, WM 2013, S. 782, 783 f.; *Möller*, NZG 2012, S. 841, 843; eine beispielhafte vertragliche Formulierung findet sich bei *Schrader*, in: Seibt (Hrsg.), Beck-FB M&A, Muster C. II. 1, § 12.2.2.

61 Vgl. *Rasner*, WM 2006, S. 1425, 1431.

62 Vgl. *Rasner*, WM 2006, S. 1425, 1431.

63 Vgl. etwa die Formulierung bei *Schrader*, in: Seibt (Hrsg.), Beck-FB M&A, Muster C. II. 1, § 12.2.1 (b) und *Thurn/Ziegenhain*, in: Walz (Hrsg.), Beck-FB ZWU, Muster N. 3., § 8 (3) e).

64 Vgl. EY Global Capital Confidence Barometer, 12th Edition, April 2015, S. 9, http://www.ey.com/Publication/vwLUAssets/EY-Capital-Confidence-Barometer-Global-April-2015/$FILE/Capital-Confidence-Barometer-Global-April-2015.pdf (zuletzt abgerufen am 25. April 2017).

Freigabe der Transaktion ein maßgeblicher Zeitfaktor, wobei – vorausgesetzt, es wird seitens des Bundeskartellamts kein Hauptprüfverfahren eingeleitet – der Zeitrahmen von einem Monat gemäß § 40 Abs. 1 GWB überschaubar ist. Internationale Fusionskontrollverfahren lassen sich in ihrer Dauer indes aufgrund der bislang nur unzureichenden Harmonisierung[65] des Fusionskontrollverfahrens kaum prognostizieren. Das Closing wird jedenfalls erst dann durchgeführt, wenn die vertraglich vereinbarten Vollzugsbedingungen (*Closing Conditions* oder *Conditions Precedent*[66]), zu denen auch die kartellrechtliche Freigabe zählt, eingetreten bzw. erfüllt sind.

Die Relevanz dieser Transaktionsphase wird noch deutlicher, wenn man bedenkt, dass der Käufer zwar schon einen unterschriebenen Kaufvertrag in Händen hält, aber hinsichtlich des erworbenen Zielunternehmens noch keinerlei Rechte hat. Wie soeben erörtert, fallen Signing und Closing aus Gründen, die sich oftmals der Disposition der Parteien entziehen, regelmäßig zeitlich auseinander. Dabei muss der Käufer sich bei (zu erwartenden) längeren Zeiträumen durch Garantien – die zu erläutern sein werden – dahingehend absichern, dass das Zielunternehmen seit Signing nur im gewöhnlichen Geschäftsgang (*ordinary course of business*[67]) geführt und keine Ausschüttungen oder sonstige außerplanmäßige Vermögensabflüsse (sogenannte *leakage*[68]) vorgenommen wurden, was insbesondere bei einem – noch zu erörternden – „Locked Box"- Kaufpreismodell[69] relevant ist.

4. Dinglicher Vollzug (*Closing*)

Der dingliche Vollzug (*Closing*[70]) stellt den Abschluss der M&A-Transaktion dar. Dabei werden die Anteile (bei einem *share deal*) bzw. die erworbenen Wirtschaftsgüter (bei einem *asset deal*) des Zielunternehmens vom Verkäufer auf den Käufer mit dinglicher Wirkung übertragen sowie im Gegenzug der vereinbarte Kaufpreis gezahlt. Häufig ist aber auch die Erstellung eines Zwischenabschlusses des Zielunternehmens auf den Zeitpunkt des Closings, der sog. Stichtagsbilanz

---

65 Vgl. *Berg/Nachtsheim/Kronberger*, RiW 2003, S. 15, 22.

66 Vgl. *Picot*, in: Picot (Hrsg.), Unternehmenskauf und Restrukturierung, § 4 Rn. 589.

67 Vgl. *Schrader*, in: Seibt (Hrsg.), Beck-FB M&A, Muster C. II. 2, § 13 u. Anm. 136.

68 Vgl. *Weißhaupt*, BB 2013, S. 2947, 2949.

69 Siehe dazu ausführlich unter F.I.1.

70 Vgl. *Aigner/Mues*, in: Wachter (Hrsg.), Praxis HaGesR, Teil 2, Kap. 4, Rn. 31; 110; *Semler*, in: Hölters (Hrsg.), Handbuch Unternehmenskauf, Teil 7 Rn. 7.98, der anmerkt, dass der (gängige) Terminus des „Closing" eher unpräzise sei.

(auch *Closing Account*[71]) zur Ermittlung des endgültigen Kaufpreises erforderlich; in solchen Fällen wird beim Closing zunächst lediglich ein – meist auf Schätzungen der Parteien beruhender – vorläufiger Kaufpreis (auch *preliminary purchase price*[72]) gezahlt, der nach Erstellung des Zwischenabschlusses und abhängig von dem vereinbarten Modell der Kaufpreisfindung der Höhe nach angepasst wird.[73] Das Closing findet dann erst statt, wenn die im Kaufvertrag aufgeführten Bedingungen erfüllt sind.

III. Das gesetzliche Gewährleistungssystem

In seiner grundlegenden Struktur ist ein Unternehmenskaufvertrag mit einem „normalen" Kaufvertrag vergleichbar, obschon die Anforderungen der Parteien im Unternehmenskauf und die Berücksichtigung eines dynamischen, in seiner Gesamtheit und Komplexität nur schwer prägnant darstellbaren Kaufgegenstands eine freilich komplexe Ausformung und hohe Regelungsdichte im Vergleich zu einem klassischen Kaufvertrag über eine Sache im Sinne des § 90 BGB bedingen. Die Anwendung kaufrechtlicher Regelungen ist in Ermangelung spezieller, auf den Unternehmenskauf zugeschnittener Regelungen jedoch zunächst möglich.[74]

Durch die Schuldrechtsreform im Jahre 2001[75] wurde das System der Mängelgewährleistung im BGB grundlegend überarbeitet. Insbesondere im internationalen Kontext sollte das deutsche Vertragsrecht attraktiver gestaltet werden, um im Rahmen einer einheitlichen und sachgerechten Kodifizierung ausufernde Vertragswerke anglo-amerikanischen Stils, denen regelmäßig umfangreiche Definitionsapparate vorangestellt werden müssen, vermeiden zu können.[76] Dass dieses ambitionierte Ziel nicht erreicht wurde, darf als gesicherte Erkenntnis gelten, obschon beispielsweise das einheitliche System aus einer Pflichtverletzung und den daraus folgenden Rechten eine gegenüber der vormals geltenden Differenzierung zwischen Nicht- bzw. Schlechterfüllungsrecht und dem Gewährleistungsrecht deutlich kohärenter aufgebaut ist.[77]

71 Vgl. *Kiem*, in: Kiem (Hrsg.), Kaufpreisregelungen, § 4 Rn. 9.

72 Vgl. *Kiem*, in: Kiem (Hrsg.), Kaufpreisregelungen, § 4 Rn. 8 f.

73 Vgl. *Neuhaus*, in: Kiem (Hrsg.), Kaufpreisregelungen, § 5 Rn. 12 ff.

74 Grundlegend bereits vom RG, *Urteil* v. 13.03.1906 - Rep. II 344/05 = RGZ 63, 57, bejaht.

75 Gesetz zur Modernisierung des Schuldrechts vom 26. November 2001 (BGBl. I S. 3138).

76 *Däubler-Gmelin*, NJW 2001, S. 2281, 2289.

77 *Schmidt-Räntsch*, AnwBl 2003, S. 529, 530; *Picot*, DB 2009, S. 2587, 2592.

1. Sachmängelhaftung

Eine der zentralen, für den Unternehmenskauf relevanten Änderungen durch die Schuldrechtsmodernisierung betrifft die Gleichstellung von Sach- und Rechtskauf durch § 453 Abs. 1 BGB, wodurch die zuvor bestehende Problematik, hinsichtlich der Frage der anzuwendenden Regeln zwischen Share und Asset Deal abgrenzen zu müssen, zunächst überwunden scheint. Die damit verbundene Frage, wann ein „Unternehmenskauf“ im rechtstechnischen Sinne vorliege, wurde jedoch seitens des Gesetzgebers unter Verweis auf die – allerdings durchaus nicht als einheitlich zu beurteilende – Rechtsprechung des BGH zur „Übertragung von Unternehmen und Unternehmensteilen“ offen gelassen.[78] Somit wurde auch durch die Schuldrechtsreform weder der Begriff des „Unternehmenskaufs“ definiert noch die Frage geklärt, wann ein Anteilskauf als Rechtskauf gegebenenfalls in einen Sachkauf „umschlägt“.[79] Zwar ist dies aufgrund der Gleichstellung von Sach- und Rechtskauf letztlich nicht von maßgeblicher Relevanz; gleichwohl wurde der wirtschaftlichen Bedeutung von Unternehmenstransaktionen durch das neue Schuldrecht insoweit nicht Rechnung getragen.

Den rechtlichen Ausgangspunkt des kaufrechtlichen Haftungssystems bildet die primäre Leistungspflicht des Verkäufers, dem Käufer die Sache frei von Mängeln zu übergeben, § 433 Abs. 1 S. 2 BGB. Liegt dabei eine Pflichtverletzung in Gestalt eines Mangels vor, sind dem Käufer entsprechende Rechtsbehelfe eröffnet. Zunächst ist der Käufer auf einen Nacherfüllungsanspruch verwiesen, der sich entweder auf Mängelbeseitigung oder Neulieferung richtet, wobei dem Käufer ein diesbezügliches Wahlrecht zusteht, § 439 Abs. 1 BGB Auf einen Unternehmenskauf bezogen, zeigt sich bereits beim Nacherfüllungsanspruch, wie problematisch hier eine bloße Übernahme des gesetzlichen Haftungssystems ist. Eine Neulieferung scheidet aus, denn es wird einem Verkäufer nicht möglich sein, ein neues und mangelfreies Unternehmen zu liefern. Im Zusammenhang mit der Mängelbeseitigung offenbaren sich weitere Probleme. Neben der Tatsache, dass der Verkäufer nach Abschluss der Transaktion nochmal aktiv auf das Unternehmen Einfluss nehmen muss, um einen Mangel überhaupt beheben zu können, korrespondiert mit dem Nacherfüllungsanspruch auch ein „Recht zur zweiten Andienung“ des Verkäufers, dem damit die Chance gegeben werden soll, etwaige weitergehende Ansprüche des Käufers durch (wenn auch nachträgliche)

78 So die Begründung des Gesetzesentwurfs, BT-Drs. 14/6040, S. 242; vgl. auch *Triebel/Hölzle*, BB 2002, S. 521, 522 f.

79 *Lange*, ZGS 2003, S. 300, 301.

Erfüllung seiner primären Leistungspflicht abwenden zu können.[80] Das bedeutet, dass der Käufer eine Einwirkung des Verkäufers auf das bereits verkaufte Unternehmen unter Umständen nicht verhindern kann.[81]

Setzt der Käufer dem Verkäufer eine Frist zur Nacherfüllung und läuft diese erfolglos ab, sind weitergehende Ansprüche des Käufers eröffnet. So kann er gemäß §§ 437 Nr. 2, 440, 323 und 326 Abs. 5 BGB vom Vertrag zurücktreten oder gemäß §§ 437 Nr. 2, 441 BGB den Kaufpreis mindern. Schadensersatz (§§ 437 Nr. 3, 280, 281, 283, 311a BGB) oder Ersatz von vergeblich getätigten Aufwendungen (§§ 437 Nr. 3, 284 BGB) kann der Käufer indes nur dann verlangen, wenn der Verkäufer die entsprechende Pflichtverletzung auch vertreten muss und sich nicht exkulpieren kann, was aus der Beweislastumkehr des § 280 Abs. 1 S. 2 BGB hinsichtlich des Merkmals des „Vertretenmüssens" der Pflichtverletzung (die wiederum durch den Gläubiger dargelegt und gegebenenfalls bewiesen werden muss) folgt,[82] der im Rahmen des § 284 BGB ebenfalls einbezogen wird.[83]

Praktisch werden diese Regelungen in einem Unternehmenskaufvertrag in aller Regel weitestgehend abbedungen.[84] Dies wird insbesondere mit den unpassenden Regelungsinhalten bzw. Rechtsfolgen der Gewährleistungsrechte begründet[85], die den Interessenlagen der Parteien eines Unternehmenskaufvertrags regelmäßig nicht entsprechen.[86] So kann beispielsweise das gesetzliche Rücktrittsrecht gemäß §§ 437 Nr. 2, 323 Abs. 1 BGB zu umfangreichen Rückabwicklungsschwierigkeiten führen, wenn die eigentliche Transaktion bereits vollständig vollzogen wurde.[87] Es zeigt sich damit, dass das gesetzliche System der Mängelgewährleistung bei einem Unternehmenskauf im Einzelfall ungewollte, da praktisch kaum handhabbare Rechtsfolgen bereithält. Zwar ist eine

---

80 *Picot*, DB 2009, S. 2587, 2593.

81 Vgl. *Picot*, in: Picot (Hrsg.), Unternehmenskauf und Restrukturierung, § 4 Rn. 331.

82 Vgl. *Schulze*, in: Schulze u.a., Hk-BGB, 9. Aufl. 2017, § 280 Rn. 15.

83 Vgl. *Schulze*, in: Schulze u.a., Hk-BGB, 9. Aufl. 2017, § 284 Rn. 5.

84 Vgl. *Holzapfel/Pöllath*, Unternehmenskauf in Recht und Praxis (14. Aufl. 2010), Rn. 668 f.; *Picot*, in: Picot (Hrsg.), Hdb. M & A, S. 329; *Becker/Voß*, in: Knott/Mielke (Hrsg.), Vertragskommentar Unternehmenskauf, Erläuterungen zu Muster 1, Rn. 1037; vgl. ferner die in Fn. 107 angegebenen Nachweise.

85 Vgl. *Picot*, in: Picot (Hrsg.), Hdb. M & A, S. 328 f.; *von Gierke/Paschen*, GmbHR 2002, S. 457, 459.

86 *Möller*, NZG 2012, S. 841, 842 beschreibt das Sachmängelgewährleistungsrecht als Regelungen, die „[...] *ursprünglich für den Kauf einer Sache auf dem Markt* [...]" entwickelt worden seien.

87 *Schrader*, in: Seibt (Hrsg.), Beck-FB M&A, Muster C. II. 1, Anm. 91.

„letztgültige“ Rechtssicherheit für beide Parteien wohl kaum zu erreichen, jedoch können einige, den gesetzlichen Regelungen inhärente Risiken durch ein eigenständiges Haftungsregime ausgeschlossen oder zumindest beschränkt werden.

2. Haftung aus culpa in contrahendo

Die Haftung aus *culpa in contrahendo* (im Folgenden: c.i.c.), also dem Verschulden bei Vertragsverhandlungen, ist ein Produkt aus Gewohnheitsrecht[88] und richterlicher Rechtsfortbildung[89] und erst seit der Schuldrechtsreform durch § 241 Abs. 2 i.V.m. § 311 Abs. 2 BGB kodifiziert. Im Rahmen des Unternehmenskaufs wurde sie vom BGH zu einem Rechtsbehelf entwickelt, der in Konkurrenz zur Sachmängelhaftung stand und deren Anwendungsbereich – insbesondere auch wegen der häufig als unbillig empfundenen sehr kurzen Verjährungsfrist von sechs Monaten[90] – bewusst eingrenzte.[91] Der Sachmängelhaftung wurde durch die Rechtsprechung eine mehr und mehr subsidiäre Rolle zugesprochen, denn es wurde versucht, „[...] *der c.i.c. den klassischen Funktionsbereich der Sachmängelhaftung zu erschließen.*“[92] Die Abgrenzung war indes umstritten, worauf hier jedoch nicht detailliert eingegangen werden soll.[93]

Nach der über Jahre durch die Rechtsprechung handhabbar gemachten c.i.c.-Haftung kündigte sich mit der Schuldrechtsreform eine seitens des Gesetzgebers intendierte Richtungsänderung an. So wird in der Begründung des Gesetzesentwurfs zum Schuldrechtsmodernisierungsgesetz ausgeführt:

> *„Soweit es um den Unternehmenskauf geht, hat der BGH die Haftung des Verkäufers, der unzutreffende Angaben über Umsatz oder Ertrag des verkauften Unternehmens gemacht*

88 *Brox/Walker*, Allgemeines Schuldrecht, § 5 Rn. 1; *Busche*, in: von Staudinger (Hrsg.), Eckpfeiler, Kap. F, Rn. 61; *Seibt/Reiche*, DStR 2002, S. 1181, 1185.

89 *Grüneberg*, in: Palandt, 76. Aufl. 2017, Überbl v § 311 Rn. 1.

90 Vgl. § 477 BGB a.F.; näher dazu *Häublein*, NJW 2003, S. 388, 389.

91 *Aderhold*, DStR 1991, S. 844, 846; zur restriktiven Handhabung des Sachmängelrechts durch den BGH beim Unternehmenskauf instruktiv *Huber*, AcP (202) 2002, S. 179, 188; auch in der Begründung zum Schuldrechtsmodernisierungsgesetz, BT-Drs. 14/6040, S. 12, konstatiert der Gesetzgeber: *„Die Abgrenzung im Einzelnen ist schwierig und unsicher. Nicht selten dürfte die Kürze der Verjährungsfristen Einfluss auf die Entscheidung im Einzelfall haben.“*

92 *Willemsen*, AcP (182) 1982, S. 515, 552.

93 Vgl. zur reichsgerichtlichen Rechtsprechung exemplarisch RGZ 135, 339, 346 f. m.w.N. sowie ferner *Paefgen*, Mangelhafte Aufklärung, S. 32 f.; *Aderhold*, DStR 1991, S. 844, 845 f.

hatte, zwar nicht nach den Vorschriften über die Sachmängelhaftung, sondern nach den Regeln über das Verschulden bei Vertragsanbahnung beurteilt [...]. Die Gründe, die ihn dazu veranlasst haben, sind aber nach den Vorschriften des Entwurfs weithin entfallen, da diese dem Käufer ein Nachbesserungsrecht gewähren, ihm ein Schadensersatzanspruch auch bei Fahrlässigkeit des Verkäufers zustehen kann, die Berechnung der Minderung erleichtert und auch eine angemessene Regelung der Verjährungsfrage bereitgestellt wird."[94]

Die Zielrichtung des Gesetzgebers lag insofern darin, die den Unternehmenskauf betreffenden Haftungsfragen weg von gewohnheitsrechtlichen Grundsätzen wieder im Rahmen der kaufrechtlichen Sachmängelhaftung behandeln zu können. Das Bestreben, langjährige gewohnheitsrechtliche Praxis gewissermaßen zu perpetuieren, zeigt sich auch in der Kodifizierung der auch vor der Schuldrechtsreform bereits anerkannten c.i.c. in § 311 Abs. 2 BGB.[95] Dieser neue Paragraph muss im Zusammenspiel mit § 241 Abs. 2 BGB n.F. betrachtet werden, da sich die entsprechenden „verletzlichen" Pflichten aus letzterem ergeben.[96] Aufgrund der vielfältig denkbaren Pflichten, die sich aus § 241 Abs. 2 BGB n.F. ergeben können, wird darüber hinaus auf die von der Rechtsprechung entwickelten Fallgruppen zurückgegriffen[97], sodass grundsätzlich keine substanziellen inhaltlichen Änderungen durch die Schuldrechtsreform zu verzeichnen sind.

Zu beachten ist indes die Abgrenzung der Anwendungsbereiche von c.i.c. und der kaufrechtlichen Gewährleistung. Der Anspruch aus §§ 280 Abs. 1, 311 Abs. 2, 241 Abs. 2 BGB n.F. könnte, würde man ihn neben den kaufrechtlichen Rechtsbehelfen anwenden, deren spezielle Voraussetzungen umgehen, so beispielsweise das dem Verkäufer zustehende Recht zur zweiten Andienung. Das maßgebliche Abgrenzungskriterium ist, ob sich die anspruchsbegründende Pflichtverletzung auf die Beschaffenheit bzw. einen Mangel der Kaufsache bezieht.[98] Ist dies der Fall, gilt der Vorrang des Kaufrechts und die Anwendung der c.i.c. ist gesperrt, obschon über die kaufrechtlichen Mängelgewährleistungsrechte bei Vorliegen der entsprechenden Voraussetzungen auch Schadensersatz geltend gemacht werden kann. Dem wird entgegen gehalten, dass c.i.c. und die kaufrechtlichen Mängelgewährleistungsrechte unterschiedliche Zwecke verfolgen und auch unterschiedlichen Voraussetzungen unterliegen.[99] Ein

94 BT-Drs. 14/6040, S. 242.

95 Vgl. *Seibt/Reiche*, DStR 2002, S. 1181, 1185.

96 *Barnert*, WM 2003, S. 416; *Emmerich*, in: MüKo-BGB, Bd. 2, 7. Aufl. 2016, § 311 Rn. 35.

97 BT-Drs. 14/6040, S. 163; *Barnert*, WM 2003, S. 416; *Beisel*, in: Beisel/Klumpp/Schindler (Hrsg.), Unternehmenskauf, § 1 Rn. 60.

98 Vgl. *Looschelders*, Schuldrecht BT, Rn. 178; *Brox/Walker*, Allgemeines Schuldrecht, § 25 Rn. 18.

99 Vgl. *Wächter*, M & A Litigation, 3. Aufl. 2017, Rn. 6.5; *Häublein*, NJW 2003, S. 388, 391 f.

kaufrechtlicher Mangel stehe der daneben existierenden Haftung aufgrund einer vorvertraglichen Pflichtverletzung nicht entgegen, wie *Wächter* treffend formuliert: „*Eine Verschuldenshaftung wegen einer schon begangenen Pflichtwidrigkeit fällt nicht rückwirkend – wie auflösend bedingt – weg, nur weil nach der Pflichtwidrigkeit ein Kaufvertrag geschlossen wird.*“[100]

Indes dürfte die Haftung für die fahrlässige c.i.c. regelmäßig ausgeschlossen sein, sodass dieser ungeklärte Meinungsstreit für die Praxis des Unternehmenskaufs letztlich irrelevant sein dürfte. Daneben greift die Sperrwirkung des Kaufrechts im Falle einer vorsätzlichen oder arglistigen Pflichtverletzung, die eine c.i.c.- Haftung begründendet, ohnehin nicht.

3. Haftung aufgrund arglistiger Täuschung

Hinsichtlich der arglistigen Täuschung haben sich durch die Schuldrechtsreform keine grundlegenden inhaltlichen Änderungen ergeben. Das heißt: Der Ausschluss des gesetzlichen Gewährleistungsrechts durch die Parteien des Unternehmenskaufvertrags gilt nur bis zur Grenze der Arglist; die Haftung für eine arglistige Täuschung ist vertraglich nicht abdingbar.[101] Dies entspricht seit der Schuldrechtsreform auch der ausdrücklichen Regelung in § 444 BGB n.F.[102]

4. Zwischenergebnis

Wie sich gezeigt hat, bietet der Rückgriff auf das gesetzliche Gewährleistungssystem keine zufriedenstellende Grundlage für die Ausgestaltung des Haftungssystems in einem Unternehmenskaufvertrag, insbesondere gilt dies im Hinblick auf die Rechtsfolgen. Die dafür maßgebliche Ursache ist in der grundlegenden Konzeption des Kaufrechts zu sehen, welches bei seinem Inkrafttreten im Jahre 1900 primär darauf zugeschnitten war, den Kauf „einfacher“ Sachen zu regeln. Dieses Regelungsziel wurde seitdem, trotz vorhandener gesetzgeberischer Ambitionen, nicht grundlegend überarbeitet. Die entsprechenden Regelungen in Unternehmenskaufverträgen abzubedingen, erscheint daher als durchaus zweckmäßige Lösung.

---

100 *Wächter*, M & A Litigation, 3. Aufl. 2017, Rn. 6.5.

101 Vgl. statt aller *Heckschen*, in: Heckschen/Herrler/Starke (Hrsg.), BeckNotar-Hdb., Teil D, Kap. V. Rn. 65.

102 Ausführlich wird § 444 BGB n.F. unter C.III.6.c) behandelt.

C. Garantievereinbarungen als Alternative zum gesetzlichen Haftungssystem

Wie sich in vorstehendem Kapitel gezeigt hat, offenbart das gesetzliche Haftungssystem des Kaufrechts gravierende Schwächen, wenn es im Rahmen von M&A-Transaktionen angewandt werden soll.[103] Aufgrund der stets individuellen Ausgangslage – keine zwei Unternehmen sind identisch – hat sich zur Lösung dieses Problems mittlerweile ein gewissermaßen als „angelsächsische Vertragsgestaltung" zu bezeichnender Umgang mit der Haftungsordnung als Standard etabliert. Dabei werden regelmäßig (mehr oder weniger) umfangreiche Garantiekataloge in Unternehmenskaufverträge aufgenommen, in denen der Verkäufer die Haftung für eine bestimmte Beschaffenheit des Unternehmens übernimmt. Allein in quantitativer Hinsicht dominiert der Garantiekatalog als „Kernstück"[104] des Vertrags dabei im Vergleich zu den übrigen Regelungskomplexen in aller Regel deutlich.[105]

Aus Käufersicht ist es durchaus folgerichtig und auch sinnvoll, nicht ausschließlich auf die Erkenntnisse aus der Due Diligence – sofern eine solche durchgeführt wurde – zu vertrauen, die bei aller Sorgfältigkeit stets nur ein recht holzschnittartiges und von einem sehr kurzen Beurteilungszeitraum hergeleitetes Gesamtbild des Unternehmens vermitteln kann. Es werden daher in der Transaktionsdokumentation verschiedene „Werkzeuge" genutzt – auf die jeweils noch einzugehen sein wird –, um eine sachgerechte Risikoallokation zu schaffen. Der Regelungskomplex der Garantien (aus dem angloamerikanischen

---

103 Vgl. nur *Metz,* Unternehmenskauf und internationale Rechnungslegung, S. 135 f. sowie die umfangreichen Nachweise in Fn. 107 sowie in Fn. 84.

104 *Beckmann*, in: Staudinger, BGB, Buch 2 (§§ 433-480), Neubearbeitung 2013, § 453 Rn. 106; *Lips*, in: Hettler/Stratz/Hörtnagl (Hrsg.), Beck-MHB Unternehmenskauf, § 3 Rn. 207.

105 Indes vermerkt *Meyer-Sparenberg*, in: Meyer-Sparenberg/Jäckle (Hrsg.), Beck'sches M&A-Handbuch, § 44 Rn. 9, dass die Relevanz von Garantieerklärungen in M&A-Verträgen generell eher abnehme, da sich insbesondere die geringe Bereitschaft von Finanzinvestoren, Garantien bei der Veräußerung von Beteiligungen zu akzeptieren, auf den gesamten M&A-Markt auswirke. Gleichwohl seien aber beispielsweise Garantien zu Jahresabschlüssen auch in beschränkten Garantiekatalogen weiterhin zu erwarten, nicht zuletzt auch vor dem Hintergrund, dass sowohl im US-amerikanischen als auch im asiatischen Raum weiterhin umfangreiche Garantiekatalog den Standard bildeten.

Sprachraum hat sich dafür die Bezeichnung *representations & warranties* durchgesetzt[106]) stellt dabei insofern ein praktisch unverzichtbares Element dar.

In diesem Kapitel wird, ausgehend von der Prämisse, dass das gesetzlich vorgesehene Haftungssystem *in praxi* regelmäßig abbedungen wird[107], das eigenständige Garantie- und Haftungssystem beleuchtet.

I. Der Begriff der Garantie

Nach dem allgemeinen Sprachgebrauch ist die Garantie eine *„einen bestimmten Sachverhalt betreffende verbindliche Zusage"*.[108] Dies ist zunächst im Wesentlichen wertneutral zu verstehen. Eine „verbindliche Zusage" zieht für sich betrachtet noch keinerlei Konsequenzen nach sich, sondern statuiert lediglich, dass der Garantiegeber für das Vorliegen oder Nichtvorliegen eines bestimmten Sachverhalts einstehen will. Dieser Sachverhalt muss bestimmt, also qualitativ definiert werden. Die Wirkung und Sicherungsfunktion einer Garantie ist dann jedoch sehr begrenzt, soweit keine Folge einer Garantieverletzung bestimmt wird. Rechtstechnisch bestünde insofern zwar ein Tatbestand, aber keine Rechtsfolge. *Köblers* „Etymologisches Rechtswörterbuch" führt unter dem Stichwort „Garantie" aus, dass diese eine *„einem anderen gegenüber abgegebene Beteuerung der Richtigkeit einer Erklärung"* sei.[109] In Abgrenzung zur Bürgschaft wird eine Garantie dann angenommen, „[…] *wenn der Dritte unabhängig von dem Bestehen einer Verbindlichkeit des Schuldners auf jeden Fall für einen*

---

106 Zu der im deutschen Recht fehlgehenden Differenzierung zwischen *representations* einer- und *warranties* andererseits zutreffend *Kästle/Oberbracht*, Unternehmenskauf - SPA, S. 114 sowie *Meyer-Sparenberg*, in: Meyer-Sparenberg/Jäckle (Hrsg.), Beck'sches M&A-Handbuch, § 44 Rn. 15; daneben instruktiv *Risse/Kästle/Gebler*, M&A und Corporate Finance von A-Z, Stichwort „Representations & Warranties", S. 147 f. sowie *Triebel*, RiW 1998, S. 1, 3 f. Im Folgenden wird die deutsche Terminologie verwendet.

107 Vgl. *Streyl*, in: Semler/Volhard (Hrsg.), Unternehmensübernahme Bd. 1, § 12 Rn. 144; *Picot*, DB 2009, S. 2587, 2594; *Becker/Voß*, in: Knott/Mielke (Hrsg.), Vertragskommentar Unternehmenskauf, Erläuterungen zu Muster 1, Rn. 1037; *Schrader*, in: Seibt (Hrsg.), Beck-FB M&A, Muster C. II. 1, § 8.1 und C. II. 2., § 8.1; *Meyer-Sparenberg*, in: Hoffmann-Becking/Gebele/Bartsch (Hrsg.), Beck-FB BHW, Muster III. A. 16. § 5 m. Anm. 25; *Thurn/Ziegenhain*, in: Walz (Hrsg.), Beck-FB ZWU, Muster N. 3., § 7 (1).

108 Siehe http://www.duden.de/rechtschreibung/Garantie (zuletzt abgerufen am 25. April 2017).

109 *Köbler*, Etymologisches Rechtswörterbuch, S. 142, Stichwort „Garantie".

bestimmten Erfolg einstehen oder für einen künftigen Schaden haften will.“[110] Erst seit der Schuldrechtsreform taucht der Begriff der Garantie überhaupt im BGB auf; vorher wurde auf einen bereits vor der Schuldrechtsreform als Vertragstypus anerkannten „selbständigen Garantievertrag im Sinne des § 311 Abs. 1 BGB“ rekurriert.[111] Die gesetzlich geregelten Garantiearten werden im BGB seit der Schuldrechtsreform in § 276 sowie in den §§ 442[112], 443 und 477 erwähnt.

II. Zweck und Nutzung von Garantien

Zunächst soll kurz darauf eingegangen werden, warum beinahe ausschließlich Garantien in Unternehmenskaufverträgen genutzt werden, wenn das Kaufrecht des BGB doch auch die Möglichkeit bereithält, eine Beschaffenheitsvereinbarung über eine Kaufsache zu treffen. In der jüngeren Rechtshistorie lässt sich dies anhand der Schuldrechtsreform verdeutlichen. Vor der Schuldrechtsreform waren Garantien faktisch bereits zum Marktstandard in Unternehmenskaufverträgen geworden, im Wesentlichen als Instrument zur Umgehung der im M&A-Bereich umstrittenen Frage der Anwendbarkeit des gesetzlichen Mängelgewährleistungsrechts. Mit dem neuen Schuldrecht sollten die problematischen Fragen hinsichtlich Zusicherungen und zusicherungsfähigen Eigenschaften einer Kaufsache, insbesondere auch mit Blick auf die Abschlussangaben eines Unternehmens, vermieden werden.[113] Grundlegend wurde in § 434 ein subjektiver Mangelbegriff kodifiziert, der eine praktische Anwendung des Kaufgewährleistungsrechts ermöglichen und damit auch dessen Zukunftsfähigkeit sicherstellen sollte – mit einem expliziten Verweis auf die Anwendbarkeit beim Unternehmenskauf.[114]

Das Ziel, mit dem reformierten Schuldrecht auch den Anforderungen der Kautelarpraxis Rechnung tragen zu können, wurde jedoch zunächst verfehlt,

110 *Brox/Walker*, Besonderes Schuldrecht, § 32 Rn. 4; zur Definition des Garantievertrags in Abgrenzung zur Schuldübernahme: „*Beim Garantievertrag verpflichtet sich der Dritte (formlos), unabhängig von dem Bestehen einer Verbindlichkeit für einen bestimmten Erfolg einzustehen oder die Gewähr für einen künftigen, noch nicht entstandenen Schaden zu übernehmen.*“, *Brox/Walker*, Allgemeines Schuldrecht, § 35 Rn. 5.

111 Vgl. beispielsweise *Hilgard/Kraayvanger*, MDR 2002, S. 678; in diese Richtung auch *Huber*, AcP (202) 2002, S. 179, 204 ff. In der Kautelarpraxis freilich hat sich dies auch durch die Schuldrechtsreform bislang nicht geändert, dazu detailliert unter C.III.6.c).

112 Zu § 442 BGB und dem darin enthaltenen Garantiebegriff siehe C.III.6.a).

113 In diese Richtung geht jedenfalls der Gesetzentwurf zum Schuldrechtsmodernisierungsgesetz, BT-Drs. 14/6040, S. 212.

114 Vgl. BT-Drs. 14/6040, S. 242.

im Wesentlichen aufgrund der unten detailliert dargestellten, weitgehend als unglücklich formuliert angesehenen Neufassung des § 444 BGB.[115] Auch der im Jahre 2004 korrigierte § 444 BGB zeitigte keine Auswirkungen auf die kautelarpraktische Favorisierung eigenständiger Garantievereinbarungen mehr, sodass diese – weiterhin – faktischer Markstandard blieben.

1. Einfluss anglo- amerikanischer Vertragskultur

Das Gebiet des „M&A-Rechts“ ist seit jeher einem starken Einfluss aus dem anglo-amerikanischen Rechtskreis ausgesetzt. Die Gründe sind im Einzelnen durchaus vielschichtig; als maßgeblich dürften indes das (insoweit wenig fortschrittliche) deutsche Kaufrecht[116] sowie eine fehlende „Unternehmenskaufskultur“ zu bewerten sein.[117] Daneben spielt aber bereits die grundsätzlich verschiedene Ausgestaltung der Rechtssysteme eine wesentliche Rolle, die den Einfluss anglo-amerikanischer Vertragskultur erklären kann.

Das deutsche, beziehungsweise das kontinentaleuropäische Rechtssystem, gründet sich auf der Kodifikation von Normen. Eine derartige Kodifikation kennt das *common law* hingegen nicht. Die wesentliche Grundlage des *common law* sind Einzelfallentscheidungen, die als Maßstab für vergleichbare Sachverhalte herangezogen werden beziehungsweise – bei obergerichtlichen Entscheidungen – Bindungswirkung insoweit entfalten, als dass untergeordnete Gerichte diese Entscheidungen bei ähnlichen Sachverhalten berücksichtigen müssen.[118] Daneben bestehen gewisse kodifizierte Normen (*statutory law*) im Kaufrecht, in Großbritannien ist dies der „*Sale of Goods Act 1979*“, in den Vereinigten Staaten werden wesentliche Details des Kauf- und Handelsrechts vom „*Uniform Commercial Code*“ (UCC) geregelt, der indes lediglich ein Modellgesetz ist.[119] Auf

---

115 Siehe dazu unter C.III.6.c) sowie insbesondere hinsichtlich der Diskussion um § 444 BGB i.d.F. des SMG auch die Nachweise in Fn. 198.

116 Vgl. dazu auch Fn. 86 sowie *Triebel*, RiW 1998, S. 1, 1 f.

117 Vgl. dazu ausführlicher *Massumi*, Unternehmenskaufverträge, S. 77; *Triebel*, RiW 1998, S. 1 f.

118 Dies ist die sogenannte „*stare decisis doctrine*“, vgl. bspw. den Fall *Willard Stewart* v. *Dutra Construction Company, Inc.*, US Court of Appeals for the first circuit, 230 F.3d 461; 2000 U.S. App. LEXIS 27090; 2001 AMC 1116 (via LexisNexis), in dem diese Doktrin instruktiv zusammengefasst wird: „*The principle of stare decisis, the doctrine that renders the ruling of law in a case binding in future cases before the same court or other courts owing obedience to the decision, is an integral component of the court's jurisprudence.*“

119 Der UCC ist in seiner allgemeinen Fassung keine verbindliche Kodifikation, sondern lediglich der Vorschlag eines Gesetzes, den die einzelnen Bundesstaaten umsetzen

die Einzelheiten des *common law* soll an dieser Stelle nicht vertieft eingegangen werden.

Die Tatsache, dass im Rechtssystem des *common law* keine gesetzlichen Regelungen, die beispielsweise mit dem deutschen Gewährleistungsrecht vergleichbar wären, existieren, führt zu einem anderen Stellenwert eines Vertrags. Dieser muss mangels eines gesetzlichen Rahmens jeweils im Einzelfall die Gewährleistung und Haftung der Vertragsparteien regeln. Ein Vertrag in Deutschland müsste – jedenfalls theoretisch – lediglich auf das Gesetz verweisen, um einen Rahmen bezüglich der Gewährleistung, Haftung etc. zu schaffen.[120] Ohne entsprechendes kodifiziertes Recht ist dies aber freilich „Aufgabe" des Vertrags. Das in sich geschlossene und eigenständige Haftungsregime ist also gewissermaßen ein Import aus dem *common law*, obschon sich die Rezeption in der deutschen Kautelarpraxis aufgrund der beim Unternehmenskauf regelmäßig problematischen Anwendung des Gewährleistungsrechts des BGB[121] vermutlich eher unkompliziert dargestellt haben dürfte.[122] Mit der zunehmenden Internationalisierung und Globalisierung von M&A-Transaktionen bestand zudem eine gewisse Notwendigkeit, allgemein akzeptierte Standards für einen Unternehmenskaufvertrag zu nutzen –einem amerikanischen Käufer (oder Verkäufer) dürfte es eher schwierig zu vermitteln sein, warum unter Geltung des deutschen Rechts auf einen umfangreichen Vertrag, der sämtliche relevanten Definitionen und Sachverhalte rund um Gewährleistung und Haftung enthält, verzichtet werden kann.[123] Da, wie oben bereits dargestellt, die Verwendung von eigenständigen Garantien den positiven Nebeneffekt hatte, nicht auf das gesetzliche Gewährleistungsrecht zurückgreifen zu müssen, wurde dies zum allgemein – und auch international – konsensfähigen Marktstandard im M&A-Bereich. Insofern kann der anglo- amerikanischen Vertragspraxis bei der Verwendung von Garantien eine durchaus beachtliche Bedeutung beigemessen werden.

---

können. Dabei wurde der UCC von beinahe allen Bundesstaaten im Bereich des Warenkaufs (Article 2 UCC) identisch in bundesstaatliches Recht übernommen, sodass die Rahmenbedingungen letztlich überwiegend identisch sind; vgl. https://www.law.cornell.edu/wex/sales (zuletzt abgerufen am 25. April 2017).

120 Vgl. nur den instruktiven Aufsatz von *von Drygalski*, in: FS P+P, S. 51 ff., in dem ein Unternehmenskaufvertrag „nur" mit den gesetzlichen Regelungen des BGB entworfen wird.

121 Siehe dazu auch detailliert oben unter B.III.

122 Vgl. zur „Geschichte" der anglo-amerikanischen Vertragsgestaltung in Grundzügen auch *Griffiths*, JUVE Rechtsmarkt 11/13, S. 78 ff.

123 In diese Richtung auch *Griffiths*, JUVE Rechtsmarkt 11/13, S. 78, 80.

2. Die ökonomischen Funktionen von Garantien

Durch eine Garantie übernimmt der Garantiegeber das Risiko für die Richtigkeit seiner Aussage, auf der tatsächlichen Ebene also für eine bestimmte Eigenschaft oder einen bestimmten Umstand bezogen auf den Kaufgegenstand. Dabei verlagert sich die Haftung als solche indes nicht auf den Verkäufer als Garantiegeber „zurück", sondern verbleibt bei dem Erwerber. Das heißt, auch wenn garantiert wurde, dass beispielsweise die mitveräußerte Betriebsstätte allen bauordnungsrechtlichen Anforderungen genügt, trifft die Verantwortung dafür, dass dies auch der Realität entspricht, nach dem Vollzug der Transaktion den Erwerber. Im Garantiefall trägt zunächst der Erwerber die Konsequenzen aus der unzutreffenden Garantie (um im soeben genannten Beispiel zu bleiben, also ein Bußgeld der zuständigen Behörde). Auf einer zweiten Ebene kann der Erwerber dann jedoch vom Garantiegeber verlangen, so gestellt zu werden, als wenn die Garantie zutreffend gewesen wäre.

Insoweit haben Garantien den primären Zweck, das (wirtschaftliche) Risiko interessengerecht zwischen Garantiegeber und Garantienehmer zu allokieren. In einem ausgewogenen Unternehmenskaufvertrag gibt ein Erwerber nur sehr wenige Garantien ab; regelmäßig beschränken sich die Käufergarantien auf so genannte Title- Garantien, mit denen der Erwerber garantiert, dass er überhaupt über das „rechtliche Dürfen" dafür, die entsprechende Transaktion rechtswirksam vollziehen zu können, verfügt. Daneben finden sich häufig gewisse Garantien hinsichtlich der Finanzierung der Transaktion, die jedoch oftmals seitens einer oder mehrerer Banken in Form von Finanzierungsbestätigungen abgegeben werden und insofern nicht dem „klassischen" Garantiekatalog im Unternehmenskaufvertrag zugerechnet werden können. Demgegenüber wird regelmäßig der Veräußerer als Garantiegeber das wirtschaftliche Risiko für bestimmte Eigenschaften und Umstände tragen, auf die er vor dem Vollzug Einfluss hatte und deren „Haftungspotential" er insoweit auch einschätzen kann.

Damit hängt auch eine betriebswirtschaftliche Auswirkung bzw. eine Zwecksetzung von Garantien zusammen, die Marktsignalisierung.[124] Diese Funktion einer Garantie wird in der Literatur regelmäßig zwar nur bezogen auf das Verhältnis zwischen Verbraucher und Verkäufer betrachtet. Indes sind die grundlegenden Parameter in einer typischen Unternehmenskaufsituation vergleichbar, denn auch dabei sind Informationen asymmetrisch verteilt; der Erwerber verfügt in aller Regel nicht über das Wissen, das der Veräußerer über das Zielunternehmen

---

124 Vgl. dazu auch instruktiv *Parisi*, Am. J. Comp. L. 2004, S. 403, 410.

hat.[125] *Parisi* führt zu der Signalisierungsfunktion von Garantien in einem Fall von „Informationsvorsprung" auf Seiten des Veräußerers aus:

> *„In the presence of asymmetric information, the seller's willing- ness to offer a warranty (and to add the price of the warranty to the sale price) is a credible signal of the information available to the seller. Through the mechanism of contractual warranties, sellers facing different exogenous probabilities of products defect will be able to offer easily observable and credible information to potential buyers. Warranties are a costly and thus credible signal which can be seen as valuable tools of information transfer.'"*[126]

Durch die Abgabe von Garantien wird demnach die Informationsbasis zwischen den Parteien gewissermaßen bis zu einem gewissen Grad – der wiederum abhängig vom Umfang der Garantien ist – nivelliert. Die Angleichung der Informationen zwischen Veräußerer und Erwerber dient dabei der Verhinderung eines „Zitronenmarkts": 1970 hat *Akerlof* den Zusammenhang zwischen vorhandenen Informationen über die Qualität eines Guts und die Entwicklung dessen jeweiligen Markts untersucht.[127] Vor dem Ausgangspunkt, dass ein Erwerber mit den ihm zur Verfügung stehenden Informationen lediglich die durchschnittliche Qualität eines Guts beurteilen kann, sei dieser auch nur bereit, einen durchschnittlichen Preis zu zahlen, damit seine Erwartungen nicht enttäuscht werden.[128] Auf einem Markt mit qualitativ guten und schlechten Gütern wird ein Anbieter qualitativ hochwertiger Güter also nie einen angemessenen, sondern stets einen durchschnittlichen Preis erhalten. Dies führt auf längere Sicht zu dem Problem der adversen Selektion[129], auch Antiselektion[130] oder Negativauslese[131] genannt: Qualitativ schlechte Produkte verdrängen gute – teurere – Produkte aus dem Markt; warum sollte ein Veräußerer auch bereit sein, einen zu niedrigen, da lediglich durchschnittlichen Preis für sein hochwertiges

---

125 Zur Situation der asymmetrischen Informationsverteilung und dem Prinzipal-Agent-Problem vgl. auch *Staroßom*, Corporate Finance I, S. 98 ff.; *Emmerich*, in: MüKo-BGB, Bd. 2, 7. Aufl. 2016, § 311 Rn. 68; *Busche*, in: von Staudinger (Hrsg.), Eckpfeiler, Kap. F Rn. 74 ff.; vgl. aus eher methodenorientierter Sicht auf die Möglichkeiten zur Verringerung der Informationsasymmetrie auch *Reiche*, DStR 2000, S. 2056 ff.

126 *Parisi*, Am. J. Comp. L. 2004, S. 403, 411.

127 *Akerlof*, Q. J. Econ. 1970, S. 488 ff.

128 Vgl. *Akerlof*, Q. J. Econ. 1970, S. 488, 490 und 495.

129 Siehe grundlegend zum Effekt der adversen Selektion auch *Petersen*, WiSt 2007, S. 309 ff.; insbesondere aus ökonomischer Sicht dazu *Richter/Furubotn*, Neue Institutionenökonomik, S. 241 ff.; *Holt*, Markets, Games & Strategic Behavior, S. 409 ff.

130 So die Terminologie bei *King*, Bilanzgarantie, Rn. 43 ff.

131 Vgl. *Clement*, WiSt 2005, S. 213, 213.

Gut zu akzeptieren? Das Problem der adversen Selektion kann sich auch auf eine Unternehmenskaufsituation übertragen lassen. So könnte ein (potentieller) Erwerber beispielsweise vermuten, dass das Zielunternehmen nur verkauft wird, weil es sich entweder bereits in einer Krise befindet oder kurz davor steht – weil es sich im *Akerlof'schen* Sinne um eine „Zitrone" handelt. Indes dürfen derartige psychologische Effekte im Rahmen eines Unternehmenskaufs wiederum nicht pauschalisiert vermutet werden[132], da es zahlreiche Motivationslagen gibt, ein Unternehmen zu veräußern oder zu erwerben.

Eine Garantie kann nun durch ihre Signalisierungsfunktion gegenüber dem Markt dem Effekt der adversen Selektion entgegenwirken. Ökonomisch betrachtet wird nur derjenige dazu bereit sein, eine Garantie abzugeben, für den das durch die Garantie übernommene Risiko (also der zu kompensierende Schaden im Falle einer Garantieverletzung) geringer ist als der zu erwartende Aufschlag auf den Kaufpreis. Durch die Übernahme des Risikos signalisiert der Veräußerer, dass das Zielunternehmen eine bestimmte Beschaffenheit aufweist, nach der sich das Risiko aus Sicht des Veräußerers nicht realisiert, denn anderenfalls hätte der (ökonomisch rational handelnde) Veräußerer keine Garantie abgegeben. Die Informationslage der Vertragsparteien nivelliert sich praktisch indes nur mittelbar; die Garantie an sich vermittelt dem Erwerber keine Informationen, die ihm helfen, eine bessere Kaufentscheidung zu treffen, sondern nimmt ihm nur das wirtschaftliche Risiko in bestimmten Bereichen.

Weigert sich ein Veräußerer, für Eigenschaften oder Umstände, deren Vorliegen oder Nichtvorliegen er vor dem Vollzug ohne Weiteres bewirken könnte, eine Garantie abzugeben, ist die Signalwirkung gegenüber dem Markt – beziehungsweise, im Einzelfall, gegenüber dem Erwerber – negativ. Die Konsequenz daraus ist, dass das Risiko beim Erwerber verbleibt, der dieses Risiko in seine Kaufpreiskalkulation einpreist, was zu einem niedrigeren Kaufpreis führt.[133]

Die wesentlichen Funktionen von Garantien im Allgemeinen bestehen insoweit in der Risikoallokation und der Signalfunktion gegenüber der anderen Vertragspartei. Der Ratio beider Funktionen liegen wirtschaftliche Überlegungen zugrunde. Indes: Eine „juristische Funktion" bzw. der rechtliche Zweck einer Garantie kann zweckmäßigerweise nicht isoliert von den wirtschaftlichen

---

132 *Akerlof* entwickelt sein Modell des *„market for lemons"* am Beispiel des Gebrauchtwagenkaufs; dort sind sowohl die Interessenlagen von Veräußerer und Erwerber als auch der Kaufgegenstand als solcher weniger komplex und vielschichtig als in der Situation eines Unternehmenskaufs.

133 So im Ergebnis auch *King*, Bilanzgarantie, Rn. 47.

Überlegungen dargestellt werden. Der Ausgangspunkt sowohl der ökonomischen als auch der juristischen Betrachtung liegt stets in der Überlegung, dass bestimmte Risiken zwischen Veräußerer und Erwerber allokiert werden müssen. Auf den Unternehmenskauf bezogen ändert sich aus der rechtlichen Sicht nichts am „Tatbestandsrisiko" (beziehungsweise an der daraus folgenden etwaigen Haftung) für den Erwerber. Tritt ein Garantiefall ein, trifft dies zunächst unmittelbar den Erwerber. Kompensiert wird ein durch den Eintritt des Garantiefalls entstandener Schaden erst in einem zweiten Schritt. Auch auf der haftungsausfüllenden Ebene, die in diesem zweiten Schritt relevant ist, spielen wirtschaftliche Überlegungen naturgemäß eine wesentliche Rolle. Bei der Abgabe von Garantien sind insofern also stets sowohl die juristische, gewissermaßen technische Ebene als auch die wirtschaftlichen Funktionen zu berücksichtigen.

3. Kritik an der ökonomischen Betrachtung

Die ökonomische Theorie der Marktsignalisierung durch Garantien basiert auf der Prämisse, dass die Informationen über ein Gut regelmäßig für eine Marktseite unvollständig und zwischen den Marktteilnehmern daher asymmetrisch verteilt sind. Fehlende Informationen des Erwerbers lassen ihn insoweit rational agieren, als dass er stets von einem durchschnittlichen Gut ausgeht und auch nur einen durchschnittlichen Kaufpreis zu zahlen bereit ist. Auf den Unternehmenskauf bezogen, stellt dies eine Relation von abgegebenen Garantien zum Kaufpreis dar.

Dabei ist ein Aspekt jedoch grundsätzlich problematisch: Soweit ersichtlich, werden die Rechtsfolgen bei einer Garantieverletzung nicht mit in die Betrachtung einbezogen. Die rein theoretische Marktsignalisierung, wonach der Veräußerer einen höheren Kaufpreis erhält, weil er ein höheres Risiko übernimmt, greift in der Praxis des Unternehmenskaufs zu kurz: Denn die Garantie als solche besagt nur wenig über das tatsächliche (finanzielle) Risiko, welches sie abdeckt; sie muss vielmehr stets im Zusammenspiel mit der jeweiligen Rechtsfolgenregelung betrachtet werden, um ein solches Risiko beurteilen zu können.

Einer „rationalen Garantie" müsste ein gewisser Wert, den die Garantie als Risiko auf den Veräußerer allokiert, zugeordnet werden können. Bei bestimmten Garantien ist dies auch möglich, beispielsweise bei einer Eigenkapitalgarantie des Veräußerers.[134] Sehr verkürzt dargestellt, garantiert der Veräußerer damit,

134 An dieser Stelle wird auf eine ausführliche Behandlung der Eigenkapitalgarantie und damit verbundener Probleme (beispielsweise die Definition des relevanten Eigenkapitals) verzichtet; siehe dafür ausführlich zur Eigenkapitalgarantie unter F.II.

dass das Eigenkapital des Zielunternehmens zum Stichtag des Closings die Höhe X hat. Das Eigenkapital wird regelmäßig in den Kaufpreis eingepreist. Insoweit handelt es sich nicht um eine Garantie im klassischen Sinne, sondern vielmehr um einen beiderseitigen Mechanismus zur Kaufpreisanpassung, der den Interessen sowohl des Veräußerers als auch des Erwerbers Rechnung trägt. Das Risiko liegt jeweils lediglich in der möglichen Abweichung der absoluten Höhe des Eigenkapitals vom garantierten Wert X. Die Rechtsfolge wird hier bereits durch die Garantie impliziert, was eine ökonomische Betrachtung sinnvoll erscheinen lässt. Indes ist dies bei einer „klassischen Bilanzgarantie“ nicht ohne Weiteres anzunehmen, denn dieser einen Wert zuzuordnen, erscheint schwierig. Zudem könnte das Phänomen der Erwartungslücke (die sogenannte *„expectation gap“*)[135] in die Betrachtung mit einzubeziehen sein. Dies würde, übertragen auf die Funktionen einer Garantie, aussagen, dass durch die entsprechende Garantie eine stärkere materielle Absicherung besteht, als die Garantie ihrem Inhalt nach zu leisten imstande ist. Geht ein Erwerber also davon aus, dass eine Bilanzgarantie ihm die jeweiligen Bilanzpositionen als zutreffend garantiere, ist dies – wie noch zu zeigen sein wird – regelmäßig unzutreffend. Bezahlt der Erwerber aufgrund dieser Überlegungen einen höheren Kaufpreis, ist damit zwar die theoretische Funktion der Garantie erfüllt – allerdings unter der unzutreffenden Prämisse erhöhter Absicherung, die faktisch nicht existiert.

Ein weiterer Kritikpunkt lässt sich mit der Berücksichtigung der Prämisse stets rational handelnder Marktteilnehmer anführen. Diese Prämisse basiert darauf, dass ein Marktteilnehmer stets so handelt, dass sein persönlicher Nutzen durch sein Handeln maximiert oder jedenfalls gemehrt wird. Die daraus zu ziehenden Schlüsse für die Betrachtung von Garantien beim Unternehmenskauf werden jedoch nur unzureichend berücksichtigt. Denn unter konsequenter Anwendung der genannten Prämisse sind auch Konstellationen denkbar, in denen die Funktionen von Garantien dann ins Leere laufen: Stellt sich für den Garantiegeber als Veräußerer heraus, dass der ihm durch die Abgabe einer Garantie „zufließende“ Nutzen (in Form eines höheren Kaufpreises) größer ist als der von ihm zu tragende Schaden im Falle einer Garantieverletzung, ist das Zusammenspiel von Risikoallokation und Marktsignalisierung insofern zwar gegeben, führt aber nicht zu dem danach eigentlich zu erwartenden Ergebnis. Das (theoretische) Ergebnis müsste lauten:

---

135 Zum Phänomen der *expectation gap* finden sich noch ausführlichere Erläuterungen unter D.II.3.c)cc).

„Wenn der Garantiegeber von einer Garantieverletzung ausgeht, wird er wegen des daraus resultierenden wirtschaftlichen Nachteils keine derartige Garantie abgeben."
Dies ist jedoch in der vorstehend skizzierten Konstellation nicht der Fall; es lautet dann vielmehr:
„Wenn der Garantiegeber durch eine Garantie einen höheren Kaufpreis erzielen kann, der den erwartbaren Schaden im Falle einer Garantieverletzung übersteigt, wird er die Garantie womöglich auch dann abgeben, wenn er von einer Garantieverletzung ausgeht."

Diesem Umstand trägt die Theorie des „*efficient breach*", was sich ungefähr als „effiziente Vertragsverletzung" übersetzen lässt, Rechnung. Demnach sind Kosten und Nutzen einer Vertragsklausel abzuwägen und im Ergebnis ist wirtschaftlich abzuwägen, ob ein Festhalten an oder ein bewusster Bruch der Klausel aus Sicht des Vertragspartners nützlicher ist.[136] Im Rahmen dieser Arbeit soll nicht vertieft auf diese Theorie eingegangen werden. Es zeigt sich jedoch grundsätzlich, dass die einer Garantie zugesprochenen Funktionen im Rahmen eines Unternehmenskaufs zwar nicht negiert, aber jedenfalls mit Vorsicht betrachtet werden müssen. Das theoretische Modell von Marktsignalisierung und Risikoallokation kann dabei nicht in jedem Fall auf sämtliche möglichen Konstellationen eines Unternehmenskaufs übertragen werden, ohne gegebenenfalls zugleich die individuelle Nutzenmaximierung oder das Phänomen der *expectation gap* zu berücksichtigen. Diese sinnvolle Prämisse einer individuell zwar gegebenen, aber eben auch begrenzten Rationalität[137] führt beispielsweise in der Neuen Institutionenökonomik dazu, den Wirtschaftssubjekten die „[...] *Bereitschaft zu Normverletzungen um des eigenen Vorteils willen*"[138] zu unterstellen.[139] Die Funktionen von Garantien sind insofern kein in jeder Konstellation funktionsfähig

---

136 Vgl. instruktiv *Klass*, Georgetown Public Law and Legal Theory Research Paper No. 13-018; grundlegend zur Theorie des „*efficient breach*" *Goetz/Scott*, Columbia Law Review 1977, S. 554 ff.; kritisch und den „*efficient breach*" im Ergebnis als Verkennung des normativen Aussagegehalts eines vertraglichen Versprechens ablehnend *Unberath*, Die Vertragsverletzung, S. 232 ff.; ähnlich *Riha*, Ökonomische Analyse des Sachmängelgewährleistungsrechts, S. 33 ff.

137 Vgl. dazu auch *Towfigh*, in: Towfigh/Petersen (Hrsg.), Ökonomische Methoden im Recht, § 2 Rn. 77 ff.

138 *Fleischer*, Informationsasymmetrie, S. 133.

139 Vgl. zur Neuen Institutionenökonomik allgemein *Fleischer*, Informationsasymmetrie, S. 132 ff.; *Richter/Furubotn*, Neue Institutionenökonomik, S. 4 bezeichnen diesen Aspekt als „*unvollkommene individuelle Rationalität*"; bei *Helm*, Neue Institutionenökonomik – Einführung und Glossar, S. 20 wird dies als „*bounded rationality*" bezeichnet.

anwendbares Modell, sondern stets unter der Prämisse von im Einzelfall womöglich opportunistisch begrenzter Rationalität zu betrachten.

III. Garantietypen im BGB

Nachstehend werden kurz die gesetzlich vorgesehen Arten von Garantien dargestellt, wobei stets auch die jeweilige Rechtsfolge mit betrachtet wird. Die Rechtsfolgen einer Garantie sind dabei von besonderer Relevanz: Der im Unternehmenskaufvertrag ausgehandelte und vereinbarte Garantiekatalog erfüllt seinen Zweck für die Parteien – primär für den Käufer – stets nur so effizient, wie dies die damit in Zusammenhang stehenden Rechtsfolgen erlauben. Die Rechtsfolge als sanktionierendes Element einer Garantieverletzung begründet insofern gewissermaßen die „Werthaltigkeit" eines Garantieversprechens; hätte der Garantiegeber bei einer Garantieverletzung keinerlei (für ihn negative) Folgen zu fürchten, hätte er aus wirtschaftlicher Sicht auch keinen Anreiz, möglichst zutreffende Garantieversprechen abzugeben.[140]

1. Garantievertrag im Sinne des § 311 Abs. 1 BGB

Die in Unternehmenskaufverträgen vereinbarten Garantien werden in der Regel in Form eines Garantievertrags i.S.d. § 311 Abs. 1 BGB ausgestaltet.[141] Eine Garantie in diesem Sinne stellt eine Ausprägung der Vertragsfreiheit dar, ist in ihren Einzelheiten gesetzlich aber nicht geregelt. Der „Garantievertrag" im Sinne des § 311 Abs. 1 BGB ist insofern ein in gewisser Hinsicht typisierter, darüber hinaus jedoch wenig aussagekräftiger Begriff. Gewisse strukturelle Gegebenheiten sind indes identifizierbar. So ist ein Garantievertrag stets durch das Einstehenmüssen für den Eintritt eines bestimmten (haftungsbegründenden) Ereignisses oder Zustands und die Festlegung einer entsprechenden (haftungsausfüllenden) Rechtsfolge charakterisiert. Der Garantievertrag ist demnach ein privatautonom und individuell geschaffener Haftungstatbestand und rechtstechnisch (bezogen

---

140 Vgl. allerdings die vorstehenden Ausführungen zum *„efficient breach"* sowie die Nachweise dazu in Fn. 136.

141 Vgl. *Schorlemer*, in: Lorz/Pfisterer/Gerber (Hrsg.), Beck-FB GmbH-Recht, Muster D. III., § 7 Abs. 1 m. Anm. 26; *Thurn/Ziegenhain*, in: Walz (Hrsg.), Beck-FB ZWU, Muster N. 3. § 7 (1); *Thurn/Ziegenhain*, in: Walz (Hrsg.), Beck-FB ZWU, Muster N. 4. § 11 m. Anm. 44; *Meyer-Sparenberg*, in: Hoffmann-Becking/Gebele/Bartsch (Hrsg.), Beck-FB BHW, Muster III. A. 16., § 5 m. Anm. 22; *Kästle/Oberbracht*, Unternehmenskauf - SPA, S. 153; *Jaletzke/Henle/Ziegler*, in: Jaletzke/Henle (Hrsg.), M&A Agreements, Sec. 13 - Representations of the Seller, S. 98 f.

auf den Unternehmenskaufvertrag als dem Garantievertrag zugrunde liegendes Rechtsgeschäft) ein für sich gesehen selbständiger Vertrag,[142] der gewissermaßen in den Unternehmenskaufvertrag inkorporiert wird. Die aus einem Garantievertrag folgende, nicht- akzessorische Erfüllungshaftung[143] richtet sich einzig nach der Gestaltung, welche die Parteien des Garantievertrags gewählt haben. Der grundsätzlich wertneutrale Charakter einer Garantie zeigt sich in rechtlicher Hinsicht darin, dass die Garantiehaftung verschuldensunabhängig ist. Dieser auch als „selbständige Garantie" bezeichnete Vertrag lässt den Garantiegeber – also den Verkäufer – verschuldensunabhängig für das Vorliegen eines bestimmten Zustands oder das Ausbleiben eines Schadens einstehen.[144] Sowohl Tatbestand als auch Rechtsfolge sind im Rahmen der Vertragsfreiheit frei bestimmbar[145], was die Garantie zu dem wohl maßgeblichsten Gestaltungsmittel in einem Unternehmenskaufvertrag macht. Ein solcher enthält in der Regel sehr ausführliche und genau ausdifferenzierte Garantiekataloge, mit denen von der Berechtigung des Verkäufers zur Veräußerung (beispielsweise seiner Geschäftsanteile) bis hin zu komplexen steuerlichen oder auch technischen Themenkomplexen alle der Transaktion inhärenten Risikobereiche abgedeckt werden können – was zumindest der Idealvorstellung des Käufers entspräche. Tatsächlich ist der Garantiekatalog stets das Produkt eines oftmals zähen Verhandlungsprozesses[146], da er die divergierenden Interessenlagen beider Parteien letztlich am deutlichsten widerspiegelt. Ein pauschal „vollständiger" Garantiekatalog existiert also – ungeachtet diverser, eine Orientierung bietender Muster in Formular- oder Handbüchern[147] – nicht. Vielmehr ist neben der jeweils

142 Vgl. dazu *Stadler*, in: Jauernig, BGB, 16. Aufl. 2015, § 311 Rn. 25, 27; *Picot*, in: Römermann (Hrsg.), MAH GmbH-Recht, § 21 Rn. 141 ff.

143 Vgl. *Habersack*, in: MüKo-BGB, Bd. 5, 6. Aufl. 2013, Vor § 765 Rn. 16.

144 Vgl. *Rohe*, in: BeckOK-BGB, § 415 Rn. 48; *Sprau*, in: Palandt, 76. Aufl. 2017, Einf v § 765 Rn. 16; *Habersack*, in: MüKo-BGB, Bd. 5, 6. Aufl. 2013, § 765 Rn.; *Habersack*, in: MüKo-BGB, Bd. 5, 6. Aufl. 2013, Vor § 765 Rn. 16; *Stadler*, in: Jauernig, BGB, 16. Aufl. 2015, Vorbem. § 765 Rn. 13; *Staudinger*, in: Schulze u.a., Hk-BGB, 9. Aufl. 2017, § 765 Rn. 25.

145 Vgl. *Aigner/Mues*, in: Wachter (Hrsg.), Praxis HaGesR, Teil 2, Kap. 4 Rn. 124.

146 Vgl. *Beckmann*, in: Staudinger, BGB, Buch 2 (§§ 433-480), Neubearbeitung 2013, § 453 Rn. 106.

147 Beispielsweise bei *Picot*, in: Picot (Hrsg.), Unternehmenskauf und Restrukturierung, § 4 Rn. 355 f.; *Schrader*, in: Seibt (Hrsg.), Beck-FB M&A, Muster C. II. 1, § 8 sowie dazu die Anm. 93 ff.; *Jaques*, in: Ettinger/Jaques (Hrsg.), Beck-Hdb. Unternehmenskauf im Mittelstand, Kap. D., Rn. 334 ff.

individuellen Ausgangssituation bei einer Transaktion insbesondere auch die Verhandlungsmacht der jeweiligen Parteien maßgeblich für das Endprodukt.

Soweit ersichtlich, hat sich die Vereinbarung selbständiger Garantien in Unternehmenskaufverträgen gewissermaßen als Marktstandard für den M&A-Bereich etabliert.[148] Den Garantiekatalogen geht dabei in aller Regel eine Präambel voran, in der herausgestellt wird, dass die vereinbarten Garantien selbständige Garantieverträge im Rahmen des § 311 Abs. 1 BGB darstellen. Explizit wird in diesem Rahmen auch klargestellt, dass die abgegebenen Garantien weder eine Beschaffenheitsvereinbarung im Sinne des § 434 Abs. 1 S. 1 BGB noch eine Beschaffenheitsgarantie im Sinne der §§ 443, 444 BGB darstellen. Ein wohl wesentlicher Grund dafür kann in der aus Sicht der Kautelarjuristen verfehlten Neuregelung des § 444 BGB durch das Schuldrechtsmodernisierungsgesetz gesehen werden.[149]

Die Rechtsfolge eines Garantievertrags i.S.d. § 311 Abs. 1 BGB richtet sich grundsätzlich nach den Vereinbarungen der Vertragsparteien und ist insofern nicht pauschal darstellbar.[150] Trifft der zugrunde liegende Garantievertrag eine qualitative Aussage hinsichtlich eines (monetären) Wertes, wird regelmäßig eine sich an den §§ 249 ff. BGB orientierende oder auch lediglich auf diese verweisende Rechtsfolge zu finden sein.[151]

Im Rahmen der §§ 249 ff. BGB – oder einer diesen Regelungen jedenfalls nachgebildeten vertraglichen Vereinbarung – ist der Erwerber als Anspruchsberechtigter durch den Veräußerer als Garantiegeber so zu stellen, wie er stünde, wenn die Garantie zuträfe und nicht verletzt wäre. Dies hat entsprechend der (materiellrechtlichen) Systematik beziehungsweise Dogmatik der §§ 249 ff. BGB – sofern nichts Abweichenendes vereinbart wurde – zunächst durch Naturalrestitution zu geschehen. Insofern schuldet der Garantiegeber also gewissermaßen die Schaffung eines bestimmten, nämlich des von ihm garantierten,

---

148 Vgl. *Picot*, in: Picot (Hrsg.), Unternehmenskauf und Restrukturierung, § 4 Rn. 343, 346; *Schrader*, in: Eilers/Koffka/Mackensen (Hrsg.), Private Equity, Kap. I. 4. Rn. 18; *Holzapfel/Pöllath*, Unternehmenskauf in Recht und Praxis (14. Aufl. 2010), Rn. 676; *Semler*, in: Hölters (Hrsg.), Handbuch Unternehmenskauf, Teil 7 Rn. 7.240; *Mellert*, BB 2011, S. 1667; für Beispiele entsprechender Formulierungen in Formularbüchern vgl. Fn. 141.

149 Siehe dazu auch oben unter C.I sowie nachstehend unter C.III.6.c).

150 Vgl. zur Einordnung der Rechtsfolge von Garantieverletzungen als Erfüllungs- oder Schadensersatzanspruch die Ausführungen unter Abschnitt E.I.

151 Vgl. *Elsing*, in: FS Haarmann, S. 37; siehe zur Rechtsfolgenseite von Bilanzgarantien auch detailliert unter Abschnitt E.

Zustands. Abstrakt betrachtet kann die Garantieverletzung als Diskrepanz zwischen der garantierten und der tatsächlichen Realität dargestellt werden. Die Systematik und die Anwendung des Schadensrechts der §§ 249 ff. BGB werden noch detailliert zu behandeln sein.[152]

2. Garantie im Sinne des § 443 BGB

Bereits durch das Schuldrechtsmodernisierungsgesetz und die Neuregelung der §§ 276, 443 BGB haben Garantien explizit Aufnahme in die Regelungen des BGB gefunden. Legal definiert ist die Garantie als solche jedoch erst seit dem im Jahre 2014 in Kraft getretenen VerbrRL-UG 15[153] und des darin neu gefassten § 443 Abs. 1 BGB. Die Garantie i.S.d. § 443 Abs. 1 BGB bezeichnet demnach eine Verpflichtung, die neben der gesetzlichen Mängelhaftung von einem (ebenfalls in § 443 Abs. 1 BGB legal definierten) Garantiegeber eingegangen wurde und als Rechtsfolge eine der abschließend dort genannten Varianten vorsieht.[154] Seit der Neufassung werden von § 443 Abs. 1 BGB neben den so genannten „unselbständigen Garantien", die an Mängelgewährleistungsrechte anknüpfen und diese modifizieren, auch Garantien erfasst, deren Tatbestand „andere als die Mängelfreiheit betreffende Anforderungen" umfasst. Derartige Garantieversprechen wurden bislang als „selbständige Garantien" bezeichnet, da sie unabhängig vom Bestand etwaiger Mängelgewährleistungsrechte einen eigenständigen Anspruch gegen den Garantiegeber begründeten.[155] Insbesondere im Kauf- und Werkvertragsrecht war die sachgerechte Abgrenzung zwischen selbständigen und unselbständigen Garantien schwierig, aufgrund der unterschiedlichen Verjährungsregelungen aber zugleich von hoher praktischer Relevanz. Selbständige Garantieansprüche unterlagen der regulären Verjährung gemäß §§ 195, 199 BGB. Dies ist auch nach der Neufassung des § 443 BGB unverändert anerkannt.[156]

---

152 Siehe zu den Grundprinzipien der §§ 249 ff. BGB unter E.IV.1.

153 Gesetz zur Umsetzung der Verbraucherrechterichtlinie und zur Änderung des Gesetzes zur Regelung der Wohnungsvermittlung v. 20. September 2013, BGBl. I S. 3642, zur Umsetzung der Richtlinie 2011/83/EU.

154 Ausweislich der Begründung des Gesetzesentwurfs sind die aufgezählten Rechtsfolgen zwar abschließend, jedoch könne ein Garantiegeber auch darüber hinaus gehende Rechtsfolgen, beispielsweise die Leistung von Schadensersatz, zusagen, BT-Drs. 17/12637, S. 68.

155 Vgl. *Riße*, Garantieversprechen, S. 43, 49; *Sprau*, in: Palandt, 76. Aufl. 2017, Einf v § 765 Rn. 16.

156 Vgl. *Bergjan*, Auswirkungen, S. 315; *Grützner/Schmidl*, NJW 2007, S. 3610, 3612.

Die Verjährung unselbständiger Garantien als „Verstärkung" der gesetzlichen Mängelgewährleistungsrechte war und ist indes umstritten.[157] Bei der Schuldrechtsreform wurde bewusst auf eine Regelung dieses Punktes verzichtet.[158] Auch die 2014 in Kraft getretene Neufassung des § 443 BGB leistet insofern, obschon die grundsätzliche Differenzierung zwischen selbständiger und unselbständiger Garantie durch die Einbeziehung selbständiger Garantien in den Wortlaut des § 443 Abs. 1 BGB aufgegeben wurde, keine Klärung dieser Frage. Auch das aktuelle Reformvorhaben des Gesetzgebers[159], auf dessen Grundlage zum 01. Januar 2018 neue beziehungsweise geänderte Regelungen im BGB in Kraft treten, verhält sich dazu nicht. *Stöber* plädiert für eine Beibehaltung der bereits unter Geltung des alten Schuldrechts gefestigten Rechtsprechung zur Frage des Verjährungsbeginns.[160] Demnach beginnt der Lauf der Verjährung erst mit der innerhalb der Garantiefrist liegenden Entdeckung eines entsprechenden Mangels, wenn die Garantiefrist länger als die reguläre Verjährungsfrist läuft.[161] Begründet wird dies mit dem Argument, dass dem Käufer die gegenüber der regulären Verjährung längere Garantiefrist nicht zugute käme, wenn die Verjährung bereits mit Übergabe bzw. Ablieferung der Kaufsache begänne.[162] Ein weiteres Argument liegt in der fehlenden Schutzwürdigkeit des garantierenden Verkäufers: Wollte dieser nämlich eine über die gesetzlichen Gewährleistungsregelungen hinaus gehende Garantie abgeben, ohne diese zeitlich in seinem Sinne beschränkt zu haben, ist er nicht so schutzwürdig wie ein Verkäufer, der nur nach den gesetzlichen Gewährleistungsregelungen haften will.[163]

§ 477 BGB erwähnt zwar die Garantie, ist jedoch gemäß seines Wortlauts ausschließlich auf einen Verbrauchsgüterkauf im Sinne des § 474 Abs. 1 BGB anwendbar und daher vorliegend nicht relevant.

---

157 Vgl. *Grützner/Schmidl*, NJW 2007, S. 3610; Nachweise zum Meinungsstand finden sich bei *Weidenkaff*, in: Palandt, 76. Aufl. 2017, § 443 Rn. 15.

158 Gesetz zur Modernisierung des SchuldR v. 26 November 2001, BGBl I S. 3138, BT-Drs. 14/6040, S. 239.

159 Gesetz zur Reform des Bauvertragsrechts, zur Änderung der kaufrechtlichen Mängelhaftung, zur Stärkung des zivilprozessualen Rechtsschutzes und zum maschinellen Siegel im Grundbuch- und Schiffsregisterverfahren v. 28. April 2017, BGBl I S. 969; vgl. dazu auch den Gesetzentwurf, BT-Drs. 18/8466 sowie die dazu korrespondierenden Beschlussempfehlung und den Bericht des Ausschusses für Recht und Verbraucherschutz, BT-Drs. 18/11437.

160 Vgl. *Stöber*, Beschaffenheitsgarantien, S. 323 f.

161 Vgl. BGH, *Urteil* v. 20.12.1978 - VIII ZR 246/77 = NJW 1979, 645.

162 Vgl. *Stöber*, Beschaffenheitsgarantien, S. 324.

163 Vgl. *Grützner/Schmidl*, NJW 2007, S. 3610, 3614.

Hinsichtlich der Rechte aus § 443 BGB hat der Gesetzgeber bei der Schuldrechtsreform bewusst darauf verzichtet, eine starre Rechtsfolgenregelung in das Gesetz aufzunehmen.[164] Dies ist auch sachgerecht. Die Garantie bedingt – neben den ohnehin stets einschlägigen kaufrechtlichen Gewährleistungen des § 437 BGB – eine Besserstellung des Käufers gegenüber dem gesetzlichen Normalfall, wobei der Verkäufer die Ausgestaltung der Garantie im Einzelfall vornehmen können soll, insbesondere zum Beispiel, ob die Garantie sich auf die vollständige Kaufsache oder nur Teile von dieser beziehen soll. Anhand dieser (tatbestandlichen) Ausgestaltung müssen dann im Einzelfall die Rechte bzw. Ansprüche des Garantienehmers ermittelt werden. Im Zweifel und soweit der Garantie kein entgegenstehender Inhalt entnommen werden kann, sollen dem Garantienehmer jedenfalls die gesetzlichen Gewährleistungsrechte aus § 437 BGB zustehen.[165]

Abgesehen von der kaufrechtlichen Anknüpfung der Garantie nach § 443 BGB an die Gewährleistungsrechte des § 437 BGB, auf die im Zweifel zurückzugreifen ist, zeigt sich damit hinsichtlich der Rechtsfolgen eine gewisse Ähnlichkeit zum Garantievertrag i.S.d. § 311 Abs. 1 BGB. Obschon § 443 BGB inhaltlich wie systematisch vom Kauf- und Verbraucherschutzrecht beeinflusst ist, bedarf es dennoch einer – durch das Gesetz gerade nicht vorgenommenen – Festlegung der Rechtsfolgen. Die Nähe zum Kaufrecht und den dortigen Gewährleistungsrechten bedingt andererseits aber auch, dass in Unternehmenskaufverträgen stets darauf hingewiesen wird, dass es sich bei den dort abgegebenen Garantien jedenfalls nicht um Garantien im Sinne des § 443 BGB handelt. Obschon Garantien im Sinne des § 443 BGB seit der Schuldrechtsreform auch selbstständige Garantien sein können und die Trennung zwischen selbständigen und unselbständigen Garantien seitdem obsolet ist, ist die Kautelarpraxis noch immer sehr darauf bedacht, in diesem Punkt jegliche Verbindung zum Kaufrecht zu vermeiden, um nicht in den Anwendungsbereich der kaufrechtlichen Mängelgewährleistung zu gelangen. Die Reformbestrebungen des Gesetzgebers, mit dem Schuldrechtsmodernisierungsgesetz einen rechtlichen Rahmen auch für den (jedoch auch bereits lange vor der Schuldrechtsreform bereits) zunehmend internationalisierten M&A-Bereich zu schaffen, haben an dieser Stelle keine Änderungen herbeigeführt.

---

164 So besagt die Gesetzesbegründung, BT-Drs. 14/6040, S. 239: *„Es ist auch nicht angezeigt, die sich an die Garantie anknüpfenden Rechte des Käufers im Gesetz festzulegen.“*

165 Vgl. *Saenger*, in: Schulze u.a., Hk-BGB, 9. Aufl. 2017, § 443 Rn. 5; *Westermann*, in: MüKo-BGB, Bd. 3, 7. Aufl. 2016, § 443 Rn. 15.

3. Garantie im Sinne des § 276 Abs. 1 S. 1 BGB

Die Vorschrift des § 276 Abs. 1 S. 1 BGB stellt keinen eigenständigen haftungsbegründenden Tatbestand dar, sondern statuiert einen Zurechnungsmaßstab, der regelt, wann eine Pflichtverletzung zugerechnet wird und insofern womöglich Sekundäransprüche begründet.[166] Der gesetzliche Normalfall geht nach dem Wortlaut der Norm davon aus, dass der Schuldner grundsätzlich Vorsatz und Fahrlässigkeit zu vertreten hat. Unter dem Oberbegriff des „Verschuldens“[167] bzw. des Vertretenmüssens ist dies eine Voraussetzung eines (grundsätzlich verschuldensabhängigen) Schadensersatzanspruchs, zum Beispiel im Rahmen des § 280 Abs. 1 BGB.[168] Abweichend davon stellt § 276 Abs. 1 S. 1 BGB klar, dass auch ein strengerer oder milderer Maßstab gelten kann, wenn dieser bestimmt wurde oder sich dies aus dem Inhalt des Schuldverhältnisses, insbesondere aus der Übernahme einer Garantie oder des Beschaffungsrisikos, entnehmen lässt. Die in § 276 Abs. 1 S. 1 BGB erwähnte Garantie entspricht nach der wohl vorherrschenden Ansicht der Eigenschaftszusicherung, die vor der Schuldrechtsreform noch existierte.[169] Aufgrund des weitreichenden Ausschlusses des gesetzlichen Haftungssystems und der Tatsache, dass § 276 Abs. 1 S. 1 BGB keinen eigenständigen Garantietypus statuiert, sondern lediglich Bezug auf insgesamt mögliche Garantiegestaltungen nimmt, ist diese Regelung im Bereich von M&A-Transaktionen zwar materiell von eher untergeordnetem Interesse, statuiert jedoch als einzige Norm des BGB explizit die grundsätzliche Zulässigkeit eines selbständigen Garantievertrags.[170]

4. Die Garantiehaftung und der Anspruch aus vorsätzlicher c.i.c.

Wie oben bereits ausgeführt, stellte die culpa in contrahendo den wesentlichen Anknüpfungspunkt bei Streitigkeiten aus Unternehmenskaufverträgen – insbesondere und verstärkt vor der Schuldrechtsreform – dar.[171] Trotz des

---

166 Vgl. *Grundmann*, in: MüKo-BGB, Bd. 2, 7. Aufl. 2016, § 276 Rn. 1 ff.; *Grüneberg*, in: Palandt, 76. Aufl. 2017, § 276 Rn. 2.

167 Vgl. *Grüneberg*, in: Palandt, 76. Aufl. 2017, § 276 Rn. 5.

168 Vgl. *Ernst*, in: MüKo-BGB, Bd. 2, 7. Aufl. 2016, § 280 Rn. 21.

169 Vgl. BGH, *Teilversäumnis- und Schlussurteil* v. 29.11.2006 - VIII ZR 92/06 = NJW 2007, 1346, 1348; *Saenger*, in: Schulze u.a., Hk-BGB, 9. Aufl. 2017, § 442 Rn. 7; *Stadler*, in: Jauernig, BGB, 16. Aufl. 2015, § 276 Rn. 41; *Grundmann*, in: MüKo-BGB, Bd. 2, 7. Aufl. 2016, § 276 Rn. 175.

170 Vgl. *Rödder/Hötzel/Mueller-Thuns*, Unternehmenskauf, Unternehmensverkauf, § 10 Rn. 8.

171 Vgl. dazu die Ausführungen unter B.III.2.

Garantiekatalogs, der die Haftung des Veräußerers umfassend regeln sollte, darf die weiterhin grundsätzliche Relevanz der vorsätzlichen c.i.c. nicht außer Acht gelassen werden. Zwischen Ansprüchen aufgrund einer Garantieverletzung und Ansprüchen aufgrund einer vorsätzlichen vorvertraglichen Pflichtverletzung besteht insofern Anspruchskonkurrenz.[172] Die umstrittene Frage des Verhältnisses zwischen Ansprüchen aus c.i.c. und solchen aus kaufgewährleistungsrechtlichen Vorschriften soll an dieser Stelle nicht behandelt werden.[173] Im Rahmen der Anspruchskonkurrenz zwischen Garantiehaftung und c.i.c.- Haftung können insbesondere die grundsätzlich unterschiedlichen Rechtsfolgen dieser beiden Ansprüche für eine gewisse dogmatische Verwirrung sorgen.

Die Garantiehaftung ist auf das positive Erfüllungsinteresse gerichtet. Der Garantiegeber schuldet die Herstellung des Zustands, der bestünde, wenn die Garantie zutreffend gewesen wäre.[174] Die Haftung aus der c.i.c. hingegen richtet sich – abgesehen von wenigen Ausnahmefällen[175] – auf das negative Interesse, den Vertrauensschaden. Während das Erfüllungsinteresse bei der Garantiehaftung an den Wert der Kaufsache im Szenario einer nicht verletzten Garantie anknüpft, basiert der Vertrauensschaden bei der c.i.c.- Haftung auf einem hypothetisch niedrigeren Kaufpreis. In der einschlägigen Literatur wird die Frage der Anspruchskonkurrenz, soweit ersichtlich, nicht weiter thematisiert. Lediglich *Elsing* weist insoweit zutreffend darauf hin, dass „[...] *unterschiedliche dogmatische und rechnerische Ansätze* [...]“[176] bemüht werden müssten.

Die im Rahmen eines vorvertraglichen Schuldverhältnisses zu beachtenden Pflichten bzw. die Ausgestaltung des vorvertraglichen Schuldverhältnisses ergeben sich aus einer Zusammenschau von § 311 Abs. 2 BGB und § 241 Abs. 2 BGB. Die Reichweite der Schadensersatzpflicht wird durch die Schutzgüter des § 311 Abs. 2 BGB bestimmt, während die Handlungen, vor denen die jeweiligen Schutzgüter geschützt werden sollen, von der Anwendung des § 241 Abs. 2 BGB

---

172 Vgl. *Elsing*, in: FS Haarmann, S. 28; BGH, *Urteil* v. 18.06.1997 - XII ZR 192/95 = NJW 1997, 2813, 2814; für die Anspruchskonkurrenz zwischen vorsätzlicher c.i.c. und den kaufrechtlichen Regelungen der §§ 434 ff. BGB auch BGH, *Urteil* v. 27.03.2009 - V ZR 30/08 = NJW 2009, 2120, 2121.

173 Vgl. detailliert zu dieser Frage und mit weiteren Nachweisen zum Meinungsstand *Semler*, in: Hölters (Hrsg.), Handbuch Unternehmenskauf, Teil 7 Rn. 7.222.

174 Vgl. bspw. nur *Picot*, in: Römermann (Hrsg.), MAH GmbH-Recht, § 21 Rn. 147; *Elsing*, in: FS Haarmann, S. 50 f.

175 Vgl. *Becker*, in: Dauner-Lieb/Langen (Hrsg.), NK-BGB, Bd. 2, 3. Aufl. 2016, § 311 Rn. 49a.

176 *Elsing*, in: FS Haarmann, S. 50.

auf den vorvertraglichen Bereich abhängen.[177] Zu diesen Schutzgütern zählt – da es sich um ein vorvertragliches Schuldverhältnis handelt – regelmäßig nicht das positive Interesse an der Erfüllung des Vertrags.[178] Anders kann dies sein, wenn durch die vorvertragliche Pflichtverletzung in kausaler Weise ein Schutzgut des § 311 Abs. 2 BGB verletzt wurde. Besteht der aus der vorvertraglichen Pflichtverletzung resultierende Schaden darin, dass der Vertrag für den Anspruchsberechtigten günstiger geschlossen wurde, als dies ohne die Pflichtverletzung der Fall gewesen wäre, kann (ausnahmsweise) das positive Interesse maßgeblich sein.[179] Voraussetzung ist allerdings, dass der Anspruchsberechtigte konkret darlegen und beweisen kann, dass und zu welchen Konditionen ein für ihn günstigerer Vertrag zustande gekommen wäre.[180] Dieser Nachweis dürfte im Regelfall kaum oder jedenfalls nur sehr schwer zu erbringen sein. Insbesondere gilt dies für den Bereich des Unternehmenskaufs, wie *Elsing* zutreffend feststellt, da dort besonders „[…] *vielschichtige Erwägungen bei der Entscheidung eine Rolle* [spielen].“[181] Regelmäßig dürfte bei einem Anspruch aus c.i.c. also das negative Interesse maßgeblich sein.

Daneben erscheint die Annahme der Anspruchskonkurrenz in der hier geschilderten Konstellation allerdings auch nicht zwingend naheliegend, denn jedenfalls dogmatisch betrachtet handelt es sich keineswegs um zwei identische Begehren des Anspruchsberechtigten. Mit der Garantiehaftung wendet sich der Anspruchsberechtigte gegen die Diskrepanz von einem garantiertem zum tatsächlichen Zustand; er begehrt den Zustand, der ihm zugesichert wurde. Mit der c.i.c.- Haftung macht er dagegen geltend, dass er den in Rede stehenden Vertrag zu einem niedrigeren Kaufpreis hätte abschließen können, wenn er Kenntnis von der vorvertraglichen Pflichtverletzung gehabt hätte. Dies führt, wie dargestellt, zu unterschiedlichen Anknüpfungspunkten im Rahmen des haftungsausfüllenden Tatbestands, nämlich einerseits zur Maßgeblichkeit des hypothetischen

---

177 Vgl. *Becker*, in: Dauner-Lieb/Langen (Hrsg.), NK-BGB, Bd. 2, 3. Aufl. 2016, § 311 Rn. 49a; *Kindl*, in: Erman, BGB, Bd. 2, 14. Aufl. 2014, § 311 Rn. 28.

178 Vgl. *Becker*, in: Dauner-Lieb/Langen (Hrsg.), NK-BGB, Bd. 2, 3. Aufl. 2016, § 311 Rn. 49a.

179 Vgl. BGH, *Urteil* v. 19.05.2006 - V ZR 264/05 = NJW 2006, 3139, 3140; *Emmerich*, in: MüKo-BGB, Bd. 2, 7. Aufl. 2016, § 311 Rn. 186; *Kindl*, in: Erman, BGB, Bd. 2, 14. Aufl. 2014, § 311 Rn. 29; *Becker*, in: Dauner-Lieb/Langen (Hrsg.), NK-BGB, Bd. 2, 3. Aufl. 2016, § 311 Rn. 49a; *Elsing*, in: FS Haarmann, S. 42.

180 Vgl. BGH, *Urteil* v. 19.05.2006 - V ZR 264/05 = NJW 2006, 3139, Leitsatz 3; *Elsing*, in: FS Haarmann, S. 42 f.

181 *Elsing*, in: FS Haarmann, S. 42 f.

Werts der Kaufsache und andererseits zur Maßgeblichkeit des hypothetischen (niedrigeren) Kaufpreises.

Allerdings gilt die Ratio, aufgrund derer die Haftung für Vorsatz nicht abbedungen werden darf, auch beim Unternehmenskauf: Der Erwerber soll sich nicht der Willkür des Veräußerers ausliefern.[182] Daneben ist der Veräußerer, sollte der Erwerber ihm Vorsatz nachweisen können – was für sich genommen regelmäßig bereits anspruchsvoll ist –, nicht schutzwürdig. So erscheint es dann im Ergebnis als durchaus sachgerecht, dem Erwerber die Wahl zwischen dem Ersatz des positiven und dem Ersatz des negativen Interesses zuzubilligen.

Trotz der Notwendigkeit, die Ansprüche des Erwerbers insbesondere auf der Rechtsfolgenseite dogmatisch sauber abzugrenzen, scheint die Thematik der Anspruchskonkurrenz im Wesentlichen weniger problematisch zu sein als von *Elsing* dargestellt. Letztlich wird mit der herrschenden Meinung von einer freien Anspruchskonkurrenz zwischen dem Anspruch aus der Garantiehaftung und dem c.i.c.- Anspruch auszugehen sein.[183] Für jeden Anspruch werden also sowohl der Tatbestand als auch die Rechtsfolge gesondert betrachtet[184]; bei dieser „isolierten" Vorgehensweise dürfte es auch nicht zu dogmatischen Problemen bei der Rechtsfolge kommen. Es bleibt dann die Sache des anspruchsberechtigten Erwerbers, sich entweder auf die verschuldensunabhängige Garantiehaftung (und damit das positive Interesse) zu stützen oder für einen Anspruch aus vorsätzlicher c.i.c. den Nachweis des Vorsatzes zu führen.

5. Haftungsbeschränkungen

In M&A-Transaktionen haben sich im Rahmen der Rechtsfolgenregelungen zu einem Garantiekatalog gewisse Mechanismen zur Haftungsbeschränkung etabliert.[185] Diese können als Ausgleich für die verschuldensunabhängige Haftung des Garantiegebers betrachtet werden und lassen sich in qualitative[186] und

---

182 So die anschauliche Wortwahl bei *Grundmann*, in: MüKo-BGB, Bd. 2, 7. Aufl. 2016, § 276 Rn. 182.

183 Vgl. mit einer instruktiven Darstellung und weiteren Nachweisen zur herrschenden Meinung *Bachmann*, in: MüKo-BGB, Bd. 2, 7. Aufl. 2016, § 241 Rn. 40.

184 Vgl. *Bachmann*, in: MüKo-BGB, Bd. 2, 7. Aufl. 2016, § 241 Rn. 40.

185 Vgl. *Engelhardt*, in: Holzapfel/Pöllath (Hrsg.), Kap. VIII Rn. 933 ff.

186 Eine qualitative Haftungsbeschränkung bezieht sich nach der hier vertretenen Sichtweise inhaltlich auf eine einzelne Garantie; bei der unter a) dargestellten *Best Knowledge*- Klausel handelt es sich um eine solche qualitative Haftungsbeschränkung.

quantitative[187] Haftungsbeschränkungen einordnen. Dabei beziehen sich die Haftungsbeschränkungen entweder auf den gesamten Garantiekatalog oder lediglich auf einzelne Garantien. Je unüberschaubarer und damit wirtschaftlich unkalkulierbarer das in einer Garantie „schlummernde"[188] Risiko für den Veräußerer ist, umso eher wird dieser eine zu der jeweiligen Garantie korrespondierende Haftungsbeschränkung fordern.

a) Kenntnis des Verkäufers

In qualitativer Hinsicht werden zur Einschränkung von Garantieversprechen häufig Formulierungen wie beispielsweise „nach dem besten Wissen des Verkäufers" („*best knowledge*") verwendet. Diese begrenzen die verschuldensunabhängige Einstandspflicht des Garantiegebers regelmäßig im Hinblick auf dessen positive Kenntnis oder zusätzlich auch auf dessen (grob) fahrlässige Unkenntnis. Dem Erwerber obliegt es im Streitfall bei einer Garantieverletzung, den Nachweis der Kenntnis oder (grob) fahrlässigen Unkenntnis des Veräußerers zu führen. Eine solche Klausel ist praktisch das spiegelbildliche Pendant zur Kenntnis des Käufers, die diesem im Rahmen des noch zu erläuternden Haftungsausschlusses im Falle von § 442 BGB die Möglichkeit, sich auf ihm bekannte bzw. grob fahrlässig unbekannte Garantieverletzungen zu berufen, abschneidet.

Die Kombination einer verschuldensunabhängigen, objektiven Einstandspflicht mit der subjektiven Komponente der Kenntnis führt zu einer eingeschränkten Garantie, deren Verletzung nur geltend gemacht werden kann, wenn nachweisbar ist, dass der Garantiegeber diese wider besseren Wissens abgegeben hat. In Konstellationen, in denen der Verkäufer schlicht keine sichere Kenntnis über die genaue Tragweite der von ihm abgegebenen Garantie hat oder womöglich auch gar nicht haben kann, ist eine solche Einschränkung durchaus sinnvoll. Die praktischen Nachweisschwierigkeiten für den Käufer, der beweisen müsste, dass der Verkäufer doch über die entsprechende Kenntnis verfügte, dürften dazu führen, dass derartige Einschränkungen käuferseitig nicht für jede ausgehandelte Garantie akzeptiert werden. Garantien für Umstände, hinsichtlich derer es für den Verkäufer ein Leichtes ist, sichere Kenntnis zu erlangen, um diese

187 Die quantitativen Haftungsbeschränkungen sind hinsichtlich der Haftung praktisch rückwärts gedacht, da sie lediglich die (finanziellen) Auswirkungen einer Garantieverletzung begrenzen.

188 In Anlehnung an die Überschrift des Artikels „Schlummernde Ansprüche", Frankfurter Allgemeine Zeitung Nr. 233/2014 vom 8. Oktober 2014, S. 16, s. auch Fn. 9.

garantieren zu können, bedürfen einer Einschränkung durch eine *Best knowledge*- Klausel insofern auch nicht.

b) Quantitative Haftungsbeschränkungen

Neben dem „qualitativen Aspekt" der Haftungsbeschränkung bestehen Regelungen, die eine Haftungsbeschränkung über eine rein technische – also quantitative – und nicht über eine inhaltlich- materielle Regelungssystematik erreichen. Hinsichtlich der nachfolgenden Regelungsmöglichkeiten ist die Terminologie indes zum Teil nicht einheitlich; so differenziert *Hilgard* zwischen Bagatell- und Cap-Klauseln, fasst aber De minimis und Threshold (zu den Begrifflichkeiten jeweils sogleich) unter dem Begriff „Freigrenze" zusammen.[189] Dieser Differenzierung soll hier nicht gefolgt werden.

aa) Einzelne Schwellenwerte

Allgemein wird bei der Vereinbarung von Schwellenwerten bei der Geltendmachung von Ansprüchen von einer „De minimis- Regelung" gesprochen; dabei wird ein Schwellenwert vereinbart, den ein einzelner Anspruch des Erwerbers übersteigen muss, damit der Erwerber diesen überhaupt geltend machen darf.[190] Dies schafft für beide Parteien eine gewisse Sicherheit im Nachgang der Transaktion: „Bagatellschäden"[191] von geringer Höhe können, wenn sie den vereinbarten De minimis- Wert nicht übersteigen, keinen Anspruch des Käufers begründen, was Streitigkeiten über geringe Summen verhindern kann. Eine sinnvolle Höhe für einen solchen Schwellenwert lässt sich nicht pauschal ermitteln, sondern ist stets in Abhängigkeit zum jeweiligen Transaktionsvolumen zu sehen. Je höher dies ist, desto höher wird regelmäßig auch der Schwellenwert ausfallen. Ein weiterer Faktor ist hier insbesondere die Verhandlungsposition des Käufers.

Die dazu oftmals ergänzend vereinbarte Basket- oder Threshold- Regelung besagt, dass nicht jeder Schaden (der im Einzelfall ggf. schon die De minimis- Grenze überschritten haben muss) einzeln geltend gemacht werden kann, sondern dies erst möglich ist, wenn ein gewisser Betrag erreicht ist. Einzelschäden werden sinnbildlich zunächst in einem Basket (Korb) „gesammelt" und erst dann geltend gemacht, wenn der vereinbarte Betrag erreicht ist. Zu

189 Vgl. *Hilgard*, BB 2004, S. 1233, 1234.

190 Vgl. *Duys/Henrich*, in: Hölters (Hrsg.), Handbuch Unternehmenskauf, Teil 16 Rn. 16.140.

191 So *Duys/Henrich*, in: Hölters (Hrsg.), Handbuch Unternehmenskauf, Teil 16 Rn. 16.139.

unterscheiden ist dann weiterhin zwischen der Ausgestaltung als Freibetrag oder Freigrenze: Bei einem Freibetrag wird der Schaden ab Erreichung der Basket- Grenze geltend gemacht; der Betrag im Basket ist für den Veräußerer gewissermaßen „frei" und wird bei der Geltendmachung nicht berücksichtigt.[192] Die Freigrenze hingegen bezeichnet lediglich mit anderen Worten den Schwellenwert, ab dem der Basket für eine Geltendmachung der Ansprüche des Erwerbers „hinreichend gefüllt" sein soll. Dabei kann der Betrag im Basket ebenfalls geltend gemacht werden.[193]

Betrachtet man De minimis- und Basket- Regelung im Zusammenhang, ergibt sich also eine zweistufige Hürde für den Erwerber. Um in den Basket zu gelangen, muss ein einzelner Schaden beziehungsweise Anspruch zunächst bereits oberhalb des De minimis- Schwellenwerts liegen. Wird durch die einzelnen „im Korb liegenden" Ansprüche der Freibetrag beziehungsweise die Freigrenze dann aber nicht erreicht oder überschritten, können die einzelnen Positionen trotzdem nicht geltend gemacht werden. Neben der zunächst rein quantitativen Logik dieser Regelungsmöglichkeiten ist auch zu beachten, dass regelmäßig nicht jeder behauptete und ungeprüfte Anspruch ohne Weiteres berücksichtigt wird. Den Ansprüchen muss also „[…] *materiell-rechtliche Substanz innewohnen* […]."[194]

bb) Haftungshöchstgrenze

Als Haftungshöchstgrenze oder „Cap" wird die Höchstgrenze des Schadens, der vom Käufer geltend gemacht werden kann, bezeichnet. Die Ausgestaltung im Einzelfall ist auch hier regelmäßig ein Produkt aus den Besonderheiten der jeweiligen Transaktion und den Verhandlungspositionen der Parteien. Daneben kann auch die Höhe des Kaufpreises ein entscheidender Faktor sein. Regelmäßig sind die Cap- Regelungen bei einem Höchstbetrag, der 100 Prozent des Kaufpreises entspricht, limitiert; lediglich bei einer sehr starken Käuferposition wäre auch ein darüber hinaus gehender Cap oder gar ein vollständiger Verzicht auf eine Begrenzung denkbar.

6. Haftungsausschlüsse

Neben den vorstehend dargestellten Haftungsbegrenzungen ist es auch möglich, die Haftung in bestimmten Konstellationen gänzlich auszuschließen.

---

192 Sog. „*excess only*"- Regelung.
193 Die Freigrenze ist auch als „*first dollar*"- Regelung bekannt.
194 *Hilgard*, BB 2004, S. 1233, 1235.

a) *§ 442 BGB: Kenntnis des Käufers*

Nach der gesetzlichen Wertung des § 442 Abs. 1 S. 1 BGB sind Ansprüche wegen eines Mangels ausgeschlossen, wenn der Käufer bereits bei Vertragsschluss positive Kenntnis von dem Mangel hatte. Grob fahrlässige Unkenntnis ist nur dann unschädlich, wenn der Verkäufer den jeweiligen Mangel arglistig verschwiegen oder eine Garantie für die Beschaffenheit der Sache übernommen hat, § 442 Abs. 1 S. 2 BGB. Begründet wird dies damit, dass ein Käufer, der vor Vertragsschluss einen Mängel kennt, hinsichtlich der Ausübung seiner Gewährleistungsrechte nach Vertragsschluss nicht schutzwürdig ist.[195]

Ein solcher Haftungsausschluss sollte in einem Unternehmenskaufvertrag zumindest dann, wenn der Käufer eine Due Diligence durchführen konnte, eine Selbstverständlichkeit sein. Obschon das gesetzliche System der Mängelgewährleistung regelmäßig abbedungen ist, wird die gesetzliche Wertung des § 442 Abs. 1 BGB daher häufig – mit gutem Grund[196] – durch entsprechende Klauseln in Unternehmenskaufverträgen aufgegriffen. Denn der Verkäufer will nicht für etwas haften, was der Käufer bereits vor dem Abschluss des Kaufvertrags wusste. Für das „Gesamtbild" des Unternehmenskaufvertrags ist eine an die Wertung des § 442 Abs. 1 BGB angelehnte Regelung aber stets im Kontext des Haftungsregimes zu sehen: So werden alle wesentlichen Aspekte regelmäßig durch Garantien bzw. Freistellungen abgesichert, sodass *idealiter* auch gar kein überraschender *deal breaker* vorhanden sein dürfte.

b) *Offengelegte Informationen*

Praktisch betrachtet ist die Frage, ob der Käufer Kenntnis von einem gewissen Umstand hatte, ein Nachweisproblem. Zunächst ist es unter Umständen bereits schwierig, die positive Kenntnis vor dem Vertragsschluss nachzuweisen; für Fälle der grob fahrlässigen Unkenntnis gilt dies sogar in einem noch höheren Maße. Um die schwierige Beweisführung im Einzelfall zu vermeiden, finden sich in den

---

195 Zum alten Schuldrecht und dem § 442 BGB entsprechenden § 460 BGB a.F. BGH, *Urteil* v. 03.03.1989 - V ZR 212/87 = NJW 1989, 2050; *Saenger*, in: Schulze u.a., Hk-BGB, 9. Aufl. 2017, § 442 Rn. 1.

196 So hat das OLG Frankfurt a. M., *Urteil* v. 07.05.2015 - 26 U 35/12 = NZG 2016, 435, eine Anwendung des § 442 BGB bei einem Unternehmenskaufvertrag, in dem die Kenntnis des Käufers als Haftungsausschluss nicht explizit geregelt war, mit der etwas apodiktisch anmutenden Begründung verneint, dass eine solche Regelung nicht gewollt sei, wenn die Parteien das gesetzliche Gewährleistungssystem abbedungen haben. Siehe dazu näher D.II.5.b) sowie D.II.5.c).

wohl meisten Unternehmenskaufverträgen auch Regelungen zu den sogenannten offengelegten Informationen. Die offengelegten Informationen („*Disclosed Information*") sind regelmäßig in einen Unternehmenskaufvertrag einbezogene, vom Verkäufer als relevant erachtete Dokumente[197] oder der gesamte Inhalt eines Datenraums. Durch die Aufnahme in den Unternehmenskaufvertrag und die Definition als *Disclosed Information* gesteht der Käufer zu, im Umfang der entsprechenden Definition Kenntnis von der *Disclosed Information* zu haben und auf Grundlage von darin enthaltenen Informationen keine Ansprüche gegen den Verkäufer geltend zu machen. An dieser Stelle wird insofern auch die Verbindung zu § 442 Abs. 1 BGB bzw. einer an diesen angelehnten Regelung im Unternehmenskaufvertrag deutlich. Was *disclosed* ist, gilt als dem Käufer bekannt; dies unterstreicht die große Relevanz der Due Diligence. Diese eröffnet dem Käufer die Möglichkeit, tatsächliche Kenntnis von etwaigen Mängeln oder Problemen zu nehmen. In der Regel wird der Inhalt des Datenraums als *disclosed* vereinbart werden, und dies unabhängig davon, ob der Käufer tatsächlich jedes Dokument geprüft hat oder prüfen konnte.

Problematisch kann dabei die Frage, wann etwas aus Informationen gefolgert werden kann, also die Kenntnis beim Käufer vorliegen soll, werden: Nur, wenn etwas direkt aus einem Dokument ersichtlich ist oder auch dann, wenn es mittelbar aus den verfügbaren Informationen geschlossen werden kann? Die Beantwortung dieser Frage hängt praktisch stark davon ab, welche Verhandlungsmacht die jeweiligen Parteien haben. Ein starker Verkäufer wird einen möglichst großen Umfang der einbezogenen Informationen bei gleichzeitig möglichst niedriger „Kenntnisnahmeschwelle" vereinbaren wollen, während die Interessenlage eines Käufers dem diametral entgegensteht.

c) § 444 BGB

Der Inhalt des mit der Schuldrechtsreform neu gefassten § 444 BGB sorgte in der Literatur für zahlreiche und massive Kritik[198] und zum Teil durchaus pathetische Formulierungen[199]. Nach dem neuen Wortlaut wären Haftungsbeschränkungen

---

197 Derartige, oftmals speziell für die Due Diligence angelegte Dokumente, Listen oder tabellarische Darstellungen werden auch als *„disclosure schedules"* bezeichnet.

198 Vgl. *Seibt/Raschke/Reiche*, NZG 2002, S. 256; *Faust*, ZGS 2002, S. 271; *Gasteyer/Branscheid*, AG 2003, S. 307; *Hilgard/Kraayvanger*, MDR 2002, S. 678,; *Knott*, NZG 2002, S. 249, 255 f.; *Zerres*, MDR 2003, S. 368; *Dauner-Lieb/Thiessen*, ZIP 2002, S. 108; *Gronstedt/Jörgens*, ZIP 2002, S. 52, 56 ff.; *Stöber*, Beschaffenheitsgarantien, S. 258 ff.

199 So konstatierten *Triebel/Hölzle*, BB 2002, S. 521, 529: *„Die Vertragspraxis schwimmt führerlos in unbekannten Gewässern, es besteht schwerwiegende Rechtsunsicherheit."* In

im Falle einer Garantieübernahme nicht möglich gewesen[200], da es im Gesetz hieß, dass sich ein Verkäufer nicht auf eine Haftungsbeschränkung berufen könne, „wenn“ er eine Garantie für die Beschaffenheit der Kaufsache übernommen habe. Konsequenz dessen wäre nach dem Wortlaut gewesen, dass einem Garantiegeber die Begrenzung seiner Haftung stets abgeschnitten wäre. Nach der Reform wurde diese allgemein als missglückt angesehene Formulierung insbesondere für den Bereich des Unternehmenskaufs scharf kritisiert. Lösungsvorschläge wurden dahingehend geäußert, dass Regelungen, die als Garantie zu interpretieren sein könnten, vermieden werden sollten, um weiterhin sowohl Haftungsbeschränkungen als auch (faktische) Garantien in Unternehmenskaufverträgen vereinbaren zu können.[201] Daneben veröffentlichte das Bundesministerium der Justiz eine Stellungnahme[202], die als Auslegungshilfe zu dienen bestimmt war. Der Sinn und Zweck des § 444 BGB wurde darin als gegenüber dem reinen Wortlaut vorrangig dargestellt, was bedeutete, dass eine Haftungsbeschränkung möglich sei, wenn die übernommene Garantie den Haftungsumfang deutlich beschreibe und nicht an einer anderen Stelle im Vertrag „[…] *überraschend oder intransparent eingeschränkt* […]“[203] werde. Schließlich reagierte der Gesetzgeber im Jahre 2004 auf die anhaltende Diskussion und ersetzte das umstrittene Wort „wenn“ durch „soweit“.[204] Zudem wurde in der Gesetzesbegründung klargestellt, dass das bislang gängige vertragliche Regelungsmodell bei Unternehmenskäufen – die Vereinbarung eines eigenständigen Haftungsregimes auf der Grundlage von Garantien – auch im Rahmen des § 444 BGB zulässig und

---

eine ähnliche Richtung gehend äußerten sich auch *Dauner-Lieb/Thiessen*, DStR 2002, S. 809, 815, welche die Garantie als *„das juristische Unwort des Jahres“* bezeichneten.

200 So argumentiert auch *Hermanns*, ZIP 2002, S. 696

201 *Strelow/Hein*, DB 2003, S. 1155, 1160, schlagen als adäquate Formulierung beispielsweise *„Verschuldensunabhängiger Nachteilsausgleich“* vor.

202 *BMJ*, ZGS 2003, S. 307, 307 ff.; der Parlamentarische Staatssekretär im Bundesministerium der Justiz, *Hartenbach*, äußerte sich dazu in einer Beratung des Bundestags über den Gesetzesentwurf, welcher § 444 BGB i.d.F. des Schuldrechtsmodernisierungsgesetzes „entschärfen“ sollte, zur Auslegung durch das BMJ: *„Dieses Auslegungsergebnis kann inzwischen wohl mit Recht als herrschende Meinung bezeichnet werden.“*, s. Stenografischer Bericht der 56. Sitzung des Bundestags am 3. Juli 2003, BT-Plenarprotokoll 15/56, S. 4742 (linke Spalte).

203 *BMJ*, ZGS 2003, S. 307, 307, 310.

204 Gesetz vom 2. Dezember 2004 (BGBl. I S. 3102); der Gesetzesentwurf trug noch den Titel „Entwurf eines Gesetzes zur Änderung des Bürgerlichen Gesetzbuchs (Gesetz zur Beseitigung der Rechtsunsicherheit beim Unternehmenskauf)“, vgl. BT-Drs. 15/2326.

wirksam sein solle.[205] Die kautelarjuristische Praxis zeigte sich daraufhin grundsätzlich beruhigt,[206] änderte ihren *modus operandi* jedoch nicht mehr.

Unabhängig davon stellt sich die grundlegende Frage, inwieweit § 444 BGB überhaupt eine Relevanz für Unternehmenskäufe besitzt. Ausgehend von einem Unternehmenskaufvertrag mit einer individuell vereinbarten Haftungsordnung statuiert § 444 BGB eine Selbstverständlichkeit: Übernimmt der Verkäufer eine Garantie, kann er sich im Umfang der übernommenen Garantie nicht mehr auf eine Haftungsbeschränkung berufen. Der in der Vertragspraxis noch immer vorherrschende, beinahe reflexartige Hinweis darauf, dass die Garantien jedenfalls nicht solche im Sinne der §§ 443, 444 BGB seien, erklärt sich zwar vor dem Hintergrund der Schuldrechtsreform und der anfänglich unglücklichen Genese des § 444 BGB. Tatsächlich dürften die Auswirkungen dieser Regelung auf die Praxis jedoch als gering eingeschätzt werden.[207]

7. Freistellungen (*Indemnities*)

Neben Garantien sind Freistellungen häufiger Bestandteil eines Unternehmenskaufvertrags.[208] Freistellungen haben gegenüber Garantien den Vorteil, dass ein Schaden nicht im Einzelfall nachgewiesen werden muss, sondern bereits der Eintritt des „Freistellungsfalls“ zur Anspruchsbegründung hinreichend ist.[209] Sie sind insoweit – auf der haftungsausfüllenden Ebene der Schadenskompensation – aufgrund der durch sie entfallenden Notwendigkeit, einen ersatzfähigen Schaden zu ermitteln und nachzuweisen, in der Handhabung einfacher als Garantien und als ein eher käuferfreundliches Instrument anzusehen. Sinnvoll ist die Absicherung von Risiken, die bereits im Vorfeld einer Transaktion bekannt sind oder zumindest als wahrscheinlich eintretend erscheinen.[210] In einer solchen Konstellation könnte dem Käufer ansonsten bei Vereinbarung

---

205 Vgl. BT-Drs. 15/3483, S. 22; die Änderung des § 444 BGB wurde gewissermaßen als Annex zu dem „Entwurf eines Gesetzes zur Änderung der Vorschriften über Fernabsatzverträge bei Finanzdienstleistungen“ beschlossen.

206 Vgl. *Seibt*, NZG 2004, S. 801, 801.

207 So im Ergebnis auch *Meyer-Sparenberg*, in: Hoffmann-Becking/Gebele/Bartsch (Hrsg.), Beck-FB BHW, Muster III. A. 16., Anm. 25.

208 Vgl. bspw. *Duys/Henrich*, in: Hölters (Hrsg.), Handbuch Unternehmenskauf, Teil 16 Rn. 16.155; *Gasteyer/Branscheid*, AG 2003, S. 307, 316.

209 Vgl. *Balda*, in: Schramm/Hansmeyer (Hrsg.), Transaktionen erfolgreich managen, Kap. 8, S. 311.

210 Vgl. *Beckmann*, in: Staudinger, BGB, Buch 2 (§§ 433-480), Neubearbeitung 2013, § 453 Rn. 125; *Engelhardt*, in: Holzapfel/Pöllath (Hrsg.), Kap. VIII Rn. 868.

einer Garantie entgegengehalten werden, dass dieser aufgrund seiner eigenen Kenntnis keinen Anspruch gegen den Verkäufer habe.[211] Scheinbar konträr dazu wird an anderer Stelle vertreten, dass Freistellungen „[...] *nicht kalkulierbare oder nicht einmal bekannte Risiken* [...]“[212] absichern sollen. Dies ist nur insoweit richtig, als dass die Höhe eines mit einer Freistellung abgesicherten Risikos nicht kalkulierbar ist, das Risiko dem Grunde nach aber bekannt ist.[213] Insoweit ist die zitierte Formulierung missverständlich. Häufig finden sich Freistellungen für bestimmte steuerliche oder umweltrechtliche Sachverhalte, insbesondere hinsichtlich Altlasten auf einem erworbenen Grundstück der Zielgesellschaft.[214] Bezüglich dieser Beispiele ist die von *Gasteyer/Branscheid*[215] vertretene Ansicht bezüglich der unkalkulierbaren bzw. unbekannten Risiken – indes nur bezogen auf die Höhe etwaiger Ansprüche – zutreffend: Den Parteien wird regelmäßig nicht bekannt sein, in welcher Höhe Steuerfestsetzungen erfolgen oder ob und gegebenenfalls wie stark ein Grundstück mit Altlasten belastet ist. Dennoch ist das durch die Freistellung abzusichernde Risiko für den Erwerber grundsätzlich bekannt.

Hinsichtlich ihrer Rechtsnatur sind Freistellungen trotz ihrer Relevanz im Bereich des Unternehmenskaufs ein weitgehend unbeschriebenes Blatt.[216] Zudem ist auch die Terminologie in Unternehmenskaufverträgen aufgrund fehlender gesetzlicher Regelungen uneinheitlich, was durch die anglo- amerikanische Prägung noch verstärkt wird.[217] Insgesamt erfahren Freistellungsklauseln bzw. –verpflichtungen, von wenigen Ausnahmen eher jüngeren Datums abgesehen[218], eine eher stiefmütterliche Behandlung in der einschlägigen Fachliteratur.

---

211 Siehe im Einzelnen zum Haftungsausschluss aufgrund eigener Kenntnis des Käufers auch unter C.III.5.a).

212 *Gasteyer/Branscheid*, AG 2003, S. 307, 316.

213 So im Ergebnis auch *Maier-Reimer/Schilling*, IWRZ 2016, S. 106, 112.

214 Vgl. *Lips*, in: Hettler/Stratz/Hörtnagl (Hrsg.), Beck-MHB Unternehmenskauf, § 3 Rn. 246; *Rödder/Hötzel/Mueller-Thuns,* Unternehmenskauf, Unternehmensverkauf, § 10 Rn. 13; *Schrader*, in: Seibt (Hrsg.), Beck-FB M&A, Muster C. II. 1, Anm. 101; allgemein zur Thematik der Umwelthaftung in M&A-Transaktionen *Krispenz*, M&A Review 2015, S. 448.

215 Siehe dazu den Nachweis in Fn. 212.

216 In diese Richtung gehend auch *Hilgard*, BB 2016, S. 1218, 1218; sehr knapp widmet sich *Bittner*, in: Staudinger, BGB, Buch 2 (§§ 255-304), Neubearbeitung 2014, § 257 Rn. 22, der Thematik des vertraglichen Freistellungsanspruchs.

217 So *Hilgard*, BB 2016, S. 1218, 1218 f.

218 An dieser Stelle seien insbesondere die Aufsätze von *Hilgard*, BB 2016, S. 1218 und *Schütt*, NJW 2016, S. 980 genannt.

Eine grundlegende Charakterisierung relevanter Merkmale einer Freistellung kann über eine Abgrenzung zur Garantie vorgenommen werden. Die Garantie begründet mit dem Eintritt des Garantiefalls einen Schadensersatzanspruch des Garantienehmers gegenüber dem Garantiegeber, dieser hat den Garantienehmer grundsätzlich so zu stellen, wie er stünde, wenn der Garantiefall nicht eingetreten wäre.[219] Auf den ersten Blick ist diese Rechtsfolge dem Effekt einer Freistellung durchaus ähnlich. Bei genauerer Betrachtung offenbaren sich jedoch Unterschiede. Die Garantie beschreibt einen Sachverhalt, der entweder – sei es in Form eines Zustands oder eines Ereignisses – vorliegen oder (nicht) eintreten soll, trifft aber in der Garantieaussage selber keine Regelung bezüglich des haftungsausfüllenden Tatbestands. Die Rechtsfolge erstreckt sich, sofern nicht explizit anders vereinbart, auf die Herstellung des Zustands, der hypothetischerweise bestünde, wenn der Garantiefall nicht eingetreten wäre, also auf die Naturalrestitution. Grundlage dafür ist wiederum das Vorliegen eines im Rahmen der §§ 249 ff. BGB ersatzfähigen Schadens.

Die Freistellung hingegen enthält in ihrem Wortlaut gewissermaßen bereits die Rechtsfolge. Sie beschreibt zwar ebenfalls einen Sachverhalt. Daneben regelt sie aber explizit bereits die Folge dieses Sachverhalts, nämlich die finanzielle Kompensation durch den Veräußerer. Ein (darzulegender) Schaden ist nicht erforderlich.

Hinsichtlich ihrer rechtlichen und dogmatischen Charakterisierung könnte bei der Freistellung gegebenenfalls auch § 257 S. 1 BGB, der einen gesetzlichen Befreiungsanspruch regelt, herangezogen werden. Voraussetzung des Befreiungsanspruchs nach § 257 S. 1 BGB ist eine Verbindlichkeit des Ersatzberechtigten, bezüglich der er vom Ersatzverpflichteten Befreiung verlangen kann. Damit regelt § 257 S. 1 BGB einen Sonderfall des Aufwendungsersatzes, nämlich den Fall, in welchem die Aufwendung gerade in der Eingehung einer Verbindlichkeit besteht.[220] Eine Aufwendung wird – obgleich nicht legal definiert – als freiwilliges Vermögensopfer im Interesse eines anderen angesehen.[221] Trotz einer

219 Vgl. *Rödder/Hötzel/Mueller-Thuns*, Unternehmenskauf, Unternehmensverkauf, § 10 Rn. 13; *Schrader*, in: Seibt (Hrsg.), Beck-FB M&A, Muster C. II. 1, Anm. 101.

220 Vgl *Bittner*, in: Staudinger, BGB, Buch 2 (§§ 255-304), Neubearbeitung 2014, § 257 Rn. 1; *Krüger*, in: MüKo-BGB, Bd. 2, 7. Aufl. 2016, § 257 Rn. 1; als streitig dargestellt bei *Schulze*, in: Schulze u.a., Hk-BGB, 9. Aufl. 2017, § 257 Rn. 1, jedoch ohne weitere Nachweise; in der einschlägigen Kommentierung finden sich zudem keine Hinweise darauf, dass dies umstritten sein könnte.

221 Vgl. *Krüger*, in: MüKo-BGB, Bd. 2, 7. Aufl. 2016, § 256 Rn. 2.

bisweilen schwierigen Differenzierung zwischen Aufwendungen und Schäden[222] zeigt insofern bereits die Grundkonzeption des § 257 S. 1 BGB, dass grundsätzlich Parallelen zwischen dem gesetzlich geregelten Befreiungsanspruch und den Freistellungsverpflichtungen im Unternehmenskaufvertrag bestehen. Dennoch könnte der Charakter dieser Freistellungen, deren Zweck darin besteht, wirtschaftliche Risiken des Käufers abzusichern bzw. diese Risiken dem Verkäufer zuzuweisen, durchaus Zweifel am Vorliegen einer „freiwilligen Aufwendung" aufkommen lassen. Daneben ist fraglich, ob eine solche Aufwendung im Interesse eines anderen – also des Verkäufers – getätigt wurde. Diese Problematik lässt sich anhand einer Steuerfreistellung verdeutlichen. Faktisch ist es bei einem unterjährigen Übergang der Zielgesellschaft auf den Erwerber „recht und billig", wenn der Veräußerer für den steuerlichen Veranlagungszeitraum bis zum Closing der Transaktion auch die Steuerlast trägt. Indes ist bei einer Kapitalgesellschaft die Zielgesellschaft und nicht der Gesellschafter das Steuersubjekt.[223] Der Veräußerer, beispielsweise als ehemaliger Alleingesellschafter einer GmbH, müsste nach Ende des Veranlagungszeitraums zwar als natürliche Person z.B. den Veräußerungsgewinn aus der Transaktion versteuern. Für die von der Zielgesellschaft zu tragende Steuerlast wäre er jedoch rechtlich gesehen nicht mehr verantwortlich.[224] Die Tatsache, dass der Rechtsträger der Zielgesellschaft im Veranlagungszeitraum gewechselt hat, hat insoweit keine Auswirkungen auf die Besteuerung der Zielgesellschaft. Die wirtschaftlichen Auswirkungen schlagen sich jedoch freilich bei dem jeweiligen Rechtsträger nieder. Insoweit scheint die Annahme, dass der Käufer die Steuerlast im Interesse eines anderen trägt, sehr zweifelhaft.

---

222 So kann der Geschäftsführer ohne Auftrag auch Aufwendungsersatz bei unfreiwillig erlittenen sogenannten „risikotypischen Begleitschäden" verlangen, die er bspw. bei einer Rettungsaktion erleidet; vgl. *Schulze/Wiese*, in: Schulze u.a., Hk-BGB, 9. Aufl. 2017, § 670 Rn. 8 f.; *Seiler*, in: MüKo-BGB, Bd. 4, 6. Aufl. 2012, § 670 Rn. 14 f.; *Wandt*, Gesetzliche Schuldverhältnisse, § 5 Rn. 37 ff. m.w.N.

223 Vgl. *Hummel*, in: Gosch (Hrsg.), KStG, § 1 Rn. 32. Auf einer zweiten Ebene ist der Gesellschafter als natürliche Person zwar auch Steuersubjekt im Sinne des EStG, jedoch hat dies keinen unmittelbaren Zusammenhang zur Höhe der von der Zielgesellschaft zu tragenden Steuerlast; ein Überblick dazu findet sich bei *Teufel*, in: Lüdicke/Sistermann (Hrsg.), Unternehmenssteuerrecht, Abschnitt 1, § 2 Rn. 1 f.; 7 ff.

224 Vgl. zur Trennung der Steuersubjekte bei der Besteuerung von Kapitalgesellschaften und insbesondere zum Halbeinkünfteverfahren im Überblick *Damas*, in: Saenger/Aderhold/Lenkaitis/Speckmann (Hrsg.), Praxishdb. HaGesR, § 15 Rn. 82 f.

Die Freistellung ist jedoch grundsätzlich ein adäquates Instrument zur Risikoallokation im Unternehmenskaufvertrag. Sachgerecht ist es dabei, wenn der Veräußerer die Freistellung für bekannte Sachverhalte übernimmt, solange der Erwerber noch keine Kontrolle über die Zielgesellschaft ausübt. Solche Sachverhalte, deren „Wurzel“ erst in der Ägide des Erwerbers liegen, sollten demgegenüber von einer Freistellung – jedenfalls aus Sicht des Veräußerers – nicht mehr erfasst sein. Es ist daher ratsam, die Freistellung klar und mit möglichst geringem Interpretationsspielraum zu formulieren.

D. Die Bilanzgarantie im Unternehmenskaufvertrag

Die Bilanzgarantie gehört zu den Regelungen, die – obschon inhaltlich durchaus komplex – gleichwohl in beinahe jedem Unternehmenskaufvertrag zu finden ist und im Katalog der Garantien, der als solcher gewissermaßen das „Herzstück“[225] des Unternehmenskaufvertrags darstellt, eine herausgehobene Position einnimmt. Bilanzgarantien können inhaltlich auf vielfältige Art und Weise ausgestaltet werden, was immer auch in Abhängigkeit von der jeweiligen Transaktion und den (Verhandlungs-)Positionen von Erwerber und Veräußerer geschieht. Jedenfalls ist in der Behandlung von Bilanzgarantien in der einschlägigen Literatur kein allgemeiner Konsens oder gar ein herausgebildeter Marktstandard zu erblicken[226]; die Einzelheiten – dazu sogleich – sind durchaus umstritten.

Die gängige Bezeichnung als „Bilanzgarantie“ ist indes wenig präzise. Im Regelfall bezieht sich eine solche Garantie trotz der zunächst eindeutig erscheinenden Terminologie auf den gesamten Jahresabschluss – *vulgo* „die Bilanz“ –, der neben der Bilanz noch weitere, zum Teil zwingende Bestandteile enthält.[227] Stellte man allein auf die Bilanz als Referenzpunkt für die entsprechende Garantie ab, würde dies zwar womöglich eher den Verkäuferinteressen entsprechen, aber insgesamt die von den Parteien intendierte Zielrichtung verfehlen, denn wie zu zeigen sein wird, besitzt die Bilanz im engeren Sinne isoliert betrachtet lediglich begrenzte Aussagekraft hinsichtlich der wirtschaftlichen Lage eines Unternehmens. Zum Teil wird der Terminus der „Bilanzgarantien“ auch lediglich als Oberbegriff für Kaufpreisanpassungsmechanismen verwendet[228]; dieser Ansicht wird vorliegend jedoch nicht gefolgt.

---

225 So die Formulierung bei *Bisle*, DStR 2013, S. 364, 367.

226 Vgl. *John/Tresser*, in: Wollersheim/Barthel (Hrsg.), Forum Mergers & Acquisitions 2011, S. 65.

227 Die weiteren Bestandteile bestimmen sich im Wesentlichen nach den im HGB vorgegebenen Größenklassen des § 267 HGB; so müssen „kleine Kapitalgesellschaften“ im Sinne des § 267 Abs. 1 HGB gemäß § 264 Abs. 1 S. 4 HGB beispielsweise keinen Lagebericht aufstellen.

228 So betrachten *Borgman/Kalnbach*, M&A Review 2007, S. 227 die Eigenkapitalgarantie, die Working Capital-Garantie, das garantierte Anlagevermögen, die Verbindlichkeitengarantie sowie die Kapitalstrukturgarantie unter dem Oberbegriff der „Bilanzgarantien“.

Die enorme praktische Relevanz einer Bilanzgarantie und deren mögliche Auswirkungen offenbaren sich regelmäßig erst in der eigentlichen Transaktion nachgelagerten Post-M&A-Streitigkeiten, also dann, wenn es zur Belastungsprobe kommt.[229] Obschon diese Thematik – auch vor dem Hintergrund der Frage, ob Abschlussangaben zusicherungsfähige Eigenschaften eines Unternehmens darstellen können –, nicht unbedingt neu ist[230], scheint die grundlegende Sensibilität dafür im Schrifttum erst seit kurzer Zeit erwacht zu sein. Als grundlegend kann hier zum Beispiel die Dissertation von *King* angesehen werden, die sich der Thematik der Bilanzgarantie jedoch stark betriebswirtschaftlich geprägt nähert und nur am Rande auf die Rechtsfolgenseite eingeht.[231] Daneben erfährt die M&A-Litigation, also die Prozessführung im Nachgang von Transaktionen, eine umfassende Behandlung durch *Wächter*, in deren Rahmen dieser sich – soweit ersichtlich als erster – dogmatisch mit den rechtsfolgenseitigen Problemkomplexen einer Bilanzgarantie beschäftigt.[232]

Bei der Behandlung von Bilanzgarantien in einem Unternehmenskaufvertrag ist jedoch vor der näheren Darstellung zunächst einmal grundlegend zwischen *share deal* und *asset deal* zu differenzieren.[233] Bei einem *share deal* wird regelmäßig eine Bilanzgarantie zu finden sein; der Jahresabschluss eines Zielunternehmens ist – wenn dieses gewissermaßen „im Ganzen" übergeht, also nur der Rechtsträger wechselt – für den Erwerber relevant. Dies kann bei einem *asset deal* anders sein; indes darf wiederum auch nicht pauschal davon ausgegangen werden, dass bei einem *asset deal* keine Bilanzgarantie erforderlich ist. Werden nur einzelne Wirtschaftsgüter, beispielsweise Maschinen oder Vorräte, eines Zielunternehmens veräußert, dürfte der Jahresabschluss für den Erwerber wohl keine Rolle spielen. Anders kann dies bei *Carve-out*-Transaktionen sein. Wird ein kompletter Geschäftsbereich eines Unternehmens veräußert, ist womöglich auch bei einem *asset deal* eine Bilanzgarantie erforderlich. Die

---

229 Vgl. dazu die unter D.II.5 noch detailliert analysierten Urteile des OLG München, *Urteil* v. 30.03.2011 - 7 U 4226/10 = via juris sowie des OLG Frankfurt a. M., *Urteil* v. 07.05.2015 - 26 U 35/12 = NZG 2016, 435.

230 Dies zeigen beispielsweise die Aufsätze von *Binz/Freudenberg*, DStR 1991, S. 1629, von *Buchwaldt*, NJW 1994, S. 153 sowie die Darstellung bei *Vorbrugg*, in: Baker/Jillson (Hrsg.), Due Diligence, Disclosures and Warranties in the Corporate Acquisitions Practics, Country Report: Germany, S. 205, 215 ff.

231 Vgl. *King*, Bilanzgarantie, die 2010 erschienen ist.

232 Vgl. *Wächter*, M & A Litigation, 3. Aufl. 2017, Rn. 12.349 ff.

233 Vgl. zur generellen Differenzierung zwischen *share deal* und *asset deal* die Ausführungen unter B.II sowie die Nachweise in den Fn. 36 und 37.

Situation entspricht dann im Wesentlichen – von den steuerlichen Auswirkungen abgesehen[234] – der eines *share deals*. Faktisch wird auch hier das „gesamte Unternehmen" veräußert, daher wird ein Erwerber jedenfalls regelmäßig eine Bilanzgarantie fordern.

Differenzierungen können sich dabei hinsichtlich der inhaltlichen Ausgestaltung der Bilanzgarantie ergeben. Ist das Zielunternehmen eines *Carve-outs* ein selbständig bilanzierender Geschäftsbereich des veräußernden Unternehmens, wird die Bilanzgarantie auf den Einzelabschluss des Zielunternehmens bezogen. Insofern ergeben sich keine Besonderheiten in einer *Carve-out*-Konstellation.[235]

Bilanziert das Zielunternehmen nicht selber, sondern agiert lediglich als unselbständige operative Einheit des veräußernden Unternehmens, wird der Erwerber womöglich dennoch ein Interesse daran haben, eine Bilanzgarantie in den Unternehmenskaufvertrag aufzunehmen. Diese würde sich dann inhaltlich auf das gesamte (veräußernde) Unternehmen beziehen, was nicht zielführend wäre, wenn nur ein bestimmter Teil veräußert werden soll. Insofern ist es dann erforderlich, einen speziellen *Carve-out*-Abschluss aufzustellen, der einen eigenständigen Jahreabschluss des „herausgelösten" Unternehmensteils darstellt.[236]

Rechtstechnisch stellt die Bilanzgarantie einen eigenständigen Garantievertrag im Sinne des § 311 Abs. 1 BGB dar. Der Garantiegeber – im Falle des Unternehmenskaufs der Veräußerer – räumt dem Garantienehmer (also dem Erwerber) einen Schadensersatzanspruch für den Fall einer Garantieverletzung ein. Worauf dieser Anspruch im Einzelfall gerichtet ist bzw. überhaupt gerichtet sein kann, wird im Folgenden noch detailliert zu behandeln sein und stellt sowohl aus theoretischer Sicht als auch in der Praxis ein wesentliches Problemfeld im Zusammenhang mit Bilanzgarantien dar. Grundsätzlich sind die Parteien eines Unternehmenskaufvertrags frei in der Bestimmung des materiellen Gehalts einer Garantie und deren Rechtsfolgen. Aufgrund der regelmäßig bestehenden

---

234 Zu den Interessenlagen von Veräußerer und Erwerber in steuerlicher hinsichtlich grundlegend *Gröger*, in: Hölters (Hrsg.), Handbuch Unternehmenskauf, Teil 4 Rn. 4.8; entgegen der Aussage bei *King*, Bilanzgarantie, Rn. 128 und Fn. 213, sind die steuerlichen Auswirkungen nach *Beck/Klar*, DB 2007, S. 2819, mittlerweile relativ nivelliert, sodass die steuerliche Gestaltung allein jedenfalls keinen ausschlaggebenden Faktor für eine der beiden Transaktionsformen darstelle.

235 Vgl. dazu auch *Lappe/Gattringer*, in: Lappe/Gattringer (Hrsg.), Carve-Out-Transaktionen, Teil II.5. Rn. 107.

236 Vgl. *Lappe/Gattringer*, in: Lappe/Gattringer (Hrsg.), Carve-Out-Transaktionen, Teil II.5. Rn. 109; sehr ausführlich dazu *Eßer/Borries*, in: Lappe/Gattringer (Hrsg.), Carve-Out-Transaktionen, Teil VI.

Konnexität zwischen dem Jahresabschluss des Zielunternehmens und der (darauf aufbauenden) Unternehmensbewertung bzw. Kaufpreisermittlung nimmt die Bilanzgarantie im Garantiekatalog eines Unternehmenskaufvertrags eine herausgehobene Rolle ein. Allerdings ist die Nutzung von Bilanzgarantien aufgrund eines fehlenden Marktstandards und divergierender Auffassungen über Funktion und materiellen Gehalt nicht unproblematisch. Insbesondere besteht die Gefahr, dass die Parteien von unterschiedlichen Prämissen bei der Verhandlung einer Bilanzgarantie ausgehen. Da sich die Interessenlagen von Veräußerer und Erwerber oftmals diametral zueinander verhalten, ist es umso wichtiger, hinsichtlich wirtschaftlich besonders relevanter Inhalte des Unternehmenskaufvertrags jedenfalls ein präzises und übereinstimmendes Verständnis der Konsequenzen vereinbarter Regelungen zu schaffen, um das Risiko von Streitigkeiten „post- M&A" zu verringern.

I. Die Funktionen einer Bilanzgarantie

Wie vorstehend bereits gezeigt[237], stellen die Risikoallokation sowie die Marktsignalisierung die wesentlichen Funktionen von Garantien dar. Im Folgenden wird untersucht, ob und inwiefern sich diese Funktionen auch auf Bilanzgarantien übertragen lassen.

Ein grundlegend zu berücksichtigender Aspekt ist die im Folgenden noch detailliert zu erörternde Tatsache, dass es nicht „die Bilanzgarantie" gibt, sondern zwischen der subjektiven und der objektiven Ausgestaltung einer Bilanzgarantie differenziert werden muss. Sowohl materiell-rechtlicher Inhalt als auch – damit eng verknüpft – die jeweiligen Funktionen unterscheiden sich erheblich. Ohne der untenstehenden Differenzierung nachfolgend zu sehr vorgreifen zu wollen, werden die Funktionen hier nach der Differenzierung in subjektive und objektive Bilanzgarantien dargestellt. Für die detaillierte Darstellung der Differenzierung kann insofern nach unten verwiesen werden.[238]

1. Funktionen der objektiven Bilanzgarantie

Die objektive Bilanzgarantie garantiert – verkürzt ausgedrückt – die tatsächliche Richtigkeit der einzelnen Posten im Jahresabschluss.[239] Durch diesen

237 Siehe dazu unter C.II.2.

238 Die Differenzierung zwischen subjektiven und objektiven Bilanzgarantien wird in den Abschnitten D.II.3 und D.II.4. näher behandelt.

239 Vgl. dazu D.II.4.

Garantieumfang wird zugleich deutlich, dass die zugunsten des Erwerbers von der Bilanzgarantie bewirkte Risikoallokation hier gegeben ist. Der Erwerber kann sich darauf verlassen, dass die ihm garantierten Posten im Jahresabschluss insoweit auch tatsächlich werthaltig sind. Anderenfalls träte der Garantiefall ein; der Veräußerer müsste haften und – ebenfalls etwas verkürzt dargestellt – im hier betrachteten Normalfall die Werthaltigkeit des betroffenen Postens im Jahresabschluss (wieder-)herstellen.[240] Diesbezüglich wird das bestehende Risiko „unzutreffender" Posten – beispielsweise die auch veräußererseitig nicht zu beeinflussende Gefahr uneinbringlicher Forderungen – gänzlich vom Veräußerer getragen.

Diese sehr weitgehende und umfangreiche Risikoallokation schlägt gewissermaßen auf die zweite wesentliche Funktion einer Garantie, die Marktsignalisierung, durch: Die Abgabe einer objektiven Bilanzgarantie signalisiert dem Erwerber gerade auch aufgrund der weitreichenden Haftung ein großes Vertrauen des Veräußerers in die Richtigkeit der Angaben. Rational gesehen erscheint es eher unwahrscheinlich, dass der Veräußerer eine derartige Garantie abgeben würde, wenn er Zweifel an der Richtigkeit oder sogar positive Kenntnis von der Unrichtigkeit einzelner Posten hätte.

2. Funktionen der subjektiven Bilanzgarantie

Die subjektive Bilanzgarantie garantiert grundsätzlich nichts, was inhaltlich bzw. in materieller Hinsicht über die Aussagekraft des zugrunde liegenden Jahresabschlusses hinausginge. Insoweit kann auch hier zur detaillierten Darstellung unten verwiesen werden.[241]

Dies führt zu der Annahme, dass die Marktsignalisierungsfunktion einer subjektiven Bilanzgarantie bei deren zutreffender Auslegung als Garantie der bilanziellen Normbeachtung[242] nur gering sein dürfte. Denn der materielle Gehalt des Jahresabschlusses – die Werthaltigkeit einzelner Posten – wird dabei nicht zugesichert; die Garantie bezieht sich lediglich auf die korrekte Erstellung des

240 An dieser Stelle soll für Zwecke der Übersichtlichkeit die Problematik des objektiv richtigen Jahresabschlusses (s. dazu unter D.II.2) ausgeblendet werden; auf die in diesem Zusammenhang entstehenden Probleme wird insofern unten näher eingegangen. Entsprechendes gilt für die zentrale Frage der Rechtsfolge bei einer Garantieverletzung (s. dazu unter Abschnitt E) und den Bilanzauffüllungsansatz (s. dazu eingehend unter E.IV.2).

241 Siehe dazu unter D.II.3.

242 Vgl. *Hennrichs*, NZG 2014, S. 1001, 1002.

Jahresabschlusses unter Berücksichtigung aller einschlägigen Vorschriften und Bilanzierungsgrundsätze. Damit geht zwar – gewissermaßen als Reflex – einher, dass jedenfalls garantiert wird, dass die Posten im Jahresabschluss unter Berücksichtigung eben dieser Vorschriften und Grundsätze zustande gekommen sind und damit eine vertretbare Darstellung der Vermögens-, Finanz- und Ertragslage des Unternehmens leisten. Die „Richtigkeit" und damit verbunden unter Umständen auch die Berechtigung bzw. Werthaltigkeit einzelner Posten (man denke an dieser Stelle nur an die noch zu behandelnden Rückstellungen sowie das Risiko uneinbringlicher Forderungen) ist damit indes keineswegs abgesichert. Damit ist die Marktsignalisierung zwar vorhanden, gleichwohl aber inhaltlich begrenzt. Dennoch dürfte die Relevanz bei Kaufpreisberechnungen oder -anpassungen, die auf der Basis eines garantierten Jahresabschlusses aufsetzen, durchaus gegeben sein.

Gleiches gilt für die Risikoallokation: Das Risiko besteht bei einer (verletzten) subjektiven Bilanzgarantie in einem nicht den einschlägigen Vorschriften und Grundsätzen entsprechenden Jahresabschluss; das Zielunternehmen hingegen ist in seiner Substanz grundsätzlich nicht in dem Sinne tangiert, als dass die Werthaltigkeit einzelner Posten bereits durch die Garantieverletzung gefährdet wäre. Ein wirtschaftliches Risiko könnte insofern nur darin liegen, dass ein (kaufpreisrelevanter) Posten des Jahresabschlusses unvertretbar ausgewiesen wurde und die Bilanzgarantie damit verletzt wäre. Aber selbst in diesem Fall ist auf der Rechtsfolgenseite der Bilanzgarantie fraglich, inwiefern wirtschaftlich ein Ausgleich zugunsten des Erwerbers vorgenommen wird. Dies hängt maßgeblich von der Ermittlung und Berechnung des Kaufpreises sowie der Ausgestaltung der Rechtsfolgen der Bilanzgarantie ab und wird im Folgenden noch zu behandeln sein.

II. Der materielle Gehalt von Bilanzgarantien

„Buchhaltung ist eine Kunst, keine Wissenschaft."[243]

Dieses Zitat verdeutlicht ein wesentliches Problem im Umgang mit Bilanzgarantien: Das der Garantie zugrundeliegende Zahlenwerk – der Jahresabschluss – ist tendenziell ungenau; die abgebildeten einzelnen Positionen sind mithin nicht mathematisch bestimmbar „richtig" oder „falsch". Dies hat auch Auswirkungen auf die Bilanzgarantie, worauf in diesem Abschnitt im Einzelnen einzugehen sein wird. Ganz wesentlich erwächst daraus jedoch zunächst die These, dass

243 *Braun/Pfeil*, brand eins Wirtschaftsmagazin 11/2011, S. 124, 125.

die Bilanzgarantie in der Praxis womöglich hinsichtlich ihrer „Aufgabe" beziehungsweise ihrer tatsächlichen Wirkung im Unternehmenskaufvertrag überschätzt wird.

Zum Charakter von eigenständigen Garantien, die eine verschuldensunabhängige Haftung des Garantiegebers im Sinne eines vertraglichen Schadensersatzanspruchs begründen, kann an dieser Stelle auf die obige Darstellung verwiesen werden. [244] Im Folgenden sollen daher ausschließlich die Besonderheiten der Bilanzgarantie in den Blick genommen werden. In der Bilanzgarantie wird regelmäßig garantiert, dass der Jahresabschluss des letzten Geschäftsjahres bilanzrechtlich einwandfrei aufgestellt, mithin umgangssprachlich „richtig" ist. Diese stark verkürzende Sichtweise entspricht jedoch nicht den tatsächlichen Gegebenheiten, denn die beiden Thematiken „Aussagegehalt der Bilanzgarantie(klausel)" sowie „Richtiger Jahresabschluss" sind bei näherer Betrachtung äußerst komplex und stellen zunächst nur ein recht unkonturiertes Bild dar. Im Folgenden sollen zunächst die grundlegenden beiden Möglichkeiten der Ausgestaltung von Bilanzgarantien dargestellt werden.

Dabei bewegen sich die Begrifflichkeiten hinsichtlich der Ausgestaltung gewissermaßen in einem terminologischen Nebelfeld; zum Teil werden die entsprechenden Klauseln als „harte" und „weiche"[245], „absolute" und „relative"[246] oder „objektive" und „subjektive"[247] Bilanzgarantien bezeichnet. Vorliegend soll grundsätzlich die Terminologie der „objektiven" und „subjektiven" Bilanzgarantie genutzt werden; diese Bezeichnungen sind im Vergleich zu den anderen Begriffspaaren aussagekräftiger und erfassen den Sinngehalt der diesen Bezeichnungen zugrunde liegenden Überlegungen am ehesten: „Subjektiv" ist im Sinne der normativ-subjektiven, also kenntnisabhängigen Regelkonformität des Jahresabschlusses zu verstehen.[248] Grundlegend besagt die subjektive Bilanzgarantie

244 Vgl. die Ausführungen zum Garantievertrag im Sinne des § 311 Abs. 1 BGB unter C.III.1.

245 So die Formulierung bei *Blunk/Rabe*, GmbHR 2011, S. 408, 409 ff.

246 Vgl. zu dieser Formulierung *Triebel*, in: Triebel (Hrsg.), Mergers & Acquisitions, Kap. 5 Rn. 402.

247 So im Wesentlichen *Witte/Gerardy*, in: Drygala/Wächter (Hrsg.), Tagungsband Leipziger Konferenz M&A 2014, S. 23, 31 f., die insbesondere die definitorische Unsicherheit beim Umgang mit den Begriffspaaren „absolut"/„relativ", „hart"/„weich" und „objektiv"/„subjektiv" aufgreifen.

248 So auch *Kästle/Oberbracht*, Unternehmenskauf - SPA, S. 178 (Erläuterungen zu Ziff. 7.4.1); zum normativ-subjektiven Fehlerbegriff im Bilanzrecht siehe insbesondere auch die Ausführungen unter D.II.2.a).

damit, dass der Jahresabschluss gemäß der einschlägigen Regelungen des Bilanzrechts erstellt wurde und dem Ersteller zum Zeitpunkt der Erstellung keine Umstände oder Tatsachen bekannt waren, die hinsichtlich der einzelnen Posten andere Ansätze oder Bewertungen erfordert hätten.[249] Die objektive Bilanzgarantie ist hingegen von der Kenntnis oder Kenntnismöglichkeit zum Zeitpunkt der Erstellung unabhängig und sichert – etwas verkürzt dargestellt – die Übereinstimmung der jeweils garantierten Posten mit der Realität zu. Die damit einhergehenden Problematiken werden unten erörtert. In diesem Kontext wird die objektive Bilanzgarantie zum Teil nochmals von einer „harten" Bilanzgarantie unterschieden: Während die objektive Bilanzgarantie lediglich Kenntnisunabhängigkeit impliziere, sichere die harte Bilanzgarantie die objektive Richtigkeit des Jahresabschlusses zu.[250] Diesem Ansatz wird indes vorliegend nicht gefolgt.

Ebenso wie die Terminologie für die unterschiedlichen Möglichkeiten der Ausgestaltung einer Bilanzgarantie ist indes auch die jeweilige materielle Reichweite nicht immer eindeutig. Demgegenüber unumstritten ist die Ansicht, dass eine Bilanzgarantie zu den essentiell erforderlichen Klauseln in einem Unternehmenskaufvertrag gehört.[251] Zunächst soll nachfolgend also die materielle Reichweite bzw. der Aussagegehalt subjektiver und objektiver Bilanzgarantien untersucht werden. Die möglichst präzise Konturierung des Tatbestands ist insofern auch eine Voraussetzung für die anschließende Darstellung der ebenfalls umstrittenen Rechtsfolgenseite.

---

249 In der Vorauflage weist *Wächter,* M&A Litigation, 2. Aufl. 2014, Rn. 482, instruktiv darauf hin, dass der Terminus „subjektive Bilanzgarantie" ein „Rückstoß" der bereits bekannten objektiven Bilanzgarantie sei und eher auf die „[…] *inhärente Subjektivität aller Bilanzen* […]" abstelle. In der aktuellen Auflage rekurriert *Wächter* nur noch auf die „[…] *inhärente Unschärfe bilanzrechtlicher Regeln* […]", *Wächter,* M & A Litigation, 3. Aufl. 2017, Rn. 5.139.

250 So *Elsing*, in: FS Haarmann, S. 30 (Fn. 22) unter Verweis auf *Picot*, in: Römermann (Hrsg.), MAH GmbH-Recht, § 21 Rn. 144 und 146, der jedoch lediglich „harte Garantien" mit „objektiver Richtigkeit" übersetzt und „weiche Garantien" als abhängig von der subjektiven Kenntnis beziehungsweise Unkenntnis des Garantiegebers darstellt.

251 Vgl. beispielsweise *Kästle/Oberbracht,* Unternehmenskauf - SPA, S. 172 (Erläuterungen zu Ziffer 7.4); *Beisel*, in: Beisel/Klumpp/Schindler (Hrsg.), Unternehmenskauf, § 16 Rn. 106 ff.; *Picot*, in: Römermann (Hrsg.), MAH GmbH-Recht, § 21 Rn. 144; *Tietmeyer*, in: Rotthege/Wassermann (Hrsg.), Unternehmenskauf bei der GmbH, Kap. 9 Rn. 136; *Semler*, in: Hölters (Hrsg.), Handbuch Unternehmenskauf, Teil 7 Rn. 7.245; *Wächter*, NJW 2013, S. 1270, 1274; *Blunk/Rabe*, GmbHR 2011, S. 408; *Hennrichs*, NZG 2014, S. 1001; *König/Gießelmann*, GWR 2016, S. 155, 156; *Mehrbrey/Hofmeister*, NZG 2016, S. 419; *Elsing*, in: FS Haarmann, S. 29.

1. Der Jahresabschluss als Referenzpunkt

Wie bereits dargestellt, bezieht sich eine Bilanzgarantie im Regelfall auf den gesamten Jahresabschluss. Dieser richtet sich grundlegend nach dem dritten Buch, den §§ 238 bis 342e des Handelsgesetzbuches. In der vorliegenden Untersuchung soll der Fokus dabei auf der Handelsbilanz liegen. Dies ist auch durch das Maßgeblichkeitsprinzip des § 5 Abs. 1 S. 1 EStG gerechtfertigt, das besagt, dass die Steuerbilanz grundsätzlich aus der Handelsbilanz abgeleitet wird und nur divergierende Ansätze für einzelne Bilanzposten erfolgen dürfen, wenn steuerliche Sondervorschriften dies verlangen.[252] Obschon steuerrechtliche Fragestellungen bei M&A-Transaktionen mitunter maßgebliche Rollen spielen, sollen diese im Folgenden ausgeklammert werden; es werden also nachfolgend die Rahmenbedingungen und die wesentlichen Funktionen eines Jahresabschlusses aus handelsrechtlicher Sicht beleuchtet.

> *„Bilanzieren wird als zweckgerichtetes Abbilden eines realökonomischen Geschehens in einer wirtschaftlichen Unternehmung (Betrieb) verstanden. Dabei sind wirtschaftliche Vorgänge und Zustände sowie deren Änderungen innerhalb einer Rechnungsperiode (Gj) möglichst genau mit abgegrenzten Begriffen (Bilanzpositionen) und quantitativen Größen durch Bewertungen zu erfassen."*[253]

Diese Definition von *Winnefeld* vermag es, die wesentlichen Charakteristika eines Jahresabschlusses zu verdeutlichen. Dazu gehört der Vergangenheitsbezug des Jahresabschlusses, dieser stellt rein wirtschaftlich nur die Vorgänge und Zustände sowie die Änderungen im Vergleich zum vorherigen Jahresabschluss des Geschäftsjahres, das der Aufstellung vorangegangen ist, dar. Prognosen finden sich zwar im Lagebericht, sofern ein solcher aufgestellt wird oder werden muss, aber dort auch nur insofern, als ein Überblick über wesentliche, gegebenenfalls zu erwartende Vorgänge im folgenden Geschäftsjahr gegeben wird. Das zweite maßgebliche Charakteristikum wird durch die Aussage, dass die Vorgänge, Zustände und Änderungen in quantitativer Hinsicht *„durch Bewertungen zu erfassen sind"*, beschrieben. Der Jahresabschluss ist durch Bewertungsansätze beeinflusst, die der Kaufmann selbst wählen kann. Zwar müssen

---

252 Demnach ist das Betriebsvermögen anzusetzen, „[...] *das nach den handelsrechtlichen Grundsätzen ordnungsmäßiger Buchführung auszuweisen ist, es sei denn, im Rahmen der Ausübung eines steuerlichen Wahlrechts wird oder wurde ein anderer Ansatz gewählt.*"; vgl. auch *Bitz/Schneeloch/Wittstock/Patek*, Der Jahresabschluss, S. 389; *Winnefeld*, Bilanz-Handbuch, Einf Rn. 80; BFH, *Urteil* v. 24.01.1990 - I R 17/89 = BeckRS 1990, 22009343.

253 *Winnefeld*, Bilanz-Handbuch, Einf Rn. 1.

diese Bewertungsansätze dann kontinuierlich – sprich: auch in den folgenden Rechnungsperioden – angewandt werden.[254] Die grundsätzliche Freiheit bei der Wahl der Bewertungsansätze führt dazu, dass es für einen Jahresabschluss keinen objektiv „richtigen" Weg – im Sinne eines zwingend zu beschreitenden Weges – zu seiner Erstellung gibt. Hinsichtlich der Bandbreite möglicher wählbarer Bewertungsansätze entsteht in der Konsequenz ein Jahresabschluss, der als vertretbar bezeichnet werden kann, wenn er im Einklang mit anerkannten Grundsätzen des Bilanzrechts aufgestellt wurde, nicht jedoch als „richtiger" oder „falscher" Jahresabschluss. Das Bilanzrecht enthält zahlreiche Variablen in Form von Ansatz- und Bewertungswahlrechten, die als „Stellschrauben" das Endprodukt – den Jahresabschluss – beeinflussen und nicht mit mathematischer Präzision ermittelbar sind. Vielfach basieren diese Wahlrechte auf Schätzungen und fordern die Ausübung eines gewissen Ermessens seitens des Erstellers. Ein Unternehmen kann also grundsätzlich verschiedene „richtige" Jahresabschlüsse aufstellen, die im Einzelfall zwar jeweils unterschiedlich nuanciert sein können, aber deswegen nicht „falsch" im Sinne des Bilanzrechts sind. Jeder denkbare Jahresabschluss, der innerhalb der Vorgaben des Bilanzrechts aufgestellt wurde, ist damit zunächst einmal vertretbar. Jedoch kann auch ein Jahresabschluss mit vertretbaren Bewertungsansätzen bei divergierenden Interessenlagen der Parteien in einer M&A-Transaktion oder bei einer Streitigkeit im Nachgang zu einer solchen Transaktion durchaus konfliktträchtig sein, wenn unterschiedliche Auffassungen über das, was „vertretbar" ist, vorherrschen.

a) Rechtlicher Rahmen

Das „klassische" deutsche Bilanzrecht ist im Dritten Buch des HGB in den §§ 238-342e geregelt.[255] Für die Steuerbilanz enthält das EStG ergänzende Vorschriften, die die handelsrechtlichen Vorschriften ergänzen und zum Teil modifizieren, aber hier – wie bereits erwähnt – nicht behandelt werden sollen. Grundlegend sind die Anforderungen, die an Jahresabschlüsse und gegebenenfalls ergänzend erforderliche Bestandteile, die unten noch zu behandeln sein werden, gestellt werden, nach Rechtsformen gegliedert. Gemäß § 242 Abs. 1 HGB gilt für jeden Kaufmann, dass dieser zu Beginn seines Handelsgewerbes und zum Schluss eines jeden Geschäftsjahres einen Abschluss, in dem das Verhältnis seines Vermögens

---

254 Siehe dazu detailliert die Ausführungen unter D.II.3.c)bb).

255 Eine umfangreiche Darstellung, welche auch die Genese des Bilanzrechts im HGB nachzeichnet, findet sich bei *Schulze-Osterloh*, in: Schulze-Osterloh/Hennrichs/Wüstemann (Hrsg.), HdJ, Bd. 1, 48. EL Mai 2010, Kap. I/1 Rn. 6 ff.

und seiner Schulden dargestellt wird, aufstellen muss – dies stellt zugleich die Legaldefinition der „Bilanz" dar. Für Kapital- und bestimmte Personenhandelsgesellschaften gelten ergänzend die §§ 264 ff. HGB, in denen jedoch teilweise von der jeweiligen Größenklasse gemäß § 267 HGB abhängige Besonderheiten zu berücksichtigen sind. Grundsätzlich sind die diesen Vorschriften unterfallenden Gesellschaften verpflichtet, zusätzlich zur eigentlichen Bilanz im Sinne des § 242 Abs. 1 HGB, die nach § 242 Abs. 3 HGB mit der Gewinn- und Verlustrechnung den Jahresabschluss bildet, einen Anhang und einen Lagebericht aufzustellen, § 264 Abs. 1 S. 1 HGB. Kapitalmarktorientierte Kapitalgesellschaften haben den Jahresabschluss zusätzlich um die Kapitalflussrechnung und den Eigenkapitalspiegel zu erweitern, § 264 Abs. 1 S. 2 HGB. Fakultativ besteht nach dieser Regelung zudem die Möglichkeit der Segmentberichterstattung.[256]

Neben den gesetzlichen Regelungen des HGB sind auf internationaler Ebene die Regelungen bzw. Standards der IAS/IFRS, die im Zuge der Harmonisierung der für kapitalmarktorientierte Unternehmen geltenden Rechnungslegungsvorschriften, anerkannt. Diese sind nicht in gesetzlicher Form kodifiziert, sondern werden wesentlich durch das *International Accounting Standards Board* (IASB) als „Standardsetter" gesetzt.[257] Ein IFRS- Abschluss besteht, anders als der HGB-Abschluss, stets aus der Bilanz bzw. Vermögensübersicht, der GuV, einer Eigenkapitalveränderungsrechnung, einer Kapitalfluss- bzw. Finanzierungsrechnung sowie einem Erläuterungsteil.[258]

Daneben kennt auch das System der IFRS den auch im Rahmen von Bilanzgarantien wesentlichen, unten noch detailliert zu erörternden *„true and fair view"*- Grundsatz in IAS 1.15; in der IASB- Terminologie wird dies als *„fair presentation"* bezeichnet.[259] Die Rechnungslegung nach IFRS hat zwar insbesondere bei multinationalen und börsennotierten Unternehmen Eingang gefunden, die von international harmonisierten und damit vergleichbaren Jahresabschlüssen profitieren.[260] Die hier dargestellten Szenarien für M&A-Transaktionen gehen

---

256 Ausführlich setzen sich *Baetge/Kirsch/Thiele,* Bilanzen, S. 33 ff., sowie *Bitz/Schneeloch/Wittstock/Patek,* Der Jahresabschluss, S. 105 ff. mit dem (handels-)rechtlichen Rahmen des Jahresabschlusses auseinander.

257 Vgl. statt aller *Bitz/Schneeloch/Wittstock/Patek,* Der Jahresabschluss, S. 767.

258 Vgl. *Graf/Bisle,* in: MüKo-Bilanzrecht, Bd. 2, 1. Aufl. 2013, HGB § 264 Rn. 149.

259 Vgl. *Heuser/Theile,* IAS/IFRS Handbuch, Rn. 103.

260 Vgl. zur Bilanzierungspraxis börsennotierter Unternehmen die tabellarische Darstellung auf der Internetseite des DRSC – Deutsches Rechnungslegungs Standards Committee e.V., abzurufen unter http://www.drsc.de/service/ifrs/applied_frs/index.php (zuletzt abgerufen am 25. April 2017); ferner zur Anwendung von IFRS aus Sicht

allerdings nicht von börsennotierten Unternehmen aus, für die im Rahmen des Übernahmerechts ohnehin gesonderte Regelungen, insbesondere des WpÜG, gelten. Insofern liegt der inhaltliche Schwerpunkt auf Unternehmen, die ihren Jahresabschluss nach dem HGB aufstellen.

b) Funktionen eines Jahresabschlusses

Die Funktionen des Jahresabschlusses weisen vordergründig zunächst jedenfalls keinen unmittelbaren Bezug zu Bilanzgarantien auf. Relevant werden die Funktionen auch erst auf der Rechtsfolgenseite. Diesbezüglich wird im weiteren Verlauf noch zu erörtern sein, ob die Funktionen des Jahresabschlusses dazu herangezogen werden können, – gegebenenfalls in Verbindung mit einer gesonderten Klausel im Unternehmenskaufvertrag – den Schutzzweck einer Bilanzgarantie zu bestimmen und somit im Rahmen der Ermittlung des erstattungsfähigen Schadens eine begrenzende Funktion auszuüben.

Die Funktionen des Jahresabschlusses sind nicht trennscharf voneinander abzugrenzen und stehen grundsätzlich gleichwertig nebeneinander; es gibt keinen Vorrang einer bestimmten Funktion, wobei jedoch nach dem BilMoG der Gläubigerschutzfunktion beziehungsweise der Informationsfunktion eine größere Rolle zugesprochen wird.[261] Teilweise basieren die dem Jahresabschluss jeweils zugeschriebenen Funktionen auf verschiedenen Bilanztheorien beziehungsweise -konzeptionen, nach denen die Funktionen determiniert oder jedenfalls gewichtet werden. Dabei stehen die Bilanztheorien jedoch nicht in Konkurrenz; das HGB orientiert sich an keiner der im Folgenden dargestellten Bilanztheorien.

Im Wesentlichen bestehen in der Literatur zwei große Strömungen, die statische und die dynamische Bilanztheorie.[262] Nach der statischen Auffassung dient der Jahresabschluss primär dazu, den jeweiligen Bestand an Vermögen und Verbindlichkeiten zum Bilanzstichtag geordnet gegenüber zu stellen; ermittelt werden soll das nicht von Passiva belastete Aktiv- oder Reinvermögen des

---

eines DAX- Unternehmens *Pötsch*, in: Küting/Pfitzer/Weber (Hrsg.), Bilanz als Informations- und Kontrollinstrument, S. 133, 134 ff.

261 Vgl. *Winkeljohann/Schellhorn*, in: BeBiKo, 10. Aufl. 2016, HGB § 264 Rn. 35; vgl. ferner die Nachweise in Fn. 275 und in Fn. 387.

262 Daneben wird zum Teil auch noch auf die sog. „Organische Bilanztheorie“ verwiesen, die von *Schmidt* entwickelt wurde, vgl. *Schmidt,* Die organische Bilanz im Rahmen der Wirtschaft sowie instruktiv *Baetge/Kirsch/Thiele,* Bilanzen, S. 25 ff.; diese scheint jedoch in der Praxis neben der statischen und der dynamischen Bilanztheorie keine sonderliche Relevanz mehr zu besitzen.

Kaufmanns.[263] Vorrangige Funktion des Jahresabschlusses ist es nach *Moxter*, die „Schuldendeckungsfähigkeit" des Unternehmens durch die Betrachtung, wie viele Verbindlichkeiten durch das vorhandene Vermögen getilgt werden können, erkennbar werden zu lassen.[264] Dabei wird das Schuldendeckungspotential für den Fall einer Liquidation des Unternehmens zugrunde gelegt, was der früheren Rechtsprechung des Reichsoberhandelsgerichts entsprach.[265] Eine neuere statische Auffassung legte hingegen Fortführungs- statt Zerschlagungswerte zugrunde[266]; dies schlägt sich beispielsweise auch heute noch in der *Going concern*- Prämisse[267] des § 252 Abs. 1 Nr. 2 HGB nieder. Die von *Schmalenbach* entwickelte und wesentlich geprägte dynamische Auffassung sieht im Jahresabschluss dagegen ein Instrument, durch welches die Entwicklung eines Unternehmens über den Zeitablauf hinweg verdeutlicht werden soll.[268] In diesem Zusammenhang ist von der „Kompassfunktion" des Jahresabschlusses die Rede.[269] Maßgeblich dafür ist die korrekte Zuordnung von Aufwendungen und Erträgen zu der Periode, in der sie entstanden sind.[270]

In der Literatur finden sich in weitgehender Übereinstimmung drei wesentliche Funktionen eines Jahresabschlusses, nämlich die der Dokumentation, der Zahlungs- bzw. Ausschüttungsbemessung und der Information.[271]

Die Dokumentationsfunktion folgt bereits aus § 238 Abs. 1 HGB, welcher die allgemeine Pflicht zur Buchführung normiert. *„Die Buchführung bezweckt, Vermögen und Vermögensentwicklung des zur Buchführung Verpflichteten klar, übersichtlich und nachprüfbar zu dokumentieren. Sie dient so dem Gläubigerschutz, erfüllt eine Beweissicherungs- und Selbstinformationsfunktion und dient dem Schutz der Ges*[ellschaf]*ter sowie der Sicherung des Rechtsverkehrs.*"[272] Insofern weisen die Dokumentations- und die Informationsfunktion gewisse

---

263 Vgl. *Winnefeld*, Bilanz-Handbuch, Einf Rn. 1.

264 Vgl. *Moxter*, Bilanzlehre, Bd. II, S. 86.

265 Vgl. *Baetge/Kirsch/Thiele*, Bilanzen, S. 15.

266 Vgl. dazu die detaillierte Darstellung der Implikationen auf die jeweiligen Bewertungen bei *Bitz/Schneeloch/Wittstock/Patek*, Der Jahresabschluss, S. 60 ff.

267 Ausführlich dazu *von Kanitz*, Bilanzkunde, Rn. 265 ff.

268 Vgl. *Schmalenbach*, Dynamische Bilanz, S. 6.

269 Vgl. *Bitz/Schneeloch/Wittstock/Patek*, Der Jahresabschluss, S. 62.

270 Vgl. *Winnefeld*, Bilanz-Handbuch, Einf Rn. 1.

271 Vgl. *Kleindiek*, in: MüKo-Bilanzrecht, Bd. 2, 1. Aufl. 2013, HGB § 242 Rn. 4 ff.; *Winnefeld*, Bilanz-Handbuch, Einf Rn. 1; *Bitz/Schneeloch/Wittstock/Patek*, Der Jahresabschluss, S. 41; mit anderer Terminologie, inhaltlich jedoch in die gleiche Richtung gehend *Baetge/Kirsch/Thiele*, Bilanzen, S. 100 ff.

272 *Winkeljohann/Henckel*, in: BeBiKo, 10. Aufl. 2016, HGB § 238 Rn. 90.

Schnittmengen auf. Hinsichtlich der genannten Bilanztheorien beziehungsweise -konzeptionen lässt sich die Dokumentationsfunktion nicht trennscharf zuordnen. Sowohl für die unter der *Going concern-* Prämisse zu betrachtende statische Bilanztheorie als auch für die die Entwicklung des Unternehmens in den Vordergrund stellende dynamische Bilanztheorie ist es relevant, dass eine geordnete Aufstellung der Geschäftsvorfälle – und daraus als Ergebnis resultierend eine Aufstellung des Vermögens und der Schulden – erfolgt.

Die Zahlungs-/Ausschüttungsbemessungs- beziehungsweise Gewinnermittlungsfunktion ist von zwei Seiten zu betrachten: Einerseits kann durch einen Vergleich des Vermögens zu Beginn und zum Ende eines Geschäftsjahres der Periodengewinn ermittelt werden; werden zwei oder mehrere Geschäftsjahre miteinander verglichen, kann zudem die Entwicklung des Unternehmens aufgezeigt werden. Auf der anderen Seite ist mit der korrekten Gewinnermittlung auch eine Kapitalerhaltungsfunktion[273] verknüpft: Der im Jahresabschluss ausgewiesene Jahresüberschuss oder „Bilanzgewinn“[274] stellt die Summe dar, die der Disposition der Gesellschafter unterliegen darf und somit thesauriert, investiert oder an die Gesellschafter ausgeschüttet werden kann, ohne Kapitalerhaltungsvorschriften zu verletzen. Auch hier zeigt sich erneut, dass diese Funktion – beziehungsweise Funktionen – nicht ausschließlich einer Bilanztheorie zugeordnet werden können. Zwar ist die Gewinnermittlungsfunktion zur Ermittlung des Bestands an Vermögen und Verbindlichkeiten relevant; ebenso relevant ist sie aber im Rahmen der Veranschaulichung der Entwicklung eines Unternehmens über eine oder mehrere Perioden hinweg.

Da sowohl die Dokumentations- als auch die Gewinnermittlungsfunktion informatorischen Charakter haben und insofern große Schnittmengen zwischen den Funktionen bestehen, kann eine eigenständige Informationsfunktion gewissermaßen als „Auffangfunktion“ angesehen werden. Gleichwohl wird die Informationsfunktion als – insbesondere seit dem BilMoG – höchst relevante Funktion des Jahresbschlusses angesehen.[275] Insbesondere gilt dies vor dem Hintergrund der in den IFRS enthaltenen und an einen Jahresabschluss gestellten Anforderung der „*decision usefulness*“, durch welche den Bilanzadressaten – insbesondere Investoren – Informationen zur Verfügung gestellt werden sollen,

273 Vgl. dazu auch *Reiner*, in: MüKo-HGB, Bd. 4, 3. Aufl. 2013, § 264 Rn. 27.

274 Differenziert werden die Termini „Jahresüberschuss“ und „Bilanzgewinn“ bei *Schubert/Waubke*, in: BeBiKo, 10. Aufl. 2016, HGB § 266 Rn. 182.

275 Vgl. dazu die Nachweise in Fn. 387; in diesem Kontext spricht *Busse von Colbe*, zfbf 2002, S. 159, 161 von einem „*Paradigmawechsel*“, da in Deutschland bislang die Ausschüttungs- und Steuerbemessung im Vordergrund gestanden haben.

durch die eine Anlageentscheidung fundiert werden kann.[276] Im Handelsbilanzrecht wird die Informationsfunktion einerseits auf die Selbstinformation des Kaufmanns[277], andererseits auf die Information der „Kapitalgeber" bezogen[278]; dies umfasst terminologisch also sowohl Eigen- als auch Fremdkapitalgeber, beispielsweise sowohl einen Gesellschafter als auch eine Bank. Hinsichtlich des Bezugs auf „unternehmensexterne" Bilanzadressaten wird die Informationsfunktion insoweit auch als Rechenschaftsfunktion bezeichnet.[279]

Wiederum – und bezüglich der Informationsfunktion in einem noch gesteigerten Maße – wird deutlich, dass eine eindeutige und trennscharfe Zuordnung zu den Bilanztheorien nicht sinnvoll möglich ist. Insbesondere der *„catch all"*-Charakter der Informationsfunktion lässt sowohl die Zuordnung zu der statischen als auch zu der dynamischen Perspektive zu.

2. Tatbestand: Die „Richtigkeit" des garantierten Jahresabschlusses

Unabhängig von der konkreten Ausgestaltung einer Bilanzgarantie im Einzelfall muss, gewissermaßen „vor die Klammer gezogen", zunächst bestimmt werden, was genau den Tatbestand der „Richtigkeit" eines Jahresabschlusses ausmacht. Ohne dies zu bestimmen, kann mithin auch kein interessengerechter Tatbestand einer Bilanzgarantie formuliert werden. Grundsätzlich ist der Tatbestand stets auf einen Jahresabschluss als Grundlage der Bilanzgarantie bezogen und fordert regelmäßig dessen (subjektive oder objektive) Richtigkeit.[280] Damit ist zu fragen, wann ein „falscher" Jahresabschluss und damit auch eine Garantieverletzung vorliegt, mithin „[…] *ab wann eine Handelsbilanz „so fehlerhaft ist", dass von einer objektiv richtigen Handelsbilanz nicht mehr gesprochen werden kann.*"[281]

---

276 Vgl. *Wawrzinek/Lübbig*, in: Driesch/Riese/Schlüter/Senger (Hrsg.), Beck'sches IFRS-Handbuch, § 2 Rn. 20 ff.; zu den wirtschaftlichen Auswirkungen eines erhöhten Informationsgehalts von Jahresabschlüssen insbesondere auf die Kapitalkosten von Unternehmen vgl. beispielsweise *Leuz/Verrecchia*, Journal of Accounting Research Vol. 38 (Supplement 2000), S. 91 ff., in dem – allerdings vor dem BilMoG – der Informationsgehalt nach IAS/US-GAAP und nach *„German GAAP"*, also dem HGB und den GoB, untersucht wurde.

277 *Schulze-Osterloh*, in: Schulze-Osterloh/Hennrichs/Wüstemann (Hrsg.), HdJ, Bd. 1, 48. EL Mai 2010, Kap. I/1 Rn. 35.

278 Vgl. *Rieg/Heyd*, IRZ 2013, S. 335, 336;

279 Ausführlich dazu *Baetge/Kirsch/Thiele*, Bilanzen, S. 96 ff.

280 Zur subjektiven und objektiven Bilanzgarantie siehe unter D.II.3 und D.II.4.

281 So die pointierte Fragestellung bei *Forst/Suchanek/Klopsch*, GmbHR 2013, S. 914, 916.

a) Der relevante Fehlerbegriff

Für die genaue Beantwortung der Frage, wann eine Bilanz „falsch" ist, enthält das Bilanzrecht des HGB jedenfalls keine ausdrückliche Regelung. Zum Teil wird vertreten, dass der Fehlerbegriff sich zwar auf § 252 Abs. 1 Nr. 4 HGB stütze[282], gleichwohl enthält diese Vorschrift jedoch keinen expliziten Regelungsgehalt zum Fehlerbegriff oder der Frage, wann ein Jahresabschluss fehlerhaft ist.

Für einen Bilanzansatz gilt im Grundsatz, dass dieser nur dann falsch ist, wenn er (i) objektiv gegen Bilanzierungsvorschriften verstößt und (ii) „[...] *der Kaufmann dies nach den im Zeitpunkt der Bilanzfeststellung bestehenden Erkenntnismöglichkeiten bei pflichtgemäßer und gewissenhafter Prüfung auch hätte erkennen können.*"[283] Dieser im Handelsrecht maßgebliche Fehlerbegriff, der kumulativ sowohl auf die (objektiven) bilanzrechtlichen Vorschriften als auch auf die (subjektive) Kenntnis(-möglichkeit) des Kaufmanns abstellt, wird daher auch als „normativ-subjektiver Fehlerbegriff" bezeichnet.[284] Er umfasst – jedenfalls im Rahmen der Handelsbilanz – sowohl tatsächliche als auch rechtliche Umstände.[285]

aa) Bilanzberichtigung und -änderung

Eine weitere mögliche Orientierung hinsichtlich der „Richtigkeit" eines Jahresabschlusses bietet ein Umweg über das Steuerbilanzrecht: Im Rahmen der „Bilanzberichtigung" nach § 4 Abs. 2 S. 1 EStG[286] kann ein unzulässiger und

---

282 Vgl. *Bezzenberger*, in: GroßKomm-AktG, Bd. 7/2, 4. Aufl. 2013, 4. Aufl. 2013, § 256 Rn. 42 ff.

283 *Hennrichs*, NZG 2013, S. 681, 682.

284 Vgl. IDW RS HFA 6 Rn. 14; *Winkeljohann/Büssow*, in: BeBiKo, 10. Aufl. 2016, HGB § 252 Rn. 37; *Hennrichs/Pöschke*, in: MüKo-AktG, Bd. 3, 3. Aufl. 2013, § 172 Rn. 75 ff.; *Hoffmann-Becking*, in: Hoffmann-Becking (Hrsg.), MünchHdb-GesR, Bd. 4, 4. Aufl. 2015, § 46 Rn. 16; *Adler/Düring/Schmaltz*, Tb. 4, AktG § 172 Rn. 42; *Hennrichs*, BB 2007, S. 2335, 2335 f.; hinsichtlich der subjektiven Erkenntnismöglichkeit *Adler/Düring/Schmaltz*, Tb. 4, AktG § 256 Rn. 40; die Ratio, die in der Tat nicht unbeschränkte Erkenntnisfähigkeit als vernünftigen Maßstab der subjektiven Komponente anzulegen, beschreibt *Hennrichs*, BB 2007, S. 2335, 2336 sowie *Hennrichs*, NZG 2013, S. 681, 682; vgl. dazu auch *Hennrichs/Pöschke*, in: MüKo-AktG, Bd. 3, 3. Aufl. 2013, § 172 Rn. 77.

285 Vgl. *Hennrichs/Pöschke*, in: MüKo-AktG, Bd. 3, 3. Aufl. 2013, § 172 Rn. 76.

286 Dieser lautet: *„Der Steuerpflichtige darf die Vermögensübersicht (Bilanz) auch nach ihrer Einreichung beim Finanzamt ändern, soweit sie den Grundsätzen ordnungsmäßiger Buchführung unter Befolgung der Vorschriften dieses Gesetzes nicht entspricht; diese Änderung ist nicht zulässig, wenn die Vermögensübersicht (Bilanz)*

damit unrichtiger Bilanzansatz, der nicht „[...] *den GoB unter Befolgung der Vorschriften des EStG* [...]"[287] entspricht, unter gewissen Einschränkungen durch einen zutreffenden Ansatz ersetzt werden.[288] Da die Handelsbilanz für die Steuerbilanz maßgeblich ist[289], umfasst die Möglichkeit der Berichtigung grundsätzlich auch handelsbilanzielle Ansätze.[290] Eine Bilanzberichtigung ist möglich, soweit sich die Berichtigung nicht auf bereits festgestellte Gewinne beziehungsweise Gewinnanteile bezieht.[291] Unter Umständen ist die Bilanzberichtigung zwingend, wenn „[...] *ohne Berichtigung nicht ein den tatsächlichen Verhältnissen entspr Bild der VFE-Lage vermittelt wird. Eine Berichtigung darf aber unterbleiben, wenn die Auswirkung des Fehlers auf die VFE-Lage zeitnah im lfd JA berücksichtigt werden kann* [...]. *Hierzu sind bei KapGes/KapCoGes erläuternde Anhangangaben erforderlich.*"[292] Insoweit bietet die Möglichkeit der Bilanzberichtigung keinen eigenständigen Aussagegehalt über die „Richtigkeit" eines Jahresabschlusses, der über die vom HGB in § 264 Abs. 2 S. 1 HGB statuierten Anforderungen hinaus geht.[293] Die Bilanzberichtigung ist zwar grundsätzlich zulässig, jedoch nicht willkürlich und nur, sofern keine Gewinnbezugsrechte von Gesellschaftern tangiert werden bzw. in der Aktiengesellschaft die berechtigten Aktionäre anderweitig Kompensation erlangen können.[294]

Daneben ist die Bilanzberichtigung von der Bilanzänderung abzugrenzen; bei der Bilanzänderung wird ein zulässiger Bilanzansatz durch einen anderen, ebenfalls zulässigen Bilanzansatz ausgetauscht.[295] Auch diese – für die Steuerbilanz relevante[296] und regelmäßig nur im Rahmen des EStG

---

einer Steuerfestsetzung zugrunde liegt, die nicht mehr aufgehoben oder geändert werden kann."

287 *Stapperfend*, in: Herrmann/Heuer/Raupach, EStG/KStG, 275. EL Juni 2016, § 4 Rn. 398.

288 Vgl. dazu *Schubert*, in: BeBiKo, 10. Aufl. 2016, HGB § 253 Rn. 802; allgemein *Stapperfend*, FR 1998, S. 822 ff.

289 Gemäß § 5 Abs. 1 S. 1 EStG; vgl. dazu auch *Winnefeld*, Bilanz-Handbuch, Kap. C Rn. 535; zur Aufhebung der umgekehrten Maßgeblichkeit vgl. auch die Nachweise in Fn. 298.

290 Vgl. *Schubert*, in: BeBiKo, 10. Aufl. 2016, HGB § 253 Rn. 803.

291 Vgl. BFH, *Urteil* v. 19.01.1993 - VIII R 128/84 = BFHE 170, 511.

292 *Schubert*, in: BeBiKo, 10. Aufl. 2016, HGB § 253 Rn. 806.

293 Auf § 264 Abs. 2 S. 1 HGB als Generalnorm des Bilanzrechts sowie dessen Anforderungen an einen Jahresabschluss wird unter D.II.3.a) ausführlich eingegangen.

294 Vgl. *Schubert*, in: BeBiKo, 10. Aufl. 2016, HGB § 253 Rn. 835.

295 Vgl. *Schubert*, in: BeBiKo, 10. Aufl. 2016, HGB § 253 Rn. 830.

296 Vgl. *Winnefeld*, Bilanz-Handbuch, Kap. I Rn. 1: „*Bilanzänderung und Bilanzberichtigung sind steuerliche Begriffe* [...]".

ausgeführte[297] – Möglichkeit bietet insoweit keine eigenständigen materiellen Ansatzpunkte für die Beantwortung der Frage, wann ein Jahresabschluss „falsch" ist. Im Handelsbilanzrecht gilt dies seit der Aufhebung der umgekehrten Maßgeblichkeit durch das BilMoG umso mehr, da insofern Änderungen der Steuerbilanz nicht mehr auch in der Handelsbilanz durchgeführt werden müssen.[298]

bb) Nichtigkeit im Sinne des § 256 AktG

§ 256 AktG statuiert eine Reihe abschließender Gründe, deren Folge jeweils die Nichtigkeit des festgestellten Jahresabschlusses ist. Dies gilt natürlich zunächst für die Aktiengesellschaft, allerdings ist § 256 AktG analog auch – in Teilen – auf die GmbH anwendbar.[299] Terminologisch ist dabei zu differenzieren. Nicht der Jahresabschluss als solcher ist aufgrund des § 256 AktG als nichtig anzusehen, sondern der korporationsrechtliche Akt der Feststellung.[300] Aufgrund der nichtigen Feststellung hat die Gesellschaft indes ihre Pflicht zur Rechnungslegung nicht erfüllt und ist daher verpflichtet, erneut einen Jahresabschluss aufzustellen, der dann wiederum auch der Feststellung bedarf.[301]

Die Absätze 1 bis 4 dieser Vorschrift haben eine eher „technische" Ausrichtung und regeln schwerpunktmäßig Prüfungs- und Verfahrensfragen[302], beinhalten also keine materiellen Kriterien zur Beurteilung einer materiellen Fehlerhaftigkeit des Jahresabschlusses. In § 256 Abs. 5 AktG – dem praktisch bedeutendsten Absatz des § 256 AktG[303] – ist dann in materieller Hinsicht abschließend

297 Vgl. allgemein *Wied*, in: Blümich, EStG – KStG – GewStG, Bd. 1, 133. Aufl. 2016, EStG § 4 Rn. 1025 ff., insbesondere Rn. 1026 zu den Auswirkungen auf die Handelsbilanz; *Heinicke*, in: Schmidt, EStG, 35. Aufl. 2016, 35. Aufl. 2016, § 4 Rn. 680 ff.

298 Dies ist im Einzelnen zwischen der Finanzverwaltung und dem Schrifttum umstritten; vgl. die ausführliche Darstellung bei *Stapperfend*, in: Herrmann/Heuer/Raupach, EStG/KStG, 275. EL Juni 2016, § 4 Rn. 371 m.w.N.; allgemein und ohne auf den Streit einzugehen für die seit dem BilMoG geänderte Praxis hingegen *Winnefeld*, Bilanz-Handbuch, Kap. I Rn. 2.

299 Vgl. dazu die instruktive Darstellung bei *Adler/Düring/Schmaltz*, Tb. 4, AktG § 256 Rn. 96 ff., insbesondere Rn. 99 ff.; *Tiedchen*, in: Rowedder/Schmidt-Leithoff (Hrsg.), GmbHG, 5. Aufl. 2013, § 42a Rn. 69.

300 *Bezzenberger*, in: GroßKomm-AktG, Bd. 7/2, 4. Aufl. 2013, 4. Aufl. 2013, § 256 Rn. 1; *Schwab*, in: Schmidt/Lutter (Hrsg.), AktG, Bd. 2, 3. Aufl. 2015, § 256 Rn. 2, 40.

301 Vgl. *Rölike*, in: Spindler/Stilz (Hrsg.), AktG, Bd. 2, 3. Aufl. 2015, AktG § 256 Rn. 90.

302 Vgl. dazu die Terminologie bei *Hoffmann-Becking*, in: Hoffmann-Becking (Hrsg.), MünchHdb-GesR, Bd. 4, 4. Aufl. 2015, § 48 Rn. 5, 8.

303 So jedenfalls *Hoffmann-Becking*, in: Hoffmann-Becking (Hrsg.), MünchHdb-GesR, Bd. 4, 4. Aufl. 2015, § 48 Rn. 10; hinsichtlich der Anwendbarkeit auf die GmbH stellen

geregelt, in welchen Fällen die Nichtigkeitsfolge wegen eines Verstoßes gegen die Bewertungsvorschriften eintreten kann. Aufgeführt sind dort abschließend zwei Fälle, nämlich die Über- sowie die Unterbewertung von Aktiv- beziehungsweise Passivposten.[304] Bei der Unterbewertung macht § 256 Abs. 5 S. 1 Nr. 2 AktG jedoch eine Einschränkung, derzufolge die Nichtigkeit nur dann gegeben sein kann, wenn durch die Unterbewertung „[…] *die Vermögens- und Ertragslage der Gesellschaft vorsätzlich unrichtig wiedergegeben oder verschleiert wird.*" Diese Einschränkung rechtfertigt sich durch die Annahme, dass eine Unterbewertung aus der Sicht des Gläubigerschutzes ungefährlicher als eine Überbewertung sei.[305] Daneben wird der Wortlaut der Vorschrift einschränkend dahingehend verstanden, dass auch hinsichtlich der Überbewertung eine gewisse Wesentlichkeitsschwelle überschritten sein muss, bevor von einer die Nichtigkeit auslösenden Überbewertung ausgegangen werden kann.[306] § 256 Abs. 5 S. 2, 3 AktG beziehen sich hinsichtlich des Zulässigkeitsmaßstabs, innerhalb dessen Anforderungen sich die Bewertung der Aktiv- und Passivposten vollziehen muss, auf die §§ 253 - 256a HGB.[307] Bei der Beurteilung, wann ein durch eine Bilanzgarantie garantierter Jahresabschluss „falsch" im Sinne einer Garantieverletzung ist, führt § 256 Abs. 5 AktG in materieller Hinsicht also zu den maßgeblichen Regelungen des

---

Adler/Düring/Schmaltz, Tb. 4, AktG § 256 Rn. 101 fest, dass die Anwendung auf die GmbH „[…] *nicht nur zulässig, sondern sogar geboten* [ist]."

304 Der Begriff der „Aktiv-" beziehungsweise „Passivposten" ist im Sinne der gesetzlichen Gliederung gemäß § 266 HGB zu verstehen und betrifft daher nicht jeden einzelnen Wertansatz, sondern nur den jeweils aus den einzelnen Wertansätzen zusammengefassten Bilanzposten; vgl. *Bezzenberger*, in: GroßKomm-AktG, Bd. 7/2, 4. Aufl. 2013, 4. Aufl. 2013, § 256 Rn. 73. Dies hat zur Folge, dass die Unterbewertung eines Wertansatzes innerhalb eines Postens durch die Überbewertung eines anderen Wertansatzes kompensiert werden kann und der Posten als solcher insofern gegebenenfalls nicht über- oder unterbewertet ist; vgl. dazu auch *Koch*, in: MüKo-AktG, Bd. 4, 3. Aufl. 2013, § 256 Rn. 57.

305 Vgl. *Schwab*, in: Schmidt/Lutter (Hrsg.), AktG, Bd. 2, 3. Aufl. 2015, § 256 Rn. 14.

306 Dies ist wohl die h.M., vgl. *Schwab*, in: Schmidt/Lutter (Hrsg.), AktG, Bd. 2, 3. Aufl. 2015, § 256 Rn. 15; *Rölike*, in: Spindler/Stilz (Hrsg.), AktG, Bd. 2, 3. Aufl. 2015, AktG § 256 Rn. 64; *Koch*, in: Hüffer/Koch, AktG, 12. Aufl. 2016, § 256 Rn. 25 mit zahlreichen Nachweisen zur (höchstrichterlichen) Rechtsprechung; *Waclawik*, in: Hölters, AktG, 2. Aufl. 2014, § 256 Rn. 30; mit Beispielen für entsprechende Wesentlichkeitsschwellen *Winnefeld*, Bilanz-Handbuch, Kap. I Rn. 30.

307 Auf die ferner in § 256 Abs. 5 aufgeführten Besonderheiten bei Kreditinstituten, Finanzdienstleistungsinstituten und Kapitalverwaltungsgesellschaften soll vorliegend nicht näher eingegangen werden.

HGB. Liegt ein Verstoß gegen die §§ 253-256a HGB vor, der die Nichtigkeit zu begründen vermag, kann jedenfalls dem Grunde nach eine Garantieverletzung angenommen werden.

Im Ergebnis ist ein Jahresabschluss also dann nichtig im Sinne des § 256 Abs. 5 AktG, wenn gegen die Vorschriften der §§ 253-256a HGB verstoßen wurde. Daraus lässt sich indes nur schwerlich eine weitergehende Erkenntnis für die vorausschauende Vertragsgestaltung hinsichtlich einer Bilanzgarantie destillieren. Eine Formulierung, die beispielsweise die Garantie um den Zusatz *„Nichtigkeitsgründe im Sinne des § 256 Abs. 5 AktG liegen nicht vor.“* erweitert, stellte lediglich eine Tautologie dar: Wenn bereits garantiert wird, dass der zugrunde liegende Jahresabschluss unter Berücksichtigung der einschlägigen Rechnungslegungsvorschriften erstellt wurde, besagt der Verweis auf § 256 Abs. 5 AktG nichts anderes, als dass nicht gegen die – von der „allgemeinen“ Formulierung der Bilanzgarantie jedoch bereits erfassten – §§ 253-256a HGB verstoßen wurde. Zu einem präziseren und hinsichtlich seiner Nachweisbarkeit eindeutigeren Tatbestand einer Bilanzgarantie führt dies insofern nicht, sondern birgt sogar vielmehr die Gefahr einer (womöglich unbeabsichtigten) Ungenauigkeit. Da § 256 Abs. 5 auf die Bilanzposten im Sinne des § 266 HGB abstellt, können sich innerhalb eines solchen Bilanzpostens – beispielsweise innerhalb des Postens „sonstige Rückstellungen“, § 266 Abs. 3 B. 3. HGB – Kompensationseffekte ergeben. Dies ist dann der Fall, wenn zum Beispiel ein unterbewerteter durch einen überbewerteten Wertansatz dergestalt ausgeglichen wird, dass der übergeordnete Bilanzposten als solcher nicht im Sinne des § 256 Abs. 5 AktG fehlerhaft ist. Rekurriert die Formulierung der Bilanzgarantie auf § 256 Abs. 5 AktG, könnte sich bei der Auslegung ergeben, dass ein Verstoß gegen die Regelungen der §§ 253-256a HGB erst dann relevant wäre, wenn der übergeordnete Bilanzposten insgesamt über- oder unterbewertet ist. Gerade im Falle der ohnehin oftmals umstrittenen, da auf Prognosen und (subjektiven) Einschätzungen beruhenden Rückstellungen wäre es dann möglich, dass trotz fehlerhafter einzelner Wertansätze der Posten „sonstige Rückstellungen“ insgesamt nicht fehlerhaft im Sinne des § 256 Abs. 5 AktG wäre. Diese – jedenfalls theoretisch bestehende – Gefahr sollte insofern vermieden und ein Verweis auf § 256 Abs. 5 AktG bei der Formulierung der Bilanzgarantie unterlassen werden.

b) Problematik der Wertaufhellung

aa) Meinungsspektrum bezüglich des maßgeblichen Zeitpunkts

Hinsichtlich der Aufstellung des Jahresabschlusses ist ein wesentlicher Umstand umstritten, nämlich die Frage, ob die subjektive Erkenntnismöglichkeit zum

Zeitpunkt der Bilanzaufstellung oder der – regelmäßig (zum Teil deutlich) späteren – Bilanzfeststellung maßgeblich sein soll.[308] Maßgeblich für die Beantwortung dieser Frage ist das sogenannte Prinzip der Wertaufhellung, welches von *Hoffmann* als „*das Bilanzierungsproblem schlechthin*"[309] betitelt wurde. Das Prinzip der Wertaufhellung ist gesetzlich nicht explizit geregelt, wird jedoch aus § 252 Abs. 1 Nr. 4 HGB gefolgert und ist damit im Zusammenhang mit dem Stichtags-, Vorsichts- und dem Imparitätsprinzip zu betrachten.[310] Vorsichts- und Imparitätsprinzip besagen, dass Gewinne erst bilanziell berücksichtigt werden dürfen, wenn diese realisiert wurden, Verluste indes bereits bei einer gewissen Wahrscheinlichkeit ihres Eintritts antizipiert berücksichtigt werden müssen, wobei stets vorsichtig zu bewerten ist.

Werterhellend und damit im Rahmen der Wertaufhellungsperiode zu berücksichtigen sind derartige Umstände, die sich auf das abgelaufene Geschäftsjahr beziehen und somit auch auf den Bilanzstichtag zurückwirken.[311] Dies verdeutlicht, dass das Wertaufhellungsprinzip eng mit dem Stichtagsprinzip verknüpft ist.[312] Das Ziel der Wertaufhellung ist es insofern, auf den Bilanzstichtag bezogen, ein durch spätere bekannt geworden Umstände – die gleichwohl bereits zum Bilanzstichtag vorlagen – präzisiertes, den tatsächlichen Verhältnissen im Sinne des § 264 Abs. 2 S. 1 HGB entsprechendes Bild darstellen zu können.[313]

---

308 Zum Meinungsstand ausführlich *Küting/Kaiser*, WPg 2000, S. 577, 579 ff.

309 So der Titel bei *Hoffmann*, BB 1996, S. 1157.

310 Insbesondere zum Zusammenhang zwischen Stichtags- und Wertaufhellungsprinzip instruktiv *Baetge/Ziesemer/Schmidt*, in: Baetge/Kirsch/Thiele, Bilanzrecht, Bd. 1, 1. Aufl. 2002, 40. EL Oktober 2011, HGB § 252 Rn. 92 ff.; zum Zusammenhang mit dem Imparitätsprinzip *Merkt*, in: Baumbach/Hopt, HGB, 37. Aufl. 2016, § 252 Rn. 11; zum Zusammenhang mit dem Vorsichtsprinzip *Ballwieser*, in: MüKo-HGB, Bd. 4, 3. Aufl. 2013, § 252 Rn. 48 f.

311 Vgl. *Baetge/Ziesemer/Schmidt*, in: Baetge/Kirsch/Thiele, Bilanzrecht, Bd. 1, 1. Aufl. 2002, 40. EL Oktober 2011, HGB § 252 Rn. 96; *Tiedchen*, in: MüKo-Bilanzrecht, Bd. 2, 1. Aufl. 2013, HGB § 252 Rn. 41; *Winkeljohann/Büssow*, in: BeBiKo, 10. Aufl. 2016, HGB § 252 Rn. 38.

312 Vgl. *Küting/Kaiser*, WPg 2000, S. 577, 578; *Hüttemann*, in: FS Priester, S. 301, bemerkt instruktiv, dass „[…] *der Jahresabschluss somit zwar ‚für den Schluss', aber nicht ‚am Schluss' eines jeden Geschäftsjahres aufgestellt wird,* […]".

313 Grundlegend in diese Richtung ging bereits der BFH im sogenannten „*Wechselobligourteil*"; vgl. BFH, *Urteil* v. 27.04.1965 - I R 324/62 S = BFHE 82, 445, sowie daran anschließend in BFH, *Urteil* v. 04.04.1973 - I R 130/71 = BStBl. II 1973, 485; vgl. ferner *Winnefeld*, Bilanz-Handbuch, Kap. E Rn. 240; *Ohmen/Seidler*, BB 2015, S. 3051.

Folgerichtig sind wertbegründende Umstände, die ihre „Wurzel" erst im auf den Bilanzstichtag folgenden Geschäftsjahr haben, außer Acht zu lassen.[314]

In § 252 Abs. 1 Nr. 4 HGB ist geregelt, dass „*Risiken und Verluste, die bis zum Abschlußstichtag entstanden sind, zu berücksichtigen* [sind], *selbst wenn diese erst zwischen dem Abschlußstichtag und dem Tag der Aufstellung des Jahresabschlusses bekanntgeworden sind* [...]." Ob mit der „Aufstellung" lediglich die Erstellung des Jahresabschlusses oder die Feststellung und die damit eintretende „Verbindlichkeit" des Jahresabschlusses gemeint ist, ist trotz des zunächst eindeutig erscheinenden Wortlauts des § 252 Abs. 1 Nr. 4 HGB hinsichtlich der Dauer der Wertaufhellungsperiode Gegenstand der Diskussion und von nicht zu unterschätzender Relevanz.[315] Der Zeitraum zwischen der „Aufstellung" im Sinne der Erstellung und der „Feststellung" im Sinne der §§ 172, 173 AktG bzw. der §§ 42a, 46 Nr. 1 GmbHG kann unter Umständen einige Monate umfassen. Die mit einer solchen Zeitspanne einhergehenden und dann auch gegebenenfalls noch im Jahresabschluss zu berücksichtigenden Geschäftsvorfälle können also wirtschaftlich durchaus von Relevanz sein.

Die höchstrichterliche Rechtsprechung – und zwar sowohl der BGH als auch der BFH – steht auf dem Standpunkt, dass der maßgebliche Zeitpunkt in der Aufstellung des Jahresabschlusses zu erblicken sei.[316] Dabei konkretisiert der BFH den Begriff der „Aufstellung" als Akt der tatsächlichen Fertigung des Jahresabschlusses.[317] In der Literatur bestehen indes durchaus gewichtige Gegenpositionen zu dieser höchstrichterlichen Rechtsprechung. So sprechen *Adler/Düring/Schmaltz* sich dafür aus, jedenfalls „wesentliche Mängel" bis zum Tag der Feststellung zu berücksichtigen.[318] *Kropff* hingegen plädiert grundsätzlich für die Maßgeblichkeit des Zeitpunkts der Feststellung[319] und führt dazu im Kern die folgenden Argumente ins Feld: So sei der in § 252 Abs. 1 Nr. 4 HGB enthaltene Terminus „Tag der Aufstellung" entgegen seines Wortlauts gewissermaßen als Oberbegriff für die Feststellung zu verstehen, da das Personengesellschaftsrecht keine

314 Vgl. *Tiedchen*, in: MüKo-Bilanzrecht, Bd. 2, 1. Aufl. 2013, HGB § 252 Rn. 41; *Winkeljohann/Büssow*, in: BeBiKo, 10. Aufl. 2016, HGB § 252 Rn. 38; *Merkt*, in: Baumbach/Hopt, HGB, 37. Aufl. 2016, § 252 Rn. 11; *Küting/Kaiser*, WPg 2000, S. 577, 578.

315 Vgl. *Küting/Kaiser*, WPg 2000, S. 577, 580.

316 Vgl. BGH, *Urteil* v. 18.09.1996 - VIII ZR 238/95 = via juris, der explizit nicht von „Aufstellung", sondern „Erstellung" der Bilanz spricht; vgl. ferner BFH, *Urteil* v. 07.05.1998 - IV R 24/97 = via juris sowie BFH, *Urteil* v. 27.11.1997 - IV R 95/96 = BFHE 185, 160.

317 So der BFH, *Urteil* v. 28.10.1981 - I R 115/78 = BStBl. II 1982, 488.

318 Vgl. *Adler/Düring/Schmaltz*, Tb. 1, § 252 Rn. 78.

319 Vgl. *Kropff*, in: FS Ludewig, S. 521 ff., insbesondere S. 541 f.

Feststellung kenne und diese auch bei einem Konzernabschluss entbehrlich sei, § 252 Abs. 1 Nr. 4 jedoch für alle Kaufleute gelte.[320] Bei Kapitalgesellschaften wiederum gehe die Differenzierung zwischen den Rechtsakten „Aufstellung" und „Feststellung" fehl; die Feststellung sei vielmehr der Abschluss und damit ein Bestandteil der Aufstellung.[321] Zudem spreche die Unterzeichnungs- und Datierungspflicht in § 245 HGB, welche sich auf den festgestellten Jahresabschluss beziehe, für eine Wertaufhellung bis zu Feststellung.[322]

bb) Stellungnahme

Die nachfolgende Stellungnahme bezieht sich maßgeblich auf die oben in den wesentlichen Kernpunkten dargestellte Argumentation *Kropffs*; dies liegt darin begründet, dass dieser die – soweit ersichtlich – umfassendste Begründung dafür, den Zeitpunkt der Feststellung als maßgeblich für den Zeitraum der Wertaufhellung anzusehen, liefert.[323]

Das erste systematische Argument liegt in der Annahme begründet, dass das Personengesellschaftsrecht nicht zwischen Auf- und Feststellung differenziert beziehungsweise letztere nicht kennt. Dies ist jedoch in dieser Grundsätzlichkeit nicht zutreffend: So hat der BGH bei einer Kommanditgesellschaft sehr wohl und explizit zwischen Auf- und Feststellung differenziert.[324] Zudem kann in systematischer Hinsicht entgegnet werden, dass auch der – ebenfalls für alle

---

320 Vgl. *Kropff*, in: FS Ludewig, S. 521, 525 f.

321 Vgl. *Kropff*, in: FS Ludewig, S. 539.

322 So *Kropff*, in: FS Ludewig, S. 526.

323 Vgl. dazu auch *Küting/Kaiser*, WPg 2000, S. 577, 582: „*In seiner* [gemeint ist *Kropff*, d. Verf.] *Arbeit finden sich gehäuft alle Argumente wieder, die im Schrifttum für eine Auslegung des Wertaufhellungsprinzips gegen den Wortlaut der Vorschrift vorgetragen werden.*"

324 Zur Differenzierung führt der BGH aus: „*Im Gegensatz zur Aufstellung,* [...] *ist die Feststellung, d.h. die Verbindlicherklärung des Jahresabschlusses im Verhältnis der Gesellschafter untereinander und im Verhältnis der Gesellschaft zu Dritten,* [...] *ein Grundlagengeschäft, das* [...] *nur dann wirksam zustande kommt, wenn alle Gesellschafter ihr Einverständnis dazu erklären* [...].", vgl. BGH, *Urteil* v. 29.03.1996 - II ZR 263/94 = BGHZ 132, 263; *Küting/Kaiser*, WPg 2000, S. 577, 583; seit 2007 betrachtet der BGH die Bilanzfeststellung als Angelegenheit der laufenden Verwaltung, womit zwar kein Erfordernis der einstimmigen Feststellung mehr besteht, sondern bei entsprechender gesellschaftsvertraglicher Klausel eine Mehrheitsentscheidung genügt, vgl. BGH, *Urteil* v. 15.01.2007 - II ZR 245/05 = BGHZ 170, 283 = DNotZ 2007, 629, 633; dies ändert gleichwohl nichts daran, dass der BGH die Existenz des Rechtsakts „Feststellung" in der Personengesellschaft jedenfalls grundlegend anerkennt.

Kaufleute geltende – § 257 Abs. 5 HGB ausweislich seines Wortlauts auf einen festgestellten Jahresabschluss abstellt. Wenn das Personengesellschaftsrecht keine Feststellung kennt, wäre diese auch für Personengesellschaften geltende Vorschrift, welche gerade die Trennung zwischen Auf- und Feststellung reflektiert, jedenfalls widersprüchlich formuliert beziehungsweise an dieser Stelle im HGB systematisch inkonsequent in das Gesetz aufgenommen worden.[325] Dieses Argument vermag insoweit nicht zu überzeugen.

Auch der Gleichstellung von Auf- und Feststellung lässt sich entgegentreten. Zunächst sind beide Vorgänge bereits hinsichtlich ihrer Rechtsnatur unterschiedlich einzuordnen; während die Aufstellung eine im HGB geregelte öffentlich-rechtliche Verpflichtung darstellt[326], stellt die Feststellung – mit dem BGH gesprochen[327] – ein Geschäft der laufenden Verwaltung der Gesellschaft dar und ist insofern ein rein gesellschafts-, also privatrechtlicher Vorgang[328], der zudem spezialgesetzlich in AktG und GmbHG geregelt ist.[329] Gemäß § 320 Abs. 1 S. 1 HGB haben die gesetzlichen Vertreter einer Kapitalgesellschaft den Jahresabschluss und den Lagebericht „[...] *unverzüglich nach der Aufstellung vorzulegen.*“; die Pflichtprüfung durch den Abschlussprüfer ist dabei sogar Voraussetzung für eine Feststellung des Jahresabschlusses, § 316 Abs. 1 S. 2 HGB. Daneben differenziert das HGB auch in § 334 Abs. 1 Nr. 1 HGB ausdrücklich zwischen Aufstellung und Feststellung.[330] Nähme man mit *Kropff* eine Gleichstellung von Auf- und Feststellung an oder würde diese als verschiedene Phasen des selben Rechtsakts ansehen, setzte das HGB sich an den genannten Stellen gewissermaßen „sehenden Auges“ in Widerspruch zu sich selber. Dieses Argument ist damit ebenfalls abzulehnen.

Hinsichtlich des Arguments, nur der festgestellte Jahresabschluss sei von der Pflicht zur Unterschrift und Datierung im Sinne des § 245 HGB umfasst, befindet *Kropff* sich im Einklang mit der überwiegenden Mehrheit im Schrifttum.[331]

---

325 In diese Richtung gehend auch *Küting/Kaiser*, WPg 2000, S. 577, 583.

326 Vgl. *Hentschel*, in: Beck-HdR, Bd. I, 50. Aufl., 30. EL Januar 2009, B 101 Rn. 1.

327 Vgl. BGH, *Urteil* v. 15.01.2007 - II ZR 245/05 = BGHZ 170, 283 sowie die Ausführungen dazu in Fn. 324.

328 Vgl. BGH, *Urteil* v. 29.03.1996 - II ZR 263/94 = BGHZ 132, 263; *Hentschel*, in: Beck-HdR, Bd. I, 50. Aufl., 30. EL Januar 2009, B 101 Rn. 50.

329 Dort in §§ 172, 173 AktG beziehungsweise §§ 42a, 46 Nr. 1 GmbHG.

330 Dies stellen auch *Küting/Kaiser*, WPg 2000, S. 577, 584 fest.

331 Vgl. *Ellerich/Swart*, in: HdR-E, Bd. 1, 5. Aufl. 2002, 9. EL Dezember 2010, § 245 Rn. 13; mit einer detaillierten Darstellung des Streitstands und der entsprechenden Argumente hinsichtlich des maßgeblichen Unterzeichnungszeitpunkts *Hentschel*, in: Beck-HdR, Bd. I, 50. Aufl., 30. EL Januar 2009, B 101 Rn. 34 ff.; *Ballwieser*, in: MüKo-HGB,

Dennoch bestehen gute Gründe dafür, bereits den aufgestellten Jahresabschluss als Bezugspunkt der Unterzeichnungs- und Datierungspflicht des § 245 HGB anzusehen. Insbesondere dient die Unterzeichnung des aufgestellten Jahresabschluss der Dokumentation der rechtzeitigen Aufstellung, was im Hinblick auf §§ 283 Abs. 1 Nr. 7 b), 283b Abs. 1 Nr. 3 b) StGB, die *expressis verbis* auf die Aufstellung abstellen, nicht unwichtig erscheint.[332] Auch gehört die Unterschrift zu den nach dem HGB zwingend erforderlichen Bestandteilen des Jahresabschlusses; fehlt sie, könnte daraus gefolgert werden, dass der Abschlussprüfer jedenfalls nicht bestätigen könne, dass alle gesetzlichen Vorgaben eingehalten worden seien.[333] Letztlich ist der Zeitpunkt der Unterzeichnung und Datierung jedoch für die Beurteilung der Dauer der Wertaufhellungsperiode kaum entscheidend: Im Zweifel wird davon ausgegangen werden können, dass der Kaufmann oder Gesellschafter beziehungsweise die jeweils zuständigen Gremien(-mitglieder) jedenfalls den endgültigen – also festgestellten – Jahresabschluss unterzeichnen werden. Zwar erscheint es aus Gründen nachvollziehbarer Dokumentation als zweckmäßig, (auch) den aufgestellten Jahresabschluss zu unterzeichnen. Jedenfalls vermag der maßgebliche Unterzeichnungszeitpunkt die Frage nach der Dauer der Wertaufhellungsperiode nicht zu beantworten.

Mithin kann jedenfalls nicht eindeutig bestimmt werden, bis zu welchem Zeitpunkt die Wertaufhellungsperiode tatsächlich andauert. *Bezzenberger* formuliert dazu zwar prägnant, dass der Streit insofern keiner Entscheidung bedürfe, als dass es „[...] *diesseits und jenseits des Streitfeldes* [...] *festen Boden* [...]“[334] gebe. Nach der hier vertretenen Ansicht scheint es indes dennoch näherliegend zu sein, mit dem Wortlaut des HGB und der höchstrichterlichen Rechtsprechung den Zeitpunkt der Aufstellung als maßgeblich anzusehen. Dieser muss dann jedoch präzise bestimmbar sein.[335] Das HGB enthält an diversen, oben bereits

---

Bd. 4, 3. Aufl. 2013, § 245 Rn. 5; *Kleindiek*, in: MüKo-Bilanzrecht, Bd. 2, 1. Aufl. 2013, § 245 Rn. 6; *Merkt*, in: Baumbach/Hopt, HGB, 37. Aufl. 2016, § 245 Rn. 1; *Winkeljohann/Schellhorn*, in: BeBiKo, 10. Aufl. 2016, HGB § 245 Rn. 3; *Böcking/Gros*, in: EBJS, HGB, Bd. 1, 3. Aufl. 2014, § 245 Rn. 2.

332 Darauf weist trotz seiner Entscheidung für den Zeitpunkt der Feststellung zutreffend *Hentschel*, in: Beck-HdR, Bd. I, 50. Aufl., 30. EL Januar 2009, B 101 Rn. 35 hin.

333 So jedenfalls *Glade*, Praxishandbuch der Rechnungslegung und Prüfung, § 245 Rn. 13.

334 *Bezzenberger*, in: GroßKomm-AktG, Bd. 7/2, 4. Aufl. 2013, 4. Aufl. 2013, § 256 Rn. 45.

335 Dies gilt insbesondere auch vor dem Hintergrund der Tatsache, dass die überwiegende Meinung im Schrifttum die Unterzeichnungs- und Datierungspflicht des § 245 HGB nicht auf den aufgestellten, sondern den festgestellten Jahresabschluss bezieht; vgl. dazu die Nachweise in Fn. 331.

geschilderten Stellen eine deutliche Differenzierung zwischen Aufstellung und Feststellung; letztere ist zudem rechtsformübergreifend und ohne ausdrückliche (spezialgesetzliche) Erwähnung für Personengesellschaften anzuerkennen. Es ist nicht ersichtlich, zu welchem Zweck § 252 Abs. 1 Nr. 4 HGB entgegen seines ausdrücklichen Wortlauts ausgelegt werden sollte: Der aufgestellte Jahresabschluss als „Abschlussentwurf“[336] ist zwar noch nicht verbindlich, sollte *idealiter* aber dennoch bereits weitestgehend dem festzustellenden und danach verbindlichen Abschluss entsprechen. Zwar sind Aufstellung und Feststellung rechtlich unterschiedlich zu charakterisieren, darauf wurde bereits eingegangen. Das Bedürfnis nach einer (gesonderten) Feststellung als Akt der Verbindlicherklärung dürfte – insbesondere in Kapitalgesellschaften – jedoch auch der Verteilung der Kompetenzen geschuldet sein und nicht lediglich der (gegebenenfalls anzunehmenden) Unvollständigkeit oder Unrichtigkeit des aufgestellten Jahresabschlusses. Nicht zuletzt ist der aufgestellte Jahresabschluss auch Gegenstand der Feststellung. Es besteht daher an dieser Stelle kein objektives Bedürfnis dafür, die Wertaufhellungsperiode insofern *contra legem* bis zum Zeitpunkt der Feststellung auszudehnen.

Aus der Sicht der M&A-Praxis ist die grundsätzliche Unklarheit über die Dauer der Wertaufhellung indes unglücklich. Da zwischen Aufstellung und Feststellung ein gewisser Zeitraum liegen kann, kann diese Unklarheit – gerade bei einem von einem garantierten Jahresabschluss abhängigen (variablen) Kaufpreis – unter Umständen ein beträchtliches wirtschaftliches Risiko darstellen. Zwar dürfte ein im Rahmen einer M&A-Transaktion maßgeblicher Jahresabschluss regelmäßig bereits festgestellt worden sein, sodass die Frage nach der Dauer der Wertaufhellungsperiode in der Transaktion zunächst keine Relevanz mehr zu haben scheint, denn jedenfalls mit der Feststellung endet die Wertaufhellung.[337] Jedoch kann die Wertaufhellung trotzdem, indes eher mittelbar, von Bedeutung sein: Werden nach der Transaktion Umstände bekannt, die aus Sicht des Erwerbers bereits zum relevanten Abschlussstichtag hätten berücksichtigt werden müssen, kann die Wertaufhellung gewissermaßen als „Hebel“ dienen, mit dessen Hilfe der der Transaktion zugrunde liegende Jahresabschluss angegriffen

336 *Kleindiek*, in: MüKo-Bilanzrecht, Bd. 2, 1. Aufl. 2013, HGB § 242 Rn. 14.

337 *Küting/Kaiser*, WPg 2000, S. 577, 579 (siehe dort Fn. 11) zitieren Vertreter eines objektiven Fehlerverständnisses, die über die Feststellung hinaus fordern, dass auch ein festgestellter Jahresabschluss bei Bekanntwerden werterhellender Umstände zu ändern sei; diese Position erlangte indes in der Literatur – soweit ersichtlich – keine weitergehende Beachtung und wird auch von *Küting/Kaiser* nicht weiter ausgeführt.

werden kann.[338] Die zivilrechtliche höchstrichterliche Rechtsprechung erachtet zwar mit dem Wortlaut des HGB den Zeitpunkt der Aufstellung als maßgeblich. Indes, darauf wurde oben bereits eingegangen, finden sich in den meisten Unternehmenskaufverträgen Schiedsklauseln. Ob ein verglichen zur ordentlichen Gerichtsbarkeit eher praxisnäheres Schiedsgericht[339] der Ansicht des BGH oder doch der Ansicht zahlreicher, für den Zeitpunkt der Feststellung votierender Stimmen im Schrifttum folgt, dürfte kaum stichhaltig zu prognostizieren sein.

c) Vertragsgestalterische Möglichkeiten der Parteien

Eine gewisse Abhilfe kann unter Umständen eine entsprechende Vertragsgestaltung im Unternehmenskaufvertrag schaffen. Dabei muss jedoch berücksichtigt werden, dass der „Hebel der Wertaufhellung" nicht vollständig durch entsprechende Klauseln „gesperrt" werden kann. Die Behauptung, werterhellende Umstände seien fälschlicherweise nicht berücksichtigt worden, müsste dem Erwerber ansonsten faktisch untersagt werden, da nicht vorhersehbar ist, welche Umstände der Erwerber nach der Transaktion als wertaufhellend ansieht. Es ist zu bezweifeln, dass ein Erwerber sich auf eine derartige Vereinbarung im Unternehmenskaufvertrag einlassen würde. Ein solcher veräußererseitiger Vorschlag dürfte in den meisten Fällen wohl eher Argwohn beim Erwerber wecken.

Aus Sicht des Veräußerers wäre grundsätzlich dafür Sorge zu tragen, dass der Erwerber den der Transaktion zugrunde liegenden Jahresabschluss möglichst nicht über den Umweg der Wertaufhellung angreifen kann. Dies wäre – in bestimmten Grenzen – wiederum über einen Umweg möglich, indem nämlich der Veräußerer anhand eines *disclosure schedules* im Rahmen der Due Diligence umfassend offenlegt, welche zwischen Abschlussstichtag und Auf- beziehungsweise Feststellung bekannt gewordenen Umstände nicht zum Abschlussstichtag im Jahresabschluss berücksichtigt wurden. In Verbindung mit einer Klausel, wonach der Erwerber keine Ansprüche aus ihm bekannten Umständen geltend machen darf[340], könnte eine derartige Offenlegung den Veräußerer absichern. Der relevante Zeitpunkt – also entweder Auf- oder Feststellung – kann dafür vertraglich vereinbart werden. Die Praktikabilität dieser Methode erscheint

---

338 Eine vergleichbare Konstellation findet sich beispielsweise im Urteil des BGH, *Urteil* v. 18.09.1996 - VIII ZR 238/95 = via juris; vgl. auch die Anmerkung zu diesem Urteil aus Sicht der Praxis bei *Schüppen*, WiB 1997, S. 366.

339 Vgl. *Wessels*, in: Drygala/Wächter (Hrsg.), Tagungsband Leipziger Konferenz M&A 2014, S. 69.

340 Vgl. dazu die Ausführungen oben unter C.III.6.

allerdings recht fraglich. Während die diesbezüglich offengelegten Informationen bei kleinen Unternehmen regelmäßig noch überschau- und somit auch sinnvoll abbildbar sein dürften, wird dies bei größeren Unternehmen oder Konzernen nicht mehr der Fall sein.

Alternativ können die Parteien die für sie besonders relevanten „Kennziffern" des Jahresabschlusses – beispielsweise die Höhe des Eigenkapitals oder des Jahresüberschusses beziehungsweise –verlusts – durch einen Wirtschaftsprüfer verbindlich feststellen lassen. Grundlage dieser Feststellung wäre in einer solchen Konstellation ein Schiedsgutachten im engeren Sinne, da dessen Umfang auf die Feststellung von Tatsachen beziehungsweise einzelnen Tatbestandsmerkmalen begrenzt ist.[341] Zwar unterliegt ein solches Schiedsgutachten im engeren Sinne auch der gerichtlichen Kontrolle[342]; zur grundsätzlichen Konfliktvermeidung zwischen Veräußerer und Erwerber mag es aber dennoch dienlich sein. Die Schiedsgutachtervereinbarung bedarf keiner besonderen Form[343], sie kann also beispielsweise auch in Form einer Klausel im Unternehmenskaufvertrag, die besagt, wie der Schiedsgutachter benannt werden und was dieser alsdann verbindlich feststellen soll, geschlossen werden.

d) Die Rechtsprechung des BFH zum objektiven Fehlerbegriff

Der Große Senat des Bundesfinanzhofs hat im Jahre 2013 mit einem Urteil für Aufsehen gesorgt, mit dem der objektive Fehlerbegriff als für die Steuerbilanz maßgeblich angesehen wurde, jedenfalls hinsichtlich der Beurteilung von Rechtsfragen.[344] Diese Entscheidung hat in der Literatur den zu erwartenden großen Widerhall in Form zahlreicher Besprechungen, Anmerkungen und Aufsätze gefunden;[345] insbesondere wurden mit der Entscheidung einseitig die

341 Vgl. zu der Differenzierung der verschiedenen Typen von Schiedsgutachten *Hager*, in: Erman, BGB, Bd. 2, 14. Aufl. 2014, § 317 Rn. 8; *Werner*, DStR 2012, S. 1662, 1666.

342 Vgl. statt aller *Hager*, in: Erman, BGB, Bd. 2, 14. Aufl. 2014, § 317 Rn. 12 m.w.N.

343 Vgl. *Gross*, DStR 2000, S. 1959, dessen Ausführungen zwar die Unternehmensbewertung durch Schiedsgutachten betreffen, hinsichtlich allgemeiner Anforderungen jedoch auch auf die vorliegende Konstellation anwendbar sind.

344 BFH GrS, *Urteil* v. 31.01.2013 - GrS 1/10 = BFHE 240, 162 = BStBl II 2013, 317.

345 Vgl. beispielsweise – nicht abschließend – *Hoffmann*, DB 2013, S. 733; *Hennrichs*, NZG 2013, S. 681; *Oser*, DB 2013, S. 2466; *Hahne*, BB 2013, S. 1011; *Drüen*, GmbHR 2013, S. 505; *Schulze-Osterloh*, ZHR (179) 2015, S. 9; *Schlotter*, FR 2013, S. 835; *Demuth*, EStB 2013, S. 350; *Weber-Grellet*, DStR 2013, S. 729.

Maßstäbe der neben der Handelsbilanz bestehenden und mit dieser durch den Maßgeblichkeitsgrundsatz verknüpften Steuerbilanz geändert.[346]

Die Argumentation des Großen Senats des BFH stützte sich maßgeblich darauf, dass das Steuerrecht nicht durch subjektive Einschätzungen der vermeintlich richtigen Rechtslage einzelner Steuerpflichtiger überlagert werden dürfe.[347] Bezogen auf die Verknüpfung von Handels- und Steuerbilanz stellte der Große Senat des BFH relativ knapp fest:

> „*Ob die Handelsbilanz trotz eines Verstoßes gegen die GoB unter Anwendung des subjektiven Fehlerbegriffs handelsrechtlich als richtig anzusehen ist oder nicht, ist unerheblich.*“[348]

Damit gelten hinsichtlich des relevanten Fehlerbegriffs in der bilanziellen Welt zwei unterschiedliche Maßstäbe. Obschon die genannte Entscheidung des Großen Senats des BFH damit einen Paradigmawechsel im Steuerbilanzrecht darstellt, sind noch keine Folgen für das Handelsbilanzrecht auszumachen. *Schulze-Osterloh* konstatiert zwar, dass es im Ergebnis aufgrund nur geringer Änderungen zum *status quo* für das Handelsbilanzrecht nicht „[...] *erforderlich* [sei], *zu einem subjektiven Fehlerbegriff im Handelsbilanzrecht Zuflucht zu nehmen.*“[349]

Der Argumentation des Großen Senats des BFH lässt sich indes kaum entgegentreten; die entlang verfassungsrechtlicher Grundsätze geführte Abschaffung des subjektiven Fehlerbegriffs bei der Beurteilung von Rechtsfragen bezüglich der Steuerbilanz ist folgerichtig, wenn man einen allgemeinen Gesetzesvorbehalt anerkennt.[350] Da es bislang jedoch – soweit ersichtlich – noch keine „Ausstrahlungswirkung“ der Entscheidung des Großen Senats des BFH auf die Handelsbilanz gab, soll diese Entscheidung vorliegend nicht vertieft erörtert werden. Für die Handelsbilanz gilt auch weiterhin der oben dargestellte normativ-subjektive Fehlerbegriff.

e) Zwischenfazit

Wie gezeigt wurde, kann es im Einzelfall durchaus schwierig sein, einen Jahresabschluss als fehlerhaft zu qualifizieren. Der Nachweis erfordert einen objektiven

346 *Gosch*, BFH-PR 2013, S. 178, 179, bezeichnet den Maßgeblichkeitsgrundsatz zutreffend als „*Scharnier*“ zwischen dem Handels- und dem Steuerrecht.

347 BFH GrS, *Urteil* v. 31.01.2013 - GrS 1/10 = BFHE 240, 162 = BStBl II 2013, 317, Rn. 61 ff.

348 BFH GrS, *Urteil* v. 31.01.2013 - GrS 1/10 = BFHE 240, 162 = BStBl II 2013, 317, Rn. 75.

349 *Schulze-Osterloh*, ZHR (179) 2015, S. 9, 41.

350 Vgl. zu diesem Aspekt auch *Gosch*, BFH-PR 2013, S. 178, 179.

Verstoß gegen Bilanzierungsvorschriften, der allerdings im Einzelnen – jedoch unter Berücksichtigung des jeweils zugrunde liegenden Wertansatzes[351] – durchaus zu erbringen sein dürfte. Schwieriger gestaltet sich der Nachweis auf der subjektiven Ebene der Erkenntnismöglichkeit.[352] Insbesondere im Rahmen des Wertaufhellungsprinzips ist dies von großer Relevanz und kann über „Wohl und Wehe" eines Jahresabschlusses entscheiden. Durch vertragliche Gestaltungen lässt sich dieses Nachweisproblem nicht lösen; letztlich muss insbesondere der Erwerber sich der Gefahr bewusst sein, die ihm im Rahmen der Wertaufhellungsperiode unter Umständen drohen kann. Diesbezüglich scheint jedenfalls eine nachvollziehbare Dokumentation des Veräußerers – außerhalb des Unternehmenskaufvertrags – zweckmäßig zu sein, um etwaigen „Anschuldigungen" des Erwerbers im Nachgang begegnen zu können. Dies gilt umso mehr, als der Veräußerer jedenfalls nach einem 100 %igen Anteilserwerb regelmäßig keinen Zugriff mehr auf unternehmensinterne Daten haben wird.[353]

3. Subjektive Bilanzgarantien

Der materielle Gehalt einer Garantie hängt stets von dem der Garantie zugrunde liegenden, durch diese garantierten Zu- oder Umstand ab. Bei der subjektiven Bilanzgarantie wird regelmäßig garantiert, dass der Jahresabschluss nach den entsprechenden gesetzlichen Regelungen des HGB (oder alternativ auch den Regelungen anderer Rechungslegungssysteme wie den IAS/IFRS, US-GAAP etc.) sowie den Grundsätzen ordnungsmäßiger Buchführung (GoB) aufgestellt wurde. Die subjektive Bilanzgarantie umfasst die „bilanzielle Normbeachtung"[354]; der materielle Schwerpunkt liegt insofern eher im korrekten Verfahren der Aufstellung des Jahresabschlusses und nicht in der Richtigkeit bzw. Werthaltigkeit einzelner Posten.[355] Gleichwohl können subjektive Bilanzgarantien auch

351 So dürfte der objektive Verstoß im Falle einer zu hoch gebildeten Rückstellung (die auf einer Prognose beruht) wohl schwieriger nachzuweisen sein als beispielsweise der zu hohe bilanzielle Ausweis von Forderungen gegen verbundene Unternehmen oder der Kassenbestand.

352 Allgemein zur Problematik der Beweisführung im Nachgang einer Transaktion, insbesondere auch bei Bilanzgarantien *Broichmann/Schumacher*, FYB Financial Yearbook Germany 2014, S. 70, 72.

353 In diese Richtung gehend auch die Empfehlungen von *Broichmann/Schumacher*, FYB Financial Yearbook Germany 2014, S. 70, 73 ff.

354 *Hennrichs*, NZG 2014, S. 1001, 1002.

355 So im Ergebnis wohl auch *Witte/Gerardy*, in: Drygala/Wächter (Hrsg.), Tagungsband Leipziger Konferenz M&A 2014, S. 23, 36 sowie *Blunk/Rabe*, GmbHR 2011, S. 408, 410, die bei Bilanzgarantien nach einem „prozessualen" und einem „materiellen

in dieser Hinsicht unterschiedlich ausgestaltet werden und in ihrem materiellen Gehalt insoweit erheblich divergieren. Die veräußererfreundlichste Bilanzgarantie, die insofern denkbar wäre, würde nur umfassen, dass ein Jahresabschluss aufgestellt und testiert wurde.[356] Darüber hinaus sind zahlreiche Gestaltungen denkbar, wobei häufig eine dem § 264 Abs. 2 S. 1 HGB vergleichbare oder sogar identische Formulierung zu finden ist. Derartig ausgestaltete Bilanzgarantien garantieren die Aufstellung des Jahresabschlusses unter Beachtung der GoB sowie, dass der Jahresabschluss ein „[...] *den tatsächlichen Verhältnissen entsprechendes Bild der Vermögens-, Finanz- und Ertragslage* [...]" der Zielgesellschaft vermittelt.

a) *Die bilanzrechtliche Generalnorm als normativer Anknüpfungspunkt*

Im Rahmen subjektiver Bilanzgarantien wird häufig § 264 Abs. 2 S. 1 HGB, die so genannte „Generalnorm"[357] des Bilanzrechts (auch „*Einblicksgebot*"[358]), als maßgeblicher normativer Anknüpfungspunkt und Grundlage für die Formulierung der Garantieklausel genannt.[359] Dieser Paragraph lautet:

Element" differenzieren, wobei das prozessuale Element im Wesentlichen der von *Hennrichs* postulierten „bilanziellen Normbeachtung" (s. Fn. 354) entspricht.

356 Vgl. *Witte/Gerardy*, in: Drygala/Wächter (Hrsg.), Tagungsband Leipziger Konferenz M&A 2014, S. 23, 36 mit dem nicht ganz eindeutigen Verweis auf das bei *Blunk/Rabe*, GmbHR 2011, S. 408, 419 zu findende Formulierungsbeispiel, das jedoch eine über die Annahme von *Witte/Gerardy* hinausgehende objektive Bilanzgarantie darstellt. Zur Bedeutung des Testats siehe unter D.II.3.c)cc).

357 Vgl. statt aller *Böcking/Gros*, in: EBJS, HGB, Bd. 1, 3. Aufl. 2014, § 264 Rn. 2; *Winnefeld*, Bilanz-Handbuch, Kap. D Rn. 409.

358 *Hüttemann/Meyer*, in: Staub, GK-HGB, Bd. 5, 5. Aufl. 2014, § 264 Rn. 24.

359 Entsprechende Formulierungsvorschläge finden sich beispielsweise bei *Blunk/Rabe*, GmbHR 2011, S. 408, 410; *Hennrichs*, NZG 2014, S. 1001; mit einem expliziten Verweis auf § 264 Abs. 2 S. 1 HGB *Schrader*, in: Seibt (Hrsg.), Beck-FB M&A, Muster C. II. 1, Ziff. 8.3; mit weiteren, eher als objektiv auszulegenden Elementen *Holzapfel/Pöllath*, Unternehmenskauf in Recht und Praxis (13. Aufl. 2008), Rn. 846; ein ausführliches englisches Beispiel findet sich bei *Kästle/Oberbracht*, Unternehmenskauf - SPA, S. 170 (Ziff. 7.4.1) sowie S. 172 ff. (Erläuterungen zu Ziffer 7.4.1); *Becker/Voß*, in: Knott/Mielke (Hrsg.), Vertragskommentar Unternehmenskauf, Erläuterungen zu Muster 1, Rn. 1064 ff., insbesondere Rn. 1068 sowie die entsprechende Musterformulierung in § 8.2.2. des Musters 1; ein käuferfreundliches Muster bietet *Meyer-Sparenberg*, in: Hoffmann-Becking/Gebele/Bartsch (Hrsg.), Beck-FB BHW, Muster III. A. 16., § 5 (2) a) und Anm. 27.

„Der Jahresabschluß der Kapitalgesellschaft hat unter Beachtung der Grundsätze ordnungsmäßiger Buchführung ein den tatsächlichen Verhältnissen entsprechendes Bild der Vermögens-, Finanz- und Ertragslage der Kapitalgesellschaft zu vermitteln.“

Obschon für eine eigenständige Garantie – die, wie oben bereits dargestellt, ein selbständiger Vertrag ist – grundsätzlich kein normativer Anknüpfungspunkt erforderlich wäre, orientieren sich die Formulierungsbeispiele und –vorschläge in der Regel an dieser Norm, wenn es sich um eine subjektive Bilanzgarantie handeln soll.[360] Indes kann die aus der Anknüpfung an § 264 Abs. 2 S. 1 HGB folgende subjektive Bilanzgarantie im Lichte zweier obergerichtlicher Urteile jüngeren Datums[361], die nachfolgend noch detailliert untersucht werden, auch nicht (mehr) ohne Weiteres als Selbstverständlichkeit angenommen werden: Denn in den Urteilen wurden Bilanzgarantien, die sich eindeutig am Wortlaut des § 264 Abs. 2 S. 1 HGB orientierten beziehungsweise diesem sogar wortgleich entsprachen, als objektive Bilanzgarantien ausgelegt. In diesem Kontext soll die Bezugnahme auf § 264 Abs. 2 S. 1 HGB, ausgehend vom materiellen Gehalt dieser Norm, näher untersucht werden.

Wie bereits angesprochen, stellt § 264 Abs. 2 HGB die Generalnorm des HGB-Bilanzrechts dar.[362] Sie statuiert das sogenannte *„true and fair view“*- Prinzip, nach dem der Jahresabschluss ein „[…] *den tatsächlichen Verhältnissen entsprechendes Bild der Vermögens-, Finanz- und Ertragslage* […]“ darstellen müsse.[363] Dieses ursprünglich aus dem britischen Bilanzrecht stammende Prinzip[364] wurde durch die sog. „Bilanzrichtlinie“ 78/660/EWG[365] (4. EG-Richtlinie) der Europäischen Union und das auf deren Grundlage erlassene deutsche

360 Vgl. die Nachweise in Fn. 359.

361 Es handelt sich dabei um die Entscheidungen des OLG München, *Urteil* v. 30.03.2011 - 7 U 4226/10 = via juris sowie des OLG Frankfurt a. M., *Urteil* v. 07.05.2015 - 26 U 35/12 = NZG 2016, 435, die unter D.II.5 ausführlich untersucht werden.

362 Vgl. die Nachweise in Fn. 357.

363 Vgl. statt aller *Busse von Colbe/Crasselt/Bernhard,* Lexikon des Rechnungswesens, S. 772, Stichwort „True and fair view Prinzip“.

364 *Winnefeld,* Bilanz-Handbuch, Kap. D Rn. 409; *Reiner,* in: MüKo-HGB, Bd. 4, 3. Aufl. 2013, § 264 Rn. 25; *Busse von Colbe/Crasselt/Bernhard,* Lexikon des Rechnungswesens, S. 126, Stichwort „Bild der Vermögens-, Finanz- und Ertragslage“ (dort unter Ziff. 2.).

365 Vierte Richtlinie 78/660/EWG des Rates vom 25. Juli 1978 auf Grund von Artikel 54 Absatz 3 Buchstabe g des Vertrages über den Jahresabschluss von Gesellschaften bestimmter Rechtsformen, Amtsblatt Nr. L 222 vom 14.08.1978 S. 11 ff., abrufbar unter http://eur-lex.europa.eu/LexUriServ/LexUriServ.do?uri = CONSLEG:1978L0660:20090716: DE: PDF (zuletzt abgerufen am 25. April 2017).

Bilanzrichtlinien-Gesetz[366] in das HGB aufgenommen.[367] Der Europäische Gerichtshof (EuGH) hat insbesondere in den Entscheidungen *Tomberger*[368] und *Gimle SA*[369] dafür den Terminus der „Bilanzwahrheit"[370] geprägt, der zudem die Hauptzielsetzung der Richtlinie 78/660/EWG[371] darstelle.[372] An dieser Stelle stehen Anspruch und Wirklichkeit in einem gewissen Spannungsverhältnis, denn der Grundsatz der Bilanzwahrheit kann nur so weit reichen, wie ein Jahresabschluss überhaupt „wahr" sein kann.[373] Es besteht daher die Gefahr einer Fehlinterpretation, wenn „Wahrheit" mit „objektiver Richtigkeit" gleichgesetzt wird. So ist die „Wahrheit im Sinne der Bilanzwahrheit" dann auch nur schwer greifbar; es wird gefordert, der Jahresabschluss müsse „[...] *wahr im Sinne einer ethischen Dimension von Treuepflicht, Rechenschaft und Verantwortung* [sein]."[374] Derartige Kriterien weisen nur eine geringe Praxistauglichkeit auf und sind schwerlich objektivierbar, rekurrieren aber jedenfalls terminologisch auf die Funktionen eines Jahresabschlusses.[375] Anhand der wichtigen Kapitalerhaltungs- bzw.

---

366 Gesetz zur Durchführung der Vierten, Siebenten und Achten Richtlinie des Rates der Europäischen Gemeinschaften zur Koordinierung des Gesellschaftsrechts (Bilanzrichtlinien-Gesetz – BiRiLiG) vom 19.12.1985, BGBl. I S. 2355.

367 Die 4. EG-Richtlinie sowie die Siebente Richtlinie des Rates vom 13. Juni 1983 über den konsolidierten Abschluss (83/349/EWG) wurden mittlerweile durch die Richtlinie 2013/34/EU des Europäischen Parlaments und des Rates vom 26. Juni 2013 übernommen; die Ausführungen im Folgenden verkennen dies nicht, beziehen sich indes aus Gründen der inhaltlichen Kohärenz mit der einschlägigen Literatur, die die 4. EG-Richtlinie referenziert, ebenfalls auf die ursprüngliche Bilanzrichtlinie.

368 EuGH, *Urteil* v. 27.06.1996 - C-234/94 = Slg. 1996, I-3133.

369 EuGH, *Urteil* v. 03.10.2013 - C-322/12 = ECLI: EU: C:2013:632

370 Kritisch zu diesem Terminus *Reiner*, in: MüKo-HGB, Bd. 4, 3. Aufl. 2013, § 264 Rn. 25, der anmerkt, dass die Bezeichnung „Bilanzwahrheit" missverständlich und verkürzt sei: § 264 Abs. 2 HGB bezöge sich nämlich auf den gesamten Jahresabschluss und nicht nur auf die Bilanz; daneben umfasse er neben der „Wahrheit" auch noch das wesentliche Element der „Redlichkeit". Gleichwohl ist der Terminus der „Bilanzwahrheit" bereits deutlich älter, vgl. *Luttermann*, ZVglRWiss (103) 2004, S. 18, 22 f. mit weiteren Nachweisen.

371 Siehe Fn. 365.

372 Dies wurde jüngst vom EuGH in den verbundenen Sachen Immo Chiaradia SPRL bzw. Docteur De Bruyne SPRL ./. Belgischer Staat unter Bezugnahme auf die Urteile in den Sachen *Tomberger* sowie *Gimle SA* bestätigt, vgl. EuGH, *Urteil* v. 15.06.2017 - C-444/16, C-445/16 = NZG 2017, 915, 916 f.

373 Eine ausführliche Darstellung dieser Thematik unter der Ausgangsfrage, wann ein Jahresabschluss „falsch" ist, findet sich unter D.II.1.

374 *Schön*, M&A Review 2014, S. 122, 123.

375 Vgl. zu den Funktionen eines Jahresabschlusses auch die Darstellung unter D.II.1.b).

Ausschüttungsbemessungsfunktion kann als ein relevantes Kriterium für die Annahme eines „wahren" Jahresabschlusses jedenfalls der zutreffend ausgewiesene ausschüttungsfähige Bilanzgewinn identifiziert werden. In diesem Sinne wäre der Jahresabschluss dann als „wahr" zu betrachten, wenn er den Bilanzgewinn zutreffend ausweisen würde. Dies ist in der Praxis der Rechnungslegung indes ein komplexes Unterfangen[376]; zudem erschöpft sich der Zweck eines Jahresabschlusses nach deutschem Recht nicht in der Kapitalerhaltungs- bzw. Ausschüttungsbemessungsfunktion, sondern es stehen mehrere Zwecke beziehungsweise Funktionen nebeneinander.

Die Generalnorm, ihre Grundlage in der 4. EG-Richtlinie und ihr Verhältnis zu einzelnen Vorschriften des HGB bzw. zu den GoB sind Gegenstand diverser Kontroversen im Schrifttum. Auf die umfassende und im Rahmen der Beschäftigung mit Bilanzgarantien nicht zielführende Darstellung sämtlicher einzelner Strömungen, die sich zum Teil auch untereinander überschneiden[377], wird vorliegend verzichtet. Im Folgenden werden insofern die zwei wesentlichen Kontroversen behandelt. Diese vollziehen sich gewissermaßen auf zwei Ebenen: Auf der ersten Ebene ist bereits der grundlegende Anwendungsbereich der Generalnorm umstritten. Auf der zweiten Ebene ist dann das Verhältnis der Generalnorm zu den einzelnen HGB- Vorschriften und den GoB Gegenstand der maßgeblichen Diskussion.

aa) Anwendungsbereich

Zur Diskussion auf der „ersten Ebene", der Frage nach dem Anwendungsbereich der Generalnorm, werden im Schrifttum grundlegend zwei Auffassungen vertreten. Nach der „Abkopplungsthese" soll § 264 Abs. 2 HGB eine „Generalnorm für den Anhang" darstellen und demzufolge keinen inhaltlichen Einfluss auf die eigentliche Bilanz bzw. die Gewinn- und Verlustrechnung – also die wesentlichen Zahlenwerke, anhand derer beispielsweise der Jahresüberschuss und der Bilanzgewinn ermittelt werden – haben.[378] Die überwiegende und wohl

---

376 Vgl. dazu ausführlich *Küting*, DB 2006, S. 1441, 1449, der resümiert: *„Der Gewinnbegriff wird vom Rechnungszweck bestimmt."*

377 Vgl. die Darstellungen bei *Adler/Düring/Schmaltz*, Tb. 5 § 264 Rn. 59 sowie bei *Hüttemann/Meyer*, in: Staub, GK-HGB, Bd. 5, 5. Aufl. 2014, § 264 Rn. 25.

378 Die „Abkopplungsthese" wurde grundlegend von *Moxter*, BB 1978, S. 1629, 1630 artikuliert und mit im Ergebnis gleicher Zielrichtung bspw. von *Richter*, BB 1988, S. 2212, 2218 sowie *Beisse*, BB 1990, S. 2007, 2008 vertreten. Obgleich die h.M. (vgl. die Nachweise in Fn. 379) sich mittlerweile etabliert haben dürfte, finden sich noch immer – z. T. extensive – Darstellungen dieser Problematik in der einschlägigen Literatur.

herrschende Meinung interpretiert § 264 Abs. 2 HGB hingegen so, dass dieser als Auslegungsgrundsatz und Mittel zur Schließung gesetzlicher Lücken für den gesamten Jahresabschluss gilt.[379] Damit geht einher, dass nicht nur der Anhang ein den tatsächlichen Verhältnissen entsprechendes Bild darstellen muss, sondern auch die übrigen Bestandteile des Jahresabschlusses dieser Anforderung unterfallen.

Zwar kann den Vertretern der „Abkopplungsthese" zugegeben werden, dass aus dem Wortlaut des Art. 2 Abs. 5 der 4. EG-Richtlinie unzweifelhaft die dortige Ausgestaltung als ein „*overriding principle*" im Sinne des britischen Vorbilds und auch die entsprechende Relevanz des Anhangs als Instrument zur Erläuterung der Abweichung, mit der ein den tatsächlichen Verhältnissen entsprechendes Bild sichergestellt werden soll, folgt.[380] Jedoch bringt die Richtlinie 78/660/EWG demgegenüber nicht explizit zum Ausdruck, dass das „*true and fair view*"- Prinzip als Generalnorm und bestimmendes Prinzip der europäischen Rechnungslegung ausschließlich auf die Anhangangaben anzuwenden sein sollte.

Die Problematik einer Abkopplung ergibt sich auch aus der Betrachtung der „drei Lagen"[381], deren den tatsächlichen Verhältnissen entsprechendes Bild vermittelt werden soll. Die jeweilige Vermögens-, Finanz- und Ertragslage (zusammen auch „VFE- Lage") ergibt sich nicht allein aus dem Anhang. Zwar enthält dieser regelmäßig auch Erläuterungen zu jeder einzelnen Lage, stellt diese aber nicht vollständig und umfassend dar, da sich die jeweilige Lage erst in der Zusammenschau mit dem zugrunde liegenden Zahlenwerk ergibt. Für eine vollständige Darstellung sind insofern auch die Bilanz (für die Vermögens- und Finanzlage) sowie die GuV (für die Ertragslage) in den Blick zu nehmen.[382] Nach

379 Die herrschende Meinung wird vertreten von *Baetge/Commandeur/Hippel*, in: HdR-E, Bd. 2, 5. Aufl. 2002, 18. EL Dezember 2013, § 264 Rn. 49; *Merkt*, in: Baumbach/Hopt, HGB, 37. Aufl. 2016, § 264 Rn. 12; *Winnefeld*, Bilanz-Handbuch, Kap. D Rn. 410 f.; *Hüttemann/Meyer*, in: Staub, GK-HGB, Bd. 5, 5. Aufl. 2014, § 264 Rn. 27; *Großfeld/Luttermann*, Bilanzrecht, Rn. 265; *Gelhausen*, in: Institut der Wirtschaftsprüfer in Deutschland e.V. (IDW e.V.) (Hrsg.), WP Handbuch 2012, Bd. I, Kap. F Rn. 78; *Hennrichs*, ZGR 1997, S. 66, 78 ff. Darüber hinaus entspricht diese Meinung auch den gesetzgeberischen Erwägungen, vgl. BT-Drs. 10/317, S. 76, wo es heißt: „*Die Generalklausel ist deshalb nur heranzuziehen, wenn Zweifel bei der Auslegung und Anwendung einzelner Vorschriften entstehen oder Lücken in der gesetzl. Regelung zu schließen sind.*"

380 Vgl. dazu auch *Hennrichs*, ZGR 1997, S. 66, 78 f.

381 Vgl. zu diesem Terminus *Adler/Düring/Schmaltz*, Tb. 5, § 264, Überschrift zu Rn. 60.

382 Diese Bezugnahmen auf das jeweils zugrunde liegende Zahlenwerk werden, soweit ersichtlich, übereinstimmend in der Literatur angenommen, vgl. nur *Böcking/Gros*, in: Wiedmann/Böcking/Gros, Bilanzrecht, 3. Aufl. 2014, § 264 Rn. 28 ff.; *Adler/*

unbestrittener Ansicht besteht zwischen den Lagen kein Rangverhältnis. Konfligieren die Lagen untereinander gegebenenfalls inhaltlich, sind derartige Konflikte im Anhang durch ergänzende Erläuterungen aufzulösen.[383] Dies zeigt, dass eine „reine Abkopplungsthese“ an dieser Stelle zu kurz greift, wenn sie lediglich durch den Anhang ein den tatsächlichen Verhältnissen entsprechendes Bild der VFE- Lage vermitteln möchte.

Legt man die instruktiv von *Schildbach* dargelegte „funktionale Differenzierung“ nach Informationsfunktion einerseits und Ausschüttungsbemessungsfunktion andererseits zugrunde[384], vermag dies zwar vordergründig einen Kompromiss zwischen den gegenläufigen Ansichten darzustellen. Denn dann wird – entgegen des missverständlichen Terminus der Abkopplung – deutlich, dass die Funktionen des Jahresabschlusses einer Kapitalgesellschaft nur durch ein Zusammenspiel von Bilanz, GuV und Anhang sinnvoll erfüllt werden können. Eine derartig „relativierte Abkopplungsthese“ erscheint durchaus nachvollziehbar.[385]

Dennoch ist die „Abkopplungsthese“ jedenfalls in der im Schrifttum vertretenen Form im Ergebnis abzulehnen. Es ist nicht ersichtlich, warum die Generalnorm sich ausschließlich auf die Erläuterungen im Anhang beziehen sollte. Vielmehr stellt § 264 Abs. 2 S. 1 HGB ein allgemeines, für alle Kapitalgesellschaften im Sinne des HGB geltendes Prinzip dar, das als Normierung des gesetzgeberischen Willens für den gesamten Jahresabschluss gilt.[386] Die Informationsfunktion kann nicht ohne Weiteres ausschließlich dem Anhang zugewiesen werden; dies wird in Deutschland nicht zuletzt durch auch durch das BilMoG[387] und dessen Regierungsbegründung deutlich, die ausdrücklich die Stärkung der

---

Düring/Schmaltz, Tb. 5, § 264 Rn. 64 ff., 70 ff. sowie 78 ff.; *Baetge/Commandeur/Hippel*, in: HdR-E, Bd. 2, 5. Aufl. 2002, 18. EL Dezember 2013, § 264 Rn. 27, 31 f., 36; *Merkt*, in: Baumbach/Hopt, HGB, 37. Aufl. 2016, § 264 Rn. 13 ff.; *Morck*, in: Koller/Kindler/Roth/Morck, HGB, 8. Aufl. 2015, § 264 Rn. 8; *Winkeljohann/Schellhorn*, in: BeBiKo, 10. Aufl. 2016, HGB § 264 Rn. 37.

383 Vgl. statt aller *Hinz*, in: Beck-HdR, Bd. I, 50. Aufl., 32. EL Mai 2010, B 106 Rn. 11 f.

384 Vgl. *Schildbach*, BFuP (39) 1987, S. 1, 13 f.

385 So wohl im Ergebnis auch *Hüttemann/Meyer*, in: Staub, GK-HGB, Bd. 5, 5. Aufl. 2014, § 264 Rn. 29, die zutreffend konstatieren: „*Die Abkopplungsthese schießt aber über das Ziel hinaus, wenn sie den gesamten Bereich der Bilanz und der GuV der Einwirkung des Einblicksgebots entziehen will.*“ Ebenfalls mit einer differenzierten Ansicht dazu *Adler/Düring/Schmaltz*, Tb. 5, § 264 Rn. 104.

386 Vgl. *Winkeljohann/Schellhorn*, in: BeBiKo, 10. Aufl. 2016, HGB § 264 Rn. 30.

387 Gesetz zur Modernisierung des Bilanzrechts (BilMoG) vom 25.05.2009, BGBl. I S. 1102.

Informationsfunktion des handelsrechtlichen Jahresabschlusses hervorhebt.[388] Dies ist durch die Annäherung des deutschen Bilanzrechts an die international ausgerichteten IAS/IFRS zu begründen, bei denen die Informationsfunktion jeher als gegenüber der Ausschüttungsbemessungsfunktion vorrangig angesehen wurde[389] beziehungsweise präziser die einzig explizit geforderte Funktion des Jahresabschlusses darstellt.[390]

Daneben spricht auch die durch das „Tomberger- Urteil" des EuGH zum Ausdruck gebrachte Wertung gegen die „Abkopplungsthese"; an dieser Stelle kann auf die umfassende und instruktive Darstellung von *Groh*[391] verwiesen werden.[392] Letztlich ist eine strikte Trennung zwischen Bilanz und GuV auf der einen und dem Anhang auf der anderen Seite nicht mit dem Ziel der 4. EG-Richtlinie und auch nicht mit dem Wortlaut und Zweck des § 264 Abs. 2 S. 1 HGB in Einklang zu bringen. Der Jahresabschluss als Einheit aus Bilanz, GuV und Anhang hat nach dem deutschen Bilanzrecht mehrere Funktionen zu erfüllen. Insofern ist dem Jahresabschluss auch stets ein gewisser Zielkonflikt immanent, um diese Funktionen jeweils bestmöglich zu erfüllen. Die Zuweisung einzelner Funktionen zu einzelnen Bestandteilen des Jahresabschlusses ist jedoch nicht vorgesehen und wird daher abgelehnt.

bb) Verhältnis zu Einzelvorschriften/GoB

Innerhalb der oben dargestellten und auch hier vertretenen, wohl herrschenden Meinung ist wiederum umstritten, wie das Verhältnis zwischen Generalnorm und Einzelvorschriften des HGB beziehungsweise den GoB ausgestaltet ist. Maßgeblicher Punkt dieser Kontroverse ist die Frage, ob die Generalnorm

---

388 Vgl. BT-Drs. 16/10067, S. 34; dies stellen auch *Böcking/Gros*, in: Wiedmann/Böcking/Gros, Bilanzrecht, 3. Aufl. 2014, § 264 Rn. 25 sowie *Petersen/Zwirner*, KoR 2009, S. 1, 30 fest. Im Einzelnen zur Verbesserung der Informationsfunktion durch den Wegfall von Wahlrechten *Graf/Bisle*, in: MüKo-Bilanzrecht, Bd. 2, 1. Aufl. 2013, HGB § 264 Rn. 64 ff.

389 Vgl. dazu beispielsweise *Wawrzinek/Lübbig*, in: Driesch/Riese/Schlüter/Senger (Hrsg.), Beck'sches IFRS-Handbuch, § 2 Rn. 20 ff.; *Schulze-Osterloh*, BB 2004, S. 2567.

390 Vgl. *Heuser/Theile*, IAS/IFRS Handbuch, Rn. 101.

391 *Groh*, DStR 1998, S. 813, 816 f.

392 So auch *Merkt*, in: Baumbach/Hopt, HGB, 37. Aufl. 2016, § 264 Rn. 12; *Winkeljohann/Schellhorn*, in: BeBiKo, 10. Aufl. 2016, HGB § 264 Rn. 30; *Reiner*, in: MüKo-HGB, Bd. 4, 3. Aufl. 2013, § 264 Rn. 57.

die GoB im Sinne einer Korrekturfunktion beeinflussen kann[393] oder ob diese gegenüber den GoB grundsätzlich subsidiär ist.[394]

Für eine Korrekturfunktion spricht zunächst, dass Art. 2 Abs. 5 4. EG- Richtlinie nach dem britischen Vorbild unstreitig als „*overriding principle*" konzipiert wurde.[395] Daneben ist in der 4. EG-Richtlinie auch von einer herausgehobenen Bedeutung der Generalnorm und des aus ihr folgenden „*true and fair view*"-Prinzips ausgegangen worden; dies hat auch der EuGH mehrfach deutlich bekräftigt.[396] Unabhängig vom letztendlichen Wortlaut des § 264 Abs. 2 S. 1 HGB, der eine Berücksichtigung der GoB fordert, kann diese deutliche Zielrichtung des Richtliniengebers bei der Rechtsanwendung nicht mit einem bloßen Hinweis auf deren Subsidiarität verworfen werden.[397]

Allerdings wurde gerade Art. 2 Abs. 5 4. EG-Richtlinie nicht in nationales Recht transformiert. Nach der überwiegenden, herrschenden Auffassung sowie der Begründung zum Regierungsentwurf des BiRiLiG folgt daraus allerdings auch kein Transformationsdefizit.[398] Vielmehr werde Art. 2 Abs. 5 4. EG-Richtlinie dadurch Rechnung getragen, dass jedenfalls über die Vorschrift des § 264 Abs. 2 S. 2 HGB, also die zusätzlichen Angaben im Anhang, der Jahresabschluss in seiner Gesamtheit die Anforderungen der Generalnorm zu erfüllen vermag. Dies bedeutet, dass Art. 2 Abs. 5 4. EG-Richtlinie jedenfalls sinngemäß in nationales Recht transformiert wurde.[399]

Insoweit entkräftet § 264 Abs. 2 S. 2 HGB die These, dass es eine Korrekturfunktion der Generalnorm gäbe. Würde die Generalnorm die Einzelvorschriften bzw. GoB korrigieren und damit bei ihrer Anwendung – sprich: der Aufstellung von Bilanz und GuV – beeinflussen, entbehrte die Regelung in S. 2 jeglichem Sinn: Denn dann würde der Jahresabschluss durch den Einfluss der

393 So *Hüttemann/Meyer*, in: Staub, GK-HGB, Bd. 5, 5. Aufl. 2014, § 264 Rn.

394 *Baetge/Commandeur/Hippel*, in: HdR-E, Bd. 2, 5. Aufl. 2002, 18. EL Dezember 2013, § 264 Rn. 42, konstatieren, dass die Generalnorm des § 264 Abs. 2 S. 1 HGB die insoweit spezielleren GoB nicht zu verdrängen vermag: „*Der Anwendungsbereich der Generalnorm wird durch den Hinweis auf die Beachtung der GoB eingeschränkt.*"

395 Vgl. *Hennrichs*, ZGR 1997, S. 66, 78 f.

396 Vgl. EuGH, *Urteil* v. 27.06.1996 - C-234/94 = Slg. 1996, I-3133; EuGH, *Urteil* v. 03.10.2013 - C-322/12 = ECLI: EU: C:2013:632

397 So im Ergebnis *Hüttemann/Meyer*, in: Staub, GK-HGB, Bd. 5, 5. Aufl. 2014, § 264 Rn. 27.

398 BT-Drs. 10/317, S. 77; *Adler/Düring/Schmaltz*, Tb. 5, § 264 Rn. 47; *Hinz*, in: Beck-HdR, Bd. I, 50. Aufl., 32. EL Mai 2010, B 106 Rn. 4; *Graf/Bisle*, in: MüKo-Bilanzrecht, Bd. 2, 1. Aufl. 2013, HGB § 264 Rn. 34 ff.

399 In diese Richtung gehend auch *Graf/Bisle*, in: MüKo-Bilanzrecht, Bd. 2, 1. Aufl. 2013, HGB § 264 Rn. 36; *Winkeljohann/Schellhorn*, in: BeBiKo, 10. Aufl. 2016, HGB § 264 Rn. 27, 30.

Generalnorm sowieso stets ein den tatsächlichen Verhältnissen entsprechendes Bild vermitteln; der in S. 2 konstruierte Fall könnte überhaupt nicht eintreten.[400]

Daneben führen *Winkeljohann* und *Schellhorn* noch ein eher technisches Argument für eine subsidiäre Generalnorm an, das gleichwohl nicht von der Hand zu weisen ist: Trotz des europarechtlichen Hintergrunds ist das BiRiLiG, durch das die Generalnorm in nationales Recht – nämlich in die Vorschrift des § 264 Abs. 2 S. 1 HGB – transformiert wurde, ein deutsches Gesetz. Das impliziere hinsichtlich seiner Verfassungskonformität gewisse Anforderungen an die Normenklarheit und Justiziabilität. Diesen Maßstäben würde eine übergeordnete Generalnorm, die dem deutschen Recht grundsätzlich fremd sei, zuwiderlaufen.[401] Insofern kann die Generalnorm als Zugeständnis an die angelsächsische Rechtskultur – in der es neben dem *„true and fair view"*- Prinzip keine mit dem HGB vergleichbaren Einzelvorschriften gibt – betrachtet werden, denn strukturell lässt sich eine Generalnorm nicht mit dem kontinentaleuropäischen Rechnungslegungssystem, das auf Einzelvorschriften basiert, in Einklang bringen.

Die besseren Argumente sprechen an dieser Stelle für die Subsidiarität der Generalnorm gegenüber den Einzelvorschriften. Die Generalnorm ist durchaus zu berücksichtigen, indes primär als Auslegungshilfe für Einzelvorschriften und zur Schließung gesetzlicher Lücken.[402] Zudem muss auch berücksichtigt werden, dass „Subsidiariät" im hier gebrauchten Sinne kein „unbedingtes" Zurücktreten der Generalnorm hinter die (nicht auslegungsbedürftigen) Einzelvorschriften des HGB bedeutet.[403] Im Rahmen der ergänzenden Angaben im Anhang ist die Generalnorm durchaus anzuwenden und ist daher nur in Bezug auf die Bilanz und die GuV suspendiert.

Anhand dieses Verständnisses der Subsidiarität der Generalnorm wird deutlich, dass die kodifizierten Vorschriften des HGB und ergänzend dazu die unkodifizierten GoB Vorrang vor § 264 Abs. 2 S. 1 HGB haben, solange diese eindeutig sind und nicht mit der Erfordernis eines den tatsächlichen Verhältnissen entsprechenden Bilds konfligieren.

---

400 Vgl. dazu auch die Ausführungen von *Winkeljohann/Schellhorn*, in: BeBiKo, 10. Aufl. 2016, HGB § 264 Rn. 25.

401 *Winkeljohann/Schellhorn*, in: BeBiKo, 10. Aufl. 2016, HGB § 264 Rn. 26.

402 Vgl. auch *Gelhausen*, in: Institut der Wirtschaftsprüfer in Deutschland e.V. (IDW e.V.) (Hrsg.), WP Handbuch 2012, Bd. I, Kap. F Rn. 78.

403 *Winkeljohann/Schellhorn*, in: BeBiKo, 10. Aufl. 2016, HGB § 264 Rn. 30 sprechen von einem *„quasi nur vorläufig*[en]" Zurücktreten.

cc) Die Generalnorm im Lichte subjektiver Bilanzgarantien

Anhand des zuvor Gesagten wird deutlich, wie problematisch die Bezugnahme vieler Formulierungsvorschläge für subjektive Bilanzgarantien auf § 264 Abs. 2 S. 1 HGB ist. Zwar stellt diese Vorschrift die Generalnorm des deutschen Bilanzrechts dar; trotz ihrer damit durchaus herausgehobenen Bedeutung bleibt ihr materieller Gehalt aber auch für die Zwecke einer subjektiven Bilanzgarantie weitgehend im Dunkeln.

Als Konsequenz der oben ausgeführten Kontroversen kann zunächst festgehalten werden, dass mit der hier vertretenen Auffassung grundsätzlich kein oder jedenfalls nur ein sehr geringer Einfluss der Anforderung, ein den tatsächlichen Verhältnissen entsprechendes Bild zu vermitteln, auf die eigentlichen Bilanzierungsvorschriften des HGB angenommen werden kann. Das „materielle Bilanzrecht" geht der Generalnorm vor und das *„true and fair view"*- Prinzip schlägt sich – wenn überhaupt – inhaltlich erst im Anhang nieder, sofern dort ergänzende Angaben erforderlich sind. Systematisch gilt bei der Anwendung der Generalnorm, dass die Beachtung aller einschlägigen Vorschriften zunächst den Beweis des ersten Anscheins dafür darstellt, dass der Jahresabschluss ein den tatsächlichen Verhältnissen entsprechendes Bild vermittelt. Die Normtreue indiziert insofern die Ordnungsmäßigkeit des Jahresabschlusses. Wird aufgrund besonderer Umstände von den Einzelvorschriften oder GoB abgewichen und der Beweis des ersten Anscheins damit verfehlt, kann das den tatsächlichen Verhältnissen entsprechende Bild durch zusätzliche Angaben im Anhang trotzdem vermittelt werden. Insofern kann davon ausgegangen werden, dass das den tatsächlichen Verhältnissen entsprechende Bild jedenfalls dann auch vermittelt wird, wenn die zusätzlichen erläuternden Angaben im Anhang die Abweichungen erläutern und begründen, sodass der Bilanzadressat jedenfalls nachvollziehen kann, (i) dass und (ii) warum eine Abweichung erforderlich war. Dadurch zeigt sich, dass das den tatsächlichen Verhältnissen entsprechende Bild zwar den Zielmaßstab darstellt, aber materiellrechtlich neben den ohnehin zu berücksichtigenden bilanzrechtlichen Vorschriften keine eigenständige Aussagekraft hat.

Die in der einschlägigen Literatur im Kontext der subjektiven Bilanzgarantie zu findenden Verweise auf § 264 Abs. 2 S. 1 HGB oder jedenfalls die weitgehende Übernahme dessen Wortlauts für die Formulierung einer subjektiven Bilanzgarantie schaffen insoweit jedenfalls keine Klarheit im Sinne eines erkenn- und abgrenzbaren materiellen Gehalts.[404] Es besteht vielmehr

404 Vgl. zu den Formulierungsvorschlägen für subjektive Bilanzgarantien auch die detaillierten Nachweise in Fn. 359.

die Gefahr, den insoweit uneindeutigen materiellen Gehalt einer auf der Generalnorm basierenden subjektiven Bilanzgarantie in seiner Reichweite falsch zu interpretieren. Insbesondere darf bei einer selbständigen Garantie nicht außer Acht gelassen werden, dass diese gewissermaßen isoliert vom gesetzlichen Kontext zu betrachten ist, der § 264 Abs. 2 S. 1 HGB umschließt. Die für diesen getroffenen Wertungen und die Bandbreite der vertretenen Interpretations- beziehungsweise Auslegungsmethoden lassen sich nicht unmittelbar „1 zu 1" in eine – vom HGB unabhängige – selbständige Garantievereinbarung „transplantieren", wenn dies nicht explizit dergestalt vereinbart wurde. Im Folgenden soll die gängige Praxis der Formulierung subjektiver Bilanzgarantien kritisch hinterfragt werden und ausgehend vom Wortlaut der in diesem Zusammenhang nicht unproblematischen Generalnorm eine Alternative zur sachgerechten Gestaltung einer subjektive Bilanzgarantie entworfen werden.

Im Lichte der obigen Ausführungen lässt sich § 264 Abs. 2 S. 1 HGB beziehungsweise eine auf dessen Wortlaut basierende Bilanzgarantie auch wie folgt lesen:

> *„Der Jahresabschluss wurde im Einklang mit den einschlägigen Bilanzierungsvorschriften des HGB und der GoB erstellt, woraus folgt, dass er jedenfalls zum Zeitpunkt der Aufstellung kein willentlich unzutreffendes Bild der Vermögens-, Finanz- und Ertragslage vermittelt. Darüber hinaus werden Abweichungen von Einzelvorschriften oder GoB, sofern diese aufgrund besonderer Umstände erforderlich waren, im Anhang erläutert."*

Die Aussage dieser Formulierung ist gegenüber der des § 264 Abs. 2 S. 1 HGB deutlich relativiert, beispielsweise fehlt die wörtliche Bezugnahme auf die „tatsächlichen Verhältnisse". Die tatsächlichen Verhältnisse sind indes schwierig zu identifizieren und haben – wie gezeigt – womöglich nur geringe Auswirkungen auf den letztendlich erstellten Jahresabschluss. Sind keine „besonderen Umstände" im Sinne des § 264 Abs. 2 S. 2 HGB gegeben, bedarf es auch keiner Erläuterung im Anhang. Damit gilt als Umkehrschluss, dass der Jahresabschluss bereits unter Beachtung der Einzelvorschriften und der GoB ein nach der gesetzlichen Konzeption den tatsächlichen Verhältnissen entsprechendes Bild vermittelt. Damit ist die nötige Klarheit freilich noch nicht erreicht. Treffend führen *Winkeljohann* und *Schellhorn* zu den „tatsächlichen Verhältnissen" aus:

> *„Allgemeingültige Lösungshinweise für die Ermittlung der relevanten tatsächlichen Verhältnisse lassen sich nicht geben. Es kommt vielmehr stets auf den konkreten Einzelfall an, in dem letztlich nur eine umfassende Kenntnis des betr Unt in allen seinen Belangen und seinen Verknüpfungen zur Umwelt hilft. Zur Umwelt gehören nicht nur andere Unt, sondern auch der Staat in allen seinen Erscheinungsformen, die Gewerkschaften, das*

Konsumverhalten der Bevölkerung, politische und ökonomische Entwicklungen im In- und Ausland und vieles mehr.“[405]

Die tatsächlichen Verhältnisse lassen sich nur schwer im Sinne eines greifbaren Anhaltspunkts identifizieren; dies gilt sowohl für den Jahresabschlussersteller als auch für den Abschlussprüfer und die Leser des Jahresabschlusses, zumal die „tatsächlichen Verhältnisse“ sich durchaus dynamisch darstellen dürften und damit in der Regel einer permanenten Veränderung unterliegen. Einigkeit herrscht darüber, dass die tatsächlichen Verhältnisse jedenfalls vollständig und anhand eines möglichst objektiven Maßstabs ermittelt werden müssen.[406] Was dies im Einzelfall bedeutet, kann nicht pauschal beantwortet werden. Vor dem Hintergrund, dass kein „objektiv wahrer“ Jahresabschluss existiert, spricht *Reiner* hinsichtlich des objektiven Maßstabs treffend von einer „*Quadratur des Kreises*“.[407] Aufgrund ihrer weitgehenden Unbestimmtheit stellen die „tatsächlichen Verhältnisse“ damit nur einen eingeschränkt geeigneten beziehungsweise insgesamt wenig sinnvollen Referenzpunkt für einen Jahresabschluss dar: Wenn nicht klar ist, was im Einzelfall unter den „tatsächlichen Verhältnissen“ zu verstehen ist, kann sich die Darstellung im Jahresabschluss auch nicht an diesen messen lassen. Insofern kann auch eine darauf Bezug nehmende, verschuldensunabhängige Garantie vor dem Hintergrund der unklaren Referenz auf die „tatsächlichen Verhältnisse“ hinsichtlich ihres materiellen Gehalts als durchaus zweifelhaft angesehen werden.

Diese Überlegungen führen dazu, den Wortlaut des § 264 Abs. 2 S. 1 HGB zunächst als ungeeignete Grundlage einer subjektiven Bilanzgarantie anzusehen. Gleichwohl kann dies auch nicht in vollem Umfang angenommen werden. Ein um die geschilderten Problematiken gewissermaßen „bereinigter“ und materiellrechtlich damit objektivierter Wortlaut bietet eine durchaus sinnvolle Grundlage für die Formulierung einer sachgerechten Bilanzgarantie. Eine derartige Formulierung müsste dann – gewissermaßen rückwärts gedacht – bei der Auslegung ansetzen und, basierend auf dieser, die bekannten Problemkomplexe

---

405 *Winkeljohann/Schellhorn*, in: BeBiKo, 10. Aufl. 2016, HGB § 264 Rn. 40.

406 Dies stellt die wohl überwiegende Auffassung dar; vgl. *Baetge/Commandeur/Hippel*, in: HdR-E, Bd. 2, 5. Aufl. 2002, 18. EL Dezember 2013, § 264 Rn. 39; *Reiner*, in: MüKo-HGB, Bd. 4, 3. Aufl. 2013, § 264 Rn. 82; *Graf/Bisle*, in: MüKo-Bilanzrecht, Bd. 2, 1. Aufl. 2013, HGB § 264 Rn. 61; *Winkeljohann/Schellhorn*, in: BeBiKo, 10. Aufl. 2016, HGB § 264 Rn. 41 f.

407 *Reiner*, in: MüKo-HGB, Bd. 4, 3. Aufl. 2013, § 264 Rn. 83.

möglichst meiden. Beispielhaft könnte eine so entwickelte Bilanzgarantie folgendermaßen lauten:

> *„Die einschlägigen Vorschriften des HGB und die GoB wurden bei der Erstellung des Jahresabschlusses eingehalten. Wurde aufgrund besonderer Umstände i.S.d. § 264 Abs. 2 S. 2 HGB von diesen abgewichen, wurden die Abweichungen im Anhang erläutert."*

Dies entspricht dem Verständnis der subjektiven Bilanzgarantie als Garantie der bilanziellen Normbeachtung.[408] Zugleich wird im Wortlaut der Garantie die missverständliche Bezugnahme auf die „tatsächlichen Verhältnisse" vermieden. Entsprechend des vorherrschenden Verständnisses der Aussage über die tatsächlichen Verhältnisse wird das diesen entsprechende Bild allerdings so oder so vermittelt: Entweder geschieht dies über die Beachtung der Einzelvorschriften und GoB[409] oder aber, im Falle einer Abweichung aufgrund besonderer Umstände, über die Erläuterung der Abweichung im Anhang.[410]

Indes dürfte der Einschub „*unter Beachtung der GoB*" in § 264 Abs. 2 S. 1 HGB durchaus zentrale Bedeutung haben. Er stellt gewissermaßen die Verbindung zwischen Anspruch (also dem „Gesamtziel" des den tatsächlichen Verhältnissen entsprechenden Bildes) und Wirklichkeit (den einzuhaltenden Vorschriften bzw. unkodifizierten GoB des Bilanzrechts) her.[411] Die Grundsätze ordnungsmäßiger Buchführung bestehen aus einer Vielzahl sowohl kodifizierter[412] als auch unkodifizierter Normen und stellen ihrer Rechtsnatur nach als Bestandteil einer gesetzlich explizit postulierten Rechtspflicht unbestimmte Rechtsbegriffe dar.[413] Der Modus der Bestimmung der GoB ist nicht explizit geregelt; das System der GoB im Bilanzrecht ist grundsätzlich bewusst flexibel angelegt, um dynamische

408 *Hennrichs*, NZG 2014, S. 1001, 1002.

409 *Winkeljohann/Schellhorn*, in: BeBiKo, 10. Aufl. 2016, HGB § 264 Rn. 43; *Reiner*, in: MüKo-HGB, Bd. 4, 3. Aufl. 2013, § 264 Rn. 83 sowie *Graf/Bisle*, in: MüKo-Bilanzrecht, Bd. 2, 1. Aufl. 2013, HGB § 264 Rn. 63 sprechen diesbezüglich von einem „Beweis des ersten Anscheins", der nur durch „besondere Umstände" im Sinne des § 264 Abs. 2 S. 2 HGB entkräftet werden könne.

410 *Adler/Düring/Schmaltz*, Tb. 5, § 264 Rn. 103, stellen dazu fest, dass nur durch die differenzierte Betrachtung der Auswirkungen des § 264 Abs. 2 HGB – einerseits auf das Zahlenwerk, andererseits auf die Gesamtdarstellung –, das „[...] – *vom Wortlaut her – widersprüchliche Verhältnis zwischen Abs. 2 Satz 1 und Abs. 2 sinnvoll* [wird]."

411 In diese Richtung geht auch die Darstellung bei *Lang*, in: Leffson/Rückle/Großfeld (Hrsg.), HuRB, Stichwort GoB I, S. 225.

412 Beispielhaft können hier die „Allgemeinen Bewertungsgrundsätze" des § 252 Abs. 1 HGB genannt werden, welche kodifizierte GoB darstellen.

413 *Lang*, in: Leffson/Rückle/Großfeld (Hrsg.), HuRB, Stichwort GoB I, S. 232 f.

Anpassungen unkompliziert zu ermöglichen. Daraus folgen unterschiedliche Ansichten hinsichtlich der korrekten Art und Weise der GoB- Ermittlung, nämlich die Methode der induktiven sowie die der deduktiven Ermittlung.[414] Als die gängige und auch vom BFH angewandte Methode wird diejenige der deduktiven Ermittlung betrachtet, welche die GoB anhand der Zwecke der kaufmännischen Rechnungslegung ermittelt.[415] Dies soll im Folgenden jedoch nicht den Schwerpunkt der Darstellung ausmachen.

Im Rahmen der subjektiven Bilanzgarantie, die auf § 264 Abs. 2 S. 1 HGB rekurriert, wird regelmäßig die Formulierung aufgegriffen, dass der Jahresabschluss *„unter Beachtung der GoB"* ein den tatsächlichen Verhältnissen entsprechendes Bild vermittelt. Dies könnte, bilanzrechtlich betrachtet, gewissermaßen eine Selbstverständlichkeit darstellen. Dennoch ist dieser Passus für die subjektive Bilanzgarantie durchaus von Bedeutung; anderenfalls beschränkte die Garantie sich insoweit auf die Zusicherung eines den tatsächlichen Verhältnissen entsprechenden Bilds. Vor dem oben geschilderten problematischen Hintergrund der „tatsächlichen Verhältnisse" wäre der Garantie in einem solchen Fall dann ihre „materielle Verknüpfung" mit den Normen des Bilanzrechts genommen: Dass der Jahresabschluss ein den tatsächlichen Verhältnissen entsprechendes Bild vermittelt, wird bei ordnungsmäßiger Beachtung aller einschlägigen bilanzrechtlichen Normen faktisch vermutet. Fehlt im Wortlaut der Bilanzgarantie die Bezugnahme auf diese Normen – die bereits erwähnte „materielle Verknüpfung" –, so fehlt auch der Beurteilungsmaßstab für die Frage, ob die Bilanzgarantie womöglich verletzt ist. Der Begriff des den tatsächlichen Verhältnissen entsprechenden Bilds stünde dann sozusagen in einem luftleeren Raum; der Kontext der Interpretation[416], der erst eine greifbare Möglichkeit bietet, die Ordnungsmäßigkeit des Jahresabschlusses einigermaßen objektiviert zu beurteilen, wäre nicht vorhanden. Man könnte zwar annehmen, dass die Aussage, die eine derartige subjektive Bilanzgarantie träfe, indirekt Bezug auf die entsprechenden Normen nähme. Dies ließe sich aus dem Umkehrschluss des Verhältnisses zwischen GoB und tatsächlichem Bild begründen, der dann lautete:

---

414 *Lang*, in: Leffson/Rückle/Großfeld (Hrsg.), HuRB, Stichwort GoB I, S. 234 f.; *Winnefeld*, Bilanz-Handbuch, Kap. A Rn. 63.

415 Vgl. *Winnefeld*, Bilanz-Handbuch, Kap. A Rn. 63.

416 Dieser besteht in der Wenn-Dann-Beziehung zwischen GoB/Einzelvorschriften auf der einen und der Vermittlung des den tatsächlichen Verhältnissen entsprechenden Bilds auf der anderen Seite. Diese Beziehung lässt sich wie folgt ausdrücken: *„Wenn die GoB/Einzelvorschriften beachtet wurden und keine besonderen Umstände vorliegen, dann wird auch ein den tatsächlichen Verhältnissen entsprechendes Bild vermittelt."*

„Der Jahresabschluss vermittelt nur deswegen ein den tatsächlichen Verhältnissen entsprechendes Bild, weil bei seiner Erstellung die GoB beachtet wurden."

Gleichwohl ist dieser Umkehrschluss nicht zwingend; daneben kann ein den tatsächlichen Verhältnissen entsprechendes Bild nach dem oben Gesagten auch dann vermittelt werden, wenn von den GoB aufgrund besonderer Umstände abgewichen und die Abweichung im Anhang erläutert wurde. Die Aussage einer solchen subjektiven Bilanzgarantie ist also weder eindeutig noch sonderlich substantiell. Da Garantievereinbarungen als individuell ausgehandelte, rechtstechnisch betrachtet eigenständige Verträge behandelt werden, kann bei der Auslegung einer solchen subjektiven Bilanzgarantie auch keinesfalls davon ausgegangen werden, dass die „materielle Verknüpfung" mit den GoB auf dem Wege des oben dargelegten Umkehrschlusses vollzogen wird. Ob ein Jahresabschluss ein den tatsächlichen Verhältnissen entsprechendes Bild vermittelt, dürfte sich ohne eine Bezugnahme auf die GoB kaum feststellen lassen. Die Beachtung – respektive Einhaltung – der GoB wäre zunächst nicht explizit garantiert, und so lange nicht zu klären ist, ob der Jahresabschluss aufgrund der Missachtung einzelner oder mehrerer GoB jedenfalls kein den tatsächlichen Verhältnissen entsprechendes Bild mehr vermittelt, dürfte es dem Erwerber auch kaum möglich sein, einen Anspruch auf Grundlage der aus seiner Sicht verletzten Bilanzgarantie geltend zu machen. Die Bezugnahme auf die gegebenenfalls leichter nachweisbare Missachtung von GoB bliebe dem Erwerber nach dem Wortlaut der Bilanzgarantie verwehrt.

Insofern wird deutlich, dass der Passus *„unter Beachtung der GoB"* dem Grunde nach den wesentlichen und im Zweifel wohl auch entscheidenden Teil einer subjektiven Bilanzgarantie ausmacht.[417] Übersetzt man den Passus in die durch die Bilanzgarantie getätigte Aussage, würde diese lauten:

---

417 Anderer Ansicht ist wohl – jedenfalls in der Vorauflage – *Wächter*, M&A Litigation, 2. Aufl. 2014, Rn. 486, der für den Fall des fehlenden Passus *„unter Beachtung der GoB"* vertritt, dass der Bezug zum Bilanzrecht ohnehin im Regelfalle vorhanden sei, da es „[…] *geradezu paradox zu garantieren* […]" sei, dass eine Bilanz etwas anderes als eine Darstellung gemäß der „[…] *Brechungen des Bilanzrechts* […]" sei. Das ist insoweit zwar zutreffend, allerdings kann nach der hier vertretenen Auffassung bei einer selbständigen Garantievereinbarung nicht im Sinne eines Automatismus davon ausgegangen werden, dass diese Prämisse bei der Auslegung zugrunde gelegt wird; vgl. dazu auch die problematische Auslegung von Bilanzgarantien in den unter D.II.5 erläuterten obergerichtlichen Urteilen. In der aktuellen Auflage konstatiert *Wächter* demgegenüber allgemeiner: *„Negativ ist damit gesagt, dass eine Bilanz falsch ist, wenn der Code des Bilanzrechts auf eine andere als die existierende Welt angewendet wurde*

„Der Garantiegeber sichert zu, sämtlich geschriebenen und ungeschriebenen, bei dem zugrunde liegenden Jahresabschluss einschlägigen GoB beachtet und eingehalten zu haben.“

Dies objektiviert die subjektive Bilanzgarantie und betont noch einmal die bereits erwähnte Zielrichtung, die Zusicherung der bilanziellen Normbeachtung. Die Einhaltung oder Missachtung von Normen ist leichter nachzuweisen als die Begründung, warum ein Jahresabschluss kein den tatsächlichen Verhältnissen entsprechendes Bild vermittelt. Ohne den Passus kann eine Garantie der bilanziellen Normbeachtung zwar grundsätzlich als Umkehrschluss konstruiert werden[418]; gleichwohl kann davon nicht *eo ipso* ausgegangen werden, wenn man den Wortlaut der Bilanzgarantie zugrunde legt. Jüngere Beispiele aus der obergerichtlichen Rechtsprechung bestätigen die Annahme, dass der für sich genommen beinahe zwingende Denkansatz *Wächters*, nach dem ein Jahresabschluss natürlich anhand des jeweils einschlägigen Bilanzrechts erstellt worden sein muss, jedenfalls in der Auslegung offenbar keine zwingende Schlussfolgerung ist.[419] Diesem Umstand sollte in der Formulierung der Garantieklausel Rechnung getragen werden.

b) Der Bilanzeid als „alternative Bilanzgarantie“?

In § 264 Abs. 2 S. 3 HGB ist dem Wortlaut nach mit dem so genannten „Bilanzeid“[420] gewissermaßen bereits eine einer Bilanzgarantie durchaus ähnliche Wissenserklärung[421] enthalten. Zwar stellt der Bilanzeid rechtstechnisch keine

---

oder auf die existierende Welt ein anderer Code als der des Bilanzrechts angewendet wurde.“, *Wächter*, M & A Litigation, 3. Aufl. 2017, Rn. 5.132.

418 Dies kann zwar durchaus im Sinne *Wächters* verstanden werden, der die Annahme, eine Bilanz könnte etwas anderes als durch die Regelungen des Bilanzrechts Beeinflusstes sein, als *„paradox“* charakterisiert; vgl. Fn. 417. Gleichwohl ist der von *Wächter* in diesem Zusammenhang angenommene Automatismus aus den genannten Gründen abzulehnen.

419 Vgl. OLG Frankfurt a. M., *Urteil* v. 07.05.2015 - 26 U 35/12 = NZG 2016, 435; OLG München, *Urteil* v. 30.03.2011 - 7 U 4226/10 = via juris sowie die detaillierte Analyse unter D.II.5.

420 Der Terminus „Bilanzeid“ wird als missverständlich angesehen, da dieser sich auf den gesamten Jahresabschluss beziehe und daneben auch keinen „Eid“ im rechtlichen Sinne darstelle; vgl. *Reiner*, in: MüKo-HGB, Bd. 4, 3. Aufl. 2013, § 264 Rn. 95; *Winkeljohann/Schellhorn*, in: BeBiKo, 10. Aufl. 2016, HGB § 264 Rn. 66; alternativ wird der Bilanzeid von *Kumm*, BB 2009, S. 1118, als „Entsprechenserklärung“ bezeichnet.

421 *Abendroth*, WM 2008, S. 1147, 1148.

selbständige Garantie dar; inhaltlich sind indes Überschneidungen feststellbar. Es ist daher zu fragen, ob der Bilanzeid gegebenenfalls als Anknüpfungspunkt einer subjektiven Bilanzgarantie dienen kann.

Der Bilanzeid wurde durch das TUG[422] in das deutsche Bilanzrecht eingeführt und stellt die Umsetzung des Art. 4 Abs. 2c der europäischen Transparenzrichtlinie[423] dar.[424] Adressaten sind kapitalmarktorientierte Gesellschaften, die keine Kapitalgesellschaften im Sinne des § 327a HGB sind.[425] Daneben müssen die Adressaten Inlandsemittenten im Sinne des § 2 Abs. 7 WpHG sein. Dies sind Emittenten, deren Herkunftsland Deutschland ist (mit Ausnahme von Emittenten, deren Wertpapiere nicht in Deutschland, sondern in einem anderen EU- bzw. EWR- Staat gehandelt werden und dort den Anforderungen der Transparenzrichtlinie unterfallen) oder deren Herkunftsland ein anderer EU- bzw. EWR- Staat ist, wenn deren Wertpapiere lediglich in Deutschland zum Handel an einem organisierten Markt zugelassen sind. Ein allgemeiner Bezug zu publizitätspflichtigen Kapitalgesellschaften ist insofern bereits nicht gegeben.

Inhaltlich sind die gesetzlichen Vertreter einer der in § 264 Abs. 2 S. 3 HGB adressierten Kapitalgesellschaften aufgrund des Bilanzeids verpflichtet, schriftlich zu versichern, dass der Jahresabschluss nach bestem Wissen ein den tatsächlichen Verhältnissen entsprechendes Bild im Sinne des Satzes 1 vermittelt oder der Anhang Angaben nach Satz 2 enthält. Die Zielrichtung ist insofern tatsächlich mit der einer subjektiven Bilanzgarantie vergleichbar. Gemäß § 331 Nr. 3a HGB stellt die unrichtige Abgabe des Bilanzeids einen Straftatbestand dar.[426]

---

422 Gesetz zur Umsetzung der Richtlinie 2004/109/EG des Europäischen Parlaments und des Rates vom 15. Dezember 2004 zur Harmonisierung der Transparenzanforderungen in Bezug auf Informationen über Emittenten, deren Wertpapiere zum Handel auf einem geregelten Markt zugelassen sind, und zur Änderung der Richtlinie 2001/34/EG (Transparenzrichtlinie-Umsetzungsgesetz - TUG) vom 05. Januar 2007, BGBl. I S. 10.

423 Richtlinie 2004/109/EG des Europäischen Parlaments und des Rates vom 15. Dezember 2004 zur Harmonisierung der Transparenzanforderungen in Bezug auf Informationen über Emittenten, deren Wertpapiere zum Handel auf einem geregelten Markt zugelassen sind, und zur Änderung der Richtlinie 2001/34/EG, Amtsblatt Nr. L 390/38 vom 31.12.2004.

424 Allgemein zum Bilanzeid finden sich beispielsweise Darstellungen bei *Abendroth*, WM 2008, S. 1147; *Schellhorn*, DB 2009, S. 2363 sowie bei *Schulze-Osterloh*, in: Schulze-Osterloh/Hennrichs/Wüstemann (Hrsg.), HdJ, Bd. 1, 48. EL Mai 2010, Kap. I/1 Rn. 52.

425 Dies sind Gesellschaften, die lediglich zum Handel an einem organisierten Markt zugelassene Schuldtitel mit einer Mindeststückelung von EUR 100.000 emittieren.

426 Vgl. allgemein zum Bilanzeid zum Beispiel *Schulze-Osterloh*, in: Schulze-Osterloh/Hennrichs/Wüstemann (Hrsg.), HdJ, Bd. 1, 48. EL Mai 2010, Kap. I/1 Rn. 52.

Auf die inhaltlichen Detailfragen zum Bilanzeid soll hier nicht näher eingegangen werden.[427] Ohnehin können die Auswirkungen des Bilanzeids trotz der strafrechtlichen Sanktionsmöglichkeiten wohl als eher gering angesehen werden[428], da ein Jahresabschluss auch vor dem Bilanzeid bereits gemäß § 245 HGB unterzeichnet werden musste. Dies wurde auch bereits vor Inkrafttreten des TUG ebenfalls von der Sanktionsdrohung des § 331 HGB erfasst.[429] Der Schwerpunkt des Bilanzeids kann daher wohl bei der von *Fleischer* beschriebenen Appell- und Warnfunktion gesehen werden.[430]

Bezogen auf die Formulierung einer subjektiven Bilanzgarantie ist eine Anknüpfung an den Bilanzeid fragwürdig. Zunächst ist der Bilanzeid sowieso stets unabhängig von einer Bilanzgarantie abzugeben; den Wortlaut des Bilanzeids als subjektive Bilanzgarantie zu repetieren, erscheint insofern wenig zielführend. Der Bilanzeid lässt sich auch nicht als „eingeschränkte Garantie"[431] ansehen; aus dem Bilanzrecht des HGB geht an keiner Stelle hervor, dass die gesetzlichen Vertreter einer Kapitalgesellschaft verschuldensunabhängig für die (wie auch immer geartete) Richtigkeit des von ihnen unterzeichneten Jahresabschlusses einstehen sollen.[432] Eine derartig gravierende Rechtsfolge ohne gesetzliche Grundlage ist daher abzulehnen. Eine Garantie des Bilanzeids in dem Sinne, dass die Abgabe des Bilanzeids garantiert wird, ist hinsichtlich ihrer

427 Es sei auf die einschlägigen Kommentierungen verwiesen, die sich zum Beispiel umfangreich bei *Reiner*, in: MüKo-HGB, Bd. 4, 3. Aufl. 2013, § 264 Rn. 95 ff.; *Graf/Bisle*, in: MüKo-Bilanzrecht, Bd. 2, 1. Aufl. 2013, HGB § 264 Rn. 85 ff.; *Winkeljohann/Schellhorn*, in: BeBiKo, 10. Aufl. 2016, HGB § 264 Rn. 65 ff.; *Böcking/Gros*, in: EBJS, HGB, Bd. 1, 3. Aufl. 2014, § 264 Rn. 34 ff. sowie instruktiv bei *Fleischer*, ZIP 2007, S. 97 finden.

428 So auch *Reiner*, in: MüKo-HGB, Bd. 4, 3. Aufl. 2013, § 264 Rn. 98; *Schulze-Osterloh*, in: Schulze-Osterloh/Hennrichs/Wüstemann (Hrsg.), HdJ, Bd. 1, 48. EL Mai 2010, Kap. I/1 Rn. 52; *Abendroth*, WM 2008, S. 1147, 1151 stellt abschließend fest: „*Wesentliche Neuerungen sind mit dem Bilanzeid nicht verbunden. Weder verändert er inhaltlich bestehende Buchführungs- und Bilanzierungsvorschriften noch erweitert er nennenswert gegenwärtiges deutsches Bilanzstrafrecht.*"

429 Vgl. *Waßmer*, in: MüKo-Bilanzrecht, Bd. 2, 1. Aufl. 2013, HGB § 331 Rn. 36.

430 Vgl. *Fleischer*, ZIP 2007, S. 97, 105.

431 Diesen Terminus nutzt *Fleischer*, ZIP 2007, S. 97, 103.

432 In diese Richtung gehend auch *Krämer*, in: Krieger/Schneider (Hrsg.), Handbuch Managerhaftung, § 28 Rn. 73, der darüber hinaus konstatiert, dass die Vorschrift des § 264 Abs. 2 S. 3 HGB zudem auch kein Schutzgesetz im Sinne des § 823 Abs. 2 BGB darstellt; in die gleiche Richtung gehend auch *Mülbert/Steup*, in: Habersack/Mülbert/Schlitt (Hrsg.), Unternehmensfinanzierung am Kapitalmarkt, § 41 Rn. 270.

Rechtsfolge problematisch. Denn eine solche Garantie besagte nicht mehr, als dass eine bestimmte Wissenserklärung abgegeben wurde; inhaltlich wie materiell wäre eine solche Garantie gewissermaßen noch weiter von der „Richtigkeit" des Jahresabschlusses entfernt, als es die begrenzt aussagekräftige subjektive Bilanzgarantie ohnehin schon ist.

Daneben nimmt der Bilanzeid expliziten Bezug auf Satz 1 und Satz 2 des § 264 Abs. 2 HGB, also auf die tatsächlichen Verhältnisse und der Vermittlung eines diesen entsprechenden Bildes anhand des Zahlenwerks beziehungsweise der VFE- Lage (Satz 1) oder anhand zusätzlicher erläuternder Angaben im Anhang (Satz 2). In der materiellrechtlichen Betrachtung kann insofern auf die obigen Ausführungen zur durchaus problematischen Nutzung des Wortlauts von § 264 Abs. 2 S. 1 HGB als subjektive Bilanzgarantie verwiesen werden.

Faktisch ist der Bilanzeid damit ein ebenso wenig geeigneter Anknüpfungspunkt wie der Wortlaut des § 264 Abs. 2 S. 1 HGB; einen über diesen hinausgehenden materiellen Gehalt hat der Bilanzeid nicht. Systematisch wird durch die Unterzeichnung lediglich versichert, dass die Anforderungen des § 264 Abs. 2 S. 1 bzw. S. 2 HGB nach bestem Wissen der Unterzeichner erfüllt sind. Inhaltlich ergeben sich insofern keine Unterschiede; der Bilanzeid stellt gewissermaßen nur einen zusätzlichen, eher formell ausgestalteten Verfahrensschritt bei der Erstellung des Jahresabschlusses dar, dessen Sinn und Zweck sich in der Tat im Wesentlichen auf die Appell- und Warnfunktion erstrecken dürfte.[433] Dies gilt insbesondere vor dem oben bereits genannten Umstand, dass auch vor Einführung des Bilanzeids die Unterzeichnung (§ 245 HGB) eines „falschen" Jahresabschlusses gegebenenfalls schon strafrechtliche Konsequenzen haben konnte.[434]

c) Elemente und Gestaltungsmöglichkeiten subjektiver Bilanzgarantien

Neben der Anknüpfung an den Wortlaut des § 264 Abs. 2 S. 1 HGB, die aufgrund der insgesamt kontrovers diskutierten Generalnorm durchaus problematisch sein kann, lassen sich davon unabhängig allerdings auch subjektive

---

433 *Ballwieser*, in: Baetge/Kirsch/Thiele, Bilanzrecht, Bd. 1, 1. Aufl. 2002, 62. EL August 2015, HGB § 264 Rn. 121.3; in Rn. 121.6 bezeichnet *Ballwieser* den Bilanzeid nach § 264 Abs. 2 S. 3 HGB als einen Akt „[...] *reiner Symbolgesetzgebung mit deklaratorischer Bedeutung.*"; in diese Richtung im Ergebnis auch *Deutsches Aktieninstitut* (DAI), NZG 2006, S. 696 in seiner Stellungnahme zum TUG sowie, allerdings primär bezogen auf die wohl geringe Abschreckungswirkung *Fleischer*, ZIP 2007, S. 97, 106 (unter Ziff. 7).

434 Vgl. zur strafrechtlichen Dimension des Bilanzeids *Heldt/Ziemann*, NZG 2006, S. 652.

Bilanzgarantien formulieren, die diese Problematiken umgehen. Grundsätzlich ist in einer M&A-Transaktion ausschlaggebend, welche Aussagekraft und welche Zwecke die Parteien einer Bilanzgarantie beimessen und wie viel Verhandlungsmacht Veräußerer und Erwerber jeweils haben. Daneben lassen sich indes gewisse grundlegende Elemente einer subjektiven Bilanzgarantie identifizieren, die den typischen Interessenlagen beider Parteien Rechnung tragen können und damit eine für den „Normalfall" – sofern es einen solchen im M&A-Bereich überhaupt gibt – sachgerechte Lösung darzustellen geeignet sind.

Die regelmäßigen, typischen Interessenlagen der Parteien sind verhältnismäßig einfach zu charakterisieren: Während der Erwerber ein Interesse daran hat, dass der Jahresabschluss möglichst „korrekt" ist, da häufig beispielsweise auch die Kaufpreisberechnung auf dem garantierten Jahresabschluss fußt, will der Veräußerer nur für solche Umstände verschuldensunabhängig einstehen, deren Haftungspotential er bei Abgabe der Garantie überschauen oder jedenfalls – bis zu einem gewissen Grade – beeinflussen kann. Diese im Hinblick auf den Garantieumfang diametral zueinander stehenden Interessenlagen müssen durch eine sachgerechte subjektive Bilanzgarantie gewissermaßen einem Kompromiss zugeführt werden.

aa) Materielle Verknüpfung mit dem Bilanzrecht

Ein wesentliches Element einer solchen subjektiven Bilanzgarantie muss die materielle Verknüpfung mit dem Bilanzrecht – also den GoB, seien sie kodifiziert oder unkodifiziert – sein, das die Vorschriften zur Erstellung eines Jahresabschlusses in formeller und materieller Hinsicht vorgibt und somit dessen Rahmen bildet. Anhand dieser materiellen Verknüpfung wird ein Jahresabschluss überhaupt erst lesbar und verständlich gemacht; er wird mithin entschlüsselt.[435] Einerseits kann der Erwerber dann davon ausgehen, dass der Jahresabschluss den anerkannten Standards entspricht und somit – sofern die Garantie nicht verletzt wird – die Zielgesellschaft auch im Wesentlichen zutreffend darstellt.[436] Andererseits kann eine solche Aussage auch seitens des Veräußerers regelmäßig ohne größere Bedenken garantiert werden, da die Einhaltung der relevanten

---

435 Vgl. zur „Entschlüsselung" die Darstellung bei *Wächter,* M & A Litigation, 3. Aufl. 2017, Rn. 12.350 ff.

436 An dieser Stelle wird bewusst auf die Formulierung des *„den tatsächlichen Verhältnissen entsprechenden Bildes"* verzichtet; gleichwohl lässt sich eine gewisse, dem Jahresabschluss *„inhärente Subjektivität"* (vgl. die Aussage von *Wächter,* M&A Litigation, 2. Aufl. 2014, Rn. 486) nicht vermeiden.

Vorschriften letztlich im Verantwortungs- und Einflussbereich des Veräußerers liegt. Würde der Veräußerer sich bereits weigern, die bloße Regelkonformität zu garantieren, würde dies wohl ein eher negatives Signal an den Erwerber senden.[437]

bb) Bilanzierungs- und Bewertungskontinuität

Daneben werden regelmäßig zwei weitere Elemente als bedeutsam angesehen, nämlich die Zusicherung der „Wahrung der Bilanzierungs- und Bewertungskontinuität".[438] Diese Formulierung stellt einen Rekurs auf § 246 Abs. 3 HGB dar, nach dem die auf den vorhergehenden Jahresabschluss angewandten Ansatzmethoden beizubehalten sind, sowie auf § 252 Abs. 1 Nr. 6 HGB, der dies für die Bewertungsmethoden statuiert. Die Ansatzstetigkeit nach § 246 Abs. 3 HGB wurde erst mit dem BilMoG und der damit intendierten Annäherung an internationale Rechnungslegungsstandards durch die Stärkung der Informationsfunktion[439] eingeführt.[440] Die Ansatzstetigkeit erstreckt sich auf zwei Ebenen. Geschäftsvorfälle müssen in zeitlicher (beispielsweise im Falle periodisch wiederkehrender Geschäftsvorfälle) und sachlicher Hinsicht (vergleichbare Geschäftsvorfälle müssen auch vergleichbar bilanziell abgebildet werden) stetig behandelt werden.[441] Die Bewertungsstetigkeit im Sinne des § 252 Abs. 1 Nr. 6 HGB umfasst demgegenüber „[...] *bestimmte Verfahren der Wertfindung* [...]"[442] hinsichtlich aller Vermögensgegenstände und Schulden[443], aber auch Abschreibungsmethoden bzw. die Ermittlung von Abschreibungsbeträgen.[444] Mit dem BilMoG wurde § 252 Abs. 1 Nr. 6 HGB von einer (eher fakultativen) Soll- zu einer zwingenden Muss-Vorschrift.[445]

---

437 Vgl. zu den Funktionen von Garantien im Allgemeinen die Darstellung unter C.II.2 sowie, auf Bilanzgarantien bezogen, unter D.I.

438 So *Meyer-Sparenberg*, in: Hoffmann-Becking/Gebele/Bartsch (Hrsg.), Beck-FB BHW, Muster III. A. 16. § 5 (2); die identische Formulierung nutzen auch *Blunk/Rabe*, GmbHR 2011, S. 408, 410 sowie *Hennrichs*, NZG 2014, S. 1001.

439 Vgl. dazu auch die Darstellung unter D.II.3.a)aa), insbesondere auch die Nachweise in Fn. 388.

440 Vgl. *Hennrichs*, in: MüKo-Bilanzrecht, Bd. 2, 1. Aufl. 2013, HGB § 246 Rn. 254; *Ballwieser*, in: MüKo-HGB, Bd. 4, 3. Aufl. 2013, § 246 Rn. 157.

441 Vgl. *Thiele/Turowski*, in: Baetge/Kirsch/Thiele, Bilanzrecht, Bd. 1, 1. Aufl. 2002, 58. EL Oktober 2014, HGB § 246 Rn. 280.53.

442 *Böcking/Gros*, in: EBJS, HGB, Bd. 1, 3. Aufl. 2014, § 252 Rn. 38.

443 Vgl. *Winkeljohann/Büssow*, in: BeBiKo, 10. Aufl. 2016, HGB § 252 Rn. 58.

444 Vgl. *Tiedchen*, in: MüKo-Bilanzrecht, Bd. 2, 1. Aufl. 2013, HGB § 252 Rn. 91.

445 Vgl. *Morck*, in: Koller/Kindler/Roth/Morck, HGB, 8. Aufl. 2015, § 252 Rn. 7.

Das Erfordernis einer expliziten Zusicherung der Wahrung der Bilanzierungs- und Bewertungskontinuität kann in diesem Lichte bezweifelt werden. Werden die jeweils einschlägigen bilanzrechtlichen Vorschriften/GoB in der Bilanzgarantie referenziert, erübrigt sich dieser Passus, da die Bilanzierungs- und Bewertungskontinuität dann bereits aus den (referenzierten) §§ 246 Abs. 3, 252 Abs. 1 Nr. 6 HGB folgt. Zwar könnte § 252 Abs. 2 HGB, nach dem in begründeten Ausnahmefällen vom Grundsatz der Bewertungsstetigkeit abgewichen werden darf, die Aufnahme eines klarstellenden Passus begründen. Indes sind die anerkannten Fälle begründeter Ausnahmen allesamt als so gravierend anzusehen, dass dies jedenfalls nicht zwingend notwendig erscheint.[446] Gleichwohl hat ein Verweis auf die Wahrung der Bilanzierungs- und Bewertungskontinuität trotz gewisser Redundanzen[447] freilich auch keine nachteiligen Effekte für die Bilanzgarantie, sondern erhöht aus subjektiver Sicht der beteiligten Parteien womöglich die Rechtssicherheit und die Aussagekraft der Bilanzgarantie. Damit könnten einem entsprechenden Verweis jedenfalls gewisse psychologische Effekte zuzusprechen sein.

cc) Verweis auf Bestätigungsvermerk

Daneben findet sich in Formulierungsvorschlägen für subjektive Bilanzgarantien auch des Öfteren die Aussage, dass der zugrunde liegende, garantierte Jahresabschluss von einem Wirtschaftsprüfer geprüft und mit einem uneingeschränkten Bestätigungsvermerk versehen wurde.[448] Der Bestätigungsvermerk (auch „*Testat*") enthält das abschließende Gesamturteil des Abschlussprüfers. Inhaltlich wird mit einem uneingeschränkten Bestätigungsvermerk durch den Abschlussprüfer postuliert, dass „[...] *die Rechnungslegung uneingeschränkt oder mit Einschränkungen unter Beachtung der GoB oder sonstiger maßgeblicher Rechnungslegungsgrundsätze ein den tatsächlichen Verhältnissen entspr Bild der VFE-Lage bzw der Lage des Unt oder des Konzerns vermittelt („Beurteilung durch den Abschlussprüfer"). Weiterhin wird die Aussage getroffen, dass der JA oder KA den gesetzlichen Vorschriften entspricht.*"[449] Dies entspricht der gesetzlichen Vorgabe

---

446 Eine Übersicht weitgehend anerkannter Fallgruppen findet sich beispielsweise bei *Winkeljohann/Büssow*, in: BeBiKo, 10. Aufl. 2016, HGB § 252 Rn. 61.

447 Dies ist die von *Hennrichs*, NZG 2014, S. 1001, 1002 genutzte Formulierung.

448 Dies findet sich beispielsweise in den Formulierungsvorschlägen von *Blunk/Rabe*, GmbHR 2011, S. 408, 410 sowie *Kästle/Oberbracht*, Unternehmenskauf - SPA, S. 170 (dort unter Ziff. 7.4.1 a.E.).

449 *Schmidt/Küster*, in: BeBiKo, 10. Aufl. 2016, HGB § 322 Rn. 8.

für einen uneingeschränkten Bestätigungsvermerk gemäß § 322 Abs. 2 S. 1 Nr. 1 HGB in § 322 Abs. 3 S. 1 HGB.

Der Wortlaut des § 322 Abs. 3 S. 1 HGB entspricht weitestgehend der Generalnorm des § 264 Abs. 2 S. 1 HGB, was hinsichtlich der Gestaltung einer subjektiven Bilanzgarantie die Frage aufwirft, inwiefern auch an dieser Stelle – womöglich unnötige oder missverständliche – Redundanzen auftauchen beziehungsweise gegebenenfalls vermieden werden können. Dazu muss jedoch zunächst berücksichtigt werden, dass neben dem uneingeschränkten Bestätigungsvermerk auch ein eingeschränkter Bestätigungsvermerk (§ 322 Abs. 2 S. 1 Nr. 2 HGB) oder gar ein Versagungsvermerk (§ 322 Abs. 2 S. 1 Nr. 3 HGB) erteilt werden können. In den beiden letztgenannten Fällen dürften keine Redundanzen entstehen, da die Aussage des eingeschränkten Bestätigungs- beziehungsweise Versagungsvermerks dann deutlich hinter den Anforderungen der Generalnorm zurück bleibt. Werden indes in der subjektiven Bilanzgarantie sowohl der uneingeschränkte Bestätigungsvermerk des Abschlussprüfers als auch die Konformität des Jahresabschlusses mit der Generalnorm des § 264 Abs. 2 S. 1 HGB gefordert, stellt dies eine Tautologie dar. Der uneingeschränkte Bestätigungsvermerk sagt insofern bereits aus, dass der Jahresabschluss anhand der einschlägigen Vorschriften erstellt wurde und ein den tatsächlichen Verhältnissen entsprechendes Bild der VFE- Lage des Unternehmens vermittelt. Die inhaltliche Dopplung durch die danach wiederum geforderte Konformität mit § 264 Abs. 2 S. 1 HGB schafft weder für den Erwerber noch für den Veräußerer einen Mehrwert, sondern nährt – jedenfalls erwerberseitig – allenthalben die Illusion einer verbesserten Absicherung. Nur dann, wenn der Erwerber bereits gewissermaßen weitergehende Maßnahmen vornehmen möchte, die dann auch über den Aussagegehalt des § 264 Abs. 2 S. 1 HGB hinausgehen, kann die explizite Zusicherung eines uneingeschränkt erteilten Bestätigungsvermerks ausnahmsweise erforderlich sein.[450]

Darüber hinaus darf allerdings nicht verkannt werden, dass auch der (uneingeschränkte) Bestätigungsvermerk kein „Gütesiegel" für den Jahresabschluss darstellt oder eine (positive) Bewertung der wirtschaftlichen Lage des Unternehmens enthielte.[451] Insofern eröffnen sich gewisse Parallelen zur begrenzten

---

450 So ist der uneingeschränkte Bestätigungsvermerk beispielsweise Voraussetzung für eine Kapitalerhöhung aus Gesellschaftsmitteln gemäß §§ 209 Abs. 1, 3 S. 2 AktG bzw. §§ 57e Abs. 1, 57 f Abs. 2 S. 2, 3 GmbHG; vgl. auch *Hell/Küster*, in: HdR-E, Bd. 3, 5. Aufl. 2002, 8. EL Oktober 2010, § 322 Rn. 9.

451 Vgl. *Adler/Düring/Schmaltz*, Tb. 7, § 322 Rn. 23 f.; *Hell/Küster*, in: HdR-E, Bd. 3, 5. Aufl. 2002, 8. EL Oktober 2010, § 322 Rn. 18 sowie *Orth/Schaefer*, in: Baetge/Kirsch/Thiele, Bilanzrecht, Bd. 2, 1. Aufl. 2002, 40. EL Oktober 2011, HGB § 322 Rn. 21, die

materiellen Aussagekraft des § 264 Abs. 2 S. 1 HGB. Ein prägnantes Beispiel findet sich bei *Orth* und *Schaefer*[452]: Ist die Fortführungsprämisse (*Going Concern*) gemäß § 252 Abs. 1 Nr. 2 HGB nicht erfüllt, so hat das Unternehmen nach Liquidations- statt nach Fortführungswerten zu bilanzieren. Wird darüber in Anhang und Lagebericht zutreffend berichtet, ist gleichwohl ein uneingeschränkter Bestätigungsvermerk zu erteilen. Dies zeigt in aller Deutlichkeit, dass keinerlei Korrelation zwischen wirtschaftlicher Lage des Unternehmens und einem *lege artis* erstellten und uneingeschränkt testierten Jahresabschluss besteht. Die Annahme einer solchen Korrelation wird auch als „*expectation gap*"[453] bezeichnet. Eine solche „Erwartungslücke in der Laiensphäre" könnte durchaus auch im Rahmen der Generalnorm des § 264 Abs. 2 S. 1 HGB und ihrer Verwendung als Formulierung einer subjektiven Bilanzgarantie entstehen, wenn die darin genutzte Formulierung nicht erläutert wird. Denn ohne Fachkenntnisse wird man allein aufgrund des Wortlauts der Generalnorm des § 264 Abs. 2 S. 1 HGB durchaus argumentieren können, dass dieser eine Aussage über die wirtschaftliche Situation des jeweiligen Unternehmens macht. Dass das den tatsächlichen Verhältnissen entsprechende Bild der Vermögens-, Finanz- und Ertragslage dies indes nicht zu leisten imstande ist, erschließt sich nicht aus dem Wortlaut der Norm. Die Situation ist insofern durchaus vergleichbar mit dem Umfang der Prüfungstätigkeit des Abschlussprüfers und der (ebenfalls begrenzten) Aussagekraft des Bestätigungsvermerks. Obgleich die Annahme einer „*expectation gap*" insoweit durchaus naheliegend ist, existiert – soweit ersichtlich – keine empirische Untersuchung dieses Phänomens im M&A-Bereich, welche diese Annahme stützen könnte.

Es bleibt festzuhalten, dass die Garantie des Vorhandenseins eines uneingeschränkten Bestätigungsvermerks für den jeweils zugrunde liegenden Jahresabschluss bereits vorweg nimmt, was die regelmäßig zusätzlich aufgenommene Formulierung der Generalnorm beinhaltet: Liegt ein uneingeschränkter Bestätigungsvermerk vor, vermittelt der Jahresabschluss ein den tatsächlichen

---

feststellen, dass der Bestätigungsvermerk in der Vergangenheit „[…] *oftmals als ‚Gütesiegel' oder ‚Gesundheitstestat' fehlinterpretiert worden* […]" sei.

452 Vgl. *Orth/Schaefer*, in: Baetge/Kirsch/Thiele, Bilanzrecht, Bd. 2, 1. Aufl. 2002, 40. EL Oktober 2011, HGB § 322 Rn. 23.

453 *Hell/Küster*, in: HdR-E, Bd. 3, 5. Aufl. 2002, 8. EL Oktober 2010, § 322 Rn. 20 m.w.N. definieren diese Erwartungslücke als „[…] *Diskrepanz zwischen tatsächlichem Inhalt eines Bestätigungsvermerks und den Erwartungen der Informationsempfänger an die Aussagefähigkeit des Bestätigungsvermerks* […]". Vgl. dazu auch die Ausführungen in der Stellungnahme unter D.II.3.d).

Verhältnissen entsprechendes Bild der VFE- Lage des Unternehmens, dies folgt aus § 322 Abs. 3 S. 1 HGB. Wie oben bereits gezeigt, bedeutet dies, wenn man es „aus dem Bilanzrecht in die Realität übersetzt", dass alle einschlägigen Vorschriften und GoB eingehalten wurden, der Jahresabschluss mithin regelkonform aufgestellt wurde. Wie ebenfalls bereits gezeigt wurde, beinhaltet dies auch die Wahrung der Bilanzierungs- und Bewertungskontinuität. Die Garantieaussage:

> *„Der Veräußerer garantiert, dass der Jahresabschluss zum Stichtag mit einem uneingeschränkten Bestätigungsvermerk i.S.d. § 322 Abs. 2 S. 1 Nr. 1 HGB versehen wurde."*

besagt also in materieller Hinsicht das Gleiche wie die Aussage:

> *„Der Veräußerer garantiert, dass der Jahresabschluss zum Stichtag unter Beachtung der GoB ein den tatsächlichen Verhältnissen entsprechendes Bild der Vermögens-, Finanz- und Ertragslage der Gesellschaft unter Wahrung der Bilanzierungs- und Bewertungskontinuität vermittelt."*

Erstgenannte Klausel dürfte indes keine „*expectation gap*" bei dem Erwerber, der auf eine Bilanzgarantie besteht, entstehen lassen.[454] Allerdings trägt diese sehr formell anmutende Aussage dem wahren Aussagegehalt eher Rechnung als die den Wortlaut des § 264 Abs. 2 S. 1 HGB aufnehmende Klausel. Die Vermeidung der Erwartungslücke kann bei der unteren Klausel nicht ohne Weiteres angenommen werden; eine solche Klausel kann – überspitzt ausgedrückt – unter Umständen sogar eine gewisse „*expectation gap*" in der obergerichtlichen Rechtsprechung hervorrufen, was noch zu zeigen sein wird.[455]

dd) Kenntnisqualifikation und Sorgfaltsmaßstab

Ein weiterer möglicher Bestandteil subjektiver Bilanzgarantien kann eine Kenntnisqualifikation zugunsten des die Garantie abgebenden Veräußerers sein. In einem solchen Fall würde der Veräußerer beispielsweise garantieren, dass der Jahresabschluss „*nach seinem besten Wissen*" korrekt erstellt wurde und die einschlägigen Vorschriften und GoB dabei eingehalten wurden. Dieser Zusatz relativiert die verschuldensabhängige Garantiehaftung je nach Definition des „besten Wissens" im jeweiligen Unternehmenskaufvertrag erheblich.

---

454 Allerdings kann in dieser Konstellation gewissermaßen die „originäre" Erwartungslücke, die in der Differenz zwischen dem, was ein Abschlussprüfer tatsächlich leistet und dem, was Dritte hinsichtlich der Aussagekraft erwarten, besteht, entstehen. Gänzlich auflösen lässt diese Problematik sich indes nur dann, wenn den Parteien bewusst ist, welche Aussagekraft ein (uneingeschränkter) Bestätigungsvermerk hat.

455 Vgl. dazu die Darstellung unter D.II.5.

Grundsätzlich umfasst die Definition des „besten Wissens“ entsprechend der gesetzlichen Leitlinie in § 276 Abs. 1 S. 1 BGB Vorsatz und – je nach Verhandlungspositionen der Parteien – Fahrlässigkeit oder nur grobe Fahrlässigkeit. Dabei dürfte der Erwerber sich auf eine bis zur einfachen Fahrlässigkeit im Sinne des § 276 Abs. 2 BGB reichende Kenntnisqualifikation nur selten einlassen; auch hinsichtlich der groben Fahrlässigkeit stehen stets die Probleme der Abgrenzung zur einfachen Fahrlässigkeit und der Nachweisbarkeit im Raum. Der Schutz des Veräußerers hängt insoweit wesentlich von der Möglichkeit des Erwerbers, den Nachweis positiver Kenntnis oder (grob) fahrlässiger Unkenntnis zu führen, ab. Dabei ist allerdings auch zu berücksichtigen, dass der Erwerber mit erfolgreichem Abschluss der Transaktion Zugang zu sämtlichen Daten und Informationen innerhalb des Zielunternehmens erlangt, was einen etwaig erforderlichen Nachweis womöglich erleichtern kann.

Daneben findet sich in Formulierungsvorschlägen für subjektive Bilanzgarantien zum Teil der Passus, dass bei der Aufstellung des Jahresabschlusses die „*Sorgfalt eines ordentlichen Kaufmanns*“ angewandt wurde.[456] Dies kann jedoch nicht als reine Kenntnisqualifikation gewertet werden. Der an § 347 HGB angelehnte Sorgfaltsmaßstab, der damit postuliert wird, entspricht weitgehend dem des § 276 Abs. 1 S. 1, Abs. 2 BGB. Der Passus besagt damit, dass der Veräußerer jedenfalls Vorsatz und Fahrlässigkeit zu vertreten hat, so lange der Unternehmenskaufvertrag keine davon abweichenden Regelungen trifft. Enthält die jeweilige Bilanzgarantie keine Aussage, nach der der Veräußerer die Garantie nach seinem besten Wissen und damit eingeschränkt abgibt, könnte eine solche Einschränkung auf Vorsatz und Fahrlässigkeit über die Auslegung des Zusatzes „mit der Sorgfalt eines ordentlichen Kaufmanns“ konstruiert werden. Gleichwohl ist dies nicht ohne Weiteres möglich, wenn – wie es üblich ist – der Unternehmenskaufvertrag an anderer Stelle einen (davon abweichenden) Sorgfaltsmaßstab mit der Definition des „besten Wissens“ aufstellt. Die Auslegung würde dann dem eindeutigen Verständnis der Parteien zuwiderlaufen, welches im Wortlaut des Unternehmenskaufvertrags manifestiert wurde und insofern auch vorrangig gilt.

Eine Kenntnisqualifikation ist durchaus sinnvoll und dürfte aus der Sicht des Veräußerers als Garantiegeber zur Beschränkung seiner verschuldensunabhängigen Haftung wünschenswert sein. Aus der Sicht des Erwerbers kann

---

456 Vgl. beispielsweise *Engelhardt*, in: Holzapfel/Pöllath (Hrsg.), Kap. VIII Rn. 898; *Meyer-Sparenberg*, in: Hoffmann-Becking/Gebele/Bartsch (Hrsg.), Beck-FB BHW, Muster III. A. 16., § 5 (2) a).

zwar der Nachweis problematisch sein; hinsichtlich der umfassenden Zugriffsmöglichkeiten auf Unternehmensdaten nach der erfolgreichen Transaktion stellt aber eine Kenntnisqualifikation womöglich dennoch einen gangbaren Weg dar. Letztlich dürfte die konkrete Ausgestaltung und, dem vorgeschaltet, bereits die Frage, ob überhaupt eine Kenntnisqualifikation in die Bilanzgarantie aufgenommen wird, eine Frage der Verhandlungsmacht der beteiligten Parteien sein. Bei der Formulierung sollte eine eindeutige Kenntnisqualifikation angestrebt werden, die entweder auf die vertragliche Definition des „besten Wissens" (oder entsprechende ähnliche Klauseln) referenziert oder jedenfalls mit ihrem Wortlaut einen eindeutigen Maßstab festlegt. Der Passus, wonach der Jahresabschluss mit der „Sorgfalt eines ordentlichen Kaufmanns" aufgestellt wurde, eignet sich zwar hinsichtlich seines Bedeutungsgehalts; wie oben gezeigt wurde, kann dies aber nicht stets angenommen werden und stellt daher nicht den vorzugswürdigen Weg dar.

ee) Formulierungsvorschläge für subjektive Bilanzgarantien

Die folgenden Formulierungsvorschläge sollen die vorstehend ausgeführten Thematiken gewissermaßen in einer destillierten Form aufnehmen und eindeutige subjektive Bilanzgarantien darstellen, deren Aussagekraft keine Erwartungslücke und damit auch keine oder jedenfalls nur geringere Probleme hinsichtlich der Auslegung entstehen lässt. Die Klauseln stehen unter der Prämisse einer ausgewogen zwischen Erwerber und Veräußerer verteilten Verhandlungsmacht. Selbstverständlich beanspruchen diese Formulierungsvorschläge nicht für sich, den einzig gangbaren Weg – den es in der Vielzahl denkbarer Konstellationen im M&A-Bereich ohnehin nicht gibt – darzustellen. Sie sollen vielmehr ein Ausgangspunkt für Alternativen zu den bislang üblichen, weitestgehend an § 264 Abs. 2 S. 1 HGB orientierten Formulierungsvorschlägen sein.

(1) Formulierungsvorschlag 1 (ausgewogen)

> *„Der Veräußerer garantiert, dass der Jahresabschluss zum Stichtag unter Beachtung aller anzuwendenden Vorschriften des HGB sowie der GoB erstellt wurde."*

Dieser Formulierungsvorschlag stellt gewissermaßen den kleinsten gemeinsamen Nenner zwischen den Parteien dar. Die Normbeachtung sollte bei der Aufstellung des Jahresabschlusses – jedenfalls theoretisch – eine Selbstverständlichkeit sein. Die Wahrung der Bilanzierungs- und Bewertungskontinuität kann noch klarstellend hinzugefügt werden, ergibt sich jedoch auch bereits aus der Beachtung aller anzuwendenden Vorschriften. Alternativ zu dieser Formulierung hat die folgende Klausel den gleichen materiellen Bedeutungsgehalt:

„Der Veräußerer garantiert, dass der Jahresabschluss zum Stichtag mit einem uneingeschränkten Bestätigungsvermerk i.S.d. § 322 Abs. 2 S. 1 Nr. 1 HGB versehen wurde."

Hinsichtlich des materiellen Gehalts eines Verweises auf den uneingeschränkt erteilten Bestätigungsvermerk kann an dieser Stelle nach oben verwiesen werden.[457]

(2) Formulierungsvorschlag 2 (veräußererfreundlich)

„Der Veräußerer garantiert nach seinem besten Wissen, dass der Jahresabschluss zum Stichtag unter Beachtung aller anzuwendenden Vorschriften des HGB sowie der GoB erstellt wurde."

Diese Formulierung subjektiviert die Aussage der subjektiven Bilanzgarantie zugunsten des Veräußerers; allerdings hängt dies auch wesentlich von der konkreten Ausgestaltung der im Unternehmenskaufvertrag vereinbarten „*Best Knowledge*"- Klausel ab.[458] Eine Garantieverletzung läge hier erst dann vor, wenn der Veräußerer im Sinne des vertraglich vereinbarten Kenntnis- bzw. Sorgfaltsmaßstabs die Garantie entgegen seines „besten Wissens" abgegeben hätte (und dies letztlich auch durch den Erwerber nachzuweisen wäre). Je weiter die Definition des „besten Wissens" ist, desto veräußererfreundlicher ist die auf diesen Maßstab referenzierende Bilanzgarantie. Sollte der Unternehmenskaufvertrag keine Definition des „besten Wissens" beinhalten, kann die Formulierung entsprechend angepasst werden. Dann hinge die „Veräußererfreundlichkeit" direkt vom Wortlaut der Bilanzgarantie ab und würde nicht mittelbar über die Definition des „besten Wissens" beeinflusst werden. Eine solche Formulierung lautete dann wie folgt:

„Der Veräußerer garantiert, dass der Jahresabschluss nach seiner positiven Kenntnis [und/oder seiner (grob) fahrlässigen Unkenntnis] zum Stichtag unter Beachtung aller anzuwendenden Vorschriften des HGB sowie der GoB erstellt wurde."

(3) Erwerberfreundlicher Formulierungsvorschlag?

Im Rahmen der subjektiven Bilanzgarantie ist die Formulierung einer dezidiert erwerberfreundlichen Garantieklausel nur schwerlich möglich, denn die erwerberfreundlichste Bilanzgarantie ist eine objektive Bilanzgarantie. Da die subjektive Bilanzgarantie nach der hier vertretenen Ansicht grundsätzlich nicht über die Garantie der bilanziellen Normbeachtung hinausgeht und dies aber ohnehin

457 Siehe dazu unter D.II.3.c)cc).

458 Vgl. zur „*Best Knowledge*"- Klausel auch die Darstellung unter C.III.5.a).

stets Gegenstand der Garantie ist, sind insofern nur Ergänzungen zugunsten des garantiegebenden Veräußerers sinnvoll denkbar. Der Fall objektivierter Bilanzgarantien wird indes unten näher erörtert.[459]

d) Stellungnahme

Eine subjektive Bilanzgarantie ist aus Sicht des Erwerbers ein im Regelfall unverzichtbarer Bestandteil des Garantiekatalogs. Gleichwohl birgt sie diverse Probleme in sich, die bei der Vertragsverhandlung und -gestaltung nicht verkannt werden dürfen.

Wird die Formulierung der Bilanzgarantie von der Generalnorm des § 264 Abs. 2 S. 1 HGB übernommen, gilt dies in besonderem Maße. Die vage Aussage der Vermittlung eines den tatsächlichen Verhältnissen entsprechenden Bildes der VFE- Lage verspricht auf den ersten Blick zwar viel und schafft eine gewisse Erwartungshaltung insbesondere bei einem Erwerber, ist faktisch allerdings gegenüber der Erwartungshaltung verhältnismäßig substanzlos. Ausgangspunkt ist stets die Regelkonformität des Jahresabschlusses in seiner Gesamtheit, nicht die „Werthaltigkeit" einzelner Positionen im Jahresabschluss – jedenfalls, sofern diese nicht unvertretbar sind. Daraus folgt für die noch zu erörternde Rechtsfolgenseite, dass auch der dortige Ausgangspunkt die Regelkonformität des Jahresabschlusses ist. Mithin können Schäden nur dann geltend gemacht werden, wenn diese kausal aus einem Verstoß gegen die Regelkonformität entstanden sind.[460] Entscheidend ist bei der subjektiven Bilanzgarantie die Herstellung der materiellen Verknüpfung zu den einschlägigen GoB durch einen entsprechenden Verweis in der Garantieklausel. Damit ist jedenfalls ein Referenzrahmen geschaffen, innerhalb dessen überhaupt erst objektiviert festgestellt werden kann, ob die Bilanzgarantie verletzt wurde oder nicht.

Zur Illustration der Problematik kann die Annahme einer „*expectation gap*", die eigentlich für das Verhältnis zwischen der Aussagekraft des Bestätigungsvermerks und den Erwartungen der Öffentlichkeit an die Aussagekraft des Bestätigungsvermerks beziehungsweise die Arbeit des Abschlussprüfers formuliert wurde[461], in modifizierter Form auch auf die Bilanzgarantie übertragen

---

459 Vgl. dazu die Ausführungen unter D.II.4.b).

460 Vgl. zur Rechtsfolgenseite auch E.IV.1.b).

461 Grundlegend zur Erwartungslücke beispielsweise *Ruhnke/Deters*, ZfB (67) 1997, S. 923; *Ruhnke/Schmiele/Schwind*, zfbf (62) 2010, S. 394; *Schmidt/Küster*, in: BeBiKo, 10. Aufl. 2016, HGB § 322 Rn. 9 f.; *Bormann*, in: MüKo-Bilanzrecht, Bd. 2, 1. Aufl. 2013, § 316 Rn. 15; zur Erwartungslücke zwischen Abschlussprüfern und Richtern im Rahmen der Haftung von Abschlussprüfern *Lowe*, Journal of Applied Business

werden. Zwar ist der Kreis der Adressaten einer Bilanzgarantie deutlich kleiner als derjenige der Adressaten eines Jahresabschlusses und insofern jedenfalls nicht empirisch belegbar. Dennoch haben die Parteien eine gewissermaßen durch ihre jeweilige Verhandlungsposition indizierte Erwartungshaltung an die Bilanzgarantie. Je nach Ausgestaltung laufen sowohl der Veräußerer als auch der Erwerber bei einer subjektiven Bilanzgarantie Gefahr, der Bilanzgarantie eine Bedeutung beizumessen, die sie nicht hat. Der Veräußerer weiß *idealiter* um den potentiell geringen Haftungsumfang, der aus einer subjektiven Bilanzgarantie folgt, während der Erwerber die Sicherheit, die eine solche Bilanzgarantie gewährt, nicht überschätzen darf. Spiegelbildlich stellt die Situation sich bei der objektiven Bilanzgarantie dar, bei der der Veräußerer den potentiell sehr weiten Haftungsumfang nicht unterschätzen darf. Die Ausgangssituationen der Erwartungslücke im Hinblick auf den Bestätigungsvermerk und der (angenommenen) Erwartungslücke im Hinblick auf eine subjektive Bilanzgarantie sind daher vergleichbar. Im Rahmen der Erwartungslücke bei dem Bestätigungsvermerk wird gefordert, durch eindeutige Formulierungen bereits die Entstehung einer Erwartungslücke zu vermeiden.[462] Dies wäre auch bei der Formulierung einer subjektiven Bilanzgarantie möglich und angezeigt. Dass diese primär die Regelkonformität des Jahresabschlusses mit dem jeweiligen Rechnungslegungssystem garantiert, wird aus der standardmäßigen, an der Generalnorm des § 264 Abs. 2 S. 1 HGB orientierten Klausel für einen im Bilanzrecht nicht sachkundigen Adressaten anderenfalls nicht unmittelbar ersichtlich.

Nichtsdestotrotz bleibt die materielle Aussagekraft der subjektiven Bilanzgarantie auch mit einer materiellen Verknüpfung zu den Normen des Bilanzrechts noch immer beschränkt. Inhaltlich, also bezogen auf einzelne Posten in Bilanz und GuV, besagt die subjektive Bilanzgarantie unmittelbar zunächst nichts. Zugesichert wird seitens des Veräußerers das Verfahren der ordnungsmäßigen Erstellung des Jahresabschlusses und die Konformität mit den gesetzlichen Regeln. Allenfalls mittelbar kann aus der subjektiven Bilanzgarantie der Schluss gezogen werden, dass die einzelnen Posten aufgrund ihrer jedenfalls

---

Research (10) 1994, S. 39; zu dieser Problematik aus Sicht des Berufsstands der Wirtschaftsprüfer *Plendl*, in: Institut der Wirtschaftsprüfer in Deutschland e.V. (IDW e.V.) (Hrsg.), WP Handbuch 2012, Bd. I, Kap. Q Rn. 349 ff.; eine empirische Studie, bezogen auf Neuseeland, findet sich bei *Porter*, Accounting and Business Research (24) 1994, S. 49 ff.; vgl. auch die Definition in Fn. 453.

462 Vgl. beispielsweise *Böcking/Gros/Rabenhorst*, in: EBJS, HGB, Bd. 1, 3. Aufl. 2014, § 316 Rn. 7; *Schmidt/Küster*, in: BeBiKo, 10. Aufl. 2016, HGB § 322 Rn. 17; *Ebke*, in: MüKo-HGB, Bd. 4, 3. Aufl. 2013, § 322 Rn. 13.

garantierten Regelkonformität zumindest nicht lediglich aus der Luft gegriffen sein dürften.

Vor diesem Hintergrund erscheint es zweckmäßig, sich gedanklich vom Wortlaut des § 264 Abs. 2 S. 1 HGB zu lösen und eine dem tatsächlichen Aussagegehalt einer subjektiven Bilanzgarantie angemessenere Formulierung zu wählen. Dies würde einerseits bei den Parteien keine falschen Vorstellungen hinsichtlich der tatsächlichen Reichweite einer solchen Garantie wecken und die oben bereits erwähnte „*expectation gap*" vermeiden; andererseits wäre auch die Auslegung einer solchen Klausel in den meisten Fällen wohl unproblematischer. Die einschlägigen Formularbücher und an anderen Stellen zu findende Formulierungsvorschläge haben diesen Weg, soweit ersichtlich, noch nicht beschritten. Die auf § 264 Abs. 2 S. 1 HGB beruhende Bilanzgarantie hat sich gewissermaßen über die Zeit hinweg als Marktstandard perpetuiert. Dazu mag auch beigetragen haben, dass die wohl meisten Streitigkeiten im Nachgang einer M&A-Transaktion nicht vor ordentlichen (öffentlichen) Gerichten ausgetragen wurden und entsprechende Urteile dem Schrifttum insoweit auch keinen Anlass bieten konnten, die Folgen dieser Perpetuierung evaluieren und eine entsprechende Weiterentwicklung anstoßen zu können, da die jeweiligen Folgen erst gar nicht sichtbar wurden.

Die bereits erwähnten und weiter unten noch detailliert zu erörternden Urteile des OLG Frankfurt am Main und des OLG München bieten nun jedoch den Anlass dazu, diese Perpetuierung in Frage zu stellen, um durch eine Weiterentwicklung der „Formulierungspraxis" derartige Auslegungen möglichst vermeiden zu können.

4. Objektive Bilanzgarantien

Wie bereits dargestellt, wird – trotz uneinheitlicher Terminologie – regelmäßig zwischen „subjektiven" und „objektiven" Bilanzgarantien differenziert.[463] Subjektive Bilanzgarantien orientieren sich nach vorherrschender, aber wie gezeigt durchaus kritikwürdiger Auffassung am Wortlaut des § 264 Abs. 2 S. 1 HGB; ihr Aussagegehalt bestünde insofern – entsprechend dem Wortlaut des HGB – (lediglich) in der Garantie der Einhaltung aller einschlägigen bilanzrechtlichen Vorschriften und der Grundsätze ordnungsmäßiger Buchführung.

Die objektive Bilanzgarantie hingegen findet durchaus regelmäßige Erwähnung, ist aber hinsichtlich ihrer Funktion und Zielrichtung nicht gänzlich

---

463 Vgl. dazu die Ausführungen in der Einleitung zu D.II; Nachweise zu den jeweils verwendeten Begriffspaaren finden sich in den Fn. 245, 246 und 247.

unumstritten. Ein gewisser Konsens herrscht bezüglich der Ansicht, dass eine objektive Bilanzgarantie – insofern weiter gehend als eine subjektive Bilanzgarantie und in Abgrenzung zu dieser – jedenfalls bis zu einem gewissen Maße die Übereinstimmung des Jahresabschlusses mit der Realität zusichere.[464] Dazu könnte der Veräußerer beispielsweise garantieren, dass zum Zeitpunkt des Closings keine weiteren – nicht im garantierten Jahresabschluss dargestellte – Verbindlichkeiten der Zielgesellschaft bestehen.[465] Daneben wird vertreten, dass der Veräußerer bei einer objektiven Bilanzgarantie auch für nicht bilanzierte, unvorhersehbare Umstände hafte.[466] Zum Teil wird auch lediglich vertreten, dass mit der objektiven Bilanzgarantie die „[…] *absolute Richtigkeit der Bilanz* […]“ zugesichert werde.[467] Wie zu zeigen sein wird, sind diese Annahmen unter

464 *Triebel*, in: Triebel (Hrsg.), Mergers & Acquisitions, Kap. 5 Rn. 402, stellt dazu lediglich fest, dass eine absolute Bilanzgarantie „[…] *die Haftung für das konkrete Zahlenwerk* [begründe].“; terminologisch identisch und insoweit zustimmend äußert sich *Tietmeyer*, in: Rotthege/Wassermann (Hrsg.), Unternehmenskauf bei der GmbH, Kap. 9 Rn. 136; in die gleiche Richtung gehend *Buchwaldt*, NJW 1994, S. 153, 157; *Schmitz*, RNotZ 2006, S. 561, 594.

465 Vgl. die tabellarische Darstellung der typischen Positionen bzw. Argumentationsmuster der Parteien bei *Schrader/Seibt*, in: Seibt (Hrsg.), Beck-FB M&A, Kap. C. I., S. 143.

466 Vgl. *Witte/Gerardy*, in: Drygala/Wächter (Hrsg.), Tagungsband Leipziger Konferenz M&A 2014, S. 23, 33; kritisch hinsichtlich einer umfassenden objektiven Bilanzgarantie *König/Gießelmann*, GWR 2016, S. 155, 156; *Grabowski/Harrer*, DStR 1993, S. 20, 21, wohl auch – dem Wortlaut der Beispielsklausel nach – *Binz/Freudenberg*, DStR 1991, S. 1629 sowie *Blunk/Rabe*, GmbHR 2011, S. 408, 409 f., die indes lediglich folgern, dass die objektive Absicherung der wirtschaftlichen Lage des Unternehmens „[…] *aus der Auslegung dieser Garantieerklärung nach allgemeinen Grundsätzen, §§ 133, 157 BGB* [folgt.].“; *John/Tresser*, in: Wollersheim/Barthel (Hrsg.), Forum Mergers & Acquisitions 2011, S. 65, 83 stellen zutreffend fest, dass eine objektive Bilanzgarantie über das Ziel hinaus schieße.

467 So *Flick*, Die Garantie beim Unternehmenskauf, S. 65 unter Bezugnahme auf *Wessing*, ZGR 1982, S. 455, 463, der konstatiert, dass der Erwerber regelmäßig eine Zusicherung fordere, nach der „[…] *die ihm vorgelegte Bilanz richtig und vollständig ist, nach den Grundsätzen ordnungsmäßiger Buchführung aufgestellt ist und die finanzielle Lage des Unternehmens vollständig und richtig sowie das Betriebsergebnis zutreffend wiedergibt* […]“. Darin dürfte dem Wortlaut nach ebenfalls eine objektiv verstandene Bilanzgarantie im Sinne der von *Flick* gemeinten „*absoluten Richtigkeit*“ gesehen werden. Vgl. ferner *Huber*, ZGR 1972, S. 395, 409: „*Sie* [die Tragweite der Garantie, d.Verf.] *erstreckt sich erstens auf die Richtigkeit der in der Bilanz enthaltenen tatsächlichen Angaben.*“

Umständen problematisch, da sie die einfache Möglichkeit, die Übereinstimmung eines Jahresabschlusses mit der Realität durch eine bestimmte Garantieformulierung abzusichern, suggerieren. So führen *Grabowski* und *Harrer* dazu lediglich aus:

> *„Eine solche Bilanzgarantie kann die Übereinstimmung zwischen dem Bilanzausweis und dem tatsächlichen Sachverhalt garantieren (sog. "Garantie der objektiven Richtigkeit").*"[468]

Eine solche, scheinbar einfache Lösung wirft indes spätestens bei einer Streitigkeit nach Abschluss einer Transaktion erhebliche Fragen auf, die nachfolgend erörtert werden.

a) Materieller Gehalt

Eine objektive Bilanzgarantie impliziert nach dem Verständnis der einschlägigen Literatur und jedenfalls Teilen der unten noch zu erörternden obergerichtlichen Rechtsprechung, dass es einen „tatsächlich richtigen" Jahresabschluss geben kann, der als Referenz für die Beantwortung der Frage, ob der Garantiefall eingetreten ist oder nicht, herangezogen werden kann. Der Jahresabschluss müsste also mit der Realität zum relevanten Zeitpunkt der Bilanzgarantie überstimmen, damit keine Garantieverletzung vorläge. Allein, und dies stellt *Hennrichs* so zutreffend wie pointiert fest:

> *„Die schöne Welt der Zahlen und der Mathematik suggeriert eine Genauigkeit der Rechnungslegung, die tatsächlich nicht gegeben ist, ja konzeptionsbedingt gar nicht gegeben sein kann.*"[469]

Ein richtiger Jahresabschluss im Sinne einer absoluten Richtigkeit, hinsichtlich dessen einzelner Posten also nur eine binäre Bewertung („richtig" oder „falsch") erfolgt, kann indes nach der Logik des Bilanzrechts überhaupt nicht existieren. Ein Jahresabschluss ist geprägt durch die Möglichkeiten des Erstellers, Ansatz- und Bewertungswahlrechte auszuüben: *„Bilanzierung umfaßt mit ‚Bewertung' [...] weithin Subjektives und Ermessen.*"[470] Das Ergebnis der Rechnungslegung, ein mit den Regeln des jeweils angewandten Rechnungslegungssystems konformer Jahresabschluss, kann niemals den Anspruch erheben, die Realität abzubilden, oder, wie *Großfeld* und *Luttermann* zutreffend konstatieren: „[...] *die kühlen Bilanzziffern* [dürfen] *nicht in der abendländischen mathematisch-geometrischen Weltsicht überhöht werden* [...]"[471]. Es handelt sich vielmehr stets um

---

468 *Grabowski/Harrer*, DStR 1993, S. 20, 21.

469 *Hennrichs*, NZG 2013, S. 681.

470 *Großfeld/Luttermann*, Bilanzrecht, Rn. 99.

471 *Großfeld/Luttermann*, Bilanzrecht, Rn. 99.

eine subjektiv durch den Ersteller gefärbte und innerhalb des jeweiligen Normensystems vertretbare Sichtweise. *Hoffmann* führt zu der scheinbaren Genauigkeit eines Jahresabschlusses aus:

> *„Nicht nur die weniger sachkundige Öffentlichkeit, nein auch viele mit der Materie befaßte Fachleute der Rechnungslegung sind in ihrer Denkweise scheinbar unausrottbar von deren Scheingenauigkeit - dem Aufgehen auf den Pfennig - geblendet. Die gerade 500 Jahre alte meisterhafte "Erfindung" der doppelten Buchführung in der logisch-mathematischen Ableitung durch den Franziskanermönch Luca Pacioli verstellt häufig den Blick für die Tatsache, daß der Jahresabschluß ebensowenig exakt - i. S. des Wissenschaftsverständnisses der Aufklärung - sein kann wie das Wirtschaftsleben schlechthin. Realistisch betrachtet ist der Jahresabschluß eines Unternehmens, das die betriebswirtschaftlichen Dimensionen eines Speiseeisstandes in gewissem Umfang übersteigt, immer ein Ausbund von Ungenauigkeiten, was man gemeinhin zurückhaltend mit anspruchsvoll klingenden Begriffen wie "Schätzungserfordernis" und "Ermessensspielraum" umschreibt.“*[472]

Ein lediglich „vertretbarer“ Jahresabschluss kann in den Augen eines Wirtschaftsprüfers also grundsätzlich genau so „richtig“ (vertretbar) sein, wie er in den Augen eines anderen Wirtschaftsprüfers womöglich „falsch“ (unvertretbar) ist. Ein Jahresabschluss ist insofern stets eine durch das Bilanzrecht gefilterte Abbildung der realen Gegebenheiten (also beispielsweise der Höhe des in einem Unternehmen vorhandenen Anlage- oder Umlaufvermögens). Der Jahresabschluss ist hinsichtlich der Realität nicht deskriptiv, sondern wird auf einer normativen Ebene aufgestellt und auch betrachtet. Das heißt nicht, dass der Jahresabschluss von der tatsächlichen Welt isoliert aufgestellt wird und keine Berührungspunkte mehr zu dieser aufweist. Aber er ist hinsichtlich seines Aussagegehalts „*durch das Prisma des Bilanzrechts gebrochen*“[473]. Mithin kann der Jahresabschluss nicht oder jedenfalls nicht sinnvollerweise isoliert betrachtet werden; seine Aussagekraft entfaltet er erst, wenn man der Betrachtung das jeweils verwendete Rechnungslegungssystem als normativen „Anker“ und Ausgangspunkt zugrunde legt. Der Jahresabschluss wird durch die Vorgaben beziehungsweise Normen des Rechnungslegungssystems gewissermaßen erst lesbar gemacht.

Illustrieren lässt sich dieser Umstand durch eine einfache Betrachtung: Der in einer Bilanz angegebene Wert eines Grundstücks (der im Jahresabschluss in Höhe der Anschaffungskosten zu aktivieren ist[474]), das vor mehreren Jahrzehnten

---

472 *Hoffmann*, BB 1994, S. 1743, 1745.

473 *Wächter*, M&A Litigation, 2. Aufl. 2014, Rn. 486; in der aktuellen Auflage ist dieser instruktive Vergleich – soweit ersichtlich – nicht mehr enthalten.

474 Vgl. § 253 Abs. 1 S. 1 HGB.

erworben wurde, entspricht nicht (oder zumindest nicht notwendigerweise) dem Verkehrswert, der sich bei einer heutigen Veräußerung erzielen ließe. In der Realität dürfte das Grundstück während der vergangenen 30 Jahre regelmäßig eine Wertsteigerung erfahren haben.[475] Dies jedoch bildet die normative Bilanzebene – auf der das Grundstück (im Normalfall, d.h. ohne außerplanmäßige Abschreibungen) in Höhe der historischen Anschaffungskosten aktiviert ist – nicht ab. Der Jahresabschluss trifft demnach keinerlei Aussagen darüber, (i) welchen (tatsächlichen) Wert das Grundstück hat und (ii) ob dieser Wert (tatsächlich) überhaupt realisierbar ist, beispielsweise bei einer Veräußerung des betreffenden Grundstücks. Die Aussage, die der Jahresabschluss trifft, lautet also lediglich: „*Das Grundstück x wurde für die Anschaffungskosten y erworben und als Anlagevermögen mit dem Wert y aktiviert.*" Dies ist die bilanzielle Ebene, während die tatsächliche Ebene im Falle eines Unternehmensverkaufs für den Käufer indes deutlich relevanter sein dürfte und lauten müsste: „*Das Grundstück x hat zum Zeitpunkt der Aufstellung des Jahresabschlusses den Wert y.*" Den Käufer interessieren die historischen Anschaffungskosten eines Grundstücks in aller Regel jedenfalls nicht vorrangig; maßgeblich dürfte für diesen eher der aktuelle Verkehrswert von aktivierten Vermögensgegenständen sein.

aa) Garantie der objektiven Richtigkeit des Jahresabschluss

Vor diesem Hintergrund lässt sich aufzeigen, dass bereits die Annahme, es könne überhaupt eine objektive Bilanzgarantie geben, grundsätzlich differenziert betrachtet werden muss. Zunächst ist fraglich, worauf sich die Objektivität der Garantie bezieht. Ist damit der Jahresabschluss in seiner Gesamtheit, sprich, die Garantie der „Richtigkeit" jedes einzelnen Postens, gemeint? Dies wäre problematisch: Die Garantie, dass der Jahresabschluss in allen Posten mit der tatsächlichen Realität objektiv übereinstimmt, würde praktisch zwangsläufig eine Verletzung dieser Garantie bedingen, da ein Jahresabschluss gerade nicht die Realität, sondern lediglich eine bilanzrechtlich vertretbare Sichtweise der Realität – und dies auch nur auf einen bestimmten Zeitpunkt bezogen – darstellt.[476]

---

475 In Einzelfällen – beispielsweise bei Altlasten – kann auch eine Wertminderung vorliegen; das Beispiel lässt sich insofern in zwei Richtungen denken, wobei im Falle einer voraussichtlich andauernden Wertminderung eine außerplanmäßige Abschreibung auf den Buchwert gemäß § 253 Abs. 3 S. 3 HGB möglich wäre.

476 Gleichwohl hat das OLG Frankfurt a. M. genau dies ohne ersichtliches Problembewusstsein angenommen; vgl. OLG Frankfurt a. M., *Urteil* v. 07.05.2015 - 26 U 35/12 = NZG 2016, 435 sowie die ausführliche Darstellung des Urteils und der Problematik unter D.II.5.b) und die Stellungnahme dazu unter D.II.5.c).

Die umfassende objektive Bilanzgarantie, wie sie jedoch beispielsweise das OLG Frankfurt a. M. versteht[477], würde damit den ihr zugrunde liegenden Jahresabschluss objektivieren und damit gewissermaßen vom Bilanzrecht als Referenzrahmen lösen. Dies ist im Lichte der vorstehenden Ausführungen indes nur schwerlich möglich.[478] Das heißt, dass der Bezugspunkt einer vermeintlich objektiven Bilanzgarantie bereits nicht objektiv ist und das auch gar nicht sein kann. In der Konsequenz führt dies dazu, dass ein in einem Unternehmenskaufvertrag objektiv garantierter Jahresabschluss als einzig denkbare Variante dieses Jahresabschlusses – also als „richtig" – angenommen werden muss. Der Erwerber müsste demnach lediglich einen zweiten Jahresabschluss mit innerhalb der vertretbaren Bandbreite von Ansatz- und Bewertungswahlrechten veränderten Bilanzposten aufstellen, um eine Verletzung der objektiven Bilanzgarantie zu erreichen. Dem Veräußerer als Garantiegeber stehen dann kaum Möglichkeiten offen, sich dagegen zur Wehr zu setzen: Er hat verschuldensunabhängig erklärt, in objektiver Weise dafür einzustehen, dass der Jahresabschluss exakt so mit der Realität übereinstimmt, wie er ihn aufgestellt hat. Mit einer solchen Bilanzgarantie wären alle Bilanzposten als „richtig" garantiert. Dies hätte eine quantitativ kaum abschätzbare Haftung des Garantiegebers zur Folge. Ob dies von den Parteien eines Unternehmenskaufvertrags gleichermaßen gewollt ist, kann bezweifelt werden. Zumindest der Veräußerer wird kein Interesse daran haben, für derartige Risiken verschuldensunabhängig einzustehen.

Wächter differenziert die Problematik objektiver Bilanzgarantien auf zwei Ebenen[479]: Auf der ersten Ebene befindet sich der Jahresabschluss, der konform mit allen bilanzrechtlichen Vorgaben erstellt werden muss, und auf der zweiten Ebene findet sich die korrespondierende Bilanzgarantie. Die „Aussage erster Ordnung", die der Jahresabschluss als solcher trifft, wird somit durch die eigentliche Bilanzgarantie als „Aussage zweiter Ordnung" – die lediglich eine „*Aussage über eine Aussage*" sei –garantiert.[480] Dies impliziere, dass die Aussage zweiter Ordnung – die Bilanzgarantie als solche – zwar die Aussage erster Ordnung zusichere, inhaltlich aber keine Auswirkungen auf den materiellen Gehalt der Aussage erster Ordnung entfalte.[481] Diese bleibe vielmehr stets „[…] *eine in*

477 OLG Frankfurt a. M., *Urteil* v. 07.05.2015 - 26 U 35/12 = NZG 2016, 435.

478 Siehe dazu auch unter D.II.1.

479 Vgl. dazu grundsätzlich *Wächter*, M & A Litigation, 3. Aufl. 2017, Rn. 5.119 ff.

480 *Wächter*, M & A Litigation, 3. Aufl. 2017, Rn. 5.120.

481 In der Vorauflage stellte *Wächter*, M&A Litigation, 2. Aufl. 2014, Rn. 493, die Tatsache, dass die Aussage zweiter Ordnung diejenige erster Ordnung nicht verändern könne, anhand eines so treffenden wie instruktiven Vergleichs dar: „[…] – *ebenso wenig wie*

den Regeln des Bilanzrechts gefangene Aussage [...].“[482] Damit ist *Wächter*, soweit ersichtlich, die einzige Stimme im Schrifttum, die diese grundlegende Problematik der objektiven Bilanzgarantie zutreffend beschreibt. Die Konsequenz daraus vermag es allerdings wiederum auch nicht, die erforderliche Klarheit herzustellen. Erkennt man an, dass der Jahresabschluss nur sinnvoll gemeinsam mit den diesem zugrunde liegenden Regelungen betrachtet werden kann, kann es keine objektive Bilanzgarantie im engeren Sinne geben. Mit anderen Worten wäre die objektive Bilanzgarantie dann nichts anderes als eine doppelt garantierte subjektive Bilanzgarantie. Faktisch zu lesen wäre eine derartige „objektive“ Bilanzgarantie dann so:

> *„Der Veräußerer garantiert, dass der Jahresabschluss zum Stichtag unter Beachtung aller anzuwendenden Vorschriften des HGB sowie der GoB erstellt wurde. Der Veräußerer garantiert, dass dies objektiv zutrifft.“*

Dass dieses Verständnis einer objektiven Bilanzgarantie kaum zweckmäßig ist, liegt auf der Hand. Wird die Verknüpfung zwischen den Regelungen des Bilanzrechts und dem daraus entstehenden Jahresabschluss allerdings durch die Annahme eines „objektiv richtigen“ Jahresabschlusses durchbrochen, ist ebenfalls zu fragen, welchen Aussagegehalt eine objektive Bilanzgarantie haben kann. Die Garantieerklärung als solche enthält dann gerade keinen Bezug zum materiellen Bilanzrecht mehr und müsste demnach im Idealfall bereits aus sich heraus eindeutig formulieren, welchen Tatbestand sie abdeckt. Diese Anforderung wird durch die objektive Bilanzgarantie nicht erfüllt, wenn sie lediglich aussagt, dass die Posten des garantierten Jahresabschlusses mit der Realität übereinstimmen.

Bei der Auslegung stößt man ohne einen Bezug zum Bilanzrecht recht schnell an die Grenzen einer solchen objektiven Bilanzgarantie. Die bilanzielle Normbeachtung ist dann insoweit irrelevant, als nicht das Verfahren der Aufstellung, sondern lediglich das Ergebnis in Form des jeweiligen Postens maßgeblich ist. Die einzige alternative Lesart besteht darin, in der objektiven Bilanzgarantie eine sämtliche Posten des Jahresabschlusses umfassende Freistellungserklärung zu

---

wenn ein Erklärender einer beliebigen Aussage hinzufügt: ‚...und ich schwöre das bei meinen Vorahnen!‘.“

482 So *Wächter*, M&A Litigation, 2. Aufl. 2014, Rn. 496; in der aktuellen Auflage heißt es insofern: *„Die Aussage, dass eine Bilanz ‚richtig‘ sei, ist insoweit gleichbedeutend damit, dass bei ihrer Erstellung die bilanzrechtlichen Vorgaben bzw. der Code des Bilanzrechts eingehalten wurden und dass diese auf die wirkliche und nicht auf eine fiktive, nicht existente Welt angewendet wurden.“*; *Wächter*, M & A Litigation, 3. Aufl. 2017, Rn. 5.122.

sehen.[483] Insofern wäre der Jahresabschluss als solcher in seiner Funktion darauf reduziert, die erfassten Posten schlicht aufzulisten[484] und diese damit im Ergebnis zu einfachen Rechenpositionen zu machen.

Indes können die Implikationen, die eine solche Auslegung mit sich bringt, erheblich sein. Denn jedenfalls aus dem Wortlaut der Garantieerklärung wird regelmäßig nicht hervorgehen, dass die Posten nur „in eine Richtung" kompensiert werden müssen. Die Konsequenz besteht darin, dass der Mechanismus der Garantie in Form der Freistellung grundsätzlich auch „rückwärts" funktionieren könnte, sofern dies aufgrund der Rechtsfolgenregelung nicht ausgeschlossen ist.[485] Sollte beispielsweise der im festgestellten Jahresabschluss ausgewiesene Jahresüberschuss höher als garantiert ausfallen, müsste der Erwerber dann die Differenz zwischen der garantierten Summe und der tatsächlichen Summe gegenüber dem Veräußerer ausgleichen, um den garantierten Zustand herzustellen. Zwar wird ein solches Szenario nicht den Regelfall darstellen, denn oftmals wird erst ein bereits festgestellter Jahresabschluss zur Grundlage einer Bilanzgarantie gemacht. Jedoch kann diese Problematik im Rahmen von Transaktionen, bei denen sich die Parteien auf Zwischen- oder Quartalsabschlüsse oder gar nur auf regelmäßig ungeprüfte „*Management Accounts*"[486] stützen, durchaus entstehen.[487] Faktisch handelte es sich dann bei der objektiven Bilanzgarantie

483 In diese Richtung ging in der Vorauflage auch *Wächter,* M&A Litigation, 2. Aufl. 2014, Rn. 498, der eine Freistellungs- beziehungsweise Kostenübernahmeklausel als die „[…] *am weitesten gehende ‚Objektivierung' einer Bilanzaussage* […]" ansieht. In der aktuellen Auflage stellt Wächter demgegenüber nur fest, dass die „[…] *weithin funktionsgleichen Freistellungen* […]" nur selten zu finden seien, vgl. *Wächter,* M & A Litigation, 3. Aufl. 2017, Rn. 5.158. Ähnlich wie *Wächter* in der Vorauflage sieht dies *Tschäni*, in: Kaufmann-Kohler/Johnson (Hrsg.), Arbitration of Merger and Acquisition Disputes, Kap. "Post-Closing Disputes on Representations and Warranties", S. 67, 70, der feststellt, dass die Bilanzgarantie in einem solchen Fall „.[…] *rather close to an indemnity* […]" sei.

484 Dies folgert – wiederum lediglich in der Vorauflage – auch *Wächter,* M&A Litigation, 2. Aufl. 2014, Rn. 505.

485 Denn auch in diesem Szenario setzt der Ersatz eines Schadens zunächst überhaupt einen entsprechenden Schaden voraus.

486 Vgl. dazu *Kästle/Oberbracht,* Unternehmenskauf - SPA, S. 175 f. (Erläuterungen zu Ziff. 7.4).

487 Ob indes eine Bilanzgarantie in dem Umfang, in dem sie für festgestellte und regelmäßig testierte Jahresabschlüsse abgegeben wird, überhaupt verhandelbar wäre, darf wohl bezweifelt werden; daneben ist natürlich auch die jeweilige Rechtsfolgenregelung in den Blick zu nehmen.

in dieser Form um einen jeden einzelnen Posten im Jahresabschluss umfassenden Kaufpreisanpassungsmechanismus. Ob sich dieses Ergebnis jedoch noch auf dem Boden einer durch beide Parteien des Unternehmenskaufvertrags getragenen Auslegung bewegt, darf bezweifelt werden. Insbesondere ist eine solche Annahme dann problematisch, wenn die Parteien einen variablen Kaufpreis auf Basis eines „*Closing Accounts*" vereinbart haben. Dabei wird zum Closing eine eigenständige Bilanz aufgestellt, die indes regelmäßig nicht vollumfänglich der „normalen" Bilanz entspricht, sondern nur Posten enthält, welche die Parteien im Unternehmenskaufvertrag vereinbart haben.[488] In diesem Fall wäre es grundsätzlich denkbar, dass der Erwerber doppelt profitieren könnte – einmal aus dem „Differenzausgleich" zwischen dem garantierten Jahresabschluss und der (verletzten) Bilanzgarantie, und ein weiteres Mal aus dem Vergleich zwischen Jahresabschluss und *Closing Account*. Derartige Risiken einer etwaigen doppelten Inanspruchnahme sollten durch entsprechende Regelungen im Unternehmenskaufvertrag ausgeschlossen werden.

In der weiteren Konsequenz bleibt für die Auslegung der umfassend verstandenen objektiven Bilanzgarantie nur noch wenig Raum. Es zeigt sich, dass die Annahme, eine objektive Bilanzgarantie könne ohne Weiteres die Übereinstimmung zwischen Jahresabschluss und Realität garantieren, jedenfalls mit großer Vorsicht betrachtet werden muss. Während die Realität zu einem gewissen Zeitpunkt zwar abgebildet werden kann, beschränkt sich die „Abbildungsleistung" des Jahresabschlusses nur auf einen schlaglichtartigen Zeitpunkt. Dieser Zeitpunkt ist insofern fiktiv, als das Unternehmen sich als „lebender Organismus"[489] ungeachtet des Jahresabschlusses dynamisch weiterentwickelt, während der Jahresabschluss eine statische Momentaufnahme darstellt. Eine Übereinstimmung von Realität und Jahresabschluss ließe sich daher höchstens zum Zeitpunkt des Abschlussstichtages erreichen. Insofern ist im Falle einer objektiven Bilanzgarantie die Garantieverletzung gewissermaßen als Automatismus anzusehen: Die Beurteilung der Frage, ob die Bilanzgarantie verletzt ist, wird in praktisch jedem Fall zu dem Ergebnis führen, dass Realität und Jahresabschluss nicht übereinstimmen und damit eine Garantieverletzung gegeben ist.

---

488 Vgl. beispielsweise *Beisel*, in: Beisel/Klumpp/Schindler (Hrsg.), Unternehmenskauf, § 11 Rn. 79 ff.; *Neuhaus*, in: Kiem (Hrsg.), Kaufpreisregelungen, § 5 Rn. 12 ff.

489 In einem etwas anderen Kontext verwenden *Grewe/Lauscher*, NWB 2016, S. 2434, diesen Terminus, um den Ausschluss des Kaufrechts aus Unternehmenskaufverträgen zu erläutern.

Damit birgt die objektive Bilanzgarantie für den Veräußerer als Garantiegeber ein großes wirtschaftliches Risiko. Obgleich im Lichte der vorstehenden Ausführungen keinem Veräußerer empfohlen werden kann, eine Garantie solchen Umfangs abzugeben, besteht aber unter Umständen selbst bei einer ihrer Formulierung nach subjektiven Bilanzgarantie die Gefahr einer gerichtlichen Auslegung als objektive Bilanzgarantie.[490]

bb) Kenntnisunabhängige Bilanzgarantie

Die zweite Lesart der objektiven Bilanzgarantie geht davon aus, dass diese – in Abgrenzung zu der subjektiven Bilanzgarantie – lediglich von der Kenntnis des Bilanzerstellers unabhängig sein soll.[491] Diese Ansicht hängt mit dem im Handelsbilanzrecht maßgeblich normativ-subjektiven Fehlerbegriff zusammen.[492] Danach hat ein Kaufmann alle Umstände zu berücksichtigen, die er nach „[…] *pflichtgemäßer und gewissenhafter Prüfung* […]“[493] zum Abschlussstichtag[494] erkennen konnte, um einen fehlerfreien Jahresabschluss aufzustellen. Normativ folgt dies aus § 252 Abs. 1 Nr. 4 HGB, der fordert, dass alle bis zum Abschlussstichtag entstandenen vorhersehbaren Risiken und Verluste zu berücksichtigen sind.[495] Im Rahmen der kenntnisunabhängigen objektiven Bilanzgarantie wird diese an sich vernünftig erscheinende Relativierung durch die Begrenzung der Anforderungen auf die Erkenntnismöglichkeiten des pflichtgemäßen und gewissenhaften Erstellers aufgegeben.

Anknüpfungspunkt ist hier nicht die Übereinstimmung zwischen Jahresabschluss und Realität. Diese kann zwar gegebenenfalls mittelbar aus der fingierten „Allwissenheit“ des Erstellers resultieren. Die Garantie der objektiven Richtigkeit diesbezüglich ohne Weiteres mit der kenntnisunabhängigen objektiven Bilanzgarantie gleichzusetzen, wäre aber zu kurz gegriffen, denn es ist

490 Vgl. dazu die Ausführungen unter D.II.5.

491 So *Weigl*, DNotZ 2005, S. 246, 256 und – allerdings in einer Altauflage – *Holzapfel/Pöllath*, Unternehmenskauf in Recht und Praxis (11. Aufl. 2003), Rn. 493.

492 Der normativ-subjektive Fehlerbegriff wird unter D.II.2.a) detailliert behandelt.

493 *Hennrichs*, NZG 2013, S. 681, 682.

494 Beziehungsweise im Rahmen der Wertaufhellungsperiode, vgl. dazu auch die Ausführungen unter D.II.2.b).

495 Dies stellt zugleich das Imparitätsprinzip dar, nach dem Gewinne erst in der Periode bilanziell erfasst werden dürfen, in der sie sich realisiert haben, wohingegen Verluste bereits erfasst werden müssen, wenn diese vorhersehbar sind; vgl. dazu *Fülbier/Kuschel/Selchert*, in: HdR-E, Bd. 2, 5. Aufl. 2002, 9. EL Dezember 2010, § 252 Rn. 81; *Kleindiek*, in: Staub, GK-HGB, Bd. 5, 5. Aufl. 2014, § 252 Rn. 38 ff.

fraglich, ob durch die Kenntnisunabhängigkeit bereits der Bezug zum materiellen Bilanzrecht als Referenzrahmen aufgegeben wird. Welche Auswirkungen hat die Kenntnisunabhängigkeit also auf den materiellen Gehalt einer solchen objektiven Bilanzgarantie?

Das Grundgerüst entspricht terminologisch im Wesentlichen einer subjektiven Bilanzgarantie: Zunächst wird das ordnungsgemäße Verfahren der Aufstellung und damit auch die Regelkonformität zugesichert. Der Zusatz, dass der Ersteller kenntnisunabhängig für die Vollständigkeit und Richtigkeit[496] einstehe, dehnt die Garantie jedenfalls über die Anforderungen des Bilanzrechts hinaus aus, das eben nur die pflichtgemäße und gewissenhafte Prüfung zum Zeitpunkt der Aufstellung fordert. Jedoch ist dies abhängig vom genauen Bezugspunkt der „Vollständigkeit" und „Richtigkeit" in inhaltlicher und zeitlicher Hinsicht. Diese Bezugspunkte erschließen sich unter Umständen, jedenfalls sofern nicht explizit vereinbart, nicht ohne Weiteres aus der Garantieformulierung. Soll der Ersteller die Vollständigkeit und Richtigkeit zum Zeitpunkt der Aufstellung des Jahresabschlusses garantieren, nähert sich die objektive Bilanzgarantie wieder dem gesetzlichen Leitbild an. „Vollständig und richtig" ließe sich dann auf die Einhaltung der bilanzrechtlichen Vorgaben beziehen und könnte insofern auch lediglich bedeuten, dass ein regelkonformer Jahresabschluss gefordert wird. Die Kenntnisunabhängigkeit würde dann gewissermaßen „an Schärfe verlieren", da zum Abschlussstichtag schon eingetretene, für den Ersteller aber noch nicht erkennbare Umstände über die Wertaufhellung[497] ohnehin berücksichtigt werden müssten.

Diese Überlegung dürfte allerdings eher theoretischer Natur sein, da regelmäßig entweder das Signing oder das Closing – gegebenenfalls auch beides – den relevanten Zeitpunkt, auf den eine Garantie abgegeben wird, darstellen dürften. Wird die Kenntnisunabhängigkeit explizit in der Formulierung der Garantie erwähnt, muss also zweckmäßigerweise auch der relevante Zeitpunkt beziehungsweise Zeitraum, für den dies garantiert wird, geregelt werden. Liegt dieser nach der Aufstellung des Jahresabschlusses, dürfte die dergestalt kenntnisunabhängige Garantie wohl eher wieder als Garantie der Übereinstimmung von Jahresabschluss und Realität gewertet werden.

496 Dieses Begriffspaar verwendet *Bergjan*, in: Drygala/Wächter (Hrsg.), Tagungsband Leipziger Konferenz M&A 2014, S. 61, 66.

497 Siehe ausführlich zur Problematik der Wertaufhellung die Ausführungen unter D.II.2.b).

Dann impliziert eine solche Klausel zwar ihrem Wortlaut nach zunächst keine Garantie der objektiven Richtigkeit (im Sinne einer Übereinstimmung mit der Realität) jedes einzelnen Postens im Jahresabschluss. Dass „Vollständigkeit und Richtigkeit" sich aber nur auf die Regelkonformität beziehen, dürfte ebenfalls nicht der Zielrichtung einer solchen objektiven Garantie entsprechen, sodass es sich faktisch wiederum um eine Garantie der objektiven Richtigkeit handeln dürfte.

b) Alternativer Ansatz für eine objektivierte Bilanzgarantie

Wie vorstehend gezeigt wurde, ist die objektive Bilanzgarantie in der durchaus verbreiteten Auslegung als Garantie der objektiven Richtigkeit und Übereinstimmung des Jahresabschlusses mit der Realität als problematisch anzusehen. Ein zu dieser Auslegung alternativer Ansatz könnte darin bestehen, das Regelungskonzept und -technik einer objektiven Bilanzgarantie klar zu definieren und dabei als Ausgangspunkt eine subjektive Bilanzgarantie zu wählen, die um „objektivierende Elemente" ergänzt wird. Es handelte sich dann praktisch um eine „verschärfte" subjektive Bilanzgarantie. Um die genannte problematische Auslegung zu vermeiden, wäre es gegebenenfalls auch zweckmäßig, eine solche Garantie als „objektivierte Bilanzgarantie" zu bezeichnen. Der Terminus „objektive Bilanzgarantie" ist insofern, da die Bilanzgarantie mithin in ihrer Gesamtheit nicht objektiv im Wortsinne sein kann, missverständlich.

Als Ausgangspunkt kann die subjektive Bilanzgarantie herangezogen werden; deren Kernaussage, wonach der durch sie garantierte Jahresabschluss regelkonform ist, stellt insoweit auch die inhaltliche Grundlage einer objektivierten Bilanzgarantie dar. Dies umfasst auch den Grundsatz subjektiver Erkenntnismöglichkeit des Erstellers zum Zeitpunkt der Aufstellung. Dem Ersteller kann keine Allwissenheit über die gesetzlichen Vorgaben hinaus zugemutet werden, für die er dann zudem verschuldensunabhängig haften würde.

Die im eigentlichen Sinne objektivierende Komponente besteht nun darin, dass die Parteien als Bestandteil der Bilanzgarantie vereinbaren, auf welche Art und Weise die dem Ersteller des Jahresabschlusses zur Verfügung stehenden Ansatz- und Bewertungswahlrechte ausgeübt werden dürfen.[498] Ansatzvorschriften regeln das „Ob" der Bilanzierung, also die Bilanzierungsfähigkeit von

498 In diese Richtung geht auch *Flick*, Die Garantie beim Unternehmenskauf, S. 215, der feststellt: *„Dabei sollte die Ausübung bestimmter Bewertungswahlrechte, die für eine handelsrechtliche Bilanz gelten, in der Bilanzgarantie festgeschrieben werden, um die Richtigkeit* [des Jahresabschlusses, d. Verf.] *besser ermitteln zu können."*

Vermögensgegenständen beziehungsweise Schulden[499]; Bewertungsvorschriften regeln demgegenüber das „Wie", also die Höhe des jeweiligen bilanziellen Ausweises.[500]

Der Bilanzansatz wird größtenteils nicht durch Normen des HGB, sondern durch GoB vorgegeben[501], wobei das Vollständigkeitsgebot des § 246 Abs. 1 S. 1 HGB statuiert, dass unter anderem sämtliche Vermögensgegenstände und Schulden des Unternehmens in der Bilanz abzubilden sind. Die einzelnen Ansatz- oder auch Bilanzierungswahlrechte sind demgegenüber explizit vorgegeben. Hinsichtlich der Bewertungsvorschriften finden sich die wesentlichen relevanten Maßstäbe für die Zugangs- und Folgebewertung in § 253 HGB.

Als Beispiel kann in diesem Rahmen das Aktivierungswahlrecht für selbstgeschaffene immaterielle Vermögensgegenstände des Anlagevermögens gemäß § 248 Abs. 2 S. 1 HGB angeführt werden. Die Aktivierung selbstgeschaffener immaterieller Vermögensgegenstände verfolgt den Zweck, die Informationsfunktion des Jahresabschlusses insofern zu verbessern, als dass immaterielle Vermögensgegenstände einen immer höheren Stellenwert einnehmen und gegebenenfalls sogar die wesentlichen Assets eines Unternehmens ausmachen.[502] Voraussetzung der Aktivierung eines selbstgeschaffenen immateriellen Vermögensgegenstands ist, dass „[...] *mit hoher Wahrscheinlichkeit davon ausgegangen werden kann, dass ein immaterieller Vermögensgegenstand in der Entstehung begriffen ist.*"[503] Dies ist wiederum dann der Fall, wenn der jeweilige immaterielle Vermögensgegenstand nach der Verkehrsauffassung einzeln verwertbar ist.[504] Wird ein selbstgeschaffener immaterieller Vermögensgegenstand aktiviert, muss eine Trennung der Forschungs- von den Entwicklungskosten erfolgen, denn nur

---

499 Vgl. *Großfeld/Luttermann,* Bilanzrecht, Rn. 355.

500 Vgl. zur Definition der Ansatz- und Bewertungsvorschriften *Großfeld/Luttermann,* Bilanzrecht, Rn. 353; *Coenenberg/Haller/Schultze,* Jahresabschluss und Jahresabschlussanalyse, S. 79 und 94, sprechen von „*Bilanzierung dem Grunde nach*" und „*Bilanzierung der Höhe nach*".

501 Vgl. *Coenenberg/Haller/Schultze,* Jahresabschluss und Jahresabschlussanalyse, S. 79.

502 Vgl. RegE BilMoG, BT-Drs. 16/10067, S. 49; *Coenenberg/Haller/Schultze,* Jahresabschluss und Jahresabschlussanalyse, S. 180 f.; *Arbeitskreis "Immaterielle Werte im Rechnungswesen" der Schmalenbach-Gesellschaft für Betriebswirtschaft e.V.*, DB 2008, S. 1813.

503 *Coenenberg/Haller/Schultze,* Jahresabschluss und Jahresabschlussanalyse, S. 182.

504 Vgl. RegE BilMoG, BT-Drs. 16/10067, S. 50; *Hennrichs,* in: MüKo-Bilanzrecht, Bd. 2, 1. Aufl. 2013, HGB § 248 Rn. 26; *Coenenberg/Haller/Schultze,* Jahresabschluss und Jahresabschlussanalyse, S. 182; *Arbeitskreis "Immaterielle Werte im Rechnungswesen" der Schmalenbach-Gesellschaft für Betriebswirtschaft e.V.*, DB 2008, S. 1813, 1814.

letztere sind dann ebenfalls als Herstellungskosten zu aktivieren, § 255 Abs. 2a S. 1 HGB. Nach § 255 Abs. 2a S. 4 HGB besagt, dass eine Aktivierung ausgeschlossen ist, wenn Forschungs- und Entwicklungskosten „[...] *nicht verlässlich voneinander unterschieden werden* [...]“ können.

Im Rahmen eines Unternehmenskaufs birgt dieses Ansatzwahlrecht aus Sicht des Erwerbers gegebenenfalls durchaus Probleme. Handelt es sich bei der Zielgesellschaft nicht um ein produzierendes Unternehmen im „klassischen Sinne“, sondern um ein solches, dessen maßgeblich relevante Assets (also beispielsweise Know-how, Patente oder Nutzungsrechte) immaterieller Natur sind, kann der Bilanzposten der selbstgeschaffenen immateriellen Vermögenswerte durchaus beachtlich sein. Allerdings sind die mit diesem Posten verbundenen Unsicherheiten dann ebenfalls beachtlich, denn wann ein Vermögensgegenstand nach der Verkehrsauffassung einzeln verwertbar ist, dürfte unter Umständen gegebenenfalls schwer festzustellen sein. Auch die Trennung von Forschungs- und Entwicklungskosten kann im Einzelfall aufgrund „fließender Übergänge“ zwischen beiden Stadien wohl nicht immer so trennscharf erfolgen, wie § 255 Abs. 2a S. 4 HGB dies fordert. Es bestehen damit sowohl hinsichtlich des Ansatzes als auch der Bewertung Unsicherheiten über diesen Bilanzposten. Zwar besteht eine Ausschüttungssperre, § 268 Abs. 8 S. 1 HGB[505], indes hat bereits der Ansatz als Vermögen des Unternehmens freilich dennoch Auswirkungen auf die Höhe des bilanziellen Eigenkapitals.

Aus Erwerbersicht besteht nun bei einem variablen Kaufpreis die Gefahr, dass der Veräußerer sich dazu entschließt, zur Erhöhung des bilanziellen Eigenkapitals selbstgeschaffene immaterielle Vermögenswerte zu aktivieren, um damit den Kaufpreis für ihn positiv beeinflussen zu können. Dieser für den Erwerber negative Effekt lässt sich grundsätzlich auf zwei Wegen neutralisieren. Entweder wird im Rahmen der Kaufpreisberechnung vereinbart, dass der Posten „Selbstgeschaffene immaterielle Vermögensgegenstände des Anlagevermögens“ nicht als Rechnungsposten einbezogen wird, oder der Veräußerer verpflichtet sich in der Bilanzgarantie, das Aktivierungswahlrecht hinsichtlich selbstgeschaffener immaterieller Vermögensgegenstände des Anlagevermögens nicht auszuüben. Der wirtschaftliche Effekt auf den Kaufpreis – der gerade darin besteht, dass

505 Demnach dürfen nur dann Gewinne ausgeschüttet werden, wenn der Saldo aus den frei verfügbaren Rücklagen zuzüglich eines Gewinn- beziehungsweise abzüglich eines Verlustvortrags größer ist als die Höhe des Ansatzes der selbstgeschaffenen immateriellen Vermögensgegenstände des Anlagemvermögens, abzüglich der darauf gebildeten latenten Steuern. Die Differenz ergibt in diesem Fall den ausschüttungsfähigen Betrag.

durch die selbstgeschaffenen immateriellen Vermögenswerte des Anlagevermögens eben kein Effekt eintritt – ist in beiden Fällen identisch. In diesem Beispielsfall kann der Bilanzgarantie insofern Einfluss auf bestimmte Bilanzposten zugeschrieben werden, mithin ist sie objektiviert. Dies impliziert aus der Sicht des Erwerbers eine bessere „Kontrolle" hinsichtlich bestimmter wirtschaftlicher Sachverhalte. Wird die Ausübung von Aktivierungs- und Bewertungswahlrechten im Rahmen einer Bilanzgarantie verbindlich vereinbart, kann die Bilanzgarantie insoweit durchaus zweckmäßig bis zu einem gewissen Grad objektiviert werden.

Eine weitere Möglichkeit zur Objektivierung einer Bilanzgarantie ist die Aufnahme einer „Schiedsgutachtervereinbarung im engeren Sinne"[506] in den Unternehmenskaufvertrag. Anhand dieser Vereinbarung übertragen die Parteien die Ermittlung der „richtigen" Höhe einzelner Bilanzposten auf einen Schiedsgutachter als neutralen Dritten und verpflichten sich zugleich dazu, dessen ermitteltes Ergebnis als verbindlich anzusehen.[507] Auch insoweit existiert naturgemäß eine gewisse Bandbreite an möglichen – vertretbaren – Ergebnissen, zu denen der Schiedsgutachter *lege artis* gelangen kann. In wirtschaftlicher Hinsicht wird das Grundproblem damit freilich nicht gelöst, denn das Zahlenwerk des Jahresabschlusses weist insofern insbesondere für den Erwerber grundsätzlich nur eine geringe Verlässlichkeit auf. Daneben ist auch ein *lege artis* durch einen Schiedsgutachter ermitteltes Ergebnis nur begrenzt antizipierbar. Die „objektive Richtigkeit *inter partes*" der dadurch ermittelten Bilanzposten wird dann jedoch gewissermaßen dadurch fingiert, dass die Parteien die Bestimmung auf den Schiedsgutachter als Dritten übertragen und dessen Ergebnis als verbindlich ansehen, sofern es nicht offenbar unrichtig ist.[508]

---

506 Zum Teil wird auch von einem „Schiedsgutachtervertrag", vgl. *Michalski*, NZG 1998, S. 7, 11 f. oder einer „Schiedsgutachtenklausel", vgl. *Schulze*, in: Schulze u.a., Hk-BGB, 9. Aufl. 2017, § 317 Rn. 2 gesprochen; prägnant zur Abgrenzung zwischen Schiedsklausel und Schiedsgutachtervereinbarung *Witte/Mehrbrey*, NZG 2006, S. 241, 241 f. sowie *Stadler*, in: Jauernig, BGB, 16. Aufl. 2015, § 317 Rn. 7 ff.

507 Vgl. dazu allgemein *Klumpp*, in: Beisel/Klumpp/Schindler (Hrsg.), Unternehmenskauf, § 18 Rn. 1 ff.; *Würdinger*, in: MüKo-BGB, Bd. 2, 7. Aufl. 2016, § 317 Rn. 9; *Stadler*, in: Jauernig, BGB, 16. Aufl. 2015, § 317 Rn. 3 ff.

508 St. Rspr., vgl. BGH, *Urteil* v. 17.01.2013 - III ZR 11/12 = NJOZ 2013, 1382, 1383; grundlegend beziehen *Kästle/Haller*, NZG 2016, S. 926, 931 f. ihre Ausführungen auf die Feststellung eines „*Material Adverse Change*"; gleichwohl sind die getroffenen Aussagen zur Schiedsgutachtervereinbarung in diesem Punkt verallgemeinerungsfähig.

Alternativ oder ergänzend dazu kann eine allgemein gehaltene und nicht auf einzelne Bilanzposten beschränkte Schiedsgutachtervereinbarung im Unternehmenskaufvertrag zudem als Eskalationsmechanismus dienen; in diesem Fall wird der Schiedsgutachter dann angerufen, wenn zwischen den Parteien Streit über den Jahresabschluss besteht.[509] Durch eine solche Schiedsgutachtervereinbarung können gegebenenfalls langwierige und kostenintensive Gerichts- beziehungsweise Schiedsverfahren bereits im Vorfeld vermieden werden.

Es ist also in gewissen Grenzen möglich, eine praktisch handhabbare „objektivierte Bilanzgarantie" zu vereinbaren. Diese ist zwar hinsichtlich ihres Umfangs nicht mit der oben dargestellten Garantie der objektiven Richtigkeit zu vergleichen, indes ist das Haftungsrisiko für den Veräußerer als Garantiegeber aber auch deutlich einfacher zu kalkulieren.

c) Zwischenfazit

Die subjektive Bilanzgarantie entspricht in ihrer „klassischen", regelmäßig anzutreffenden Konzeption grundsätzlich dem (jedenfalls hinsichtlich der Handelsbilanz) vorherrschenden Verständnis des normativ-subjektiven Fehlerbegriffs, der im Handelsbilanzrecht maßgeblich ist. Hinsichtlich ihrer Formulierung ist indes zu berücksichtigen, dass die subjektive Bilanzgarantie unter Umständen augenscheinlich mehr verspricht, als sie tatsächlich halten kann. Diese *„expectation gap"* kann indes durch eine sachgerechte Formulierung, in welcher sich die tatsächliche materielle Aussagekraft der subjektiven Bilanzgarantie widerspiegelt, vermieden oder jedenfalls verringert werden. Letztlich wird durch die subjektive Bilanzgarantie lediglich ausgesagt, dass der Jahresabschluss regelkonform zu den einschlägigen Rechnungslegungsvorschriften erstellt wurde. Eine materielle, inhaltliche Aussage über den Ausweis einzelner Wertansätze oder über die Werthaltigkeit bilanzierter Forderungen enthält die subjektive Bilanzgarantie nicht.

Demgegenüber ist die objektive Bilanzgarantie äußerst weitgehend und fordert – *contra legem* – gewissermaßen Unmögliches von dem Garantiegeber: Damit die Garantie nicht verletzt ist, muss der Jahresabschluss objektiv mit der Realität übereinstimmen. Dass dies faktisch nicht möglich und auch gar nicht der Zweck eines Jahresabschlusses ist, wurde vorstehend bereits

---

509 Eine solche Klausel findet sich, bezogen auf den Stichtagsabschluss, bei *Meyer-Sparenberg*, in: Hoffmann-Becking/Gebele/Bartsch (Hrsg.), Beck-FB BHW, Muster III. A. 16. § 3 (4) sowie dazu erläuternd Anm. 14.

ausführlich dargelegt. Aus der Sicht der M&A-Praxis kann eine solche Garantie – jedenfalls aus Veräußerersicht – schlechthin nicht abgegeben werden. [510] Dennoch wird eine solche objektive Bilanzgarantie zum Teil offenbar als unproblematisch angesehen beziehungsweise werden die mit ihr verbundenen Problematiken weitgehend ausgeblendet. Wie nachfolgend zu zeigen sein wird, lässt sich diese Aussage auch auf die (obergerichtliche) Rechtsprechung zu Bilanzgarantien übertragen.

5. Die Position der Rechtsprechung zur Auslegung von Bilanzgarantien

Bilanzgarantien sind, gewissermaßen naturgemäß, aufgrund der regelmäßig in Unternehmenskaufverträgen vorzufindenden Schiedsvereinbarungen nur selten Gegenstand der Auslegung durch ein Gericht. Soweit ersichtlich, haben sich in den vergangenen Jahren lediglich zwei ordentliche Gerichte mit der Auslegung einer Bilanzgarantie beschäftigt. Während das nachfolgend zuerst dargestellte Urteil des OLG München[511] in der Literatur weitgehend unbeachtet „verhallte", widmen sich demgegenüber einige Beiträge der Entscheidung des OLG Frankfurt a. M., dessen Entscheidung aus dem Jahre 2015[512] durchaus erhebliche Kritik hervorrief. [513] Beide Urteile sollen im Folgenden detailliert erörtert werden, da diese einige Aspekte des Verständnisses – beziehungsweise des Missverständnisses – von Bilanzgarantien beleuchten.

---

510 In diese Richtung geht im Ergebnis auch *Horn*, in: FS Baums, Bd. I, S. 613, 619, 621.

511 OLG München, *Urteil* v. 30.03.2011 - 7 U 4226/10 = via juris.

512 OLG Frankfurt a. M., *Urteil* v. 07.05.2015 - 26 U 35/12 = NZG 2016, 435.

513 So wurde das Urteil beispielsweise von *Wächter*, BB 2016, S. 711; *Mehrbrey/Hofmeister*, NZG 2016, S. 419; *König/Gießelmann*, GWR 2016, S. 155; *Bormann/Trautmann*, GmbHR 2016, S. 122; *Grewe/Lauscher*, NWB 2016, S. 2434; *Schiffer/Mayer*, BB 2016, S. 2627; *Hennrichs*, NZG 2016, S. 1255, 1258; *Hoffmann*, NWB StuB 2016, S. 365 und *Theusinger/Baumann*, EWiR 2016, S. 371 besprochen; *Horn*, in: FS Baums, Bd. I, S. 613 ff. nimmt das Urteil zum Anlass für eine Betrachtung des materiellen Gehalts einer Bilanzgarantie und steht der Ansicht des OLG Frankfurt a. M. ebenfalls dezidiert kritisch gegenüber. Demgegenüber weniger kritisch ist *Kleissler*, NZG 2017, S. 531, 538 das Urteil des OLG Frankfurt a. M., der jedoch gleichwohl zu dem Schluss kommt: *„Die Entscheidung des OLG Frankfurt a. M. ist insgesamt zu begrüßen, auch wenn das Verständnis der Reichweite harter Bilanzgarantien kritisch zu betrachten und im Ergebnis als zu weitreichend abzulehnen ist."*

a) OLG München

In seinem Urteil vom 30. März 2011 hatte das OLG München als Berufungsinstanz über die Auslegung einer Bilanzgarantie in einem Unternehmenskaufvertrag zu entscheiden.

Der Alleingesellschafter und zugleich Geschäftsführer der in diesem Sachverhalt veräußerten GmbH wurde von den Käufern auf Zahlung verklagt. Der Zahlungsanspruch folgte aus der Sicht der Kläger aus der verletzten Bilanzgarantie, welche die Parteien im streitgegenständlichen Unternehmenskaufvertrag in der Form eines selbständigen Garantieversprechens im Sinne des § 311 Abs. 1 BGB vereinbart hatten. Diese Bilanzgarantie hatte dabei den folgenden Wortlaut:

> „*Der Jahresabschluss der GfA* [dies ist die Zielgesellschaft] *für das Geschäftsjahr 2008 ist unter Beachtung der Grundsätze ordnungsmäßiger Buchführung sowie unter Wahrung der Bilanzierungs- und Bewertungskontinuität erstellt und vermittelt ein den tatsächlichen Verhältnissen entsprechendes Bild der Vermögens-, Finanz- und Ertragslage der Gesellschaft.* [...] *Die Bilanzsumme beträgt per 31.12.2008 € 470.931. Der Jahresüberschuss beträgt € 17.736,33* [...].“

Hinsichtlich der Rechtsfolgen im Falle einer verletzten Garantie regelte der Unternehmenskaufvertrag, dass primär Naturalrestitution geschuldet sei. Nur wenn diese nicht fristgerecht erbracht werde, nicht möglich oder nicht zumutbar sei, könne Schadensersatz in Geld verlangt werden. Entgegen der Zusicherung des Beklagten stellte sich nach Abschluss des Kaufvertrags heraus, dass die Bilanz eine nicht mehr existente Forderung gegen Kunden in Höhe von EUR 52.010,55 enthielt und somit fehlerhaft war. Die Kläger erklärten die Aufrechnung mit dem von ihnen noch nicht gezahlten Kaufpreisanteil in Höhe von EUR 30.000 und machten den Differenzbetrag von EUR 22.010,55 zzgl. Zinsen i.H.v. acht Prozentpunkten über dem jeweiligen Basiszinssatz geltend.

Der Beklagte erhob Widerklage, in der er die seitens der Kläger noch geschuldeten EUR 30.000 geltend machte. Daneben verteidigte sich mit der Argumentation, die Garantie habe sich lediglich auf die Einhaltung der GoB bezogen; zudem sie die den Klägern übergebene Bilanz lediglich ein Entwurf gewesen.

In erster Instanz sah das zuständige LG München I die Klage als in Höhe von EUR 22.010,55 als begründet an und wies die Widerklage ab. Nach Ansicht des LG sei der Garantiefall eingetreten. Folge sei es, dass die Kläger so gestellt werden müssten, als ob zum Zeitpunkt des Vertragsschlusses (des Unternehmenskaufvertrags) tatsächlich Forderungen der Gesellschaft in der durch die Bilanz ausgewiesene Höhe bestünden. Da der Restkaufpreisanspruch des Beklagten gegen die Kläger unstreitig bestehe, sei die Klage jedenfalls in Höhe des Differenzbetrags begründet.

In der Berufungsinstanz hielt der Beklagte seine Argumentation sowie die Widerklage im Wesentlichen aufrecht. Er trug vor, dass (i) das Garantieversprechen sich lediglich auf die subjektive Richtigkeit der Bilanz bezog, (ii) die Rechtsfolge der Naturalrestitution lediglich in der Erstellung einer zutreffenden Bilanz bestehen könne und (iii) den Klägern selber bereits kein Schaden entstanden sei, da die fehlgebuchten Forderungen sich allenfalls auf den Wert der Gesellschaft auswirken könnten.

Die Kläger trugen vor, dass ein Anspruch auf Naturalrestitution nicht bestünde; ihnen stünde vielmehr Schadensersatz in Geld zu. Hilfsweise beantragten sie die Zahlung an die Gesellschaft. Darauf entgegnete der Beklagte, dass es den Klägern dafür bereits an der Aktivlegitimation fehle. Bis zur vollständigen Kaufpreiszahlung sei der Beklagte Alleingesellschafter und die Kläger könnten insofern keine Ansprüche für die Gesellschaft geltend machen.

Im Ergebnis sah das OLG München die Berufung nur hinsichtlich des klägerseitig beantragten Schadensersatzes in Geld als begründet an.

Insbesondere habe das LG die Bilanzgarantie zutreffend als objektive Garantie gewürdigt; der „eindeutige Wortlaut“[514] sei insofern maßgeblich. Hinsichtlich der Rechtsfolgen habe der Beklagte die Gesellschaft so zu stellen, als bestünden die fehlerhaft gebuchten Forderungen noch. Die vom OLG als vorrangige Rechtsfolge angenommene Naturalrestitution sei – entgegen des klägerischen Vortrags – auch möglich und zumutbar. Sie sei auf die Begründung einer Forderung der Gesellschaft gegen den Beklagten in Höhe der fehlgebuchten Forderung gerichtet.

Bezüglich der vom Beklagten vorgetragenen fehlenden Aktivlegitimation führte das Gericht aus, dass die Kläger originär eigene Ansprüche aus dem Unternehmenskaufvertrag geltend machten. Ziel der mit der Bilanzgarantie statuierten Einstandspflicht sei es daher, die Gesellschaft so auszustatten, wie es der garantierte Jahresabschluss wiedergebe.

b) OLG Frankfurt a. M.

Das OLG Frankfurt a. M. hatte in seinem Urteil vom 07.05.2015 auch über eine Bilanzgarantie zu entscheiden.

In dem diesem Urteil zugrunde liegenden Sachverhalt verpflichtete sich die (klagende) Käuferin von GmbH-Anteilen, neben einem Kaufpreis i.H.v. EUR 675.000 auch Darlehen, welche die (beklagte) Verkäuferin der Gesellschaft gewährt hatte, i.H.v. maximal EUR 185.000 an die Verkäuferin zurück zu

514 OLG München, *Urteil* v. 30.03.2011 - 7 U 4226/10 = via juris, Rn. 35.

zahlen. Von dem vereinbarten Kaufpreis wurde zunächst ein Teilbetrag i.H.v. EUR 650.000 gezahlt; die insgesamt noch geschuldeten EUR 210.000 (bestehend aus dem Restkaufpreis sowie dem Darlehen) sollten in drei gleichen jährlichen Raten erbracht werden. Im Anteilskaufvertrag unterwarf die Klägerin sich der sofortigen Zwangsvollstreckung in ihr gesamtes Vermögen.

Im Weiteren enthielt der Anteilskaufvertrag eine – leider im Urteil nicht im exakten Wortlaut zitierte – Bilanzgarantie, nach welcher der Jahresabschluss 2007 mit der Sorgfalt eines ordentlichen Kaufmanns unter Beachtung der gesetzlichen Vorschriften erstellt worden sei und ein den tatsächlichen Verhältnissen entsprechendes Bild der Vermögens-, Finanz- und Ertragslage der Gesellschaft vermittle. Für den Garantiefall sei die Klägerin durch Schadensersatz in Geld so zu stellen, wie sie oder die Gesellschaft stehen würde, wenn die entsprechende Zusage zutreffend wäre.

Bei der Erstellung des Jahresabschlusses 2008 durch die Klägerin wurde der Jahresabschluss 2007 überprüft. Das damit betraute Steuerberatungsbüro kam dabei zu dem Ergebnis, dass die Bilanz unvollständig sei sowie gegen handelsrechtliche Ansatz- und Bewertungsvorschriften verstieße. Demnach sei bei korrekter Bilanzierung statt des ausgewiesenen Bilanzgewinns i.H.v. EUR 178.389,96 ein Jahresfehlbetrag i.H.v. EUR 29.141,84 gegeben.

Im Folgenden überwies die Klägerin weitere EUR 18.984,43 an die Beklagten und äußerte, dass damit alle weiteren Forderungen erfüllt seien; der Differenzbetrag zu den noch geschuldeten EUR 210.000 sei durch Aufrechnung erloschen. Die Klägerin machte die anhand eines Sachverständigengutachtens dargelegte Differenz bei den einzelnen Bilanzposten als Mindestschaden geltend. Die Bilanz sei auch maßgeblich für die Berechnung des Anteilskaufpreises gewesen; nähere Erläuterungen zum klägerseitigen Vortrag enthält das Urteil an dieser Stelle nicht. Zudem wurden Reparaturkosten für einen zum Firmenvermögen der Gesellschaft gehörenden Mobilkran, dessen Mängel seitens der Beklagten arglistig verschwiegen wurden, geltend gemacht.

Die Beklagten verteidigten sich mit der Auffassung, dass der Jahresabschluss 2007 nicht zu beanstanden sei. Daneben sei auch ein Schaden nicht hinreichend dargelegt worden, da das im Jahresabschluss ausgewiesene Jahresergebnis nur zu einem geringen Teil maßgeblich für den Kaufpreis gewesen sei.

Mit ihrer Klage wandte die Klägerin sich gegen die Zwangsvollstreckung aus dem notariellen Anteilskaufvertrag. Das erstinstanzlich zuständige LG Limburg a. d. Lahn gab der Vollstreckungsabwehrklage in vollem Umfang statt. In der Berufungsinstanz trugen die Beklagten vor, dass das LG (i) die Bilanzgarantie als Haftungsnorm verkannt sowie (ii) den Schaden unzutreffend berechnet habe.

Somit sei ein aufrechenbarer Gegenanspruch der Klägerin nicht gegeben. Die Berufung hatte teilweisen Erfolg.

Das OLG bestätigte zunächst das Vorliegen eines aufrechenbaren Gegenanspruchs. Dieser folge aus der Verletzung einer durch die Beklagten abgegebenen „harten" Bilanzgarantie. Nach der gerichtlichen Auslegung sagten sie damit zu, „[…] *dass zu einem bestimmten Zeitpunkt das durch die bilanziellen Kennziffern abgebildete wirtschaftliche Gerüst in der Ziel- GmbH vorhanden* […]" sei.[515] Insbesondere bei einem Mehrheitserwerb seien die Erwartungen eines Anteilskäufers an die Vermögens-, Finanz- und Ertragslage typischerweise maßgeblich sowohl für den Kaufentschluss als auch für die zugrunde liegende Kaufpreisberechnung. Im Weiteren setzte das OLG sich mit den einzelnen Bilanzposten auseinander, bestätigte dabei aber im Wesentlichen nur die erstinstanzliche Würdigung des klägerseitig vorgelegten Sachverständigengutachtens.

Explizit schloß das OLG daneben die Anwendung des § 442 BGB aus. Die Beklagte habe mit der Bilanzgarantie – unter Ausschluss der gesetzlichen Vorschriften zur Gewährleistung – die uneingeschränkte Haftung für die Richtigkeit des Jahresabschlusses 2007 übernommen. Eine Haftungsbeschränkung außerhalb der vertraglichen Regelung sei daher abzulehnen.

Hinsichtlich der Schadensberechnung des LG, das den Schaden in der Differenz zwischen dem fehlerhaften und dem korrekten Jahresabschluss sah, hatte die Berufung teilweise Erfolg. Das OLG führte diesbezüglich aus, dass der Schaden – was sich auch durch Auslegung der vertraglichen Vereinbarung ergebe – in der Differenz zwischen dem tatsächlichen und einem hypothetisch niedriger erzielbaren Kaufpreis auf Grundlage des zutreffenden Jahresabschlusses liege. Dieser Betrag müsse unter Berücksichtigung aller für die Kaufpreisermittlung maßgeblichen Umstände ermittelt werden; notfalls sei er nach § 287 ZPO zu schätzen.

Das Sachverständigengutachten, das eine ertragswertorientierte Unternehmensbewertung vornehme, sei für die Bewertung des Schadens jedenfalls ungeeignet. Maßgeblich ist lediglich der Jahresabschluss 2007; die Garantie beziehe sich nur auf diesen und lasse daher keinen Raum für die (regelmäßig auf mehrere Jahre rekurrierende) Ertragswertmethode.

Die vom OLG daraufhin vorgenommene Mindestschadensschätzung – aus der Erwägung heraus, dass der Klägerin zwar ein Schaden zustehe, dieser aber nicht fundiert zu beziffern sei – kam zu einer aufrechenbaren Schadensersatzforderung i.H.v. EUR 108.984,43 gegen den noch offenen Restkaufpreisanspruch

515 OLG Frankfurt a. M., *Urteil* v. 07.05.2015 - 26 U 35/12 = NZG 2016, 435, 436, Rn. 54.

i.H.v. EUR 191.015,57. Dabei ist der geltend gemachte Schaden am Mobilkran unberücksichtigt geblieben, da dieser bereits dem Grunde nach nicht hinreichend dargelegt wurde.

c) Stellungnahme

Beide Gerichte kommen in ihren Urteilen zu der Einschätzung, dass der jeweilige Verkäufer eine objektive oder „harte" Bilanzgarantie abgegeben habe, ohne dies jeweils gesondert oder vertieft argumentativ zu würdigen. Angesichts der insbesondere im Rahmen einer objektiven Bilanzgarantie auftretenden Problematiken ist dies überraschend. Die Konsequenz aus der gerichtlichen Auslegung ist die umfassende verschuldensunabhängige Haftung des Verkäufers als Garantiegeber, der somit auch für Umstände einstehen muss, die er weder kannte noch kennen konnte. Dieses immense, durch eine objektive Bilanzgarantie geschaffene Haftungsrisiko wird ein Verkäufer folglich – in aller Regel – nicht übernehmen wollen.

Die Formulierung der vom OLG München auszulegenden Bilanzgarantie entspricht in ganz wesentlichen Teilen dem Wortlaut des § 264 Abs. 2 S. 1 HGB. Obschon der Wortlaut der Garantie im Urteil des OLG Frankfurt a. M. nicht wörtlich zitiert ist, entspricht jedoch auch dort die wiedergegebene Passage weitgehend dem Wortlaut des § 264 Abs. 2 S. 1 HGB. Diese Norm, die das „*True and fair view*"- Prinzip kodifiziert, besagt allerdings keineswegs – dies wurde oben bereits ausführlich erörtert[516] –, dass ein Jahresabschluss objektiv mit der Realität übereinstimmen muss.[517]

Ähnlich wird die Auslegung der Bilanzgarantie durch das OLG Frankfurt am Main vorgenommen. Ohne sich im Einzelnen mit dem Ursprung des Wortlauts der Bilanzgarantie – der ausweislich der in der Urteilsbegründung wiedergegebenen Passagen auch hier wiederum in § 264 Abs. 2 S. 1 HGB zu finden ist – und dessen Konsequenzen auseinander zu setzen, wird anhand einer nicht näher begründeten Auslegung nach §§ 133, 157 BGB festgestellt, dass es sich um eine objektive Bilanzgarantie handeln müsse. Die Erwartungen des Erwerbers bezogen auf die Vermögens-, Finanz- und Ertragslage der Zielgesellschaft seien

---

516 Siehe dazu die Ausführungen unter D.II.3.a).

517 Vgl. bezüglich der Aussagekraft einer subjektiven Bilanzgarantie sowie § 264 Abs. 2 S. 1 HGB als Ansatzpunkt insbesondere auch die Ausführungen unter D.II.3; vgl. ferner *Böcking/Gros*, in: EBJS, HGB, Bd. 1, 3. Aufl. 2014, § 264 Rn. 24 f.; *Reiner*, in: MüKo-HGB, Bd. 4, 3. Aufl. 2013, § 264 Rn. 25; *Winkeljohann/Schellhorn*, in: BeBiKo, 10. Aufl. 2016, HGB § 264 Rn. 24; *Hoffmann*, NWB StuB 2016, S. 365, 366.

insoweit „[...] *typischerweise maßgeblich für den Kaufentschluss und die zugrunde liegende Kaufpreiskalkulation* [...]“[518], daher komme es eben nicht nur auf die Sorgfalt des ordentlichen Kaufmanns an, sondern auf eine vollständige und richtige Wiedergabe. Die vom Gericht angenommene Konsequenz daraus war, dass der Garantiegeber kenntnisunabhängig für die objektiv zutreffende Darstellung der Vermögens-, Finanz- und Ertragslage einzustehen hatte – und zwar auch für den Fall, dass unbekannte oder unvorhersehbare Umstände überhaupt keine Verletzung der handelsrechtlichen Bilanzierungsgrundlagen darstellten.[519] Der im Handelsbilanzrecht maßgebliche normativ-subjektive Fehlerbegriff findet sich in dieser Annahme jedenfalls nicht wieder.

Dass der Veräußerer sich tatsächlich auf eine kenntnisunabhängige Haftung für weder bekannte noch vorhersehbare Risiken einlassen würde, kann ohne ausdrückliche Vereinbarung im Unternehmenskaufvertrag jedoch nicht angenommen werden. Dies gilt umso mehr, wenn eine solche Haftung lediglich aus der Wiedergabe einer gesetzlichen Regelung (nämlich § 264 Abs. 2 S. 1 HGB) gefolgert wird, die ohnehin einzuhalten ist. Das OLG merkt hinsichtlich der Auslegung nach §§ 133, 157 BGB sogar zutreffend an, dass maßgeblich sei, was nach dem Empfängerhorizont des Adressaten unter Berücksichtigung der Parteiinteressen als Wille der Erklärenden verstanden werden könne.[520] Dass eine so umfassende und unkalkulierbare[521] Haftung auf der einen Seite jedenfalls nicht dem Interesse des Veräußerers entspricht und ein redlicher Erwerber einen solchen Haftungsumfang in den Verhandlungen zu einem Unternehmenskaufvertrag realistischerweise kaum fordern wird, hat das OLG dabei indes außer Acht gelassen.

Leider hat das OLG zudem die Revision zum BGH nicht zugelassen, unter anderem, da die Rechtssache keine grundsätzliche Bedeutung habe und auch nicht der Fortbildung des Rechts diene. Eine Revision und ein darauffolgendes höchstrichterliches Urteil, welches sich (i) genauer mit der Auslegung einer Bilanzgarantie und (ii) grundlegend mit der Reichweite einer Bilanzgarantie auseinandersetzt, wäre aus Sicht der Praxis sicherlich wünschenswert gewesen. Insoweit hätte ein Urteil des BGH womöglich jedenfalls zur Fortbildung der

518 OLG Frankfurt a. M., *Urteil* v. 07.05.2015 - 26 U 35/12 = NZG 2016, 435, 436.

519 Vgl. *Hennrichs*, NZG 2016, S. 1255, 1258, der diese Art der Haftung zutreffend charakterisiert als „[...] *Vermögensgarantie, die keine Bilanzgarantie mehr ist, sondern eine Einstandspflicht für nicht bilanzierungsfähige Risiken begründet.*“

520 OLG Frankfurt a. M., *Urteil* v. 07.05.2015 - 26 U 35/12 = NZG 2016, 435, 436.

521 Vgl. *Hennrichs*, NZG 2016, S. 1255, 1258.

Kautelarpraxis beitragen können. Vor diesem Hintergrund und dem Umstand, dass sowohl der Garantiekatalog als solcher, insbesondere aber auch die Bilanzgarantie von entscheidender Relevanz in einer Unternehmenstransaktion sein können, lässt sich die große und durchgehend kritische Resonanz auf dieses Urteil im Schrifttum erklären.[522]

522 Vgl. dazu die Nachweise zum relevanten Schrifttum in Fn. 513.

E. Die Rechtsfolgenseite von Bilanzgarantien

Wie im vorangegangenen Kapitel gezeigt, kann bereits der Tatbestand einer Bilanzgarantie zahlreiche Fragen aufwerfen. Dabei stellt der Tatbestand jedoch nur eine Komponente einer Garantie dar, nämlich die haftungsbegründende Ebene. Die zweite Komponente, die haftungsausfüllende Ebene, beinhaltet die Rechtsfolgen einer Garantieverletzung. Wie zu zeigen sein wird, beinhaltet auch die haftungsausfüllende Ebene einige Probleme, derer sich die Parteien bei einem Unternehmenskauf bewusst sein sollten. Da jedenfalls die hier maßgeblichen Bilanzgarantien als selbständige Garantien im Sinne des § 311 Abs. 1 BGB eigenständige Verträge darstellen, ergibt sich die Rechtsfolge insofern primär aus den vertraglichen Regelungen. Grundsätzlich sind die Parteien in der Vereinbarung von Rechtsfolgen insofern frei; eine Rechtsfolgenregelung könnte also beispielsweise auch lauten:

> „*Wurde eine der in § X dieses Unternehmenskaufvertrags abgegebenen Garantien verletzt, zahlt der Veräußerer dem Erwerber innerhalb von 5 Bankarbeitstagen die Summe Y.*“

Obgleich damit flexible und auf die jeweilige – von Transaktion zu Transaktion unterschiedliche – Konstellation zugeschnittene Rechtsfolgenregelungen möglich und aufgrund der regelmäßig abbedungenen gesetzlichen Haftungsordnung auch als grundsätzlich sinnvoll anzusehen sind[523], finden sich in Unternehmenskaufverträgen regelmäßig generische und damit häufig auch sehr ähnliche Klauseln, deren Anknüpfungspunkt die dispositiven Regelungen[524] der §§ 249 ff. BGB sind. Primär sollen dabei die §§ 249, 251 BGB betrachtet werden, die aus wirtschaftlicher Sicht den maßgeblichen Einfluss auf die Rechtsfolgenseite einer Bilanzgarantie haben.

---

523 Vgl. für eine dezidiert angepasste Rechtsfolgenregelung *Elsing*, in: FS Haarmann, S. 37 f.; *Becker/Voß*, in: Knott/Mielke (Hrsg.), Vertragskommentar Unternehmenskauf, Erläuterungen zu Muster 1, Rn. 1038; *Hamann*, in: Drygala/Wächter (Hrsg.), Tagungsband Leipziger Konferenz M&A 2014, S. 175, 180; *Hennrichs*, NZG 2014, S. 1001, 1006; *Hilgard*, ZIP 2005, S. 1813, 1815; *von Braunschweig*, DB 2002, S. 1815, 1815 f.; *Binz/Freudenberg*, DStR 1991, S. 1629, 1631; dagegen *Weißhaupt*, BB 2013, S. 2947, 2953, der die Problematik unzureichend angepasster Rechtsfolgen als „[…] *letztlich unvermeidbar* […]“ ansieht und eine speziell auf die Bilanzgarantie angepasste Rechtsfolgenregelung als „[…] *unnötiges Over-Engineering* […]“ ansieht.

524 Vgl. *Schiemann*, in: Staudinger, BGB, Buch 2 (§§ 249-254), Neubearbeitung 2017, Vorbem zu §§ 249 ff. Rn. 11; *Oetker*, in: MüKo-BGB, Bd. 2, 7. Aufl. 2016, § 249 Rn. 6.

Die grundlegende Ratio einer Bilanzgarantie ist, dass sie eine gegenüber dem dispositiven Gesetzesrecht besser auf die Materie des Unternehmenskaufs und die Interessen der Parteien abgestimmte Regelung darstellt. Insbesondere soll daher im Folgenden auch die Frage beleuchtet werden, inwieweit es zweckmäßig ist, hinsichtlich der Rechtsfolgen einer solchen Garantie wiederum auf das Gesetzesrecht zurück zu greifen – denn dieses soll durch die Bilanzgarantie ja eben nicht zur Anwendung kommen, jedenfalls nicht auf der haftungsbegründenden Ebene.

I. Die dogmatische Einordnung der Rechtsfolge

Es bestehen zwei grundlegende Ansichten hinsichtlich der dogmatischen Einordnung der Rechtsfolge einer Garantieverletzung. So betrachten unter anderem *Semler*[525] und *Picot*[526] die Rechtsfolge als Erfüllungsanspruch, wobei jedoch keine klare Abgrenzung vorgenommen wird: Denn die aus einem primären Erfüllungsanspruch folgende Pflicht ist dogmatisch nicht identisch mit der Pflicht zur Naturalrestitution.[527] Obschon sowohl Erfüllungs- als auch Naturalrestitutionspflicht in wirtschaftlicher Hinsicht wohl oftmals auf das gleiche Ergebnis hinauslaufen, ist dennoch zu berücksichtigen, dass bei der Annahme

---

525 *Semler*, in: Hölters (Hrsg.), Handbuch Unternehmenskauf, Teil 7 Rn. 7.249, 7.251; vgl. daneben *Luka*, in: Birk/Pöllath/Saenger (Hrsg.), Forum Unternehmenskauf 2006, S. 157, 174 f.

526 *Picot*, in: Müller-Stewens/Kunisch/Binder (Hrsg.), Mergers & Acquisitions Handbuch, S. 553, 570, der jedoch insofern widersprüchlich zu seiner Annahme eines Erfüllungsanspruchs ausführt, dass der „[…] *Verkäufer den Zustand herzustellen* [hat], *der bestehen würde, wenn das Garantieversprechen erfüllt worden wäre* […].“ Dies widerspricht terminologisch der Annahme eines aus der Garantie folgenden Erfüllungsanspruchs; denn so gesehen ist die Nichtverletzung der Garantie die Erfüllung, während die Rechtsfolge auf der Sekundärebene Naturalrestitution wäre.

527 *Semler*, in: Hölters (Hrsg.), Handbuch Unternehmenskauf, Teil 7 Rn. 7.249 verkennt dies, in dem er sagt: „*Im Falle einer Garantieübernahme trifft den Verkäufer mangels anderweitiger Vertragsbestimmung primär eine Erfüllungspflicht und, falls er dieser nicht nachkommt, die verschuldensunabhängige Verpflichtung, den durch das Nichtvorhandensein oder den Nichteintritt des garantierten Umstandes verursachten Nachteil in Geld auszugleichen (Schadloshaltung).*“ In dieser Darstellung ist, sofern man „Schadloshaltung“ als Schadenskompensation im Sinne des § 251 Abs. 1 BGB ansieht – und diese Interpretation ist nach dem Wortlaut *Semlers* naheliegend –, die primär vorzunehmende Naturalrestitution nicht berücksichtigt. Richtigerweise müssten sich die Eskalationsstufen auf der Rechtsfolgenseite wie folgt darstellen: (i) Erfüllungspflicht, (ii) Naturalrestitution und (iii) Schadloshaltung (also Schadenskompensation).

eines Erfüllungsanspruchs gewissermaßen eine zusätzliche „Ebene“ (im Vergleich zu den zwei Ebenen des Schadensrechts, der Naturalrestitution und der Schadenskompensation) gegeben ist. Primär besteht zunächst der vertragliche Erfüllungsanspruch. Erst wenn der Garantiegeber diesem im Falle einer Garantieverletzung nicht nachkommt, greift der Mechanismus der §§ 249 ff. BGB, also Naturalrestitution und gegebenenfalls Schadenskompensation in Geld. *Wächter* bemerkt dazu zutreffend, dass der Anspruch auf Naturalrestitution (in *Wächters* Terminologie: „*Naturalherstellung*“) eben auch ein Herstellungsanspruch sei und insofern inhaltlich durchaus mit dem Erfüllungsanspruch (der auf die Herstellung des garantierten Zustands geht) vergleichbar oder gar identisch sein könne.[528]

Im Gegensatz dazu vertritt der BGH, dass die Rechtsfolge einer Garantieverletzung ein Schadensersatzanspruch sei und als Konsequenz daraus unmittelbar die §§ 249 ff. BGB anwendbar seien:

> *„Der Umfang dieser auf Erfüllung gerichteten Pflicht bestimmt sich nach den Grundsätzen des Schadensersatzrechts. Danach finden die §§ 249 ff. BGB auf die Garantieverpflichtung Anwendung. Der Garantieschuldner hat im Falle der Gewährleistung den Gläubiger so zu stellen, als ob der garantierte Erfolg eingetreten oder der Schaden nicht entstanden wäre* […].“[529]

Auch wenn hier von einer „*auf Erfüllung gerichteten Pflicht*“ die Rede ist, wird durch die Klarstellung, dass der Gläubiger so zu stellen sei, als ob der Schaden nicht entstanden wäre, deutlich, dass damit die primäre Pflicht zur Naturalrestitution gemeint ist.[530] Dies verdeutlicht wiederum die großen Ähnlichkeiten zwischen Erfüllungs- und Naturalrestitutionsanspruch. Obschon dieser Meinungsstreit aus der wirtschaftlichen Sicht der Parteien aufgrund der wohl in den meisten Fällen gleichen Ergebnisse keine allzu große Relevanz haben dürfte, ist der Unterschied dennoch zu berücksichtigen. So kann der Erwerber dem Veräußerer bei der Annahme eines vertraglichen Erfüllungsanspruchs aus

528 Vgl. *Wächter*, M & A Litigation, 3. Aufl. 2017, Rn. 5.69.

529 BGH, *Urteil* v. 15.03.2006 - VIII ZR 120/04 = NJW-RR 2006, 1185, 1187 f. sowie auch BGH, *Urteil* v. 10.02.1999 - VIII ZR 70/98 = NJW 1999, 1542, 1544.

530 In diese Richtung grundlegend auch bereits BGH, *Urteil* v. 16.12.1960 - II ZR 137/59 = via juris, wo es in Tz. 29 heißt: „*Das Wesen der Garantie* […] *liegt darin, daß eine Verpflichtung zur Schadloshaltung übernommen wird, falls der garantierte Erfolg nicht eintritt* […]. *Im Falle der Forderungsgarantie bedeutet dies, daß dem Gläubiger Ersatz desjenigen Schadens versprochen wird, den er erleidet, wenn die Forderung nicht oder nicht rechtzeitig ein geht* […]. *Auf den Umfang der Verpflichtung sind daher die Grundsätze des Schadensersatzrechts anzuwenden* […].“

einer Garantieverletzung jedenfalls nicht direkt eine Frist im Sinne des § 250 BGB setzen, nach deren fruchtlosem Ablauf er Schadenskompensation in Geld verlangen kann. Aus der kautelarpraktischen Perspektive kann – je nach vertretenem Standpunkt – durch eindeutige Klauseln festgelegt werden, ob im Falle der Garantieverletzung primär der Erfüllungsanspruch bestehen oder direkt das Schadensrecht der §§ 249 ff. BGB (oder vergleichbare individuelle Regelungen, die sich jedoch in ihrer Konstruktion oftmals an den §§ 249, 251 BGB anlehnen) einschlägig sein soll.

Eine eindeutige Entscheidung für einen der beiden vertretenen Standpunkte ist schwierig zu treffen.[531] In der Praxis dürfte der Unterschied kaum ins Gewicht fallen, da Erfüllungs- und Naturalrestitutionsanspruch in den wohl meisten Fällen identisch sein dürften: Ob nun der Zustand hergestellt werden muss, der garantiert wurde, oder der Zustand hergestellt werden muss, der ohne Garantieverletzung bestünde, ist letztlich einerlei. Dennoch ist die Annahme eines Erfüllungsanspruchs aus der dogmatischen Perspektive heraus abzulehnen. Die Garantie als solche beschreibt in ihrem Tatbestand einen haftungsbegründenden Zustand oder Umstand. Liegt dieser wie garantiert vor, wird damit also praktisch „erfüllt", ist die Garantie nicht verletzt und die haftungsausfüllende Rechtsfolgenseite insoweit irrelevant, das heißt, es besteht dann auch kein primärer Anspruch auf „Erfüllung der Garantie".[532] Der Mechanismus der Garantie greift erst dann ein, wenn sie verletzt wird und ein Zustand oder Umstand entgegen der Garantie nicht (oder jedenfalls nicht so wie garantiert) vorliegt. Wird die Garantie – wie in einem Unternehmenskaufvertrag üblich[533] – auf einen bestimmten Zeitpunkt abgegeben, zum Beispiel auf das Closing, und ist sie zu diesem Zeitpunkt verletzt, ist eine daran anschließende sekundärrechtliche Rechtsfolge nur konsequent.[534]

531 Diesbezüglich treffend *Wächter*, M & A Litigation, 3. Aufl. 2017, Rn. 5.70: „[…] *zwingende Gesichtspunkte für die eine oder andere Konstruktion* [sind] *nicht ersichtlich.*"

532 Der Tatbestand der Garantie ist insofern eher deskriptiv zu verstehen. Er legt nicht einzelne Tatbestandsvoraussetzungen fest, die für einen Anspruch vorliegen müssen, sondern beschreibt einen Umstand oder Zustand. Für einen Anspruch aus der Garantie ist relevant, ob dieser Umstand oder Zustand wie garantiert vorliegt oder sich anders darstellt. Im letzteren Fall läge dann eine Garantieverletzung vor.

533 Vgl. den beispielhaften und in dieser Form regelmäßig zu findenden Formulierungsvorschlag von *Bergjan*, in: Drygala/Wächter (Hrsg.), Tagungsband Leipziger Konferenz M&A 2014, S. 61, 65 sowie bei *Picot*, in: Römermann (Hrsg.), MAH GmbH-Recht, § 21 Rn. 142; allgemein dazu auch *Bisle*, DStR 2013, S. 364, 365.

534 Gegebenenfalls kann in der Garantieabgabe auf einen bestimmten Zeitpunkt ein absolutes Fixgeschäft gesehen werden; eine Garantieverletzung zu diesem Zeitpunkt würde

Dafür spricht auch eine Praktikabilitätserwägung, die insbesondere aus Sicht des Veräußerers gegebenenfalls relevant sein kann. Ist die Rechtsfolge einer Garantieverletzung ein sekundärer Schadensersatzanspruch, kann darauf grundsätzlich – und sofern nicht im Unternehmenskaufvertrag abbedungen – § 254 BGB angewandt werden. Dies hat zur Folge, dass der Veräußerer dem Erwerber unter Umständen dessen Schadensminderungspflicht entgegenhalten kann, was bei der Annahme eines Erfüllungsanspruchs nicht möglich wäre.[535]

Durch die Naturalrestitution gemäß § 249 Abs. 1 BGB kann dem Interesse des Geschädigten auf „tatsächlicher Ebene" durch Herstellung des hypothetisch bestehenden Zustands ohne die Garantieverletzung Rechnung getragen werden. Anderenfalls ist der Geschädigte über § 251 Abs. 1 BGB auf die monetäre Schadenskompensation verwiesen. Die Annahme eines Schadensersatzanspruchs stellt damit eine grundsätzlich interessengerechte Lösung dar; eines Umwegs über die Annahme eines primär zu berücksichtigenden vertraglichen Erfüllungsanspruchs bedarf es insofern nicht.[536]

II. Der Bezugspunkt der Garantieverletzung im Tatbestand

Zunächst ist bei einer (behaupteten) Garantieverletzung zu klären, worin genau diese liegt. Diese Frage ist an der Schnittstelle zwischen Tatbestand und Rechtsfolge relevant und vordergründig vermeintlich einfach zu beantworten. Ist eine Bilanzgarantie zwischen den Parteien vereinbart worden, und wurde – in nachweisbarer Weise – beispielsweise gegen eine einschlägige Vorschrift des HGB verstoßen, liegt eine Garantieverletzung vor. Im Einzelnen kann dies jedoch problematisch sein. Liegt der die Garantieverletzung begründende Fehler des Jahresabschlusses in einem einzelnen Wertansatz, stellt also womöglich lediglich eine „Bagatelle" dar, ist fraglich, ob dies bereits zu einer relevanten Garantieverletzung führen soll. Zwar werden regelmäßig entsprechende Haftungsbeschränkungen vereinbart, sodass eine solche Bagatellverletzung womöglich unterhalb

---

dann die Unmöglichkeit der primären Leistungspflicht bedeuten und damit ohnehin zu den sekundärrechtlichen Ansprüchen des Geschädigten führen. Dies soll jedoch vorliegend nicht detailliert ausgeführt werden.

535 Vgl. dazu mit weiteren Nachweisen zur höchstrichterlichen Rechtsprechung BGH, *Urteil* v. 16.11.2005 - IV ZR 120/04 = NJW-RR 2006, 394, 396: „*Gegenüber Erfüllungsansprüchen ist § 254 BGB jedoch nicht anwendbar* [...]."

536 So im Ergebnis, aber ohne nähere Begründung auch *Meyer-Sparenberg*, in: Meyer-Sparenberg/Jäckle (Hrsg.), Beck'sches M&A-Handbuch, § 45 Rn. 2, 16.

der De-minimis-Schwelle bleibt und daher bereits nicht geltend gemacht werden darf.[537] Allerdings ist die Vereinbarung solcher Beschränkungen kein Automatismus; insofern ist es zweckmäßig, die Bilanzgarantie als solche entsprechend auszugestalten.

Daneben sind rechtsfolgenseitige Formulierungen wie *„Ist eine der in § X enthaltenen Garantien ganz oder teilweise unrichtig,* [...]“[538] jedenfalls dann im Rahmen von Post-M&A-Streitigkeiten womöglich problematisch, wenn nicht identifiziert werden kann, ab welchem „Grad der Verletzung“ eine Garantie „teilweise unrichtig“ und damit bereits eine Garantieverletzung gegeben ist. Auch für die Ermittlung des ersatzfähigen Schadens muss identifizierbar sein, worin genau die Garantieverletzung liegt. Wird das gesetzliche Gewährleistungs- und Haftungssystem abbedungen, kann das individualvertragliche Haftungsregime ein vergleichbares Schutzniveau für die Parteien durch die Gestaltung der frei zu vereinbarenden und auf die jeweilige Konstellation anpassbaren Regelungen bereitstellen. Wird diese Möglichkeit nicht genutzt, besteht jedenfalls die Gefahr, dass im Rahmen von (womöglich vermeidbaren) Post-M&A-Streitigkeiten zeit- und kostenintensiv über die Auslegung des Unternehmenskaufvertrags gestritten wird. Insofern ist im Rahmen der Bilanzgarantie auf eine klare und eindeutige Formulierung des Tatbestands zu achten, um jedenfalls in technischer Hinsicht streitige Auslegungsfragen im Idealfall vermeiden zu können.

III. Der relevante Schaden

Neben der Frage der Garantieverletzung stellt sich auf der zweiten, haftungsausfüllenden Ebene die Frage, welcher Schaden im Rahmen einer Bilanzgarantieverletzung maßgeblich ist. Grundlegend richtet sich der Ersatzanspruch des Erwerbers bei einer Garantieverletzung auf das positive Interesse; der Erwerber ist mithin so zu stellen, wie er stünde, wenn die Garantie nicht verletzt wäre. Die Ermittlung richtet sich im Allgemeinen – also bei fehlenden vertraglichen Abreden – nach den im Folgenden noch zu erörternden Grundprinzipien des Schadensrechts.[539]

537 Siehe zu Haftungsbeschränkungen die Ausführungen unter C.III.5.

538 So die Formulierung bei *Meyer-Sparenberg*, in: Hoffmann-Becking/Gebele/Bartsch (Hrsg.), Beck-FB BHW, Muster III. A. 16. § 6 (1).

539 Vgl. dazu die Ausführungen unter E.IV.

1. Ausgangspunkt der Schadensberechnung

Der „inhaltliche" Ausgangspunkt für die Berechnung des Schadens bei einem Unternehmenskauf besteht nach der Rechtsprechung des BGH grundlegend im durch den Schaden verursachten Minderwert der Zielgesellschaft.[540] Jedoch ist dessen Ausgangspunkt wiederum umstritten, da nicht eindeutig zu bestimmen ist, worin der „richtige Wert" des Unternehmens liegen soll. Einerseits kann dies der Kaufpreis (als Ergebnis der privatautonomen Vereinbarung der Parteien) sein, andererseits ein möglichst objektiver Unternehmenswert. *Meyer-Sparenberg* plädiert an dieser Stelle für den objektiven Unternehmenswert (der in dieser Eindeutigkeit freilich nicht existiert), um ein eigentlich nicht wertrelevantes, vom Erwerber gegebenenfalls gezahltes „Premium" nicht in die Schadensberechnung einzubeziehen.[541] Dieses Argument erscheint jedoch keinesfalls zwingend. *Wächter* argumentiert formeller, aber in eine ähnliche Richtung: Der Unternehmenswert stelle die Leistung auf Veräußererseite, der Kaufpreis die Leistung auf Erwerberseite dar; diese unterschiedlichen Ebenen dürften jedoch nicht vermischt oder verwechselt werden.[542] Dass Unternehmenswert und Kaufpreis nicht gleichzusetzen sind, ist nicht von der Hand zu weisen. Für den Kaufpreis als Ausgangspunkt sprechen zunächst jedoch praktische Erwägungen: Denn letztlich drückt sich im vereinbarten Kaufpreis das aus, was die Parteien – insbesondere der Erwerber – der Zielgesellschaft privatautonom an Wert beimessen. Besteht nun zwischen den Parteien nachträgliche Uneinigkeit über diesen Wert, erscheint es naheliegend, diesen Wert auch der Anpassung um einen etwaigen Minderwert zugrunde zu legen. Prozessual hat dies den Vorteil, dass nicht erst ein langwieriges Unternehmensbewertungsverfahren zur Ermittlung eines möglichst objektiven Werts durchgeführt werden muss, dessen Ergebnis womöglich gänzlich losgelöst von den Vereinbarungen der Parteien erscheint.

Indes: Dogmatisch vermag das Festhalten am Kaufpreis als maßgeblichem Ausgangswert nicht zu überzeugen. Denn der Ausgangspunkt der Rechtsprechung für die Schadensberechnung beim zu ersetzenden positiven Interesse ist explizit der Minderwert der Zielgesellschaft und nicht der zu viel gezahlte

---

540 Vgl. BGH, *Urteil* v. 15.03.2006 - VIII ZR 120/04 = NJW-RR 2006, 1185; dazu auch *Meyer-Sparenberg*, in: Meyer-Sparenberg/Jäckle (Hrsg.), Beck'sches M&A-Handbuch, § 45 Rn. 34 f.

541 Vgl. *Meyer-Sparenberg*, in: Meyer-Sparenberg/Jäckle (Hrsg.), Beck'sches M&A-Handbuch, § 45 Rn. 35.

542 Vgl. instruktiv *Wächter*, M & A Litigation, 3. Aufl. 2017, Rn. 10.25.

Kaufpreis.[543] Dies entspricht dem im Rahmen der Schadenskompensation gemäß § 251 BGB maßgeblichen objektiven Wert.[544] Dieser objektive Wert kann jedenfalls nicht in einem grundsätzlich frei zu vereinbarenden – und oftmals von subjektiven Faktoren beeinflussten – Kaufpreis erblickt werden. Dass die Ebenen „Unternehmenswert" und „Kaufpreis" nicht identisch sind, dürfte insoweit unstreitig sein. Die Implikation dieser Annahme – nämlich die Durchführung einer Unternehmensbewertung zur Ermittlung eines möglichst objektiven Unternehmenswerts – ist dabei unvermeidlich. Indes sind die §§ 249 ff. BGB dispositiv[545]; es wäre den Parteien eines Unternehmenskaufvertrags demnach freigestellt, entsprechend dem eigenständigen Haftungssystem auch ein eigenständiges Rechtsfolgensystem unter Ausschluss der gesetzlichen Vorgaben zu vereinbaren. Damit können die relevanten Schadenspositionen beispielsweise auf die direkten, auf der Ebene der Zielgesellschaft eingetretenen Schäden begrenzt werden[546]; auch kann vereinbart werden, dass Folgeschäden oder entgangener Gewinn der Zielgesellschaft nicht ersatzfähig sein sollen. Ein sich am objektiven Wert des Unternehmens orientierendes, vertraglich im Einzelfall geschaffenes System dürfte zwar angesichts der Komplexität der Bewertung eines Unternehmens die Ausnahme bleiben[547]; alternativ sind dann jedoch die vorstehend genannten Möglichkeiten eröffnet oder aber die gesetzlichen Vorgaben hinzunehmen.

Im Falle einer Garantieverletzung liegt der Ausgangspunkt der Ermittlung des relevanten Schadens nach Maßgabe der §§ 249, 251 BGB im Minderwert der Zielgesellschaft, also der Differenz zwischen einem (möglichst) objektiven, „richtigen" Unternehmenswert und dem aufgrund der Garantieverletzung geminderten Wert. Entspricht dies nicht den Interessen der Parteien, ist es aufgrund der

---

543 Anders ist dies bei der Haftung aus c.i.c., bei der das negative Interesse zu ersetzen ist; dabei kann der Erwerber beanspruchen, so gestellt zu werden, als ob es ihm in Kenntnis der Täuschung gelungen wäre, einen Kaufvertrag mit einem niedrigeren Kaufpreis zu schließen; vgl. BGH, *Urteil* v. 25.05.1977 - VIII ZR 186/75 = NJW 1977, 1536, 1536 sowie instruktiv *Elsing*, in: FS Haarmann, S. 23, 40 ff.

544 *Oetker*, in: MüKo-BGB, Bd. 2, 7. Aufl. 2016, § 251 Rn. 4 führt dazu beispielsweise aus: *„An die Stelle der Restitution tritt die Kompensation durch Ersatz des objektiven Werts."*

545 Vgl. *Schiemann*, in: Staudinger, BGB, Buch 2 (§§ 249-254), Neubearbeitung 2017, Vorbem zu §§ 249 ff. Rn. 11.

546 In diese Richtung geht auch *Meyer-Sparenberg*, in: Meyer-Sparenberg/Jäckle (Hrsg.), Beck'sches M&A-Handbuch, § 45 Rn. 38.

547 Vgl. dahingehend auch *Mellert*, BB 2011, S. 1667, 1669 f.; *Meyer-Sparenberg*, in: Meyer-Sparenberg/Jäckle (Hrsg.), Beck'sches M&A-Handbuch, § 45 Rn. 36.

dispositiven Regelungen in §§ 249, 251 BGB möglich, ein eigenständiges Rechtsfolgenregime zu vereinbaren. Damit können langwierige und mit Unsicherheit behaftete Unternehmensbewertungsverfahren vermieden werden, wenn es im Nachgang einer Transaktion tatsächlich zu einer Auseinandersetzung kommt.

2. Die Aktivlegitimation des Erwerbers zur Geltendmachung des Schadens

Grundsätzlich muss im Rahmen des Unternehmenskaufs zwischen dem Schaden des (Ziel-)Unternehmens und dem Schaden des Erwerbers differenziert werden, jedenfalls dann, wenn ein Unternehmen im Rahmen eines *share deals* verkauft wird.[548] Immer dann, wenn es sich beim Zielunternehmen nicht um eine Personengesellschaft, sondern eine Körperschaft, also beispielsweise eine GmbH[549] oder eine AG[550], und damit um eine eigenständige juristische Person handelt, ist strikt zwischen dem Unternehmen und dem Erwerber zu trennen.

Zum Teil wird darauf hingewiesen, dass aufgrund des Gläubigerinteresses beziehungsweise des Tatbestandsprinzips[551] problematisch sei, dass der Zielgesellschaft bei einer Garantieverletzung zwar ein Schaden entstanden sei, dieser aber mangels eines eigenen Anspruchs der Zielgesellschaft nur durch den (insofern durch den Unternehmenskaufvertrag anspruchsberechtigten) Erwerber geltend gemacht werden könne.[552] In diesem Rahmen wird alsdann auf die Möglichkeit einer Drittschadensliquidation verwiesen, die – jedenfalls bei vertraglicher Vereinbarung einer sogenannten „Rechtsfolgenklausel“ [553] – in einer

548 So auch *Wächter*, M & A Litigation, 3. Aufl. 2017, Rn. 12.425, der bei seinen Ausführungen zu den „Dreiecksproblemen“ zutreffend feststellt, dass das Zielunternehmen im Rahmen eines asset deals direkt auf den Erwerber übergeht und dieser daher auch unproblematisch dessen Schäden liquidieren kann.

549 § 13 Abs. 1 GmbHG; die Parteifähigkeit folgt aus § 13 Abs. 1 GmbHG i.V.m. § 50 Abs. 1 ZPO.

550 § 1 Abs. 1 S. 1 AktG; hier folgt die Parteifähigkeit aus § 1 Abs. 1 S. 1 AktG i.V.m. § 50 Abs. 1 ZPO.

551 *Oetker*, in: MüKo-BGB, Bd. 2, 7. Aufl. 2016, § 249 Rn. 280; *Brand*, Schadensersatzrecht, § 4 Rn. 1.

552 *Wächter*, M & A Litigation, 3. Aufl. 2017, Rn. 12.425 ff. bezeichnet diese Konstellation als „Dreiecksprobleme“; vgl. dazu auch *Wächter*, in: Drygala/Wächter (Hrsg.), Tagungsband Leipziger Konferenz M&A 2014, S. 225 ff.

553 Anderenfalls fehlt es an der notwendigen Zufälligkeit der Schadensverlagerung; zudem lässt sich die Situation eines Unternehmenskaufs nicht in die anerkannten Fallgruppen (s. Nachweis in Fn. 554) einordnen; insoweit zutreffend *Brand*, in: Drygala/Wächter (Hrsg.), Tagungsband Leipziger Konferenz M&A 2014, S. 297, 316 f.; zur

solchen Konstellation zulässig und anzuwenden sei und durch die das Dogma des Gläubigerinteresses durchbrochen werde.[554]

Diese Ausgangslage ist zunächst zu präzisieren. Sind keine eigenständigen Rechtsfolgen im Falle einer Garantieverletzung von den Parteien vereinbart worden, ist der maßgebliche Ausgangspunkt der Schadensberechnung der Minderwert der Zielgesellschaft.[555] Dieser stellt jedoch keinen direkten Schaden der Zielgesellschaft dar, denn der Minderwert beeinträchtigt nicht die Zielgesellschaft als solche, sondern lediglich die wirtschaftlichen Interessen des Erwerbers. Damit ist die grundlegende Voraussetzung einer Drittschadensliquidation bereits nicht gegeben, denn es findet folglich auch keine Schadensverlagerung statt.[556] Der Schaden – also die Differenz zwischen dem hypothetisch niedrigerem und tatsächlichen Unternehmenswert der Zielgesellschaft – ist ein Schaden des Erwerbers; für die Zielgesellschaft entsteht durch eine geänderte Unternehmensbewertung kein Schaden. Der (anspruchsberechtigte) Erwerber macht seinen eigenen Schaden geltend, der zwar die Zielgesellschaft unmittelbar betrifft, jedoch nicht deren Schaden ist.[557] Insofern kann in dem gewissermaßen nur „nach außen wirkenden" Faktor des Minderwerts, der nicht die Substanz der Zielgesellschaft betrifft, zwar ein wertbildender Faktor, aber kein Schaden der Zielgesellschaft erblickt werden.[558]

Ähnlich liegt es dann, wenn vertraglich vereinbart wurde, dass der Minderwert der Zielgesellschaft nicht die maßgebliche Bezugsgröße der Schadensberechnung sein soll, sondern beispielsweise nur direkte Schadenspositionen

Rechtsfolgenklausel vgl. weiterhin *Oetker*, in: MüKo-BGB, Bd. 2, 7. Aufl. 2016, § 249 Rn. 307; *Schiemann*, in: Staudinger, BGB, Buch 2 (§§ 249-254), Neubearbeitung 2017, Vorbem zu §§ 249 ff. Rn. 68; *Brand*, Schadensersatzrecht, § 4 Rn. 17, jeweils m.w.N.

554 Vgl. *Oetker*, in: MüKo-BGB, Bd. 2, 7. Aufl. 2016, § 249 Rn. 293; *Schiemann*, in: Staudinger, BGB, Buch 2 (§§ 249-254), Neubearbeitung 2017, Vorbem zu §§ 249 ff. Rn. 62; zu den anerkannten Fallgruppen der Drittschadensliquidation vgl. auch *Brand*, Schadensersatzrecht, § 4 Rn. 16 ff.

555 Vgl. dazu die Ausführungen unter E.III.1.

556 So im Ergebnis wohl auch *Elsing*, in: FS Haarmann, S. 23, 45;

557 Vgl. *Meyer-Sparenberg*, in: Meyer-Sparenberg/Jäckle (Hrsg.), Beck'sches M&A-Handbuch, § 45 Rn. 38, der dies im Ergebnis ähnlich sieht.

558 Dies ist letztlich mit der zu § 119 Abs. 2 BGB herausgebildeten Dogmatik vergleichbar, wonach der Kaufpreis und der Wert einer Sache keine Eigenschaften der Sache als solcher darstellen, sondern lediglich das Produkt wertbildender Faktoren sind; vgl. dazu *Armbrüster*, in: MüKo-BGB, Bd. 1, 7. Aufl. 2015, § 119 Rn. 131 mit zahlreichen Nachweisen zu der entsprechenden Rechtsprechung; ferner *Ellenberger*, in: Palandt, 76. Aufl. 2017, § 119 Rn. 23 ff.

ersatzfähig sein sollen.[559] Werden beispielsweise Reparaturkosten für eine defekte Maschine geltend gemacht, handelt es sich auch dabei nicht um einen Schaden, der der Zielgesellschaft entstanden ist, sondern um einen originären Schaden des Erwerbers. Der Schaden wird aufgrund der Verletzung der Garantie, wonach die Zielgesellschaft zum Beispiel über alle Mittel verfügt, um den ordnungsgemäßen Geschäftsgang aufrecht zu erhalten, geltend gemacht. Diese Garantie besagt, dass die Maschinen der Zielgesellschaft ordnungsgemäß funktionieren. Die Reparaturkosten einer „garantiewidrig" defekten Maschine kann der Erwerber aufgrund der Garantie vom Veräußerer ersetzt verlangen. Auf dieser Grundlage lässt sich ein Schaden errechnen; dieser ist jedoch nicht auf der Ebene der Zielgesellschaft entstanden. Nähme man einen hypothetischen Vermögensvergleich vor, ergäbe sich, dass sich bei der Zielgesellschaft rein gar nichts durch die Garantieverletzung als haftungsbegründendem Ereignis geändert hat. Die Maschine ist unabhängig vom Unternehmenskaufvertrag und darin enthaltenen Garantieaussagen defekt. Somit besteht auch in diesem Fall kein aus der Garantieverletzung resultierender Schaden des Unternehmens, sondern ein Schaden des Erwerbers (der in Kenntnis einer defekten Maschine womöglich einen geringeren Kaufpreis gezahlt hätte[560]).

Es bleibt festzuhalten, dass es eines Rückgriffs auf die Drittschadensliquidation in den vorstehend aufgezeigten Konstellationen nicht bedarf, da es bereits an einer Schadensverlagerung fehlt. Zwar liegt es zunächst nahe, den Schaden auf der Ebene der Zielgesellschaft zu verorten; dies entspricht aber letztlich – wie gezeigt – nicht der tatsächlichen Situation. Der Schaden bei einer Garantieverletzung ist ein Schaden des Erwerbers, der zur Geltendmachung dieses Schadens dann auch aktivlegitimiert ist. Das Dogma des Gläubigerinteresses bleibt unangetastet. Dies ändert auch die Tatsache, dass hinsichtlich der Berechnung des Schadens natürlich auf die Ebene der Zielgesellschaft zu berücksichtigen ist, nicht.

Zur Klarstellung und Vermeidung möglicherweise divergierender Ansichten über die Aktivlegitimation im Falle einer Post-M&A-Streitigkeit kann von den Parteien eine Rechtsfolgenklausel vereinbart werden, wonach der Veräußerer nach Wahl des Erwerbers Schadensersatz entweder an ihn oder an die

559 Vgl. dazu die Ausführungen unter E.III. und die Nachweise in Fn. 546.

560 Unabhängig von der Kaufpreisermittlung im Einzelfall und der Frage, ob diese Fallkonstellation nicht auch Ansprüche aus c.i.c. begründen könnte; dann ist in der Tat der mögliche niedrigere Kaufpreis im Verhältnis zum tatsächlich gezahlten Kaufpreis maßgeblich, vgl. Fn. 543.

Zielgesellschaft leisten muss. Ein solches Wahlrecht kann sich bereits aus steuerlichen Gründen als zweckmäßig erweisen; leistet der Veräußerer an den Erwerber und legt dieser den Betrag alsdann in die Zielgesellschaft ein, handelt es sich für diese nämlich nicht um (steuerpflichtiges) Einkommen.[561]

IV. Verweis auf die §§ 249, 251 BGB

Oftmals rekurrieren Rechtsfolgenregelungen für Garantieverletzungen trotz des eigenständigen Haftungsregimes und des damit verbundenen weitreichenden Gestaltungsspielraums lediglich auf die Regelungen der (im Rahmen von Garantieverletzung anwendbaren[562]) §§ 249, 251 BGB oder bilden die dort statuierten Grundsätze weitgehend nach.[563] Eine häufig zu findende Regelung liest sich wie folgt:

> „*Ist eine der in § X enthaltenen Garantien ganz oder teilweise unrichtig, hat die Verkäuferin der Käuferin den sich daraus ergebenden Schaden nach Maßgabe dieses § Y und der §§ 249 ff. BGB zu ersetzen (einschließlich der Freistellung der Käuferin und der Gesellschaft von Verbindlichkeiten Dritter).*“[564]

Hinsichtlich der Rechtsfolgen wird damit wiederum auf gesetzliche Regelungen verwiesen. *Idealiter* werden diese durch eine ausführliche vertragliche Rechtsfolgenregelung zwar teilweise für den Unternehmenskauf modifiziert[565]; als selbstverständlich kann dies allerdings nicht angenommen werden.[566] Dies

561 Vgl. *Maier-Reimer/Schilling*, KSzW 2016, S. 4, 9.

562 Vgl. BGH, *Urteil* v. 10.02.1999 - VIII ZR 70/98 = NJW 1999, 1542, 1544; BGH, *Urteil* v. 18.06.2001 - II ZR 248/99 = NJW-RR 2001, 1611, 1612.

563 Vgl. *Elsing*, in: FS Haarmann, S. 37 f.; *Hamann*, in: Drygala/Wächter (Hrsg.), Tagungsband Leipziger Konferenz M&A 2014, S. 175, 180 sowie in die gleiche Richtung gehend *Schöne/Uhlendorf*, in: Drygala/Wächter (Hrsg.), Tagungsband Leipziger Konferenz M&A 2014, S. 253, 254; *Mehrbrey/Hofmeister*, NZG 2016, S. 419, 420; *Bisle*, DStR 2013, S. 364, 366; *Mellert*, BB 2011, S. 1667, 1668; *Hilgard*, ZIP 2005, S. 1813, 1814 f.; die Grundsätze der §§ 249 ff. werden nachfolgend unter E.IV.1.a) behandelt.

564 Diese Klausel ist *Meyer-Sparenberg*, in: Hoffmann-Becking/Gebele/Bartsch (Hrsg.), Beck-FB BHW, Muster III. A. 16. § 6 (1) entnommen. Eine ähnliche Klausel findet sich beispielsweise bei *Kästle/Oberbracht*, Unternehmenskauf - SPA, Klausel 8.1, die im Wesentlichen den Regelungsgehalt der §§ 249 ff. BGB auf Englisch paraphrasiert; ähnlich (jedoch auf Deutsch) ist dies bei *Becker/Voß*, in: Knott/Mielke (Hrsg.), Vertragskommentar Unternehmenskauf, Muster 1, § 9.1 (Rn. 807).

565 Vgl. dazu auch die Nachweise in Fn. 523.

566 So bieten *Kästle/Oberbracht*, Unternehmenskauf - SPA, unter Ziff. 8.1 zwar eine ausführliche „*Remedies*“- Klausel, deren Kernaussage jedoch lautet: „[...] *Seller shall put Purchaser and/or, at Purchaser's election, the Group Entities into the same position they*

verwundert, denn aus der wirtschaftlichen Sichtweise sowohl des Erwerbers als auch gleichermaßen des Veräußerers ist die haftungsausfüllende Ebene – also gewissermaßen die Frage nach dem „Wie viel?" – letzten Endes entscheidend. Das bedeutet nicht, dass der Garantiekatalog als solcher keine Relevanz besitzt; im Gegenteil wird regelmäßig ein großer Teil der Verhandlungen im Vorfeld einer Transaktion mit der Ausarbeitung und Formulierung der Tatbestände in diesem Garantiekatalog verbracht. Dennoch: Die haftungsausfüllende Ebene, also die Rechtsfolgenregelung, entscheidet bei einer Garantieverletzung darüber, wie diese zwischen den Parteien gewissermaßen „liquidiert" werden muss. Insofern birgt eine nicht angepasste oder in ihrer Relevanz unterschätzte Rechtsfolgenregelung in der wirtschaftlichen Betrachtung ebenso wie der Garantiekatalog ein hohes Risiko. Ein wesentlicher Unterschied liegt darin, dass das Risiko auf der Tatbestandsseite des Garantiekatalogs bei dem Veräußerer allokiert ist, während hinsichtlich der Rechtsfolgen im schlimmsten Fall der Erwerber keine Kompensation für eine Garantieverletzung erhält; die Interessenlagen können sich gegebenenfalls also zwischen der haftungsbegründenden und der haftungsausfüllenden Ebene verschieben.

1. Folgen eines Verweises auf die §§ 249, 251 BGB

Da ein Verweis auf die §§ 249, 251 BGB häufig in Unternehmenskaufverträgen zu finden ist, sollen nachfolgend die aus einem solchen Verweis folgenden Konsequenzen behandelt werden.

a) Grundprinzipien des Schadensrechts

aa) Naturalrestitution

Der zentrale Grundsatz, von dem das Schadensrecht des Bürgerlichen Gesetzbuches in den §§ 249 ff. beherrscht wird, sieht die Naturalrestitution als vorrangige Rechtsfolge eines Schadens auf der haftungsausfüllenden Ebene vor.[567] Im Falle eines Schadens im Sinne des § 249 BGB wird vom Schädiger verlangt, dass er zunächst den Zustand wiederherzustellen hat, der ohne das schädigende Ereignis bestünde. Dies geschieht quantitativ durch die Differenzhypothese,

---

would be in if the Breach had not occurred. Purchaser shall be entitled to request from Seller that this position is provided by remediation in kind (Naturalrestitution), unless remediation in kind (i) is not permitted by the nature of the Breach; or (ii) cannot be effected by Seller with reasonable efforts. [...]." Dies stellt letztlich eine paraphrasierte Zusammenfassung der wesentlichen Kernaussagen der §§ 249, 251 BGB dar.

567 Vgl. statt vieler *Ebert*, in: Erman, BGB, Bd. 2, 14. Aufl. 2014, § 249 Rn. 1, 8.

durch die ein Vergleich zwischen dem tatsächlichen und dem (hypothetischen) Zustand ohne schädigendes Ereignis vorgenommen wird.[568] Die Naturalrestitution basiert insofern auf der Annahme eines hypothetischen Kausalverlaufs, bei welchem das schädigende Ereignis hinweggedacht wird. Damit einher geht der Grundsatz der Totalreparation, der – einfach ausgedrückt – besagt, dass der Geschädigte grundsätzlich so zu stellen ist, als ob das schädigende Ereignis überhaupt nicht stattgefunden hätte; dieser Grundsatz ist freilich nicht auf die Naturalrestitution beschränkt, sondern gilt ebenso für die monetäre Schadenskompensation.[569]

Das gedankliche Nachvollziehen eines solchen hypothetischen Kausalverlaufs bei der Beschädigung einer einzelnen Sache bereitet zunächst keine Schwierigkeiten: Hätte der Schädiger einen Gegenstand nicht beschädigt oder zerstört, wäre dieser unversehrt. Als Konsequenz ist im Rahmen der Naturalrestitution gewissermaßen die (Wieder-)Herstellung der Unversehrtheit geschuldet. Ebenso lässt sich dies für einen „unkörperlichen" Schaden konstruieren, der beispielsweise in einer Belastung des Geschädigten mit einer Verbindlichkeit besteht: Auf dem Wege der Naturalrestitution schuldet der Schädiger dann primär die Befreiung von der Verbindlichkeit.[570] In Fällen, in denen die beschädigte Sache weder ein „einfacher" Gegenstand noch eine Befreiung von einer Verbindlichkeit ist, offenbaren sich allerdings praktische Probleme.

Der Grundsatz der Totalreparation fordert nämlich vom Schädiger eine umfassende Naturalrestitution des hypothetischen Zustands ohne schädigendes Ereignis; insofern sind auch indirekte Schäden und Folgeschäden erfasst.[571] Deren Ermittlung und Berechnung kann im Rahmen des Unternehmenskaufs problematisch sein; ein Unternehmen ist nicht statisch, sondern einer permanenten Entwicklung unterworfen, die sich auch wesentlich durch unternehmensexterne Faktoren determiniert. Liegt ein Schaden beispielsweise darin, dass eine betriebsnotwendige Maschine nicht im Unternehmen vorhanden ist, liegt der Schaden nicht allein im Wert der Maschine. Viel entscheidender ist demnach die Frage, welche Folgeschäden die fehlende Maschine verursacht. Dabei

---

568 Vgl. *Oetker*, in: MüKo-BGB, Bd. 2, 7. Aufl. 2016, § 249 Rn. 18; differenzierter *Schiemann*, in: Staudinger, BGB, Buch 2 (§§ 249-254), Neubearbeitung 2017, § 249 Rn. 4 f.

569 Vgl. ausführlich zur Totalreparation *Schiemann*, in: Staudinger, BGB, Buch 2 (§§ 249-254), Neubearbeitung 2017, § 249 Rn. 2 f.

570 Vgl. *Schiemann*, in: Staudinger, BGB, Buch 2 (§§ 249-254), Neubearbeitung 2017, § 249 Rn. 189; BGH, *Urteil* v. 14.06.1989 - VIII ZR 132/88 = NJW-RR 1989, 1043, 1044.

571 Vgl. *Schiemann*, in: Staudinger, BGB, Buch 2 (§§ 249-254), Neubearbeitung 2017, § 249 Rn. 2.

ist insbesondere an Umsatzeinbußen oder auch den Verlust von Aufträgen zu denken, was wiederum womöglich die Reputation des Unternehmens schädigt und somit auch längerfristige negative wirtschaftliche Effekte nach sich ziehen kann. Während die Identifizierung derartiger Folgeschäden praktisch noch durchaus möglich scheint, ist die konkrete Berechnung des Schadens und dessen prozessualer Nachweis im Einzelfall schwierig oder gar unmöglich. Diese Implikation sollte insofern bereits frühzeitig bei der Vertragsgestaltung berücksichtigt werden; darauf wird noch gesondert einzugehen sein.[572]

bb) Schadenskompensation

Primär schuldet der Veräußerer die Naturalrestitution, § 249 Abs. 1 BGB, also wie gezeigt die Herstellung des Zustands, der ohne Eintritt des zum Ersatz verpflichtenden Umstands – der Garantieverletzung – bestünde. Ist die Naturalrestitution allerdings (i) nicht möglich, (ii) zur Entschädigung des Erwerbers ungenügend oder (iii) nur mit unverhältnismäßigem Aufwand möglich, schuldet der Veräußerer nachrangig[573] Schadensersatz in Geld, § 251 Abs. 1 BGB[574], hier als „Schadenskompensation" bezeichnet. Jedoch stehen § 249 BGB und § 251 BGB nicht in einem Exklusivitätsverhältnis; grundsätzlich ist es also auch möglich, teilweise Naturalrestitution und teilweise Schadenskompensation zu verlangen.[575]

Die Ersatzpflicht beschränkt sich im Fall der Schadenskompensation auf Vermögensschäden.[576] Geschützt wird demnach – anders als bei der Naturalrestitution – nicht die konkrete Zusammensetzung des Vermögens des Geschädigten, sondern dessen Höhe.[577]

---

572 Vgl. dazu die Ausführungen unter G.II.2.

573 Vgl. *Ebert*, in: Erman, BGB, Bd. 2, 14. Aufl. 2014, § 249 Rn. 8.

574 Beispiele für die verschiedenen Varianten des § 251 BGB finden sich bei *Ebert*, in: Erman, BGB, Bd. 2, 14. Aufl. 2014, § 250 Rn. 2, 4, 14 f., 19; ferner bei *Schiemann*, in: Staudinger, BGB, Buch 2 (§§ 249-254), Neubearbeitung 2017, § 251 Rn. 6 ff.; 12 ff., 16 ff.

575 Dies folgt bereits aus der Formulierung „*Soweit die Herstellung nicht möglich oder zur Entschädigung des Gläubigers nicht genügend ist* […]" in § 251 Abs. 1 S. 1 BGB; vgl. dazu auch *Teichmann*, in: Jauernig, BGB, 16. Aufl. 2015, § 251 Rn. 2.

576 Vgl. *Schiemann*, in: Staudinger, BGB, Buch 2 (§§ 249-254), Neubearbeitung 2017, Vorbem zu §§ 249 ff. Rn. 46;

577 Vgl. *Schiemann*, in: Staudinger, BGB, Buch 2 (§§ 249-254), Neubearbeitung 2017, § 251 Rn. 2.

Gemäß § 250 BGB kann der Erwerber dem Veräußerer auch eine angemessene Frist setzen, innerhalb derer die Naturalrestitution zu erfolgen hat und nach erfolglosem Fristablauf Schadensersatz in Geld verlangen. § 252 S. 1 BGB besagt, dass auch der aufgrund des zum Ersatz verpflichtenden Umstands entgangene Gewinn einen ersatzfähigen Schadensposten darstellt. Dies folgt jedoch auch bereits aus dem Grundsatz der Totalreparation und hat insofern eher deklaratorische Bedeutung.[578]

b) Übertragung auf die Bilanzgarantie

Die generelle Aussage des Verweises auf die §§ 249, 251 BGB in der vertraglichen Rechtsfolgenregelung für den Fall einer Garantieverletzung scheint zunächst eindeutig zu sein: Das gesetzlich normierte Schadensrecht des BGB soll als Maßstab für die Behandlung einer Garantieverletzung dienen. Dies kann jedoch möglicherweise Probleme oder jedenfalls Unklarheiten nach sich ziehen. Insbesondere die primär geschuldete Naturalrestitution ist im Rahmen einer Garantieverletzung deutlich komplexer zu handhaben als bei dem oben geschilderten Kauf eines „einfachen" Gegenstands. Im Folgenden soll daher der Frage nachgegangen werden, inwieweit sich die allgemeinen schadensrechtlichen Grundsätze bei fehlenden individuellen vertraglichen Regelungen im Rahmen eines Unternehmenskaufs sinnvoll und interessengerecht nutzen lassen.

aa) Subjektive Bilanzgarantie

Zunächst ist grundlegend zu fragen, worauf sich die Naturalrestitution bei einer verletzten Bilanzgarantie richtet. Die Antwort muss nach der konkreten Ausgestaltung der Bilanzgarantie differenziert werden. Im Falle der subjektiven Bilanzgarantie garantiert der Veräußerer regelmäßig die Regelkonformität des zugrunde liegenden Jahresabschlusses mit den einschlägigen Rechnungslegungsvorschriften. Ausgangspunkt ist also bei den Fragen, (i) welche Schäden überhaupt entstanden sind und (ii) ob diese ersatzfähig sind, also, ob ein Schaden kausal auf die Verletzung der Regelkonformität zurückzuführen ist.

Naturalrestitution bedeutet entsprechend den allgemeinen Grundsätzen die Herstellung des Zustands, der ohne die Garantieverletzung bestünde: Mithin schuldet der Veräußerer einen regelkonformen Jahresabschluss; die Naturalrestitution könnte insofern grundsätzlich im Wege der Bilanzberichtigung[579]

578 In diese Richtung gehend auch *Schiemann*, in: Staudinger, BGB, Buch 2 (§§ 249-254), Neubearbeitung 2017, § 249 Rn. 2.

579 Die Bilanzänderung kommt dabei nicht in Betracht, denn dabei wird lediglich ein zulässiger (also „richtiger") Wertansatz gegen einen anderen zulässigen Wertansatz

oder durch Aufstellung eines neuen, fehlerfreien Jahresabschlusses vorgenommen werden. Gleichwohl ist bei der subjektiven Bilanzgarantie stets zu berücksichtigen, dass nur ein tatsächlich fehlerhafter, unvertretbarer Bilanzposten die Garantieverletzung zu begründen vermag. Weiterhin ist dabei ebenfalls zu berücksichtigen, dass jedenfalls der Veräußerer, der nach der Transaktion kein Gesellschafter der Zielgesellschaft mehr ist beziehungsweise keine Organstellung mehr inne hat, sich mit der Gesellschafter- oder Organstellung auch jeglichen Einflusses auf die Änderung oder Neuaufstellung des Jahreabschlusses begibt.[580] Der Veräußerer kann dann jedenfalls keine Bilanzberichtigung mehr vornehmen, da diese nur durch das für die Feststellung des Jahresabschlusses zuständige Organ vorgenommen werden kann.[581] Insofern wäre eine Naturalrestitution unmöglich, § 251 Abs. 1 S. 1 HGB.[582]

Wächter sieht darin, dass primär ein regelkonformer Jahresabschluss geschuldet werde, indes eine „*befremdliche*" Rechtsfolge, was er damit begründet, dass sie verkenne, dass die Schadensersatzpflicht nicht auf eine Korrektur der falschen Garantieaussage, sondern auf die Herstellung einer Situation, wie sie bei zutreffender Garantieaussage bestünde, gerichtet sei.[583] Nach der hier vertretenen Auffassung hinsichtlich des materiellen Gehalts einer subjektiven Bilanzgarantie – die gerade nur die Regelkonformität und *nicht* die inhaltliche „Integrität" der einzelnen Bilanzpositionen oder -posten garantiert – ist die Rechtsfolge eines korrigierten Jahresabschlusses jedoch nur folgerichtig: Die Rechtsfolge einer Garantie kann materiell nicht über das hinausgehen, was der Tatbestand der Garantie aussagt. Wie oben bereits ausführlich dargelegt, besagt der Tatbestand einer „klassischen" subjektiven Bilanzgarantie hinsichtlich der „bilanziellen Substanz" nur – und dies auch nur mittelbar –, dass die einzelnen Positionen *lege artis*, also regelkonform, zustande gekommen sind. Es ist somit zwischen der

---

ausgetauscht, vgl. auch die Darstellung unter D.II.2.a)aa) sowie *Schubert*, in: BeBiKo, 10. Aufl. 2016, HGB § 253 Rn. 835.

580 Gemäß § 264 Abs. 1 S. 1 HGB ist der Jahresabschluss von den „gesetzlichen Vertretern" der zur Aufstellung verpflichteten Gesellschaft aufzustellen; bei einer Aktiengesellschaft ist dies der Vorstand, in einer GmbH der oder die Geschäftsführer; vgl. *Winkeljohann/Schellhorn*, in: BeBiKo, 10. Aufl. 2016, HGB § 264 Rn. 11 ff.

581 Vgl. *Schubert*, in: BeBiKo, 10. Aufl. 2016, HGB § 253 Rn. 808.

582 Möglich wäre insofern eine vertragliche Bestimmung, nach der dem Veräußerer im Falle einer Garantieverletzung das Recht eingeräumt wird, (in Zusammenarbeit mit dem Erwerber) die zur Naturalrestitution erforderlichen Handlungen vornehmen, Erklärungen abgeben oder sonstige Maßnahmen ergreifen zu dürfen.

583 Vgl. *Wächter*, M & A Litigation, 3. Aufl. 2017, Rn. 12.379.

Aussageebene der subjektiven Bilanzgarantie und dem eigentlichen Inhalt des Jahresabschlusses zu unterscheiden. Die Aussageebene der subjektiven Bilanzgarantie betrifft unmittelbar nur das „Rahmenwerk" des Jahresabschlusses und nicht dessen Inhalt. Die Validität des Jahresabschlusses wird insoweit lediglich über die Regelkonformität garantiert. Wäre dies anders, würde die subjektive Bilanzgarantie also auch die konkrete inhaltliche Richtigkeit des Jahresabschlusses garantieren, wäre *Wächter* insoweit zwar zuzustimmen. So aber besteht die Naturalrestitution darin, den Zustand bei zutreffender Garantieaussage herzustellen: Denn dieser Zustand besteht bei der subjektiven Bilanzgarantie im Vorhandensein eines regelkonformen Jahresabschlusses, entsprechend der Garantie des Veräußerers. Dies dürfte freilich den Interessen des Erwerbers oftmals nicht entsprechen; das ändert jedoch nichts an der im Rahmen der Naturalrestitution vorgesehenen Rechtsfolge. So stellt dann auch der zur Unterstützung seiner Position von *Wächter* herangezogene *Kindl* fest:

> *„In dem - in der Praxis wohl häufiger auftretenden - Fall, dass Angaben in der Bilanz unrichtig sind, käme eine Nacherfüllung durch die Berichtigung der Bilanz in Betracht. Dass damit dem Käufer nicht gedient ist, liegt auf der Hand. Man kann in einem derartigen Fall auch nicht ohne weiteres Nachdenken ein Nacherfüllungsrecht in der Weise gewähren, dass man den Verkäufer zu Ausgleichszahlungen in Geld verpflichtet. Ein derartiger durch die Zahlung von Geld zu erfüllender Nacherfüllungsanspruch wird im Ergebnis nicht selten einem Schadensersatzanspruch gleichkommen. Dies erscheint nicht unbedenklich, da der Nacherfüllungsanspruch ein Verschulden des Verkäufers nicht voraussetzt."* [584]

Diese Aussage vermag *Wächters* Aussage so gut stützen, wie sie sie zu widerlegen vermag. Denn die Begründung, dass dem Erwerber mit dieser Art der Nacherfüllung – beziehungsweise auf der Rechtsfolgenseite der Naturalrestitution – nicht gedient sei, taugt jedenfalls nicht als Begründung dafür, dass eine solche Art der Naturalrestitution an sich „falsch" oder nicht möglich wäre. Es obliegt den Parteien eines Unternehmenskaufvertrags, Tatbestand und Rechtsfolge dergestalt aufeinander abzustimmen, dass beiderseitig interessengerechte Lösungen erzielt werden können. Im Rahmen der subjektiven Bilanzgarantie kann auf der Ebene der Rechtsfolge nicht etwas zugesprochen werden, was auf der Ebene des Tatbestands gar nicht zugesichert wurde. Insofern ist der Ansicht *Wächters* vorliegend nicht zu folgen.

Indes sind auch im Rahmen der subjektiven Bilanzgarantie Konstellationen denkbar, bei denen im Rahmen der Naturalrestitution nach den allgemeinen Grundsätzen nicht nur die Aufstellung eines fehlerfreien Jahresabschlusses

584 *Kindl*, WM 2003, S. 409, 412.

geschuldet sein könnte. Denn trotz der primär maßgeblichen Regelkonformität des Jahresabschlusses wären gemäß §§ 249, 251 sämtliche kausalen und vom Schutzzweck erfassten (dazu sogleich) Schadenspositionen, die kausal aus der Verletzung der Regelkonformität folgen, grundsätzlich ersatzfähig.[585] Dies folgt bereits aus dem Grundsatz der Totalreparation.[586]

Voraussetzung ist zum Einen, dass die Bilanzgarantie tatsächlich verletzt ist. Eine schlichte Abweichung zwischen zwei bilanzrechtlich vertretbaren Positionen reicht insofern nicht aus. Werden jedoch zum Beispiel nicht existierende Forderungen aus Lieferungen und Leistungen (§ 266 Abs. 2 B II. 1. HGB) bilanziert, wäre die Bilanzgarantie verletzt, da diese Position im Jahresabschluss bilanzrechtlich unvertretbar wäre. Zum Anderen muss der Erwerber als Garantienehmer einen Schaden aus dieser Garantieverletzung erlitten haben. Basierend auf dem vorliegend angenommenen materiellen Gehalt der subjektiven Bilanzgarantie kann dieser Schaden jedenfalls nicht lediglich in der Differenz zwischen garantiertem und tatsächlichen Zustand gesehen werden. Nach den vorstehend dargestellten schadensrechtlichen Grundsätzen ist ein Vergleich zwischen dem tatsächlichen Ist-Zustand und dem hypothetischen Ist-Zustand ohne schädigendes Ereignis anzustellen. Daraus ergibt sich, bezogen auf den Erwerber und das vorstehend angeführte Beispiel fälschlicherweise bilanzierter Forderungen, zunächst allerdings keine als Schaden zu qualifizierende Differenz. Die Vermögenslage des Erwerbers ist bei beiden zu betrachtenden Geschehensverläufen identisch, die falsch bilanzierten Forderungen haben keine Auswirkungen auf das Vermögen des Erwerbers. Anders ist dies nur dann, wenn die die fehlerhafte (unvertretbare) Bilanzposition entweder direkten Einfluss auf den Kaufpreis oder auf eine dem Kaufpreis zugrunde liegende Unternehmensbewertung hatte. Wird der entsprechenden Bilanzposition also im Unternehmenskaufvertrag ein bestimmter Wert zugewiesen oder wird diese in die vereinbarten Wertermittlungsmechanismen einbezogen, ist die Möglichkeit des Erwerbers, einen Schaden geltend zu machen, eröffnet. Denn in diesem Fall kann der Erwerber vorbringen, dass das Unternehmen ohne die fehlerhafte Bilanzposition einen geringeren Wert gehabt hätte. Dazu sind der als Ausgangswert relevante „objektive“ Wert[587] sowie der in dessen Ableitung zu bestimmende Minderwert durch

585 Dies gilt indes nur mit Einschränkungen, wenn die Parteien indirekte Schäden beziehungsweise Folgeschäden vertraglich ausgeschlossen haben.

586 Vgl. dazu *Schiemann*, in: Staudinger, BGB, Buch 2 (§§ 249-254), Neubearbeitung 2017, § 249 Rn. 1 f.

587 Vgl. dazu auch die Ausführungen unter E.III.

die Garantieverletzung zu vergleichen; die Differenz stellt den Schaden des Erwerbers dar.[588] Dieser Nachweis wird dem Erweber freilich nur gelingen, wenn sich tatsächlich ein geminderter Unternehmenswert ergibt beziehungsweise nachweisen lässt. In tatsächlicher und auch wirtschaftlicher Hinsicht wäre dann zudem noch zu fragen, ob der potentielle Schaden so groß ist, als dass das zeitaufwendige und kostenintensive Procedere einer Unternehmensbewertung dazu in vernünftiger Relation steht. Wurde seitens des Erwerbers ein Minderwert der Zielgesellschaft geltend gemacht (und im Zweifelsfalle auch nachgewiesen), folgt für die Naturalrestitution daraus, dass der Veräußerer die Differenz – naturgemäß regelmäßig in Geld – zwischen dem sich ergebenden tatsächlichen und dem angenommenen zu hohen Unternehmenswert der Zielgesellschaft ausgleichen muss.

Auf der zweiten Stufe der Haftungsausfüllung, der Schadenskompensation in Geld im Sinne des § 251 Abs. 1 BGB, gilt hinsichtlich der Bemessung des ersatzfähigen Schadens das gleiche Grundprinzip wie bei § 249 Abs. 1 BGB: Geschuldet wird ein – dem Tatbestand der Garantie entsprechender – fehlerfreier Jahresabschluss; ist die Naturalrestitution nicht durch den Garantiegeber als Schädiger selber zu bewerkstelligen, schuldet er im Rahmen der Schadenskompensation gegenüber dem geschädigten Erwerber zunächst einmal den Betrag, der für die Aufstellung eines neuen, fehlerfreien Jahresabschluss erforderlich wäre.

Problematisch könnte aber auch an dieser Stelle sein, wenn gerade (auch) der fehlerhafte Bilanzposten zur Berechnung des maßgeblichen Kaufpreises im Rahmen der Transaktion als maßgeblich festgelegt wurde. Wurde der Bilanzposten bei der Kaufpreisberechnung als Rechenposten in den entsprechenden, vertraglich vereinbarten Modus der Kaufpreisberechnung einbezogen, zeitigt er unmittelbare wirtschaftliche Auswirkungen. Diese können sich je nach Abweichung „nach oben“ oder „nach unten“ wirtschaftlich positiv oder negativ bei dem Erwerber niederschlagen. Wurde derKaufpreis für die Zielgesellschaft fälschlicherweise zu hoch berechnet, könnte darin zunächst ein „mittelbarer Schaden“ [589] für den Erwerber zu sehen sein. Indes: Der relevante Schaden besteht nicht

588 Haftet der Veräußerer jedoch aus c.i.c., ist das negative Interesse maßgeblich; dann wäre er so zu stellen, als ob es ihm gelungen wäre, den Unternehmenskaufvertrag zu einem niedrigeren Kaufpreis abzuschließen; vgl. dazu auch Fn. 543.

589 Die Terminologie hinsichtlich mittelbarer und unmittelbarer Schäden ist nicht eindeutig; auch das Gesetz trifft dazu keine Aussagen, vgl. dazu *Oetker*, in: MüKo-BGB, Bd. 2, 7. Aufl. 2016, § 249 Rn. 102. Eine Meinung sieht in einem unmittelbaren Schaden einen Schaden, der nicht an einem absolut geschützten Rechtsgut, sondern an anderen Rechtsgütern entstanden ist, vgl. zum Beispiel *Mohr*, JURA 2010, S. 168,

im überhöhten Kaufpreis, sondern im Minderwert der Zielgesellschaft.[590] Insofern ergibt sich – genau wie auf der Ebene der Naturalrestitution – das Problem des Nachweises. Erst wenn sich aufgrund des fehlerhaften Bilanzpostens eine durch eine Unternehmensbewertung zu ermittelnde Differenz zwischen tatsächlichem Unternehmenswert und hypothetischem, „bilanziell fehlerfreien" Unternehmenswert ergibt, kann der Erwerber diese Differenz als Schaden geltend machen, sofern der Minderwert als Schadensposten nicht im Unternehmenskaufvertrag ausgeschlossen wurde.

Insoweit lässt sich – ohne dem Zwischenfazit vorgreifen zu wollen – feststellen, dass sich die allgemeinen schadensrechtlichen Grundsätze der §§ 249, 251 BGB zwar durchaus auf die subjektive Bilanzgarantie anwenden lassen und auch zu interessengerechten Ergebnissen führen können. Daneben ist durch die Abdingbarkeit der §§ 249 ff. BGB zudem die Möglichkeit gegeben, zwar die schadensrechtlichen Grundprinzipien heranziehen zu können, gleichzeitig aber beispielsweise indirekte Schäden oder Folgeschäden als nicht ersatzfähig auszuschließen. Gleichwohl ist insbesondere die Lehre vom Schutzzweck der Norm nicht gänzlich unumstritten, worauf noch einzugehen sein wird. Es scheint daher trotz der möglichen interessengerechten Lösungen empfehlenswert zu sein, die Rechtsfolgenregelung so anzupassen, dass diese eindeutig ist.

bb) Objektive Bilanzgarantie

Hinsichtlich der anwendbaren Prinzipien ähnlich ist die Konstellation zu bewerten, in der eine objektive Bilanzgarantie vereinbart wurde, der Veräußerer also tatsächlich für die „Richtigkeit" der einzelnen Bilanzposten einstehen muss.[591] Eine Garantieverletzung liegt dann bereits in jeder Abweichung eines garantierten Bilanzpostens von der tatsächlichen Höhe.

Dies konfligiert zunächst mit dem relevanten ersatzfähigen Schaden, der bei einer Garantieverletzung im Minderwert der Gesellschaft besteht. Jedoch ist der relevante Schaden, wenn die Richtigkeit des Jahresabschlusses im Sinne einer

---

178. Entgegen dieser Auffassung wird in der vorliegenden Arbeit der Terminus des „mittelbaren Schadens" im Sinne eines aus der Verletzung nur indirekt folgenden Schadens genutzt.

590 Vgl. dazu die obigen Ausführungen unter E.III.

591 Ungeachtet der hier vertretenen Auffassung, wonach eine solche Garantie grundsätzlich nicht abgegeben werden sollte, da sie Unmögliches vom Garantiegeber fordert, ist diese Form der objektiven Bilanzgarantie jedenfalls im Schrifttum dennoch grundsätzlich akzeptiert und wird daher auch hier behandelt; vgl. dazu die Ausführungen unter D.II.4.c).

tatsächlichen Übereinstimmung mit der Realität garantiert wird, nicht auf den Minderwert des Unternehmens zu beschränken. Wird eine solche Garantie der objektiven Richtigkeit vereinbart – was den Parteien ungeachtet aller damit verbundenen Probleme ja grundsätzlich unbenommen bleibt –, so ist die Garantie verletzt, sobald Realität und Jahresabschluss divergieren. Auszugleichen sind dann entsprechend der Zielrichtung der objektiven Bilanzgarantie aber auch bereits die „direkten" Schäden, also die Differenzen der Bilanzpositionen zueinander. Dies entspricht faktisch der Bilanzauffüllung. Daneben sind aber gemäß dem schadensrechtlichen Grundsatz der Totalreparation auch mittelbare Schäden entsprechend der vorstehend bereits skizzierten Leitlinien zur subjektiven Bilanzgarantie zu ersetzen; dies indes stets unter dem Vorbehalt abweichender Regelungen im Unternehmenskaufvertrag.

Im Rahmen der Naturalrestitution ist jedoch zunächst einmal der garantierte Jahresabschluss herzustellen, die Art und Weise muss indes nach dem jeweils verletzten Posten im Jahresabschluss differenziert werden. Bestehen zum Beispiel tatsächlich Verbindlichkeiten gegenüber einem Kreditinstitut (im Sinne des § 266 Abs. 3 C Nr. 2 HGB), die im Jahresabschluss nicht oder zu niedrig ausgewiesen wurden, kann der Veräußerer den Erwerber von der Verbindlichkeit freistellen; dies ist als Naturalrestitution anerkannt.[592] Ungleich schwieriger gestaltet die Naturalrestitution sich dann, wenn der objektiv garantierte Jahresabschluss beispielsweise zu hohe Forderungen aus Lieferungen und Leistungen (§ 266 Abs. 2 B II. Nr. 1 HGB) ausweist. Die Naturalrestitution erfordert dann theoretisch, dass der Veräußerer Forderungen in Höhe der Differenz zwischen bilanziellem Ausweis und Realität begründet, um damit den Zustand herzustellen, der ohne seine Garantieverletzung – mithin bei unterstellter „Richtigkeit" des Jahresabschlusses – bestünde. Dies dürfte indes die Unmöglichkeit der Naturalrestitution begründen, § 251 Abs. 1, 1. Var. BGB, und den geschädigten Erwerber damit auf die monetäre Schadenskompensation verweisen. Es lässt sich insoweit der allgemeine Grundsatz aufstellen, dass die Bilanzposten, deren Höhe rein zahlenmäßig ermittelt wird (also zum Beispiel nicht auf einem bestimmten Bestand an Vorräten im Umlaufvermögen basiert) und somit „aus der Zielgesellschaft heraus" beeinflusst werden kann, eher der Naturalrestitution zugänglich sind als derartige Bilanzposten, deren Höhe sich wesentlich durch (i) externe Faktoren oder (ii) den Bestand an Maschinen, Vorräten oder ähnlichen Faktoren ergibt. Zu der „naturalrestitutionsfähigen" erstgenannten

592 Vgl. *Schiemann*, in: Staudinger, BGB, Buch 2 (§§ 249-254), Neubearbeitung 2017, § 249 Rn. 189.

Kategorie gehören beispielsweise Verbindlichkeiten der Zielgesellschaft: Werden diese im Jahresabschluss fehlerhaft ausgewiesen, kann die Naturalrestitution durch die Freistellung von der Differenz zwischen ausgewiesener und tatsächlicher Verbindlichkeit erfolgen.[593] Auch die Höhe des Eigenkapitals ist „naturalrestitutionsfähig“, wobei die Naturalrestitution sich im Rahmen derartiger „bilanzieller Rechenposten“ vom wirtschaftlichen Ergebnis her grundsätzlich nicht von der Schadenskompensation in Geld unterscheidet.

Hinsichtlich einer Naturalrestitution problematisch sind die Fälle der oben letztgenannten Kategorie, also Bilanzposten, deren Höhe sich nicht aus der Zielgesellschaft heraus beeinflussen lässt und die insoweit keine „Rechenposten“ – wie beispielsweise das oben genannte Eigenkapital – darstellen. Bei solchen Bilanzposten kann aber nicht ohne Weiteres lediglich die im Jahresabschluss ausgewiesene Ziffer in den Blick genommen werden; diese stellt nur die bilanzielle Abbildung der tatsächlichen Umstände und Verhältnisse dar. Besteht zum Beispiel eine Differenz zwischen den bilanziell ausgewiesenen Vorräten im Umlaufvermögen und den tatsächlich vorhandenen Vorräten, lassen sich zwei Perspektiven einnehmen, eine aus der bilanziellen und eine aus der tatsächlichen Ebene heraus. Fraglich ist dann, welche Perspektive im Rahmen der Bilanzgarantie maßgeblich sein soll, wenn dies nicht im Unternehmenskaufvertrag vereinbart wurde. Ist die bilanzielle Perspektive maßgeblich, ist ausschließlich die zahlenmäßige Höhe des in Rede stehenden Bilanzpostens maßgeblich. Naturalrestitution bedeutete in diesem Sinne dann, dass die zahlenmäßige Differenz zwischen Bilanzposten und Realität im Wege einer simplen Rechenoperation ausgeglichen wird. Dies entspräche im Ergebnis letzlich der Bilanzauffüllung. Diese führt jedoch, wie unter E.IV.2 noch im Detail auszuführen sein wird, zu inkonsistenten Ergebnissen und ist zudem dogmatisch nicht mit den Grundprinzipien des Schadensrechts vereinbar. Demgegenüber würde die „tatsächliche Perspektive“ nicht den Bilanzposten als Resultat oder Produkt der tatsächlichen Umstände und Verhältnisse betrachten, sondern vielmehr diese selber als maßgeblichen Anknüpfungspunkt heranziehen. Bei der Naturalrestitution müssten dann die tatsächlichen Umstände und Verhältnisse so geändert werden, dass sie im Ergebnis dem garantierten Zustand entsprechen. Beispielsweise müsste der Veräußerer im Falle einer Garantieverletzung dann den Bestand an Vorräten des Umlaufvermögens herstellen, der dem Bestand entspricht, welcher in dem der Bilanzgarantie zugrunde liegenden Jahresabschluss ausgewiesen ist.[594]

---

593 Vgl. dazu auch den Nachweis in Fn. 592.

594 In diese Richtung geht im Ergebnis auch *Wächter*, M & A Litigation, 3. Aufl. 2017, Rn. 12.396 ff.

Fraglich ist nun, welche dieser beiden Perspektiven in dogmatischer Hinsicht als maßgeblich zu erachten ist. Nach dem Wortlaut von § 249 Abs. 1 BGB ist der Referenzpunkt, also gleichsam das Ziel der Naturalrestitution, der hypothetische Zustand, der ohne Eintritt des zum Ersatz verpflichtenden Umstands bestünde. Dieser Umstand ist hier die Differenz zwischen bilanziellem Ausweis und Wirklichkeit. Nun ist nach der gesetzlichen Konzeption des Schadensrechts die Naturalrestitution – also die (Wieder-)Herstellung in Natur – das vorrangige Mittel. Dies lässt sich eher auf die dem Jahresabschluss zugrundliegenden Umstände und Verhältnisse beziehen als auf deren Produkt, also den ziffernmäßigen Bilanzposten. Die Ratio der Naturalrestitution liegt zudem darin, dass durch die Naturalrestitution die Integrität der Güter des Geschädigten geschützt werden soll und nicht bloß dessen Vermögen.[595] Insgesamt ist es daher vorzugswürdig, die auf die „tatsächliche Ebene" rekurrierende Perspektive als maßgeblich und im Einklang mit der Naturalrestitution zu erachten.

Jedoch dürfte die Naturalrestitution dann zugleich in den wohl meisten Fällen unmöglich sein; jedenfalls dann, wenn es nicht lediglich um „rechnerische Bilanzposten" wie die Verbindlichkeiten gegenüber Kreditinstituten geht. Möglich wäre die Naturalrestitution aber auch dann, wenn es beispielsweise um bestimmte bilanziell ausgewiesene Vorräte geht, die tatsächlich nicht in der Zielgesellschaft vorhanden sind. Sofern diese Art der Vorräte am Markt beschafft werden kann, könnte der Erwerber im Rahmen der Naturalrestitution dazu verpflichtet werden, die Vorräte der Zielgesellschaft aufzufüllen, sodass sie dem garantierten Zustand entsprechen. Dabei wäre freilich im Rahmen der hypothetischen Verlaufsbetrachtung zu berücksichtigen, dass diese Vorräte im Produktionsprozess – wären sie, wie garantiert, vorhanden gewesen – womöglich bereits zu Absatzgütern verarbeitet worden wären und insofern der Umsatz der Zielgesellschaft hätte erhöht werden können. Auch wären somit gegebenenfalls die (bilanziell zu aktivierenden) Forderungen aus Lieferungen und Leistungen erhöht worden. Faktisch ist dies letztlich ein Nachweisproblem im Einzelfall; dogmatisch hingegen wären diese Betrachtungen im Rahmen der Naturalrestitution jedoch anzustellen.

Ist die Naturalrestitution nicht möglich, führt dies auf die zweite Ebene des Schadensersatzes, die monetäre Schadenskompensation. Diese wirft auf den ersten Blick die Frage auf, welcher (ersatzfähige) Vermögensschaden im Sinne der Differenzhypothese beispielsweise durch einen zu hohen bilanziellen Ausweis entstanden ist. Es spielt zwar im Rahmen der Naturalrestitution gemäß

595 Vgl. *Schiemann*, in: Staudinger, BGB, Buch 2 (§§ 249-254), Neubearbeitung 2017, § 249 Rn. 1; *Ekkenga/Kuntz*, in: Soergel, BGB, Bd. 3/2, 13. Aufl. 2014, § 249 Rn. 2.

§ 249 Abs. 1 BGB keine Rolle, ob ein tatsächlicher Vermögens- oder „nur" ein Nichtvermögensschaden vorliegt; beide Schadensarten sind gleichermaßen ersatzfähig.[596] Anders ist dies jedoch bei der Schadenskompensation, die nur Vermögensschäden erfasst: Der direkte Schaden des Erwerbers ergibt sich dann aus der Differenz zwischen dem beispielsweise überhöhten Ausweis in dem der Bilanzgarantie zugrunde liegenden Jahresabschluss und der Realität; die Schadenskompensation ist insofern zunächst eine simple Rechenoperation.

Ergibt sich aus einem – tatsächlich fehlerhaften oder nur von der Realität abweichenden – garantierten Jahresabschluss auch ein Minderwert der Zielgesellschaft, spricht grundsätzlich auch nichts dagegen, dass dieser als Schaden geltend gemacht werden kann, sofern er nicht vertraglich ausgeschlossen wurde. Der Schutzzweck der objektiven Bilanzgarantie ist insoweit deutlich umfassender als derjenige der subjektiven Bilanzgarantie; lediglich die mehrfache Berücksichtigung ein und desselben Schadens sollte ausgeschlossen werden.

c) Normative Korrektur durch den Schutzzweck der Bilanzgarantie

Die „reine" Anwendung der Differenzhypothese bei ausschließlicher Berücksichtigung äquivalent-kausal verursachter Schadensposten kann zu recht ausufernden Ergebnissen bei der Schadensberechnung führen. Eine insbesondere durch die Rechtsprechung anerkannte Begrenzung des durch die Differenzhypothese ermittelten Schadens stellt die Adäquanztheorie dar.[597] Anhand der Adäquanztheorie lassen sich derartige Schäden ausschließen, deren Eintritt außerhalb jeder Wahrscheinlichkeit liegt.[598] Daneben entwickelte sich die Lehre vom Schutzzweck der (haftungsbegründenden) Norm, durch deren Auslegung der auf der haftungsausfüllenden Ebene ersatzfähige Schaden ermittelt werden sollte.[599] Als

---

596 Vgl. *Schulze*, in: Schulze u.a., Hk-BGB, 9. Aufl. 2017, § 249 Rn. 14; *Oetker*, in: MüKo-BGB, Bd. 2, 7. Aufl. 2016, § 249 Rn. 321; anders ist dies bei der Schadenskompensation in Geld gemäß § 251 BGB, die lediglich Vermögensschäden erfasst, vgl. *Oetker*, in: MüKo-BGB, Bd. 2, 7. Aufl. 2016, § 251 Rn. 5.

597 Vgl. grundlegend RG, *Urteil* v. 20.02.1902 - VI 399/01 = RGZ 50, 219 sowie RG, *Urteil* v. 15.02.1913 - I 358/12 = RGZ 81, 359; diese Rechtsprechung wurde ab BGH, *Urteil* v. 23.10.1951 - I ZR 31/51 = BGHZ 3, 261 fortgeführt und kann als ständige Rechtsprechung angesehen werden; vgl. beispielsweise den expliziten Hinweis darauf in BGH, *Urteil* v. 16.04.2002 - VI ZR 227/01 = NJW 2002, 2232, 2233.

598 Vgl. *Schiemann*, in: Staudinger, BGB, Buch 2 (§§ 249-254), Neubearbeitung 2017, § 249 Rn. 13; *Grüneberg*, in: Palandt, 76. Aufl. 2017, Vorb v § 249 Rn. 26 ff.

599 Vgl. *Ekkenga/Kuntz*, in: Soergel, BGB, Bd. 3/2, 13. Aufl. 2014, § 249 Rn. 137; *Schiemann*, in: Staudinger, BGB, Buch 2 (§§ 249-254), Neubearbeitung 2017, § 249 Rn. 27 ff.

maßgeblich hat sich indes die Adäquanztheorie durchgesetzt[600], wobei hier nicht detailliert auf diesen Meinungsstreit eingegangen werden soll. Darüber hinaus scheint der Meinungsstreit sich auch ohnehin primär auf eine „Entweder- oder-Konstellation" zu beziehen, also eine „Verdrängung" der Adäquanztheorie durch die Lehre vom Schutzzweck der Norm. Ein solches Exklusivitätsverhältnis ist indes nicht notwendig: Die Berücksichtigung des jeweiligen Schutzzwecks der Norm nach (vorrangiger) Anwendung der Adäquanztheorie zur etwaig erforderlichen Korrektur der ermittelten Ergebnisse wird – soweit ersichtlich – nicht grundsätzlich in Frage gestellt.[601] Damit stellt sich der Meinungsstreit praktisch als unnötig dar; sowohl Überlegungen zur Adäquanz als auch zum Schutzzweck können Eingang in die Ermittlung des ersatzfähigen Schadens finden.

Damit eröffnet sich zugleich auch ein gewisser Raum für rechtsfolgenseitige Überlegungen zur Bilanzgarantie und zu Art und Umfang des durch ihre Verletzung entstandenen Schadens.

aa) Schutzzweck subjektiver Bilanzgarantien

Eine subjektive Bilanzgarantie besagt, dass der zugrunde liegende Jahresabschluss im Einklang mit den jeweils anzuwendenden bilanzrechtlichen Vorschriften und Rechnungslegungsgrundsätzen erstellt wurde. Bezogen auf die Funktionen eines Jahresabschlusses heißt das, dass die Funktionen nur dann erfüllt werden können, wenn die bilanzielle Normbeachtung[602] gegeben ist. Insbesondere die Informationsfunktion ist nur dann gegeben, wenn der Jahresabschluss regelkonform aufgestellt wurde; dies ermöglicht anhand der entsprechenden Regelungen dann erst die „Entschlüsselung" bzw. Übersetzung des Jahresabschlusses in

---

600 Vgl. *Ekkenga/Kuntz*, in: Soergel, BGB, Bd. 3/2, 13. Aufl. 2014, § 249 Rn. 137 f.; *Grüneberg*, in: Palandt, 76. Aufl. 2017, Vorb v § 249 Rn. 28; *Oetker*, in: MüKo-BGB, Bd. 2, 7. Aufl. 2016, § 249 Rn. 119

601 Vgl. *Grüneberg*, in: Palandt, 76. Aufl. 2017, Vorb v § 249 Rn. 28; *Schiemann*, in: Staudinger, BGB, Buch 2 (§§ 249-254), Neubearbeitung 2017, § 249 Rn. 27 bemerkt dazu: „*Das Ergebnis einer adäquaten Zurechnung wie auch der Verneinung von Adäquanz steht unter dem Vorbehalt eines haftungserweiternden oder -begrenzenden besonderen Zwecks der Haftungsnorm oder des der Haftung zugrundeliegenden Vertragsverhältnisses.*"; kritisch, aber nicht grundsätzlich ablehnend dazu *Oetker*, in: MüKo-BGB, Bd. 2, 7. Aufl. 2016, § 249 Rn. 118, der die dadurch entstehende „*Zweigleisigkeit*" insofern als überflüssig ansieht, als dass nach der Adäquanztheorie bereits fernliegende Schäden im Regelfall ohnehin auch nicht mehr vom Schutzzweck der Norm erfasst seien.

602 Vgl. *Hennrichs*, NZG 2014, S. 1001, 1002.

die Realität.[603] Mit anderen Worten wären die durch den Jahresabschluss vermittelten Informationen gewissermaßen irreführend, wenn die anwendbaren Regelungen nicht beachtet worden wären. Dies determiniert im Wesentlichen bereits den Schutzzweck einer subjektiven Bilanzgarantie: Geschützt wird die Konformität des Jahresabschlusses mit den bei der Aufstellung zu beachtenden Regelungen beziehungsweise Rechnungslegungsgrundsätzen.

Außerhalb des Schutzbereichs befänden sich dann derartige (scheinbare oder behauptete) Garantieverletzungen, die nicht kausal auf eine Missachtung anzuwendender Regelungen zurückzuführen wären. Haben Erwerber und Veräußerer divergierende Auffassungen über den bilanziellen Ausweis bestimmter Posten, bewegen sich beide Auffassungen allerdings noch im Rahmen der vertretbaren Ansätze, ist also keine Verletzung der Bilanzgarantie gegeben.

Sofern nicht im Rahmen der Rechtsfolgenregelung mittelbare Schäden oder sonstige Folgeschäden ausgeschlossen wurden, ist also gegebenenfalls der Schutzzweck der subjektiven Bilanzgarantie als normatives Korrektiv heranzuziehen. Bei der Frage, inwieweit der Schutzzweck einer subjektiven Bilanzgarantie die Ersatzfähigkeit eines nach allgemeinen Grundsätzen ersatzfähigen Schadens zu begrenzen vermag, ist zudem nach der Art und Weise der vertraglichen Ausgestaltung im Einzelfall zu differenzieren.

Steht die Bilanzgarantie „isoliert" im Garantiekatalog, wird ihre maßgebliche Ratio in aller Regel darin liegen, die Regelkonformität des Jahresabschlusses zu garantieren. Der Schutzzweck liegt demnach in der „Integrität des Jahresabschlusses". Wurde jedoch vertraglich ein Zusammenhang zwischen der Bilanzgarantie und der Festlegung des Modus der Kaufpreisberechnung hergestellt, beispielsweise, indem sich die Bilanzgarantie als ein Bestandteil der Kaufpreisberechnungsklausel darstellt, kann dieser Schutzzweck unter Umständen auch extensiver verstanden werden: Dann könnte argumentiert werden, dass über die Bilanzgarantie die Integrität der Kaufpreisberechnung abgesichert werden soll. Letztlich wäre dies eine Objektivierung, denn dann würde es maßgeblich wohl eher auf die Übereinstimmung der Bilanzposten mit der Realität (in Form der Kaufpreisberechnung) ankommen.

Bewegt man sich bei der Betrachtung dieser Frage allerdings streng entlang der dogmatischen Linien, die den materiellen Gehalt einer subjektiven Bilanzgarantie begrenzen, kann der Schutzzweck aber wohl nicht extensiver – und somit über den eigentlichen materiellen Gehalt der Bilanzgarantie selber hinausgehend – verstanden werden.[604] Die subjektive Bilanzgarantie schützt das Interesse

603 Vgl. *Wächter*, M & A Litigation, 3. Aufl. 2017, Rn. 12.350 ff.

604 Siehe dazu insbesondere die detaillierten Ausführungen unter D.II.3.

des Erwerbers an einem „richtigen" Jahresabschluss, der ein den tatsächlichen Verhältnissen entsprechendes Bild der Vermögens-, Finanz- und Ertragslage der Zielgesellschaft vermittelt. Die objektive Übereinstimmung einzelner Bilanzposten mit der Realität, die bei der Kaufpreisberechnung relevant ist, ist dann gerade nicht Gegenstand der subjektiven Bilanzgarantie Dies muss sowohl vom Veräußerer als auch vom Erwerber bei der Verhandlung und Gestaltung des Unternehmenskaufvertrags berücksichtigt werden. Jedoch könnten besonders relevante Bilanzpositionen aber beispielsweise durch eine entsprechend ausgestaltete Kaufpreisberechnung abgesichert werden.

bb) Schutzzweck objektiver Bilanzgarantien

Der Schutzzweck objektiver Bilanzgarantien ist abhängig von der Ausgestaltung im konkreten Fall, da es „die" objektive Bilanzgarantie – wie gezeigt – nicht gibt. Ausgehend von den Intentionen der Parteien wird aber ein verglichen zu einer subjektiven Bilanzgarantie eher auf die Werthaltigkeit einzelner Posten gerichtetes, wirtschaftliches Interesse anzunehmen sein. Die Funktionen des Jahresabschlusses sind damit indes nicht mehr geeignet, einen sinnvollen Bezugsrahmen für die Ermittlung des Schutzzwecks einer objektiven Bilanzgarantie darzustellen.

Schützt die subjektive Bilanzgarantie „nur" das Interesse an der Integrität und Regelkonformität des jeweiligen, relevanten Jahresabschlusses, geht die objektive Bilanzgarantie demgegenüber weiter. Hierbei liegt der Fokus nicht auf der Regelkonformität, sondern auf der tatsächlichen, objektiven „Richtigkeit" der einzelnen Bilanzposten der Höhe nach, im Sinne des garantierten „Zustands" des Jahresabschlusses. Insoweit ist der Schutzzweck eher in den wirtschaftlichen Interessen, insbesondere der Absicherung des dem Erwerber zugrunde liegenden „Wertverständnisses" hinsichtlich der Zielgesellschaft, zu erblicken. Es lässt sich daher folgern, dass ein fehlerhaft (zu hoch) berechneter Kaufpreis als mittelbarer Schaden bei der Verletzung einer objektiven Bilanzgarantie durchaus ersatzfähig ist.

Bei der subjektiven Bilanzgarantie kann die Lehre vom Schutzzweck als normative Begrenzung des ersatzfähigen Schadens insofern durchaus relevant sein und die Rechtsfolge in ihrem Umfang gewissermaßen an den materiellen Gehalt der subjektiven Bilanzgarantie anpassen. Hinsichtlich einer objektiven Bilanzgarantie liegt dies etwas anders. Mit dem praktisch uferlosen materiellen Gehalt einer solchen Bilanzgarantie korreliert insofern auf der Rechtsfolgenseite auch ein sehr weit gefasster Schutzzweck, der insbesondere dem Veräußerer als Korrektiv bei der Schadensermittlung nur noch von begrenztem Nutzen ist, da eine

Begrenzung des erstattungsfähigen Schadens insoweit die Ausnahme darstellen dürfte.

d) *Ersatzfähigkeit mittelbarer oder indirekter Schäden*

Ein weiteres Problemfeld ist die Frage, in welchem Umfang der Erwerber Schadensersatz für mittelbare oder indirekte Schäden geltend machen kann, wenn eine Bilanzgarantie verletzt wurde und auf der Rechtsfolgenseite keine expliziten Regelungen hinsichtlich Art und Umfang getroffen wurden. Insbesondere ist diese Frage dann relevant, wenn als eine mittelbare oder indirekte Folge der Garantieverletzung Umsatzeinbußen der Zielgesellschaft hinzunehmen sind. So kann ein zu niedriger bilanzieller Ausweis von Vorräten im Umlaufvermögen oder der Ausweis einer wichtigen Maschine, die tatsächlich aber defekt ist,[605] womöglich dazu führen, dass bestehende Verträge mit Kunden der Zielgesellschaft nicht oder nicht vollständig erfüllt werden können; daraus können Umsatzeinbußen und gegebenenfalls auch Schadensersatzforderungen resultieren.

aa) *Gesetzlicher Anknüpfungspunkt*

Als Anknüpfungspunkt bei fehlenden vertraglichen Regelungen kommt zunächst die Regelung des § 252 S. 1 BGB in Betracht, nach dem auch entgangener Gewinn als ersatzfähiger Schaden gilt. Gleichwohl beinhaltet diese Norm keine neue Erkenntnis, die über den grundsätzlich anhand §§ 249, 251 BGB bestimmbaren Umfang des ersatzfähigen Schadens hinausgeht: Im Rahmen der Totalreparation ist der Zustand wiederherzustellen, der ohne das schädigende Ereignis bestünde – und zwar „[…] *ohne alle Abstriche* […]“.[606] Insoweit ist § 252 S. 1 BGB als Klarstellung eines ohnehin gültigen Prinzips zu charakterisieren[607]: Der entgangene Gewinn wird bereits über § 249 Abs. 1 BGB als

---

605 Ein derartiges Beispiel nutzt *Wächter*, NJW 2013, S. 1270, 1274 zur Illustration dieser Problematik.

606 *Schiemann*, in: Staudinger, BGB, Buch 2 (§§ 249-254), Neubearbeitung 2017, § 249 Rn. 1 sowie allgemein zum Grundsatz der Totalreparation unter Rn. 132 f.; ausführlich *Jansen*, in: HKK-BGB, Bd. 2, 1. Tb., 2007, §§ 249-253, 255 Rn. 39 ff., der konstatiert, dass der Grundsatz der Totalreparation „[…] *grundsätzlich bis heute unangefochten gilt.*“

607 Vgl. *Ekkenga/Kuntz*, in: Soergel, BGB, Bd. 3/2, 13. Aufl. 2014, § 252 Rn. 1; *Jansen*, in: HKK-BGB, Bd. 2, 1. Tb., 2007, §§ 249-253, 255 Rn. 103; *Schiemann*, in: Staudinger, BGB, Buch 2 (§§ 249-254), Neubearbeitung 2017, § 252 Rn. 1; *Schulze*, in: Schulze u.a., Hk-BGB, 9. Aufl. 2017, § 249 Rn. 1.

ersatzfähiger Schaden erfasst und ist insofern bei Naturalrestitution und Schadenskompensation in Geld zu berücksichtigen. Insoweit ergeben sich bei der Verletzung einer Bilanzgarantie keine Besonderheiten: Der entgangene Gewinn, der (nachweisbar[608]) kausal aus der Garantieverletzung resultiert, ist grundsätzlich ersatzfähig. Zudem ist auch im Rahmen der Adäquanz anzunehmen, dass Umsatzeinbußen als Resultat einer verletzten Bilanzgarantie, in deren zugrundeliegendem Jahresabschluss Vorräte oder betriebsnotwendiges Anlagevermögen ausgewiesen wurden, die real nicht existieren, nicht außerhalb jeder Wahrscheinlichkeit liegen. Als begrenzendes Moment kann jedoch auch hier wiederum der Schutzzweck der verletzten Garantie angeführt werden, der je nach Ausgestaltung der Bilanzgarantie ermittelt werden muss. Dazu kann grundsätzlich auf die Darstellungen zur subjektiven und objektiven Bilanzgarantie unter E.IV.1.b) verwiesen werden: Auch hier wird sich im Ergebnis gut begründen lassen, dass jedenfalls bei einer subjektiven Bilanzgarantie der entgangene Gewinn nicht unter den Schutzzweck fällt. Es liegt dann vielmehr im Risikobereich des Erwerbers, sich die für die Geschäftstätigkeit der Zielgesellschaft erforderlichen Vermögensgegenstände separat garantieren zu lassen oder anderweitig sicherzustellen, dass diese vorhanden und auch funktionsfähig sind. Der Schutzzweck der subjektiven Bilanzgarantie, wie bereits unter E.IV.1.b)aa) ausgeführt, lässt sich jedenfalls nicht derartig extensiv verstehen, als dass der entgangene Gewinn noch darunter fallen könnte.

bb) Vertragliche Regelung

Um aus Sicht des Veräußerers derartige Unwägbarkeiten möglichst zu eliminieren, lassen sich Klauseln vereinbaren, nach denen mittelbare Schäden – und damit auch der entgangene Gewinn – im Rahmen der Schadensberechnung ausgeschlossen sind. Eine solche Klausel ist aufgrund des dispositiven Charakters der Regelungen in den §§ 249 ff. BGB unproblematisch möglich. Auch aufgrund der im Einzelfall bestehenden Schwierigkeiten des Nachweises, dass der geltend gemachte entgangene Gewinn aus der Garantieverletzung resultiert, dürfte eine solche Klausel in der Praxis wohl grundsätzlich gut verhandelbar sein.

608 Praktisch gesehen dürfte der Nachweis, dass eine bestimmte Umsatzeinbuße ausschließlich kausal aus der Garantieverletzung resultiert, aber wohl nur schwer zu erbringen sein.

2. Die Bilanzauffüllungsthese

Eine im Rahmen der Rechtsfolgen von objektiven Bilanzgarantien immer wieder erörterte Frage ist die Zulässigkeit der sogenannten Bilanzauffüllung. Nach diesem Ansatz wird bei der Verletzung einer Bilanzgarantie die reine Differenz der Buchwerte zwischen einem „falschen" und einem – angenommenen oder sonstwie ermittelten – Bilanzposten oder auch nur einer einzelnen Position als ersatzfähiger Schaden betrachtet. Dieser Schaden sei auszugleichen; die Bilanz wäre somit nach dieser Ansicht „aufzufüllen":

> *„Bei einer Bilanzgarantie hat der Verkäufer denjenigen Zustand herzustellen, der bestehen würde, wenn die Bilanz von Anfang an dem Gesetz und den Grundsätzen ordnungsgemäßer Buchführung entsprochen hätte. Dies geschieht nicht durch eine direkte Leistung an den Käufer, sondern durch eine Auffüllung der Bilanz der Gesellschaft* […]."[609]

Zunächst erscheint dies wie ein pragmatischer und auch praxisgerechter Ansatz, dürfte es doch bei der Bilanzgarantie oftmals vorwiegend um den Schutz der wirtschaftlichen Interessen des Erwerbers gehen. Im Schrifttum ist dieser Ansatz jedoch umstritten. Der maßgebliche Streitpunkt der Diskussion besteht in der Uneinigkeit darüber, ob der schlichte Ausgleich der Buchwertziffer auf die ursprünglich garantierte Höhe grundsätzlich mit der (primär geschuldeten) Naturalrestitution gleichzusetzen ist.

a) Meinungsspektrum

Grundlegend gegen die Bilanzauffüllung argumentiert *Wächter*, der diesen Ansatz als einen Denkfehler bezeichnet, der sowohl auf *„Kriegsfuß mit dem Recht"*[610] als auch auf *„Kriegsfuß mit dem wirtschaftlichen Denken überhaupt"*[611] stehe. Nach *Wächters* Ansicht entspreche die Buchwertdifferenz nicht dem durch die Garantieverletzung entstandenen Schaden; für dessen Ermittlung seien im Rahmen des § 249 Abs. 1 BGB nämlich alle Kausalitätslinien bis zur Erreichung des hypothetisch schadensfreien Zustands zu verfolgen.[612] Jedenfalls hinsichtlich einer Eigenkapitalgarantie hält *Henle* die Bilanzauffüllung demgegenüber

609 So *Beisel*, in: Beisel/Klumpp/Schindler (Hrsg.), Unternehmenskauf, § 16 Rn. 109; in diese Richtung auch *Picot*, in: Picot (Hrsg.), Unternehmenskauf und Restrukturierung, § 4 Rn. 365; *Buchwaldt*, NJW 1994, S. 153, 157,

610 *Wächter*, M & A Litigation, 3. Aufl. 2017, Rn. 12.363.

611 *Wächter*, M & A Litigation, 3. Aufl. 2017, Rn. 12.362.

612 Vgl. *Wächter*, M & A Litigation, 3. Aufl. 2017, Rn. 12.363.

für einen vertretbaren und pragmatischen Ansatz.[613] Zwischen diesen beiden Positionen bewegt sich ein gewisses Spektrum „unentschlossener" Stimmen.[614]

Aus der Rechtsprechung lassen sich nur wenige Leitlinien gewinnen. Der BGH musste sich bislang noch nicht mit der Frage einer Bilanzauffüllung auseinandersetzen, sodass in der höchstrichterlichen Rechtsprechung auf das Urteil, in dem der Minderwert der Zielgesellschaft als maßgeblich erachtet wird, zurückzugreifen ist.[615] Aus der Argumentation des BGH, wonach der durch die Garantieverletzung begründete geringere Wert veräußerter Geschäftsanteile maßgeblich zur Berechnung des Schadens heranzuziehen sei, kann jedenfalls gefolgert werden, dass sich der BGH dem Bilanzauffüllungsansatz – jedenfalls unter der Prämisse der konsequenten Fortführung seiner bisherigen Rechtsprechung – wohl eher nicht anschließen würde. Da es hinsichtlich Post-M&A-Streitigkeiten aufgrund der regelmäßig in Unternehmenskaufverträgen zu findenden Vereinbarung eines schiedsgerichtlichen Verfahrens insgesamt, gemessen an der Zahl durchgeführter Transaktionen, ohnehin nur sehr wenige gerichtliche Entscheidungen gibt[616], lassen sich anhand dieser auch allenfalls gewisse Grundlinien skizzieren, nach denen die Rechtsprechung verfährt.

In den oben bereits ausführlich dargestellten Urteilen des OLG München sowie des OLG Frankfurt a.M.[617] zur Auslegung von Bilanzgarantien mussten die Gerichte sich mit der Rechtsfolgenseite der jeweiligen streitgegenständlichen Bilanzgarantie auseinandersetzen. In der obergerichtlichen Rechtsprechung ist die „Stoßrichtung" indes noch nicht ganz eindeutig zu identifizieren, wobei jedoch eine gewisse Tendenz zur Anwendung der Bilanzauffüllungsthese besteht.

Das OLG München verfolgte in seinem Urteil die Bilanzauffüllungsthese, wobei die Differenz zwischen den garantierten, aber „unrichtigen" und den nachträglich korrigierten Bilanzposten auszugleichen ist.[618] Der Bezugspunkt der Rechtsfolge ist insoweit zunächst die objektiv verstandene Richtigkeit des

---

613 Vgl. *Henle*, in: Drygala/Wächter (Hrsg.), Tagungsband Leipziger Konferenz M&A 2014, S. 189, 203.

614 So konstatieren *Maier-Reimer/Schilling*, KSzW 2016, S. 4, 10: *„Es empfiehlt sich, darüber konkrete Vereinbarungen zu treffen."*; *Bingel*, in: Eppinger/Zeyer (Hrsg.), Erfolgsfaktor Rechnungswesen, S. 60, 78 führt aus: *„Welche Auffassung zu bevorzugen ist, hängt auch von den Umständen des Einzelfalls ab."*.

615 BGH, *Urteil* v. 15.03.2006 - VIII ZR 120/04 = NJW-RR 2006, 1185, 1188.

616 Vgl. dazu auch die Einleitung von *Grewe/Lauscher*, NWB 2016, S. 2434.

617 Diese Urteile werden unter D.II.5 ausführlich behandelt.

618 Vgl. *Kirchfeld/Hoenig/Klingen*, DB Beilage 06/2016 – Unternehmensrelevante Rechtsentwicklungen 2016 – Bedeutung für 2017, S. 28.

Jahresabschlusses, bezogen auf dessen einzelne Positionen. Dies ist bei der (vorher erfolgten) Annahme einer objektiven Bilanzgarantie grundsätzlich auch konsequent: Legt man der Bilanzgarantie tatbestandlich die Garantie der objektiven Übereinstimmung von Realität und Zahlenwerk des Jahresabschlusses zugrunde, führt dies auf der Rechtsfolgenseite zu der Kompensation einer etwaigen Differenz, um den garantierten Zustand herzustellen. Rein tatsächlich dient der Jahresabschluss lediglich der Auflistung einzelner Positionen, die dann auf den garantierten Stand zu bringen sind. Dieser Ansatz ist aus der bilanzrechtlichen Perspektive insofern unkompliziert, als dass die Frage danach, ob eine Bilanzposition „falsch" ist, keiner Beantwortung bedarf.

Unabhängig von der Anwendung der umstrittenen Bilanzauffüllungsthese führt das OLG München richtigerweise aus, dass primär Naturalrestitution geschuldet sei, die dem Beklagten auch möglich und zumutbar sei.[619] Dogmatisch zutreffend wird ausgeführt, dass der Beklagte die fehlerhaft als offen gebuchten Forderungen zwar nicht erneut gegen die Schuldner dieser originären Forderungen begründen könne, es zur Naturalrestitution allerdings hinreichend sei, wenn die Gesellschaft eine Forderung gegen den Beklagten in Höhe der fehlerhaft gebuchten Forderungen begründet. Mithin handelt sich es dabei um einen schlichten Zahlungsanspruch der Gesellschaft. Wirtschaftlich kommen Naturalrestitution und Kompensation durch Schadensersatz in Geld in dieser Konstellation zu dem gleichen Ergebnis; dogmatisch korrekt und überzeugender ist dabei jedoch der Weg über die Naturalrestitution. Ungeachtet des dogmatisch zunächst richtigen Wegs der Naturalrestitution ist indes das Ergebnis – die Auffüllung der Bilanz –vor dem gleichen dogmatischen Hintergrund als problematisch anzusehen.[620] Denn letztlich geht das OLG München ohne weitergehende Erläuterung von einer Gleichwertigkeit von Bilanzauffüllung und Naturalrestitution aus. Dass diese Gleichstellung nach der hier vertretenen Ansicht indes nicht zu überzeugen vermag, ist im Detail Gegenstand des nachfolgenden Abschnitts.

Das OLG Frankfurt a.M. sah hingegen statt einer Bilanzauffüllung die Differenz zwischen dem tatsächlich gezahlten und dem hypothetisch erzielbaren niedrigeren Kaufpreis als maßgeblich an, da die Bilanzgarantie die für die Ermittlung des Kaufpreises relevanten Faktoren absichern sollte.[621] Dies

619 OLG München, *Urteil* v. 30.03.2011 - 7 U 4226/10 = via juris, Tz. 41.

620 So *Hennrichs*, NZG 2014, S. 1001, 1005: „*Die Entscheidung hinterlässt beträchtliches Unbehagen.*"

621 Vgl. *Kirchfeld/Hoenig/Klingen*, DB Beilage 06 – Unternehmensrelevante Rechtsentwicklungen 2016 – Bedeutung für 2017 2016, S. 28.

erscheint hinsichtlich des zugrunde liegenden Gedankengangs zwar nachvollziehbar; letztlich nahm aber auch das OLG Frankfurt a.M. lediglich eine Bilanzauffüllung vor[622], die gewissermaßen „umetikettiert“ wurde und darin bestand, dass der Differenzbetrag im Gewand des § 287 ZPO mit einem vom Gericht als angemessen erachteten Abschlag in Höhe von 20 % ausgeglichen werden musste. Dazu ist weiterhin noch zu berücksichtigen, dass die Prämisse des OLG Frankfurt a.M., wonach die Bilanzgarantie die Festlegung der für den Kaufpreis relevanten Faktoren vornehmen sollte, nur in Ausnahmefällen gegeben sein dürfte: Wie bereits dargelegt, kann im Falle der Vereinbarung einer subjektiven Bilanzgarantie nämlich gerade nicht davon ausgegangen werden, dass diese das Zahlenwerk des Jahresabschlusses in seiner konkreten Form schützt. Dann ginge die Prämisse des OLG Frankfurt a.M. fehl. Insofern schließt sich diese Kritik auf der Rechtsfolgenseite – spiegelbildlich zu Tatbestand und Rechtsfolge der streitgegenständlichen Bilanzgarantie – an die bezüglich der aus der hier vertretenen Sicht unzutreffenden Annahme einer objektiven Bilanzgarantie an.

Diese gerichtliche Handhabung der Rechtsfolgenseite kann daher höchstens als eine Art „Präzedenzbetrachtung“ für eine objektive Bilanzgarantie zur Rate gezogen werden; allgemeine Schlüsse für die Rechtsfolge von wohl häufiger anzutreffenden subjektiven Bilanzgarantien lassen sich daraus nicht ziehen; dies gilt sowohl für die Entscheidung des OLG Frankfurt a.M. als auch für die Entscheidung des OLG München.

b) *Stellungnahme*

Der Ansicht *Wächters* ist zuzugeben, dass die Bilanzauffüllung den Grundsatz der Totalreparation letztlich unberücksichtigt lässt und nur den reinen Buchwert – beziehungsweise die Differenz zwischen zwei Buchwerten – als den maßgeblichen Schaden ansieht, was dogmatisch jedenfalls als ungenau zu bezeichnen ist. Denn die Naturalrestitution richtet sich nicht auf die Wiederherstellung der „Ursprungsform“ eines garantierten Zustands, sondern basiert auf einem Vergleich zwischen zwei hypothetischen Geschehensverläufen – einem Verlauf ohne das schädigende Ereignis (also die Garantieverletzung) und einem Verlauf mit schädigendem Ereignis. Demgegenüber ist aus praktischer Sicht mit der Bilanzauffüllung zwar eine in der Tat verhältnismäßig unkomplizierte Schadensermittlung und -kompensation möglich; diese ist jedoch mit dem Nachteil eines womöglich unzulänglichen Umfangs verbunden. Von der Naturalrestitution eigentlich erfasste indirekte Schäden oder auf der Garantieverletzung

622 In diese Richtung gehen auch *Mehrbrey/Hofmeister*, NZG 2016, S. 419, 421.

beruhende Folgeschäden werden von der Bilanzauffüllung nicht erfasst. Beispielhaft könnten dies Umsatzeinbußen aufgrund „verlorener" Aufträge infolge von abweichend zu dem in der Bilanzgarantie angegebenen Stand tatsächlich nur in geringerer Anzahl vorhandenen fertigen Erzeugnissen (§ 266 Abs. 2 B I. 3. HGB) sein. Die Bilanzauffüllung würde in diesem Beispiel lediglich verlangen, entweder durch „Auffüllung" der fertigen Erzeugnisse, beziehungsweise, da dies regelmäßig nicht möglich sein dürfte, im Wege der monetären Schadenskompensation die Differenz zwischen dem zu geringen Ist- und dem garantierten Soll-Zustand auszugleichen. Jeglicher weitere, aus der zu geringen Menge fertiger Erzeugnisse resultierende Schaden bliebe unberücksichtigt.

Der Ansatz der Bilanzauffüllung ist letztlich abzulehnen. Allein das Argument, dass die Durchführung einer Bilanzauffüllung in vielen Fällen zu sinnvollen Ergebnissen gelangt, vermag nicht zu überzeugen, denn damit hängt das Ergebnis im Einzelfall praktisch von einem Zufall ab. Dogmatisch richtig, in der Durchführung aber freilich komplexer ist es, die Grundsätze der Naturalrestitution konsequent anzuwenden. Denn die Buchwertdifferenz stellt gewissermaßen lediglich die Indikation eines Schadens, nicht aber den Schaden an sich dar.[623] Einfach gesagt: Besteht bereits eine Buchwertdifferenz, kann im Grundsatz auch ein Schaden vorhanden sein. Dieser Schaden entspricht jedoch seiner Höhe nach nicht der Buchwertdifferenz, sondern wird durch diese tatbestandlich indiziert. Die Ermittlung des Schadens setzt also mehr voraus als eine bloße Betrachtung des Jahresabschlusses; insbesondere, da Buchwerte oftmals wenig aussagekräftig sind.[624] Die ausschließliche Betrachtung rein bilanzieller Vorgänge greift daher schlicht zu kurz, da die außerbilanziellen Umstände – aus denen sich jedoch die Positionen im Jahresabschluss ergeben – nicht berücksichtigt werden. Dies kann durch ein Beispiel illustriert werden:

Wird in einem Jahresabschluss ein Gebäude als betriebsnotwendiges Anlagevermögen mit einem bilanziellen Ansatz in Höhe von 100 aufgeführt und ist dieses Gebäude in der Realität einsturzgefährdet und darf daher nicht mehr genutzt werden, so mag der Buchwert beispielsweise auf 5 zu korrigieren sein. Die Buchwertdifferenz betrüge dann 95. Der daraus resultierende Schaden endet aber nicht bei der Buchwertdifferenz, sondern erstreckt sich noch auf Abriss- oder

623 *Wächter,* M & A Litigation, 3. Aufl. 2017, Rn. 12.358, bezeichnet dies als das „[…] *quantitative Ausmaß der Garantieunrichtigkeit* […]".

624 Vgl. dazu das Beispiel eines mit dem Anschaffungswert zu bilanzierenden Grundstücks, dessen Verkehrswert mit dem Zeitverlauf regelmäßig deutlich über dem Anschaffungswert liegen dürfte; dies wird unter D.II.4.a) ausgeführt.

Sanierungskosten, Kosten für die Anmietung eines „Ersatzgebäudes" (sofern dies möglich ist), mögliche Umsatzeinbußen aufgrund der Umstände etc. Diese Positionen würde der Bilanzauffüllungsansatz gänzlich außer Acht lassen; dort wäre die Aussage: „*Der ersatzfähige Schaden liegt bei 95.*"

Eine Ausnahme, in denen der Bilanzauffüllungsansatz zu sinnvollen Ergebnissen führt, kann sich indes in Fällen ergeben, in denen indirekte oder mittelbare Schäden gänzlich ausgeschlossen wurden. Wenn sich der Umfang des ersatzfähigen Schadens auf direkte Schäden beschränkt, könnten diese durchaus auf dem Wege der Bilanzauffüllung kompensiert werden; die Gefahr der Nichtberücksichtigung relevanter Schadenspositionen bestünde dann jedenfalls nicht mehr.

Eine weitere Ausnahme kann bei bestimmten bilanziellen Positionen wie dem Kassenbestand oder dem Guthaben bei Kreditinstituten (§ 266 Abs. 2 B. IV HGB) bestehen. Diese rein monetären Positionen zeichnen sich dadurch aus, dass der Buchwert dabei auch dem tatsächlichen Wert entspricht. Indes ist dies im Rahmen der Schadensermittlung nicht zwingend so; besteht beispielsweise kurzfristiger Bedarf an liquiden Mitteln und ist entgegen dem bilanziellen Ausweis kein Kassenbestand vorhanden, sind etwaige Zinszahlungen bei einem somit erforderlichen Bankkredit als Schaden zu berücksichtigen (was nach dem Bilanzauffüllungsansatz jedoch nicht geschähe). Diese Inkonsistenz und – wie gezeigt – zum Teil problematische Verkürzung bei der Schadensermittlung führt letzten Endes jedoch dazu, dass der Bilanzauffüllungsansatz trotz im Einzelfall möglicher pragmatischer Lösungen insgesamt abzulehnen ist.

3. Haftungsbeschränkungen und -ausschlüsse

Hinsichtlich der Frage, inwieweit die verschuldensunabhängige Haftung des Veräußerers als Garantiegeber bei einer Garantieverletzung interessengerecht eingeschränkt werden kann, bestehen bei einer Bilanzgarantie die gleichen Möglichkeiten wie bei sonstigen Garantien. Regelmäßig werden quantitative Haftungsbeschränkungen sowie Kenntnisklauseln vereinbart; auch dürfte die Kenntnis des Erwerbers von einem eine Garantieverletzung auslösenden oder begründenden Umstand im Rahmen der *disclosed information* in den meisten Fällen einen Anspruch ausschließen. Insofern kann auf die Ausführungen unter C.III.5 und C.III.6 verwiesen werden.

4. Zwischenfazit

Während auf die inhaltliche Gestaltung des Garantiekatalogs (den Tatbestand) großer Wert gelegt und in den Verhandlungen dazu mitunter um jedes Wort gerungen wird, geschieht so etwas hinsichtlich der Rechtsfolgen regelmäßig nicht oder jedenfalls nicht in der Form, die der Relevanz des haftungsausfüllenden Tatbestands angemessen Rechnung trüge.[625] Dies mag dann kein Problem darstellen, wenn der Garantiekatalog im Rahmen des meist anzutreffenden Verweises auf die §§ 249 ff. BGB auf derartige Garantien beschränkt ist, aufgrund derer Verletzungen entweder die Naturalrestitution oder aber – auf der zweiten Stufe – gemäß § 251 BGB die Schadenskompensation möglich ist. Sobald dies aber nicht mehr der Fall ist, bedarf es der entsprechenden Garantie nicht mehr, da diese lediglich ein Lippenbekenntnis des Garantiegebers darstellt und ohnehin nicht durchsetzbar bzw. überhaupt sanktioniert ist. Dies mag den Parteien gegebenenfalls im Rahmen ihrer Vertragsverhandlungen überhaupt nicht bewusst sein; vielmehr wird der Erwerber in einem rationalen Szenario einen möglichst umfangreichen Garantiekatalog fordern, um sein Risiko damit zu minimieren. Der Veräußerer wird hingegen eher bestrebt sein, ein „vertretbares Maß" an Garantien anzubieten, um einerseits eine positive Marktsignalisierung[626] zu erreichen, andererseits aber sein Haftungsrisiko nicht zu sehr auszudehnen.

Die Verletzung einer Bilanzgarantie begründet grundsätzlich einen Erfüllungs- beziehungsweise einen Ersatzanspruch des Erwerbers, auf den die schadensrechtlichen Regelungen der §§ 249 ff. BGB Anwendung finden. Diese Regelungen sind indes dispositiv. Dazu kann festgehalten werden, dass der schlichte Verweis auf die §§ 249, 251 BGB zwar grundsätzlich „funktioniert", das heißt, auch im Rahmen der Bilanzgarantie zu durchaus zweckmäßigen Ergebnissen führen kann. Da der zunächst maßgebliche Schaden allerdings im Minderwert der Zielgesellschaft besteht, können sich die tatsächliche Ermittlung und der erforderliche Nachweis durchaus komplex gestalten. Regelmäßig wird dazu eine Unternehmensbewertung durchzuführen sein, deren Ergebnis sich in aller Regel nicht genau antizipieren lässt und die zudem zeit- und kostenintensiv ist.

Insofern kann es sinnvoller sein, dass die Parteien des Unternehmenskaufvertrags im Einzelfall individuelle Rechtsfolgenregelungen vereinbaren, um entsprechende Unsicherheiten zu minimieren. Dabei besteht dann beispielsweise die Möglichkeit, den Umfang des ersatzfähigen Schadens auf direkte Schäden der Zielgesellschaft zu beschränken. Dann würde zum Beispiel lediglich der Reparaturaufwand einer defekten Maschine als Schaden geltend gemacht werden können, während durch den Defekt erlittene mittelbare Schäden (also beispielsweise Umsatzeinbußen) unberücksichtigt blieben. Auch die grundsätzliche

625 In diese Richtung gehend auch *Elsing*, in: FS Haarmann, S. 52.

626 Siehe dazu auch unter C.II.2.

Maßgeblichkeit des Minderwerts der Zielgesellschaft als Ausgangspunkt der Schadensberechnung ist dispositiv.

Der bloße Verweis auf die §§ 249, 251 BGB beziehungsweise auf deren entsprechende Anwendbarkeit sorgt „ungefiltert" also für einen beachtlichen Umfang an grundsätzlich ersatzfähigen Schadenspositionen. Dieser Umfang ist jedenfalls bei der Gestaltung des Unternehmenskaufvertrags zu beachten und gegebenenfalls durch einschränkende Regelungen zu begrenzen. Die Alternative zu einem Verweis auf die §§ 249 ff. BGB stellt eine auf die Garantie angepasste Rechtsfolgenregelung dar. Diese Alternative kann indes schnell zu *„over-engineering"* führen und den Umfang des Unternehmenskaufvertrags deutlich erhöhen. Es ist insofern sinnvoll, den Umfang des Garantiekatalogs auch unter dem Aspekt der Rechtsfolgen zu überprüfen und, wo dies sinnvoll erscheint oder aus den wirtschaftlichen Interessen einer Partei heraus gewünscht ist, gegebenenfalls angepasste Rechtsfolgenregelungen zu verhandeln. Dies ist jedoch von Fall zu Fall unterschiedlich, sodass nur schwerlich eine pauschale Empfehlung ausgesprochen werden kann.

F. Alternative Sicherungsmechanismen für das Wertverständnis der Parteien

Um das Wertverständnis von Käufer und Verkäufer vertraglich abzubilden, muss im Unternehmenskaufvertrag zunächst ein Wert im Sinne eines (Referenz-)Kaufpreises festgelegt werden. Dieser Wert kann indes nicht einzig durch eine schematisch durchgeführte Unternehmensbewertung, an deren Ende dann eine einzelne Zahl steht, ermittelt werden. Im Einzelfall kann ein (ggf. auch nur vorläufiger) Kaufpreis auch eine mitunter durchaus beträchtliche Vielzahl anderer Faktoren einpreisen. Neben der Bereitschaft eines Käufers, bei erwarteten Synergieeffekten unter Umständen eine höhere Summe zu bezahlen als diejenige, welche durch die gewählte Art der Unternehmensbewertung als – gewissermaßen rein mathematisch „richtiger" – Kaufpreis ermittelt wurde, kann auf immaterieller Seite beispielsweise auch der „gute Ruf" eines Unternehmens den Kaufpreis beeinflussen. Zudem hat auch der durch die Zielgesellschaft ebenfalls „eingekaufte" Zugang zu einem bestimmten Markt oder zu bestimmten Kunden in der Praxis ganz erheblichen Einfluss auf die letztendliche Höhe des Kaufpreises.

Grundlegend kann zwischen statischen und dynamischen Kaufpreisklauseln differenziert werden. Während bei den statischen Kaufpreisklauseln[627] ein bestimmter ermittelter Wert zugrunde gelegt wird, der dann als Kaufpreis Eingang in den Unternehmenskaufvertrag findet, können mit dynamischen Kaufpreiseklauseln äußerst komplexe Möglichkeiten, anhand bestimmter „Stellschrauben" einen Kaufpreis vertraglich zu vereinbaren, implementiert werden. Für die nachfolgende Darstellung werden sämtliche „transaktionsindividuelle" Faktoren, die sich im Einzelfall noch aus den Erwägungen der Parteien ergeben können (also Synergieeffekte, *Goodwill* etc.) weitestgehend außer Acht gelassen; sie folgt zur besseren Übersichtlichkeit und Verdeutlichung der Thematik der Hypothese, dass der (zunächst) vereinbarte Kaufpreis im Sinne einer Zahl das Ergebnis einer auf Basis einer konsentierten Methode durchgeführten Unternehmensbewertung ist.

627 Vgl. dazu beispielsweise die Darstellung des „Locked Box"-Modells bei *Kiem*, in: Kiem (Hrsg.), Kaufpreisregelungen, § 6.

Neben derartigen Erwägungen im Vorfeld des Unternehmenskaufvertrags beinhaltet auch dieser regelmäßig umfangreiche Regelungen zum Kaufpreis, häufig in der Form von Kaufpreisanpassungsklauseln.

I. Wechselwirkungen zwischen Kaufpreisklauseln und Bilanzgarantie

Die Ermittlung und Berechnung des Kaufpreises gehört zu den komplexesten und vielschichtigsten Vorgängen einer M&A-Transaktion. Im Allgemeinen basiert die Kaufpreisermittlung auf einer Unternehmensbewertung, was jedoch natürlich keine Gesetzmäßigkeit darstellt; grundsätzlich sind die Modalitäten der Kaufpreisermittlung den Parteien anheimgestellt und spiegeln insofern auch stets die Verhandlungspositionen von Veräußerer und Erwerber wider.

Eine Unternehmensbewertung ist in zahlreichen Varianten möglich und daher an sich zunächst kein einheitlicher technischer Begriff, da auch beispielsweise einer internen Festlegung auf eine bestimmte Bandbreite an akzeptablen Kaufpreisen letzten Endes eine Aussage über den (angenommenen) „Wert“ des Unternehmens inhärent ist. Daneben existieren zahlreiche anerkannte und mehr oder weniger verbreitete Verfahren zur Bewertung eines Unternehmens.[628] Diese zahlreichen möglichen Spielarten von Unternehmensbewertungen sinnvoll darzustellen, würde indes den Rahmen dieser Arbeit sprengen. Das Ergebnis der Unternehmensbewertung stellt auch oftmals noch nicht den finalen Kaufpreis dar. So dürfte ein gegenüber der bloßen Bewertung höherer Kaufpreis erzielt werden können, wenn sich der Erwerber durch die Transaktion Synergieeffekte erhofft, beispielsweise durch die vertikale Integration eines Zielunternehmens, mit dem der Erwerber seine Wertschöpfung optimieren kann.

1. Modelle der Kaufpreisermittlung

a) Das „Locked Box“- Modell

Das Locked Box- Modell ist gewissermaßen eine klassische statische Kaufpreisklausel. Ausgangspunkt ist ein zwischen den Parteien vereinbarter Wert der Zielgesellschaft, der oftmals auf Grundlage des letzten der Transaktion vorangegangenen Referenzjahresabschlusses ermittelt wird.[629] Grundlegend ist damit die Ratio des Locked Box- Modells bereits beschrieben. Da jedoch zwischen

628 Einen instruktiven Überblick bieten *Böcking/Rauschenberg*, in: Fleischer/Hüttemann (Hrsg.), Rechtshandbuch Unternehmensbewertung, § 2 Rn. 36 ff.

629 Vgl. auch *Kiem*, in: Kiem (Hrsg.), Kaufpreisregelungen, § 6 Rn. 10.

Signing und Closing eines Unternehmenskaufvertrags mitunter längere Zeit vergeht, bedarf es gegebenenfalls zusätzlicher Regelungen, um insbesondere die wirtschaftlichen Interessen des Erwerbers abzusichern. Die Zielgesellschaft wird also, obwohl der Veräußerer gewissermaßen noch die Verfügungsgewalt inne hat, wirtschaftlich zu einer „Locked Box". Insbesondere wird damit verhindert, dass außerhalb eines definierten Katalogs keinerlei Zahlungen oder sonstige Vorteile aus der Zielgesellschaft an den Veräußerer fließen (sog. „Leakage"), die unter anderen Umständen den Kaufpreis gemindert hätten.[630] Abgesehen von den im Einzelfall zu vereinbarenden, flankierenden Leakage-Regelungen zum Schutz des Erwerbers ist das Locked Box- Modell insofern recht einfach, sofern zwischen den Parteien ein Konsens über einem bestimmten fixen Kaufpreis herrscht oder jedenfalls erreichbar ist.

b) Das „Cash free/Debt free"- Modell

Eine gängige Klausel bei einem dynamischen Kaufpreismodell ist das so genannte Cash free/Debt free- Modell. Grundlegend basiert dieses Modell auf einem Referenzkaufpreis, der vorläufig – in der Regel zum Signing – festgelegt wird. Zum Closing als eigentlichem Vollzugszeitpunkt wird der Kaufpreis dann angepasst, und zwar durch zwei Rechenoperationen: Zunächst wird das in der Zielgesellschaft befindliche „Cash", also regelmäßig der Kassenbestand und etwaiges Bankguthaben, auf den vorläufigen Kaufpreis aufgeschlagen. Alsdann wird die Position „Debt", regelmäßig bestehend aus den Verbindlichkeiten, davon abgezogen.[631] Die genaue Definition, also gewissermaßen die Zusammensetzung der relevanten Positionen „Cash" und „Debt" ist dabei nicht pauschal vorgegeben, sondern obliegt den Parteien im Einzelfall.

Im Ergebnis wird der Kaufpreis damit gewissermaßen in Abhängigkeit vom zwischen Signing und Closing erfolgten Geschäftsverlauf neutralisiert, indem der Erwerber zwar den positiven Effekt der „Cash- Mitnahme" vergüten muss, die von ihm mit Vollzug der Transaktion übernommenen Verbindlichkeiten indes vom Kaufpreis in Abzug bringen kann. Auch aus Sicht des Veräußerers ist dies interessengerecht: Er verkauft sein „Cash" praktisch „eins zu eins", während er sich die Befreiung von seinen Verbindlichkeiten durch den Erwerber anrechnen lassen muss. Indes: Praktisch erfordert dieses Modell regelmäßig weitaus mehr als zwei Rechenoperationen und kann je nach Ausgestaltung im Einzelfall recht komplex sein. Insofern sollen die Kaufpreismodelle an dieser Stelle nicht

---

630 Vgl. *Kiem*, in: Kiem (Hrsg.), Kaufpreisregelungen, § 6 Rn. 2.
631 Vgl. ausführlich dazu *Koesling*, in: Kiem (Hrsg.), Kaufpreisregelungen, § 7 Rn. 4 ff.

Gegenstand vertiefter Erörterung sein, sondern lediglich im Überblick dargestellt werden.

c) *Gemischte Modelle*

Die vorangegangene Darstellung darf indes nicht darüber hinwegtäuschen, dass die Komplexität von Kaufpreisanpassungsklauseln damit noch nicht erschöpfend beschrieben wurde. Neben den genannten, „klassischen" und in Unternehmenskaufverträgen entsprechend häufig anzutreffenden Regelungen gibt es auch gemischte Modelle. So kann ein „Locked Box"- Kaufpreis auch durchaus um die Positionen „Cash" und „Debt" bereinigt bzw. angepasst sein. Dies gilt im umgekehrten Fall natürlich ebenso; die variable Kaufpreisermittlung kann bereits auf einem zwischen den Parteien vereinbarten Wert aufsetzen. Die umfassende Darstellung dieser gemischten und im Ergebnis in einer Vielzahl von Spielarten variablen Modelle würde im Rahmen dieser Arbeit zu weit gehen. Die grundlegenden Mechanismen – also entweder der Festkaufpreis oder aber eine variable Kaufpreisermittlung beziehungsweise -anpassung – sind zudem im Wesentlichen in der Regel ähnlich aufgebaut, sodass die nachfolgenden Erwägungen sich grundsätzlich auch auf andere Gestaltungen übertragen lassen.

2. Mögliche Wechselwirkungen: Kaufpreisgarantie als Alternative zu einer „klassischen" Bilanzgarantie?

Hinsichtlich der oben dargestellten Modelle der Kaufpreisberechnung bestehen grundsätzliche Wechselwirkungen beziehungsweise Berührungspunkte mit der Bilanzgarantie stets da, wo hinsichtlich des relevanten Zahlenwerks auf einen von einer Bilanzgarantie erfassten Jahresabschluss zurückgegriffen wird. An diesen Stellen ist es für den Erwerber von besonderer Relevanz, dass die dem jeweiligen Modell zugrunde liegenden Zahlen valide sind, da diese seine wirtschaftlichen Interessen unmittelbar berühren.

Hinsichtlich des Locked Box- Modells sind die Wechselwirkungen gering, sofern nicht schlicht die Bilanzsumme als maßgeblicher Kaufpreis zugrunde gelegt wird. Da in M&A-Transaktionen bei der Kaufpreisermittlung typischerweise neben dem Jahresabschluss der Zielgesellschaft aber regelmäßig auch individuelle Faktoren wie beispielsweise die Reputation der Zielgesellschaft, *Goodwill* oder erwartete Synergieeffekte eingepreist werden, dürfte ein solches Vorgehen als eher unüblich zu charakterisieren sein.

Bei einer variablen Kaufpreisermittlung wie zum Beispiel dem Cash free/Debt free- Modell liegt dies jedoch anders. Zwar wird der „Ausgangswert" regelmäßig auch dabei von den vorstehend genannten individuellen Faktoren beeinflusst sein. Die tatsächliche Anpassung hingegen wird anhand von sich aus dem jeweiligen Jahres- oder Zwischenabschluss ergebenden Parametern vollzogen. Dies schafft die Verbindung zur Bilanzgarantie, die insoweit auch zu einer Absicherung der wirtschaftlichen Annahmen dient.[632] Wird eine subjektive Bilanzgarantie im Unternehmenskaufvertrag vereinbart, ist deren „Absicherungswirkung" freilich insoweit zu relativieren (beziehungsweise realistisch zu betrachten), als dass nicht die konkrete Höhe abgesichert ist, sondern nur ein im Rahmen des Bilanzrechts insgesamt „stimmiges Bild"[633]; dies wurde oben bereits ausführlich erörtert.[634]

Die Wechselwirkung zwischen Bilanzgarantie und Kaufpreisanpassung wird indes zum Teil deutlich weitgehender interpretiert. So schlagen *Paefgen/Wallisch* vor, im Unternehmenskaufvertrag die Kaufpreisanpassung als Rechtsfolge der Verletzung einer Bilanzgarantie zu vereinbaren.[635] Dabei seien insbesondere die für den Erwerber maßgeblichen Bewertungsparameter zu beachten.[636] Zunächst führt dies zu der von *Paefgen/Wallisch* nicht beantworteten Frage, welche Art von Bilanzgarantie dies sein soll. Der Umstand, dass die genannten Bewertungsparameter für die Kaufpreisanpassung ihrer Höhe nach relevant sind, deutet auf eine objektive Bilanzgarantie hin. Nach dem streng objektiven Verständnis würde bei einer objektiven Bilanzgarantie allerdings jeder (abweichende) Bilanzposten auf der Rechtsfolgenseite zu berücksichtigen sein. Insofern wäre die Bilanzgarantie entweder auf die kaufpreisrelevanten Bewertungsparameter zu beschränken oder die Rechtsfolgenseite wäre als „Hybridform" zu betrachten. Denn dann gäbe es einerseits die kaufpreisrelevante Garantieverletzung (die einen der Bewertungsparameter betrifft), andererseits die „normale" Garantieverletzung, bei welcher kein maßgeblicher Bewertungsparameter betroffen wäre.

Ein tatsächliches Bedürfnis für eine solche Art der Kaufpreisanpassung ist nur insofern ersichtlich, als dass die zum Signing bereits festgelegten „Ausgangswerte", auf deren Basis dann zum Closing als eigentlichem (Vollzugs-) Stichtag die Kaufpreisanpassung durchgeführt wird, der Höhe nach garantiert werden sollen. Denn zu der zukünftigen Höhe bestimmter Positionen wird der

---

632 Vgl. dazu auch *Kiem*, in: Kiem (Hrsg.), Kaufpreisregelungen, § 3 Rn. 31 ff.

633 Dies stellt im Ergebnis richtigerweise auch *Kiem*, in: Kiem (Hrsg.), Kaufpreisregelungen, § 3 Rn. 32 fest.

634 Vgl. die Ausführungen unter D.II.3.

635 Vgl. *Paefgen/Wallisch*, in: Drygala/Wächter (Hrsg.), Tagungsband Leipziger Konferenz M&A 2014, S. 205, 220 f.

636 Vgl. *Paefgen/Wallisch*, in: Drygala/Wächter (Hrsg.), Tagungsband Leipziger Konferenz M&A 2014, S. 205, 221.

Veräußerer in aller Regel keine Garantie im Vorfeld abgeben; dies wäre im Rahmen einer Kaufpreisanpassung auch widersinnig, da diese dann faktisch der Anwendung des Locked Box- Modells entspräche: Die Höhe des Kaufpreises stünde schon zum Zeitpunkt des Signing fest.

Bei der Absicherung der Ausgangswerte würde es dann jedoch zu konsistenteren Ergebnissen (und auch zu keinen terminologischen Missverständnissen) führen, wenn man die bewertungsrelevanten Parameter separat (der Höhe nach) in einer „Kaufpreisgarantie" vereinbaren würde, die von der eigentlichen Bilanzgarantie losgelöst wäre. Diese Bilanzgarantie dürfte dann jedoch nur subjektiv sein, insbesondere, um auf der Rechtsfolgenseite die etwaige doppelte Berücksichtigung der relevanten Posten zu vermeiden (sog. *„double dips"*[637]). Die „Kaufpreisgarantie" wäre bei entsprechender Ausgestaltung als reine Vermögensgarantie hinsichtlich ihres Tatbestands und ihrer Rechtsfolge gut handhabbar. Eine solche „Kaufpreisgarantie" könnte beispielsweise folgendermaßen lauten:

> *„Der Veräußerer garantiert dem Erwerber, dass die folgenden, zum Zwecke der Kaufpreisermittlung gemäß § X dieses Vertrags maßgeblichen Positionen aus dem Jahresabschluss der Gesellschaft zum* [*Unterzeichnungs-/Vollzugstag*] *der Höhe nach objektiv zutreffend sind:*
> [*Auflistung*]
> *Bei einer Abweichung, die bilanzrechtlich nicht vertretbar ist, ist die Differenz in der Kaufpreisermittlung gemäß § X dieses Vertrags kaufpreismindernd* [oder, je nach Verhandlungsposition, gegebenenfalls auch kaufpreiserhöhend] *zu berücksichtigen. Die Naturalrestitution des Veräußerers ist in diesem Fall ausgeschlossen."*

Damit wären die für den Erwerber wirtschaftlich relevanten Positionen ihrer Höhe nach abgesichert, ohne dass dies zu Interferenzen mit der eigentlichen (und lediglich subjektiven) Bilanzgarantie führen würde. Durch den Ausschluss der Naturalrestitution kommt es auf der Rechtsfolgenseite auch nicht zu dogmatischen Konflikten mit dem im Rahmen der Naturalrestitution problematischen Bilanzauffüllungsansatz; die Kompensation einer etwaigen Differenz im Falle eines bilanzrechtlich unvertretbaren Ausweises erfolgt nach dem einfachen Rechenmodell „Euro für Euro".

Es ist festzustellen, dass es – insbesondere bei variablen Kaufpreismodellen – durchaus zu sinnvollen Wechselwirkungen zwischen der Bilanzgarantie und der Kaufpreisermittlung kommen kann. Diese sollten zweckmäßigerweise – wie

637 Darauf weisen *Paefgen/Wallisch*, in: Drygala/Wächter (Hrsg.), Tagungsband Leipziger Konferenz M&A 2014, S. 205, 222 richtigerweise hin.

vorstehend anhand einer möglichen „Kaufpreisgarantie“ gezeigt wurde – vertraglich reflektiert und entsprechend abgebildet werden. Allerdings kann nicht davon ausgegangen werden, dass eine Bilanzgarantie stets auch ohne Weiteres die wirtschaftlich für den Erwerber relevanten Parameter absichert; dies gilt vor allem dann, wenn es sich um eine subjektive Bilanzgarantie handelt. Dieser Umstand ist bei der Vertragsgestaltung jedenfalls zu berücksichtigen.

3. Earn-out-Klauseln und die Bilanzgarantie

Bei der Aufnahme von Earn-out-Gestaltungen in einen Unternehmenskaufvertrag wird zwischen den Parteien vereinbart, dass der Erwerber einen Teil des insgesamten Kaufpreises erst bedingt auf das Erreichen bestimmter wirtschaftlicher Größen bzw. Kennziffern zahlen muss. Regelmäßig wird dabei auf den Gewinn vor Zinsen und Steuern (EBIT) bzw. den Gewinn vor Zinsen, Steuern und Abschreibungen (EBITDA) abgestellt.[638] Alternativ wird – oftmals, wenn Finanzinvestoren auf der Käuferseite beteiligt sind – der Earn-out auch auf den Veräußerungserlös bezogen, den der Käufer bei einer Weiterveräußerung erzielen kann.[639] Earn-out-Klauseln können die Informationsasymmetrie zwischen den Parteien eines Unternehmenskaufvertrags verringern sowie das Vertrauen in die Angaben des Verkäufers stärken; insofern sind Parallelen zu den Funktionen von Garantien, insbesondere hinsichtlich der Marktsignalisierung, erkennbar.[640] „Verzichtet“ der Veräußerer eines Unternehmens zunächst auf einen (oftmals signifikanten) Teil des Kaufpreises beziehungsweise macht er diesen von dem Erreichen bestimmter Kennzahlen abhängig, stellt dies für den Erwerber regelmäßig ein starkes Signal dar. Denn ein Veräußerer würde sich in den wohl allermeisten Fällen nicht auf eine derartige Gestaltung der Kaufpreiserbringung einlassen, wenn er dem Unternehmen das Erreichen der vereinbarten Kennzahlen nicht zutraute. Insoweit geht eine Earn-out-Gestaltung hinsichtlich der Marktsignalisierung sogar noch weiter als eine Bilanzgarantie, signalisiert sie doch faktisch ein gewisses zukünftiges wirtschaftliches Potential. Demgegenüber

---

638 So beispielsweise auch *Ziegenhain*, in: Meyer-Sparenberg/Jäckle (Hrsg.), Beck'sches M&A-Handbuch, § 13 Rn. 52 m.w.N.; in die gleiche Richtung geht auch *König*, in: Kiem (Hrsg.), Kaufpreisregelungen, § 14 Rn. 14.

639 Als Kennziffer dient dabei beispielsweise der Betrag, um den das ursprünglich bei dem Erwerb eingesetzte Eigenkapital des Käufers vervielfacht wurde, der sogenannte „Multiple of Capital“, vgl. dazu *Ziegenhain*, in: Meyer-Sparenberg/Jäckle (Hrsg.), Beck'sches M&A-Handbuch, § 13 Rn. 55.

640 Vgl. dazu die weitergehenden Ausführungen unter D.I.

bezieht sich die Marktsignalisierung einer Bilanzgarantie, je nach Ausgestaltung im Einzelfall, eher auf den Status quo in (bilanz-)rechtlicher Hinsicht.

Mit der Bilanzgarantie ist eine Earn-out-Gestaltung jedoch insofern vergleichbar, als dass sie sich – sofern das Erreichen bestimmter Unternehmenskennziffern als maßgeblich vereinbart wird – letztlich auf bilanzielle Größen bezieht. Damit der Earn-out „ausgelöst" wird, muss also beispielsweise das EBITDA des Zielunternehmens einen gewissen Wert erreichen bzw. übersteigen. Wichtig ist dabei, dass die relevante Kennziffer und die Methode ihrer Berechnung im Rahmen des Earn-outs möglichst präzise definiert wird. Ansonsten hat der Käufer – der den Earn-out zahlen müsste – gewisse Möglichkeiten, das Erreichen eines bestimmten EBITDA verhindern zu können, beispielsweise im Falle außergewöhnlicher und hoher Investitionen. Die EBITDA-Kennzahl als solche ist keine eindeutige, „in Stein gemeißelte" Kennzahl, sondern in ihrer Zusammensetzung je nach Einzelfall zu überprüfen.[641] So können außergewöhnliche Geschäftsvorfälle grundsätzlich aufgrund einer gewissen, möglichen Manipulierbarkeit des EBITDA dazu führen, dass die für den Earn-out vereinbarte Höhe dieser Kennzahl nicht erreicht wird.[642]

Wurde der Weiterveräußerungserlös als maßgeblich für den Earn-out vereinbart, spielt dies keine (unmittelbare) Rolle. Anderenfalls sollte insbesondere der Veräußerer Wert darauf legen, die Berechnungsgrundlage des Earn-outs möglichst präzise und möglichst objektiv, das heißt, der „Willkür" des Erwerbers entzogen, festzulegen. Die Parallelen zur Bilanzgarantie sind insoweit offenkundig, setzt diese doch auch ein genaues Verständnis des „Umfangs der Absicherung" voraus, um sinnvoll eingesetzt werden zu können. Dies gilt in besonderem Maße für die oben dargestellte „objektivierte" Bilanzgarantie.[643]

Das Procedere beziehungsweise die zugrunde liegende Regelungstechnik hinsichtlich einer Earn-out-Gestaltung auf der einen und einer Bilanzgarantie auf der anderen Seite ist damit durch den engen Bezug auf bilanzielle Größen ähnlich und insoweit durchaus vergleichbar. Gleichwohl dürften die materiellen Wechselwirkungen als eher gering einzuschätzen sein, was primär an der Zielrichtung des jeweiligen Instruments liegt; dies wurde vorstehend bereits kurz angesprochen: Ein Earn-out ist maßgeblich auf die zukünftige Performance eines Unternehmens ausgerichtet. Diese Performance ist der Maßstab für eine jede Earn-out-Gestaltung, unabhängig davon, ob das Erreichen bestimmter

---

641 Vgl. dazu die knappe, jedoch instruktive Darstellung bei *Müller*, BC 2017, S. 94

642 Vgl. *Semler*, in: Hölters (Hrsg.), Handbuch Unternehmenskauf, Teil 7 Rn. 7.172.

643 Vgl. dazu die Ausführungen unter D.II.4.b).

Kennzahlen oder ein zu erzielender Weiterveräußerungserlös zugrunde gelegt wird. Die Bilanzgarantie konzentriert sich demgegenüber auf einen (regelmäßig) in der Vergangenheit liegenden Stichtag, nämlich entweder auf das Signing oder auf das Closing. Die zukünftige Performance des Zielunternehmens ist somit hinsichtlich der Bilanzgarantie nicht relevant. Somit dürften sich – jenseits des ähnlichen Procederes der Festlegung bestimmter bilanzieller Größen – regelmäßig keine inhaltlichen Wechselwirkungen ergeben.

4. Die Problematik der Rückstellungen im Jahresabschluss

Die Rückstellungen gemäß § 249 HGB können – insbesondere in M&A-Sachverhalten – einen problematischen Bilanzposten darstellen, da sie als ungewisse Verbindlichkeiten charakterisiert sind. Das heißt, sie sind in Umfang und Bestand in hohem Maße von Prognosen und Schätzungen abhängig. Nachfolgend sollen Rückstellungen sowie die Rolle von Bilanzgarantien im Zusammenspiel mit Rückstellungen betrachtet werden.

a) Allgemeine Problematik

Ein potentieller Problemfall kann sich im Kontext von Bilanzgarantien hinsichtlich von im garantierten Jahresabschluss ausgewiesener Rückstellungen ergeben. Rückstellungen sind als „unsichere Verbindlichkeiten“[644] sowohl für den Erwerber als auch den Veräußerer mit Unsicherheiten behaftet. Werden keine Rückstellungen gebildet und die Gesellschaft wird beispielsweise gerichtlich in Anspruch genommen, muss der Veräußerer nachweisen, dass er mit einer Inanspruchnahme nicht rechnen konnte oder brauchte. Werden zu hohe Rückstellungen gebildet, mindern diese womöglich den Kaufpreis und können durch den Erwerber erfolgswirksam aufgelöst werden. Dieses Spannungsfeld und die Rolle der Bilanzgarantie darin sollen nachfolgend beleuchtet werden.

Im grundlegenden Aufbau der Bilanz wird unterschieden zwischen Aktiva, dem Vermögen eines Unternehmens, dargestellt anhand seiner konkreten Verwendung und Passiva, der Darstellung der Mittelherkunft, die wiederum in Eigen- und Fremdkapital unterteilt sind. Das Fremdkapital auf der Passivseite der Bilanz kann – etwas verkürzt – auch schlicht als die Schulden des Unternehmens bezeichnet und insofern im Wesentlichen als Verbindlichkeit gegenüber außerhalb des Unternehmens stehenden Dritten charakterisiert werden. Ein klassisches Beispiel ist der Bankkredit[645], bei welchem dem (aktivierten)

644 *Von Kanitz,* Bilanzkunde, Rn. 567.
645 Vgl. § 266 Abs. 2 unter C. 2.

„Guthaben“ in Höhe der Kreditlinie des Unternehmens bei der Bank eine (passivierte) Verbindlichkeit gegenüber der Bank in gleicher Höhe im Fremdkapital gegenüber steht. Rückstellungen stellen bilanziell hier einen besonderen und mit einer strukturellen Unsicherheit belasteten Posten dar, da diese im Gegensatz zu den hinsichtlich Grund, Höhe und Fälligkeit eindeutig bestimmbaren Verbindlichkeiten „unsichere Verbindlichkeiten“[646] sind. Bei Rückstellungen ist mindestens eines der Merkmale „Grund“, „Höhe“ oder „Fälligkeit“ nicht (oder jedenfalls noch nicht) bekannt. In der Gliederung des § 266 Abs. 2 HGB wird diese Sonderrolle dadurch reflektiert, dass die Rückstellungen – insoweit folgerichtig – zwischen dem Eigen- und dem Fremdkapital aufgeführt sind.

§ 249 HGB führt abschließend diejenigen Sachverhalte auf, bezüglich derer Rückstellungen gebildet werden dürfen, nämlich (i) für ungewisse Verbindlichkeiten und drohende Verluste aus schwebenden Geschäften sowie (ii) für im Geschäftsjahr unterlassene Aufwendungen für Instandhaltung, die im folgenden Geschäftsjahr innerhalb von drei Monaten, oder (iii) für Abraumbeseitigung, die im folgenden Geschäftsjahr nachgeholt werden, sowie (iv) für Gewährleistungen, die ohne rechtliche Verpflichtung erbracht werden.

Bei Rückstellungen ist insbesondere zu beachten, dass sie erfolgswirksam sind, also Auswirkungen auf die Höhe des Gewinns oder Verlusts haben. Die Folge einer Rückstellungsbuchung ist, dass der Gewinn in Höhe der gebuchten Rückstellung gemindert wird.[647] Nach dem Prinzip der periodengerechten Abgrenzung werden die als ungewisse Verbindlichkeiten gebuchten Rückstellungen somit in der Periode, in der sie bilanziell berücksichtigt werden müssen, passiviert und in die nächste Periode übertragen.

Tritt der Sachverhalt, aufgrund dessen die Rückstellung gebildet wurde, ein, so hängt die Erfolgswirksamkeit von der Höhe der Rückstellungen und des tatsächlich durch den „Rückstellungsfall“ erforderlichen Aufwands ab. Erfolgsneutral ist der „Verbrauch“ der Rückstellung dann, wenn der Aufwand der Rückstellung entspricht.[648] Erfolgswirksamkeit liegt also erst vor, wenn an dieser Stelle eine Differenz besteht. Ist die Rückstellung zu niedrig gebildet worden, fällt ein gewinnmindernder Aufwand an; spiegelbildlich dazu entsteht ein entsprechender Ertrag bei einer zu hoch gebildeten Rückstellung. Entsprechendes gilt bei der Auflösung einer Rückstellung, die gemäß § 249 Abs. 2 S. 2 HGB nur

646 *Von Kanitz*, Bilanzkunde, Rn. 567.
647 Vgl. *Baetge/Kirsch/Thiele*, Bilanzen, S. 431.
648 Vgl. *Baetge/Kirsch/Thiele*, Bilanzen, S. 438 f.

dann aufgelöst werden darf, wenn der zu ihrer Bildung führende Grund entfallen ist. Insofern entsteht dann ein sonstiger betrieblicher Ertrag.[649]

Auf den Unternehmenskauf bezogen können Rückstellungen insofern problematisch sein, als dass diese bei einer Kaufpreisberechnung – je nach Ausgestaltung – womöglich den Gewinn mindern und somit den relevanten Unternehmenswert zu Gunsten des Erwerbers beeinflussen können, sofern sie nicht in der entsprechend vereinbarten Kaufpreisberechnung ausgenommen wurden. Auch diese Konstellation ist spiegelbildlich denkbar, dann zu Lasten des Erwerbers: Werden Rückstellungen im für die Kaufpreisberechnung/-ermittlung maßgeblichen Zeitraum erfolgswirksam aufgelöst, steigt der Unternehmenswert unter Umständen an.

Am 13. März 2015 urteilte das Landgericht Hamburg in einem der seltenen, vor einem ordentlichen Gericht verhandelten M&A-Sachverhalte, in dem es unter anderem – und auch dies macht den „Seltenheitswert" einer solchen Entscheidung aus – explizit um eine mit einer subjektiven Bilanzgarantie verknüpfte Frage ging.[650] Vereinfacht war zu klären, ob der Veräußerer es versäumt hatte, aufgrund einer möglicherweise zu erwartenden gerichtlichen Inanspruchnahme aufgrund fehlender Lizenzen Rückstellungen zu bilden. Materiell bietet das Urteil – jedenfalls bezogen auf Rückstellungen und ihre „Handhabung" im Rahmen einer subjektiven Bilanzgarantie – keine neuen Erkenntnisse. Im Wesentlichen wurde der mit der Bilanzgarantie begründete Anspruch wegen zu Unrecht nicht gebildeter Rückstellungen abgewiesen, weil die Klägerin nicht hinreichend darlegen konnte, dass die Beklagte tatsächlich von einer möglichen oder gar drohenden Inanspruchnahme wusste. Dennoch: Das Urteil exemplifiziert die den Rückstellungen innewohnende Unsicherheit auf beiden Seiten des Unternehmenskaufvertrags.

b) *Die Rolle der Bilanzgarantie*

Im Rahmen der Rückstellungsproblematik kann im Nachgang einer Transaktion grundsätzlich eine im Unternehmenskaufvertrag enthaltene Bilanzgarantie als Grundlage für einen möglichen Schadensersatzanspruch dienen. Dies ist – leider ohne nähere Erörterung – auch in dem vorstehend dargestellten, vor dem LG Hamburg verhandelten Sachverhalt der Fall.[651] Bei einer grundlegenden

---

649 Vgl. *Reiner/Haußer*, in: MüKo-HGB, Bd. 4, 3. Aufl. 2013, § 275 Rn. 36 f.; *Peun/Schmidt*, in: BeBiKo, 10. Aufl. 2016, HGB § 275 Rn. 90 f.; *Baetge/Kirsch/Thiele*, Bilanzen, S. 439.

650 LG Hamburg, *Urteil* v. 13.05.2015 - 315 O 89/13 = via juris.

651 Vgl. den Nachweis in Fn. 650.

Betrachtung ist es jedoch zunächst erforderlich, zwischen einer subjektiven und einer objektiven Bilanzgarantie zu differenzieren.

aa) Subjektive Bilanzgarantie

Im Falle der gängigen und oben bereits ausführlich behandelten subjektiven Bilanzgarantie[652] garantiert der Veräußerer, dass der Jahresabschluss nach den bilanzrechtlichen Vorschriften und Grundsätzen regelkonform erstellt wurde. Eine zukunftsgerichtete Garantie im Sinne einer „Haltbarkeitsgarantie" kann und wird ein Veräußerer vernünftigerweise gar nicht abgeben, da er sich mit dem Vollzug der Transaktion in der Regel der bestimmenden Einflussmöglichkeit auf die dem Jahresabschluss zugrunde liegende Rechnungslegung begibt. Wurde in der entsprechenden Periode vor Erstellung des relevanten Jahresabschlusses eine Rückstellung gemäß § 249 HGB gebildet, entspricht dieses Vorgehen den bilanzrechtlichen Vorschriften. Der Jahresabschluss wird insofern auch dann nicht „falsch", wenn die zum vertraglich festgelegten Zeitpunkt gebildete Rückstellung aus der *ex-post*-Perspektive eigentlich gar nicht hätte gebildet werden müssen. Letztlich handelt es sich bei der Rückstellungsauflösung in der Folgeperiode um eine wertbeeinflussende Tatsache, die nach dem Bilanzstichtag keine Berücksichtigung mehr findet.[653]

Der reine Buchungsvorgang „Rückstellung an Ertragskonto", der im Falle der Auflösung einer unbegründeterweise gebildeten Rückstellung vorgenommen wird, führt zu einem sonstigen betrieblichen Ertrag in der auf den „richtigen" Jahresabschluss folgenden Periode.[654] Dieser kommt dann dem Erwerber zugute, sofern aufgrund des durch die Rückstellung verminderten Gewinnausweises der Kaufpreis beeinflusst wurde. Indes: Dieses, dem Veräußerer selbstverständlich bekannte Risiko hätte dann auch durch den Veräußerer abgesichert werden müssen, beispielsweise durch eine „bereinigte" Kaufpreisermittlung und -berechnung, welche die unsicheren Rückstellungen nicht (oder gegebenenfalls nicht vollständig) kaufpreiswirksam einpreist. Inwieweit dies gegenüber dem Erwerber in den Verhandlungen durchzusetzen ist, ist eine Frage des Einzelfalls. Regelmäßig dürfte nur ein starker Veräußerer in der Position sein, ein solche vertragliche Vereinbarung durchzusetzen. Denn realisiert sich das durch die Rückstellung abgedeckte Risiko letztlich doch in Form einer Verbindlichkeit,

652 Vgl. dazu die Ausführungen unter D.II.3.

653 Vgl. dazu auch *Koesling*, in: Kiem (Hrsg.), Kaufpreisregelungen, § 2 Rn. 46.

654 vgl. *Reiner/Haußer*, in: MüKo-HGB, Bd. 4, 3. Aufl. 2013, § 275 Rn. 36 f.

ist es für den Erwerber freilich wirtschaftlich vorteilhaft, wenn diese Rückstellung durch ihn nicht „mitgekauft" wurde.

Ist eine Rückstellung jedoch fälschlicherweise gebildet worden – sei es aus Vorsicht oder Bilanzpolitik –, kann die Bilanzgarantie dadurch verletzt sein. Zu den Rechtsfolgen gilt das oben bereits Ausgeführte[655], jedenfalls, sofern keine individuellen Rechtsfolgen vereinbart wurden und damit die §§ 249, 251 BGB zur Anwendung kommen: Der Veräußerer schuldet einen fehlerfreien, die Rückstellung nicht ausweisenden Jahresabschluss. Etwaige monetäre Nachteile des Erwerbers dürften sich dabei jedoch kaum ergeben. Wurde die Rückstellung kaufpreiswirksam eingepreist – also vom Kaufpreis abgezogen –, ist dies für den Erwerber vorteilhaft. Zudem kann die Rückstellung dann in der vom Erwerber zu verantwortenden Folgeperiode erfolgswirksam aufgelöst werden. Somit dürfte im Regelfall kein relevanter Minderwert der Zielgesellschaft bestehen, dessen Differenz zum „richtigen" Unternehmenswert einen ersatzfähigen Schaden darstellen würde.

Problematischer ist dagegen der Fall, in dem eine Rückstellung fälschlicherweise *nicht* gebildet worden ist. Die aus Sicht des Erwerbers bestehende Problematik besteht dann gegebenenfalls darin, dass er womöglich einen zu hohen Kaufpreis gezahlt hat – denn bei korrekter Bildung einer Rückstellung hätte diese als (ungewisse) Verbindlichkeit regelmäßig einen kaufpreismindernden Effekt gehabt. Dieses Problem kann im Rahmen der subjektiven Bilanzgarantie auf der Rechtsfolgenseite nicht direkt gelöst werden. Maßgeblich ist für die Schadensermittlung und -berechnung dort der etwaige Minderwert der Zielgesellschaft, nicht jedoch der Kaufpreis. Lässt ein solcher Minderwert sich als kausal aus der fälschlicherweise nicht gebildeten Rückstellung entstanden nachweisen, so kann der Erwerber einen entsprechenden Schaden geltend machen. Hat die unterbliebene Rückstellung indes keine Auswirkungen auf den Unternehmenswert der Zielgesellschaft, ist das Bestehen eines ersatzfähigen Schadens aufgrund der verletzten Bilanzgarantie letztlich zu verneinen.

Daneben können – je nach dem vereinbarten Modell der Kaufpreisberechnung – die etwaigen Effekte von Rückstellungen auch bereits vorab eliminiert werden, wodurch die gesamte Problematik grundsätzlich vermeidbar wäre.

bb) Objektive Bilanzgarantie

Eine objektive Bilanzgarantie entfernt sich hingegen in sämtlichen Varianten von der normativen Grundlage der Rückstellungsbildung und betrachtet nur die

655 Siehe dazu unter E.IV.1.b)aa).

Übereinstimmung von Bilanzausweis und Realität. Dies gilt auch dann, wenn die objektive lediglich als „kenntnisunabhängige" Bilanzgarantie ausgestaltet ist, denn bei dieser sind auch wertbeeinflussende Tatsachen *ex post* – also nach dem eigentlich relevanten Bilanzstichtag – zu berücksichtigen.

Hinsichtlich einer *nicht* gebildeten Rückstellung führt dies zu einer Verletzung der Bilanzgarantie, wenn die Zielgesellschaft zur Rückstellungsbildung verpflichtet gewesen wäre. Dies kann, beispielsweise hinsichtlich des Nachweises der Kenntnis von einer drohenden Inanspruchnahme, zwar womöglich zu Nachweisproblemen führen. Die „Handhabung" der objektiven Bilanzgarantie ist indes verhältnismäßig einfach. Im Rahmen der Rechtsfolge – auch hier unter der Prämisse der mangels individuell vereinbarter Regelungen eingreifenden §§ 249, 251 BGB – kann hier zunächst die Naturalrestitution in Form einer Freistellung von der Verbindlichkeit durch den Veräußerer eingreifen.[656]

Bei einer fälschlicherweise gebildeten Rückstellung dürften sich – entsprechend der Ausführungen zur subjektiven Bilanzgarantie – für den Erwerber auch bei der objektiven Bilanzgarantie keine (wirtschaftlichen) Probleme ergeben. Wird die Rückstellung kaufpreismindernd berücksichtigt, ist dies für den Erwerber vorteilhaft; zudem erhält er einen außerordentlichen betrieblichen Ertrag in der Folgeperiode, für den er nichts gezahlt hat. Es dürfte insofern äußerst unwahrscheinlich sein, dass ein Erwerber den Veräußerer aufgrund einer fälschlicherweise gebildeten Rückstellung nach einer Transaktion in Anspruch nimmt, da die wirtschaftlichen Risiken in dieser Konstellation allein bei dem Veräußerer liegen.

Die Problematik der Rückstellungen zeigt deutlich, dass wirtschaftlich relevante Punkte bereits im Vorfeld der Durchführung einer Transaktion geklärt werden sollten, um diese entsprechend im Unternehmenskaufvertrag abbilden zu können. Zwar bietet eine Bilanzgarantie durchaus auch das Instrumentarium, um gewisse Konstellationen im Nachgang lösen zu können; dies gilt jedoch, wie gezeigt wurde, nicht für sämtliche Risiken. Insofern scheint es zweckmäßiger zu sein, etwaige Rückstellungen bereits im Rahmen der Kaufpreisberechnung zu berücksichtigen. Ergänzend kann dann beispielsweise eine Freistellung für den Fall einer gerichtlichen Inanspruchnahme, für die keine Rückstellung gebildet wurde, vereinbart werden.[657]

---

656 Vgl. zur Charakterisierung der Freistellung als eine Form der Naturalrestitution *Schiemann*, in: Staudinger, BGB, Buch 2 (§§ 249-254), Neubearbeitung 2017, § 249 Rn. 189.

657 Dabei wäre jedoch wiederum zu beachten, dass sich der Veräußerer im Falle einer gänzlich unvorhersehbaren Inanspruchnahme regelmäßig auch nicht auf eine „Blanko- Freistellung" einlassen wird; siehe zu Freistellungen auch oben unter C.III.7.

II. Die Eigenkapitalgarantie als Ergänzung einer Bilanzgarantie

Zum Teil finden sich in Unternehmenskaufverträgen neben oder als Bestandteil einer Garantie zum Jahresabschluss auch so genannte Eigenkapitalgarantien. Eine solche Garantie scheint auf den ersten Blick eine schlichte und einfach handhabbare Vermögensgarantie darzustellen; sie garantiert eben die im Jahresabschluss bilanziell ausgewiesene Eigenkapitalziffer.

Der Begriff des Eigenkapitals ist allerdings nicht legal definiert und somit unterschiedlichen Sichtweisen und damit einhergehenden Implikationen zugänglich. Zwar beinhaltet das Gliederungsschema des § 266 HGB unter Abs. 3 A. den Begriff des Eigenkapitals, der jedoch keine Legaldefinition, sondern lediglich den rechtlichen Oberbegriff für die darunter aufzuführenden Bilanzpositionen darstellt. Zudem ist damit noch keine Aussage über das wirtschaftliche Eigenkapital verbunden, das von den in § 266 Abs. 3 A. HGB genannten Bilanzpositionen abweichen kann. Insofern kann auch das in einer M&A-Transaktion maßgebliche Eigenkapital im Unternehmenskaufvertrag definiert werden.

Ganz grundsätzlich lautet eine gängige Definition des Eigenkapitals, dass dieses aus der Differenz zwischen Aktiva und Verbindlichkeiten besteht.[658] Übersteigen die Aktiva die Verbindlichkeiten, ist das Eigenkapital somit positiv; ansonsten kann es auch negativ sein. Damit ist Eigenkapital „[...] *ein den Eigenkapitalgebern zugeordneter hypothetischer Liquidationsüberschuss nach Zahlung aller Schulden.*“[659] Mit dieser einfachen Definition sind die unterschiedlichen, im Hinblick auf das Eigenkapital einzunehmenden Perspektiven jedoch noch nicht erschöpft. So stellt nachrangig zur Verfügung gestelltes Kapital aus Sicht der demgegenüber vorrangigen Fremdkapitalgeber Eigenkapital dar; aus Sicht der Gesellschaft handelt es sich jedoch um eine Verbindlichkeit.[660] Dieses Beispiel zeigt deutlich auf, dass die relevante Zusammensetzung des Eigenkapitals im Einzelnen durchaus problembehaftet sein kann. Die trennscharfe Abgrenzung

---

658 Vgl. *Kleindiek*, ZHR (175) 2011, S. 247, 248: „*Das Eigenkapital wird mithin als eine rechnerisch ermittelte Saldogröße definiert, deren Höhe von Ansatz und Bewertung der in der Bilanz ausgewiesenen Vermögensgegenstände und Schulden abhängt.*“; ähnlich *Baums*, ZHR (175) 2011, S. 160, 162; zwischen „formellem“ (residuale Wertgröße) und „materiellem“ (Abgrenzung nach Funktionen) Eigenkapitalbegriff differenziert instruktiv *Heymann*, in: Beck-HdR, Bd. I, 50. Aufl., 36. EL Juni 2011, B 231 Rn. 1 f.; ähnlich *Baetge/Kirsch/Thiele*, Bilanzen, S. 487 ff.

659 *Baums*, ZHR (175) 2011, S. 160, 162.

660 Ein solches Beispiel findet sich bei *Baums*, ZHR (175) 2011, S. 160, 163.

zwischen Eigen- und Fremdkapital ist in der Betriebswirtschaft – und als logische Konsequenz eines normbasierten Rechnungslegungssystems insofern auch in der Rechtswissenschaft – Gegenstand der lebhaften Diskussion; gleichwohl soll diese Diskussion nicht zum Gegenstand der vorliegenden Arbeit gemacht werden, sodass an dieser Stelle auf das einschlägige Schrifttum verwiesen werden kann.[661]

1. Ausgestaltung einer Eigenkapitalgarantie

Die wohl gängige Auslegung einer Eigenkapitalgarantie weist auf eine starke oder sogar ausschließlich objektive Komponente hin; mithin wird dabei eine bestimmte Höhe des Eigenkapitals garantiert.[662] Zum Teil wird die Eigenkapitalgarantie indes nicht als „klassische" Garantie, sondern als Anpassungsmechanismus des Kaufpreises an die Entwicklung des Netto-Eigenkapitals verstanden[663], wobei die Netto-Eigenkapitalgarantie wiederum zum Teil auch als objektive Bilanzgarantie angesehen wird.[664]

---

661 Vgl. dazu beispielsweise die Einleitung von *Wüstemann/Bischof*, ZHR (175) 2011, S. 210, 211: „*Die Bilanzierung von Eigenkapital im internationalen Bilanzrecht kann als paradigmatisch für die Herausforderung moderner Bilanzwissenschaft überhaupt angesehen werden: In wenigen anderen Bereichen der Rechnungslegung* [...] *wird sichtbarer, wie notwendig ein moderner, methodisch-pluralistischer Problemzugriff ist, um auf der Höhe der Komplexität der Sache diese einer tragfähigen und regelungsscharfen Problemlösung zuzuführen.*"; vgl. ferner *Kraft*, ZGR 2008, S. 324; *Pöschke*, Corporate Finance law 2011, S. 195 sowie *Kleindiek*, ZHR (175) 2011, S. 247.

662 So wohl *Picot*, in: Römermann (Hrsg.), MAH GmbH-Recht, § 21 Rn. 144: „*Anstelle oder zusätzlich zur Bilanzgarantie können die Vertragsparteien ferner eine Eigenkapitalgarantie in den Vertrag aufnehmen. Hierdurch verspricht der Verkäufer das Vorhandensein eines bestimmten Eigenkapitals in bestimmter Höhe zu einem bestimmten Zeitpunkt.*"; *Beisel*, in: Beisel/Klumpp/Schindler (Hrsg.), Unternehmenskauf, § 11 Rn. 92: „*Aus der endgültigen Abrechnungsbilanz ergibt sich durch Saldierung aller echten Aktiva mit allen echten Passiva des zum Unternehmen gehörenden Vermögens das vertragliche Eigenkapital, das der Verkäufer zu „liefern" hat.*"; vgl. auch *Semler*, in: Hölters (Hrsg.), Handbuch Unternehmenskauf, Teil 7 Rn. 7.247, der auf die notwendige Differenzierung zwischen wirtschaftlichem und rechtlichen Eigenkapital hinweist; eine englischsprachige Beispielsklausel findet sich bei *Kiem*, in: Kiem (Hrsg.), Kaufpreisregelungen, § 9 Rn. 9.

663 So jedenfalls *Kästle/Oberbracht*, Unternehmenskauf - SPA, S. 95; *Mellert*, in: Drygala/Wächter (Hrsg.), Tagungsband Leipziger Konferenz M&A 2014, S. 11, 12 beschreibt die typische Rechtsfolge einer „klassischen" Eigenkapitalgarantie als einen Euro-für-Euro-Ausgleichsmechanismus für eine etwaige Differenz.

664 Vgl. dazu *Bingel*, in: Eppinger/Zeyer (Hrsg.), Erfolgsfaktor Rechnungswesen, S. 60, 77.

Das Eigenkapital entsteht – ungeachtet aller Abgrenzungsproblematiken – nicht „im luftleeren Raum", sondern geht nach der oben angeführten, gängigen Definition als ausgleichende Residualgröße[665] – lässt man die materiellen Aspekte außer Betracht, mithin als schlichter Rechenposten –aus dem Jahresabschluss hervor. Dies impliziert, dass auch bereits die Aufstellung des Jahresabschlusses die sich letztendlich ergebende Höhe des Eigenkapitals bestimmt. Insofern ist eine Eigenkapitalgarantie letztlich nichts anderes als eine „mittelbare Bilanzgarantie", deren materielle Aussage auf die Eigenkapitalziffer fokussiert ist. Damit geht einher, dass – entsprechend der Bilanzgarantie – auch eine Eigenkapitalgarantie als subjektive oder objektive Garantie ausgestaltet werden kann. Das heißt, eine subjektive Eigenkapitalgarantie würde besagen, dass die Eigenkapitalziffer unter Anwendung der Grundsätze ordnungsmäßiger Buchführung und Beibehaltung der Bilanzierungs- und Bewertungsstetigkeit ermittelt wurde.[666] Mithin sagt diese Garantie letzten Endes nichts anderes aus, als dass der Jahresabschluss – aus dessen Positionen sich die Eigenkapitalziffer ergibt – regelkonform aufgestellt wurde. Daraus ergibt sich aber aus einer (subjektiven) Eigenkapitalgarantie neben einer subjektiven Bilanzgarantie keine eigenständige oder darüber hinausgehende materielle Aussagekraft. Diese Variante dürfte insofern regelmäßig nicht den Interessen der Parteien – und insbesondere des Erwerbers – entsprechen; die praktische Nutzbarkeit einer solchen, theoretisch möglichen subjetiven Eigenkapitalgarantie dürfte sich in Grenzen halten.

Eine objektive Eigenkapitalgarantie garantiert demgegenüber das Vorhandensein einer bestimmten Eigenkapitalziffer zu dem vereinbarten relevanten Zeitpunkt, regelmäßig also zu Signing und/oder Closing des Unternehmenskaufvertrags. Es handelt sich dabei um eine klassische Vermögensgarantie, deren Anwendungsbereich und materielle Aussagekraft zunächst eindeutig bestimmbar scheinen. Jedoch hängt auch hier das Produkt – also die garantierte Eigenkapitalziffer – ausschließlich von den Positionen im Jahresabschluss ab. Jede Änderung einer Position, beispielsweise die Erhöhung einer Verbindlichkeit, bedingt auch eine Änderung der Eigenkapitalziffer (die entsprechend des Beispiels dann um den Betrag der Erhöhung der Verbindlichkeit sinken würde). Damit ist zu fragen, ob die objektive Eigenkapitalgarantie als reine Vermögensgarantie gewissermaßen von bilanzrechtlichen Fragestellungen abgekoppelt werden kann. Die Aussage lautete dann letztlich nur noch: „*In der Zielgesellschaft*

665 Vgl. *Wüstemann/Bischof*, ZHR (175) 2011, S. 210, 213.

666 Ein entsprechender Formulierungsvorschlag findet sich bei *Mellert*, in: Drygala/Wächter (Hrsg.), Tagungsband Leipziger Konferenz M&A 2014, S. 11, 18.

ist Eigenkapital in Höhe des Betrags X vorhanden.“ Wird dieser garantierte Betrag unterschritten, ist die Garantie verletzt; dies ist allerdings auch der Fall, wenn der garantierte Betrag überschritten wird. Der Vorteil einer solchen Regelung liegt darin, dass komplexe Berechnungen zur Wertminderung (dazu sogleich) im Falle einer Garantieverletzung vermieden werden können. Die reinen Vermögensinteressen der Parteien werden dennoch hinsichtlich der „Substanz“ des Zielunternehmens berücksichtigt.

Unumgänglich zur Vermeidung von Streitigkeiten im Nachgang der Transaktion ist es jedoch auch bei einer derartigen, zunächst klar erscheinenden Regelung, den unbestimmten Begriff des „Eigenkapitals“ im Unternehmenskaufvertrag zu definieren. *Semler* differenziert dabei zum Beispiel zwischen dem rechtlichen Eigenkapital, das sich aus § 266 Abs. 3 A HGB ergebe, und dem wirtschaftlichen Eigenkapital, das beispielsweise auch Sonderbetriebsvermögen eines Gesellschafters umfassen könne.[667] Diese Differenzierung ist ein zweckmäßiger Ausgangspunkt; letztendlich wird man im Einzelfall zweckmäßigerweise, um etwaige Streitpunkte möglichst zu vermeiden, indes wohl auf eine konkrete Auflistung der Posten, welche das jeweils relevante Eigenkapital im Sinne der Eigenkapitalgarantie bilden, zurückgreifen.

2. Rechtsfolgen der Eigenkapitalgarantieverletzung

a) Problematik der maßgeblichen Wertminderung

Hilgard stellt zutreffend fest, dass die Ermittlung eines tatsächlich ersatzfähigen Schadens je nach Ausgestaltung der Rechtsfolgenklausel einer Eigenkapitalgarantie durchaus problematisch oder gar schlechthin nicht möglich sein könnte.[668] Insbesondere sei der Fall problematisch, in dem die Verletzung der Eigenkapitalgarantie Auswirkungen auf den Wert des Unternehmens habe; dann müsse der Schaden beziehungsweise die relevante Wertminderung regelmäßig auf Grundlage einer Substanz- oder Ertragswertberechnung ermittelt werden.[669] In diesem Zusammenhang geht *Hilgard* auch auf die umstrittene Bilanzauffüllungsthese ein, die er – was nach der hier vertretenen Meinung zutreffend ist – ablehnt.[670]

---

667 Vgl. *Semler*, in: Hölters (Hrsg.), Handbuch Unternehmenskauf, Teil 7 Rn. 7.247.

668 Vgl. *Hilgard*, BB 2013, S. 937, 939 ff.

669 Vgl. *Hilgard*, BB 2013, S. 937, 940; vgl. dazu auch die Ausführungen zum Ausgangspunkt der Schadensberechnung unter E.III.1.

670 Vgl. *Hilgard*, BB 2013, S. 937, 941; vgl. dazu auch die ausführliche Darstellung unter E.IV.2.

Wird die Rechtsfolge zwischen den Parteien indes auf einen rein vermögensmäßigen Ersatz der Differenz zwischen „Ist" und „Soll" der Eigenkapitalsumme beschränkt, lässt sich die Problematik der komplexen Wertminderungsberechnung umgehen. Im Falle einer Garantieverletzung wird dann nur die Differenz zwischen der tatsächlichen (niedrigeren) und der vereinbarten Höhe des Eigenkapitals geschuldet, was freilich in faktischer, wirtschaftlicher Hinsicht nichts anderes als eine Auffüllung der Bilanz darstellt. Gleichwohl führen der Schadensersatz auf Grundlage der §§ 249, 251 BGB als auch die Bilanzauffüllung ohnehin zu identischen Ergebnissen, sofern sich das durch die Eigenkapitalgarantie abgesicherte Interesse ausschließlich auf genau definierte, summenmäßige Vermögenspositionen erstreckt. Dann kommt es in beiden Fällen wirtschaftlich zu einem Euro-für-Euro-Ausgleich der Differenz. Die Terminologie ist insoweit willkürlich, da jedenfalls der Schadensersatz dogmatisch konsistent zu ermitteln ist. Dies setzt indes voraus, dass durch die Garantieregelung unmissverständlich deutlich wird, dass nur der summenmäßige Betrag des Eigenkapitals abgesichert ist und die Interessen der Parteien auch dementsprechend nicht weiter gehen.

Der Nachteil an dieser Variante ist, dass eine Garantieverletzung, die sich auf den Ertragswert der Zielgesellschaft niederschlägt, durch eine solche Rechtsfolgenregelung freilich nicht erfasst wird. In einem solchen Fall wäre wiederum eine Berechnung der konkreten Wertminderung auf der Grundlage des Ertragswertes der Zielgesellschaft vorzunehmen. Zur Vermeidung zeit- und kostenintensiver komplexer Berechnungen erscheint die „einfache" Eigenkapitalgarantie dennoch vorzugswürdig. In der Regel dürfte – abhängig von der Ermittlung und Zusammensetzung des Kaufpreises im Einzelfall – das Interesse der Parteien ohnehin dahin gehen, eine bestimmte Höhe des Eigenkapitals zu garantieren.

b) „Subjektive" Eigenkapitalgarantie

Hinsichtlich der Rechtsfolgenseite der subjektiven Eigenkapitalgarantie kann im Wesentlichen auf die oben gemachten Ausführungen zur subjektiven Bilanzgarantie verwiesen werden[671]: Sichert die Eigenkapitalgarantie nur eine regelkonforme Ermittlung des Eigenkapitals zu und nicht die konkrete Höhe der Eigenkapitalziffer, ergeben sich insofern praktisch identische Fragen.

671 Siehe dazu die Ausführungen unter E.IV.1.b)aa).

c) *„Objektive“ Eigenkapitalgarantie*

Bei einer objektiven oder „klassischen“[672] Eigenkapitalgarantie wird letztlich lediglich ein bestimmter Betrag an – im Einzelnen zu definierenden – Eigenkapital der Höhe nach garantiert.[673] Wird die Garantie verletzt, ist also das tatsächliche Eigenkapital geringer als das garantierte Eigenkapital, ist dieser Umstand zunächst nur für die Tatbestandsseite der Garantie relevant.[674] Fehlen dabei individuelle Rechtsfolgengestaltungen wie ein Euro-für-Euro-Ausgleich[675], wird insofern auf die §§ 249, 251 BGB zurückzugreifen sein. Nach den Grundsätzen der Naturalrestitution ist der Erwerber bei einer Verletzung der Eigenkapitalgarantie zu stellen, wie er hypothetisch ohne die Garantieverletzung stünde. Der herzustellende Zustand entspricht also dem Zustand, der garantiert wurde. Da vorstehend bereits gezeigt wurde, dass der Ausgangspunkt der Schadensberechnung grundsätzlich im Minderwert der Zielgesellschaft liegt[676], erfordert dies gegebenenfalls eine vollständige Neubewertung der Zielgesellschaft. Dies dürfte jedenfalls dann anzunehmen sein, wenn keine anderweitigen Rechtsfolgenregelungen von den Parteien getroffen wurden.

Diese Problematik kann jedoch vermieden werden; die schadensrechtlichen Normen sind dispositiv und können durch ein eigenständiges Rechtsfolgenregime ersetzt oder modifiziert werden. Insbesondere kann der Einwand des durch die Garantieverletzung verminderten Werts der Zielgesellschaft im Unternehmenskaufvertrag ausgeschlossen werden. Obschon die Bilanzauffüllung als dogmatischer Ausgangspunkt der Schadensberechnung bei einer Bilanzgarantie – wie gezeigt[677] – grundsätzlich als dogmatisch nicht überzeugend abzulehnen ist, kann ein Euro-für-Euro-Ausgleich bei einer Eigenkapitalgarantie insofern durchaus zweckmäßig sein. Dieser Ausgleich vollzieht sich dann insbesondere nicht auf Basis einer dogmatisch zweifelhaften Bilanzauffüllung, sondern auf Basis einer von den Parteien vereinbarten Rechtsfolge einer Vermögensgarantie.

---

672 Vgl. *Mellert*, in: Drygala/Wächter (Hrsg.), Tagungsband Leipziger Konferenz M&A 2014, S. 11, 12.

673 In diese Richtung auch *Kiem*, in: Kiem (Hrsg.), Kaufpreisregelungen, § 9 Rn. 6 f.

674 Vgl. zutreffend *Wächter*, M & A Litigation, 3. Aufl. 2017, Rn. 5.229; ferner *Hilgard*, BB 2013, S. 937, 938.

675 Eine solche Rechtsfolge werde nach *Mellert*, in: Drygala/Wächter (Hrsg.), Tagungsband Leipziger Konferenz M&A 2014, S. 11, 12, zwar meistens vereinbart; dennoch handelt es sich freilich nicht um einen Automatismus.

676 Vgl. dazu E.III.1.

677 Vgl. die Ausführungen unter E.IV.2.

Die sich durch den Vermögensvergleich zum relevanten Garantiezeitpunkt ergebende Differenz wäre dann auszugleichen; dabei besteht kein Unterschied zwischen der Naturalrestitution und der Schadenskompensation in Geld. Ein solcher Unterschied wäre erst dann denkbar, wenn das Eigenkapital nicht seiner Höhe, sondern seiner konkreten Zusammensetzung nach garantiert wäre. Dann wären die einzelnen Positionen, aus deren Gesamtheit sich das Eigenkapital ermittelt, die maßgeblichen Bezugspunkte. Indes dürfte diese Konstellation im Rahmen einer Eigenkapitalgarantie keinen eigenständigen praktischen Nutzen haben; es handelte sich dann vielmehr wiederum um eine klassische Bilanzgarantie bzw. ein auf die Bilanzposten des § 266 Abs. 3 A. HGB beschränkten Unterfall einer Bilanzgarantie. Dem Interesse der Parteien dürfte eine solche Regelung ohnehin – jedenfalls in der Regel – nicht entsprechen. Regelmäßig dürfte – wenn überhaupt eine Eigenkapitalgarantie in den Verhandlungen durchzusetzen ist – davon auszugehen sein, dass eine betragsmäßige, objektive „Wertgarantie" der Eigenkapitalziffer intendiert ist.

Somit kann eine Eigenkapitalgarantie durchaus zweckmäßig (objektiv) ausgestaltet werden, um die wirtschaftlichen Interessen des Erwerbers abzusichern. Dies setzt zum Einen eine genaue Definition des Eigenkapitals im Unternehmenskaufvertrag voraus; zum Anderen ist hinsichtlich der Ausgestaltung der Rechtsfolge darauf zu achten, dass eine zum Stichtag etwaig bestehende Differenz zwischen garantiertem und tatsächlich vorhandenem Eigenkapital direkt in Geld zu kompensieren ist.[678]

3. Wechselwirkungen

Die Wechselwirkungen zwischen Eigenkapitalgarantie und Bilanzgarantie ergeben sich insbesondere für den Fall, dass das Eigenkapital seiner spezifischen Zusammensetzung nach garantiert wird. Dann basieren Eigenkapital- und Bilanzgarantie (teilweise) auf den gleichen bilanziellen Werten, sodass hier eher von einer Überschneidung als von einer Wechselwirkung gesprochen werden kann. Die objektivierte Bilanzgarantie kann insofern praktisch bereits eine Eigenkapitalgarantie enthalten, sodass eine weitere, gewissermaßen „isolierte" Eigenkapitalgarantie nicht erforderlich wäre. Dies gilt bereits vor dem

678 *Kiem*, in: Kiem (Hrsg.), Kaufpreisregelungen, § 9 Rn. 9 formuliert eine beispielhafte Klausel folgendermaßen: „*If the aggregate sum of Net Equity (bilanzielles Eigenkapital)* [...] *is less than EUR* [...], *then the Initial Purchase Price shall be reduced by the full amount of such shortfall* [...]."

Grundsatz, dass die doppelte Berücksichtigung eines möglichen Schadens vermieden werden sollte.

Wird das Eigenkapital im Wege einer Vermögensgarantie ausschließlich seiner konkreten Höhe nach garantiert, ergeben sich keine Wechselwirkungen mit der Bilanzgarantie, da die Ausgangspunkte der Rechtsfolgen bereits unterschiedlich sind. Während bei der Bilanzgarantie zutreffendermaßen die Bilanzauffüllung nicht anzuwenden ist, kann diese im Rahmen einer vermögensmäßigen Eigenkapitalgarantie zu zweckmäßigen Ergebnissen führen. Dabei sollten die Parteien – und insbesondere der Erwerber – sich jedoch stets darüber bewusst sein, dass Schäden, die sich auf den Ertragswert des Unternehmens und damit auf dessen zukünftige wirtschaftliche Performance auswirken, nicht erfasst sind. Dem steht indes eine unkomplizierte und schnelle Möglichkeit der Schadensermittlung gegenüber.

G. Eigener Lösungsvorschlag

Eine Bilanzgarantie, die sämtliche der in den vorhergehenden Kapiteln geschilderten Problematiken erfasst und diese vollumfänglich zu vermeiden vermag, existiert schlechthin nicht – dies jedenfalls kann mit Gewissheit angenommen werden. Jedoch können einige dieser Probleme durch eine zweckmäßige und aus Sicht der Parteien interessengerechte Gestaltung zumindest minimiert werden. Im Folgenden sollen daher mögliche Lösungsansätze für eine subjektive Bilanzgarantie, eine objektivierte Bilanzgarantie sowie eine Eigenkapitalgarantie dargestellt werden. Diese entsprechen jedenfalls für die subjektive Bilanzgarantie den bereits vorstehend dargestellten Formulierungsvorschlägen samt Erläuterungen.[679]

I. Verortung im Unternehmenskaufvertrag

Regelmäßig finden sich Bilanzgarantien in Unternehmenskaufverträgen innerhalb der – regelmäßig recht umfangreichen – Garantiekataloge. Dies impliziert eine gewisse Gefahr der „Relativierung" der wirtschaftlichen Auswirkungen, die eine solche Garantie haben kann. In der Regel sind entsprechende Garantiekataloge dergestalt aufgebaut, dass zunächst sämtliche vereinbarten Garantien lediglich tatbestandlich dargestellt und erst in einem weiteren Paragraphen die Rechtsfolgen definiert werden, die dann – gewissermaßen „global" – auf den gesamten Garantiekatalog anwendbar sein sollen. Da Bilanzgarantien in den einschlägigen Literaturdarstellungen stets enthalten sind[680], besteht insoweit die Gefahr, dass diese als „Selbstverständlichkeit" hingenommen werden, ohne dass die konkreten Auswirkungen in rechtlicher und insbesondere auch wirtschaftlicher Hinsicht hinreichend gewürdigt oder hinterfragt werden.

Grundsätzlich erscheint es insofern als sinnvoller, die Bilanzgarantie – unabhängig davon, ob es sich um eine subjektive oder objektive Bilanzgarantie handelt – als eigenständige Klausel auszugestalten und nicht in den allgemeinen Garantiekatalog aufzunehmen. Somit besteht die Möglichkeit, Tatbestand und Rechtsfolge sinnvoll aufeinander aufbauend und in ihrem strukturellen Zusammenhang darzustellen. Da nach der hier vertretenen Ansicht individuelle

679 Siehe dazu die Ausführungen unter D.II.3.c)ee).

680 Vgl. dazu bspw. die ausführlichen Nachweise in Fn. 251 sowie insbesondere zu Formulierungsvorschlägen in Fn. 359.

Rechtsfolgen für den Fall einer Verletzung der Bilanzgarantie vereinbart werden sollten, bietet sich dieser strukturelle Aufbau ohnehin an. Durch diesen zusammenhängenden Aufbau wird für die Parteien direkt im Unternehmensvertrag deutlich, was die Bilanzgarantie hinsichtlich ihres Tatbestands und auch ihrer Rechtsfolge aussagt.

II. Ausgestaltung einer subjektiven Bilanzgarantie

Zunächst soll ein Formulierungsvorschlag für eine subjektive Bilanzgarantie dargestellt werden, die gegenüber einer objektiven Bilanzgarantie häufiger in Unternehmenskaufverträgen zu finden sein dürfte.

1. Tatbestand

Hinsichtlich der Formulierung des Tatbestands kann grundsätzlich auf die Vorschläge für die Formulierung einer subjektiven Bilanzgarantie zurückgegriffen werden.[681] Wichtig ist dabei insbesondere, eine Interpretation als objektive Bilanzgarantie möglichst auszuschließen; dies nicht zuletzt vor dem Hintergrund der bisherigen obergerichtlichen Rechtsprechung.[682] Insofern sollte die Formulierung so präzise und klar gewählt werden, dass praktisch kein Interpretationsspielraum mehr hinsichtlich des „Charakters“ der Bilanzgarantie besteht.

Beispielhaft kann der Tatbestand einer subjektiven Bilanzgarantie – also das „eigentliche“ Garantieversprechen – wie folgt formuliert werden:

> *„Der Veräußerer garantiert, dass der Jahresabschluss zum Stichtag unter Beachtung aller anzuwendenden Vorschriften des HGB sowie der GoB erstellt wurde.“*

Diese Formulierung orientiert sich inhaltlich an § 264 Abs. 2 Satz 1 HGB und garantiert dessen oben bereits ausführlich analysierte Kernaussage.[683] Mithin garantiert der Veräußerer damit also, dass der Jahresabschluss – gegebenenfalls kann es sich freilich auch um mehrere in die Bilanzgarantie einbezogene Jahresabschlüsse handeln – ordnungsgemäß und regelkonform im Sinne der bilanzrechtlichen Normen aufgestellt wurde. Wie bereits ausgeführt, sind darüber hinaus gehende qualitative Aussagen über den Jahresabschluss oder dessen „Substanz“ durch diese Formulierung nicht abgedeckt. In ihrer Grundform handelt es sich insoweit bereits um eine recht veräußererfreundliche Bilanzgarantie.

---

681 Siehe dazu die detaillierten Ausführungen unter D.II.3.c)ee).

682 Vgl. dazu die Positionen der Rechtsprechung sowie die entsprechende Stellungnahme unter D.II.5.

683 Vgl. dazu die Ausführungen unter D.II.3.a).

Erweiterungen einer dergestalt formulierten Bilanzgarantie sind freilich möglich, um die Bilanzgarantie noch veräußererfreundlicher zu gestalten. Insbesondere kann der Anwendungsbereich der Bilanzgarantie durch eine *Best Knowledge-* Klausel zugunsten des Veräußerers eingeschränkt werden. Erwerberfreundliche Elemente sind indes praktisch nicht vorhanden, da die erwerberfreundlichste Bilanzgarantie eine möglichst objektive Bilanzgarantie sein müsste. Die Interessenlagen zwischen Veräußerer und Erwerber stehen sich bei einer wie vorstehend formulierten subjektiven Bilanzgarantie diametral gegenüber. Der Erwerber wird damit aus der wirtschaftlichen Perspektive heraus nur hinsichtlich des Umstands, dass der Jahresabschluss jedenfalls eine vertretbare Darstellung der VFE-Lage der Zielgesellschaft bietet, geschützt. Dass eine solche vertretbare VFE-Lage durch eine Vielzahl von Ansatz- und Bewertungswahlrechten geprägt und mithin einer gewissen Willkür des Bilanzerstellers ausgesetzt ist, vermag eine derartige subjektive Bilanzgarantie nicht abzubilden.

2. Rechtsfolge

Bei der Formulierung einer entsprechenden individuellen und für die Interessen der Parteien angepassten Rechtsfolge ist insbesondere zu beachten, dass mit einem bloßen Verweis auf die schadensrechtlichen Regelungen der §§ 249, 251 BGB ein durchaus umfangreicher ersatzfähiger Schaden einhergeht. Denn dann wäre im Garantiefall neben indirekten Folgeschäden auch der entgangene Gewinn – sofern sich dieser im Rahmen der Kausalität als auf der Garantieverletzung beruhend nachweisen lässt – ersatzfähig. Auf diese Problematik wurde bereits oben detailliert eingegangen.[684] Je nach Konstellation und Verhandlungsmacht der beteiligten Parteien dürfte jedenfalls ein solcher Umfang des ersatzfähigen Schadens nicht gewünscht sein. Auch kann die Maßgeblichkeit des Minderwerts der Zielgesellschaft, die zeit- und kostenintensiv ermittelt werden muss und ohnehin praktisch kaum vorhersehbar ist, als problematisch und nicht unbedingt den Interessen der Parteien entsprechend angesehen werden. Insbesondere diesen Problematiken sollen die nachfolgenden Formulierungsvorschläge Rechnung tragen.

a) Veräußererfreundliche Formulierung

> *„Ist im Jahresabschluss ein nach bilanzrechtlichen Grundsätzen, deren Einhaltung in der Bilanzgarantie zugesichert wurden, unvertretbarer Ansatz enthalten (nachstehend auch*

684 Siehe dazu unter E.IV.

der ‚FALSCHE BILANZANSATZ'), so muss der Veräußerer dem Erwerber den kausal aus dem FALSCHEN BILANZANSATZ entstehenden Schaden auf der Ebene der Zielgesellschaft in Geld ersetzen.
Als ‚Schaden' im Sinne dieser Bestimmung werden nur direkte Schäden der Zielgesellschaft erfasst; mittelbare Schäden oder Folgeschäden sind ausdrücklich ausgeschlossen. Der Einwand des verminderten Werts der Zielgesellschaft ist ausgeschlossen.“

Diese Rechtsfolgenregelung ist äußerst veräußererfreundlich. Die Schäden werden auf direkte Schäden auf der Ebene der Zielgesellschaft beschränkt. Daneben ist es dem Erwerber verwehrt, eine Wertminderung der Zielgesellschaft aufgrund des fehlerhaften Jahresabschlusses geltend machen zu können. Dies hat zur Folge, dass ein durch eine Garantieverletzung entstandener Schaden nur einmalig berücksichtigungsfähig ist. Etwaige Auswirkungen der Garantieverletzung auf die zukünftige Ertragslage der Zielgesellschaft – deren Ermittlung und Bezifferung eine Unternehmensbewertung erforderlich machen würden – werden im Rahmen dieser Formulierung nicht erfasst.

Eine derartige Regelung dürfte indes nur bei einer verhältnismäßig starken Verhandlungsposition des Veräußerers zu erreichen sein. Dieser wird durch die in dieser Rechtsfolge enthaltene erhebliche Einschränkung des ersatzfähigen Schadensumfangs insoweit gegenüber dem gesetzlich vorgesehen Ausgangsfall der §§ 249 ff. BGB privilegiert.

b) Erwerberfreundliche Formulierung

„Ist im Jahresabschluss ein nach bilanzrechtlichen Grundsätzen, deren Einhaltung in der Bilanzgarantie zugesichert wurden, unvertretbarer Ansatz enthalten (nachstehend auch der „FALSCHE BILANZANSATZ“), so muss der Veräußerer den kausal aus dem FALSCHEN BILANZANSATZ entstehenden Schaden nach Wahl des Erwerbers der Zielgesellschaft oder dem Erwerber in Geld ersetzen.
Ein ‚Schaden' im Sinne dieser Bestimmung umfasst sowohl direkte als auch nachweislich auf dem FALSCHEN BILANZANSATZ beruhende Folgeschäden sowie den entgangenen Gewinn, sofern die Folgeschäden bzw. der entgangene Gewinn jeweils zu einer Minderung des Werts der Zielgesellschaft führen.
Wird ein geminderter Wert der Zielgesellschaft geltend gemacht, so kann die Unternehmensbewertung zur Ermittlung eines ersatzfähigen Differenzwerts bei Uneinigkeit zwischen den Parteien auf Antrag jeder Partei durch einen Wirtschaftsprüfer als neutralen Schiedsgutachter, der vom Institut der Wirtschaftsprüfer e.V., Düsseldorf, benannt wird, geführt werden. Die vom Schiedsgutachter nach freiem Ermessen getroffene Entscheidung ist zwischen den Parteien bindend, sofern sie nicht offenbar unbillig ist. § 319 Abs. 1 BGB gilt entsprechend. Führt das Schiedsgutachten zu einem geminderten Wert der Zielgesellschaft, trägt der Veräußerer die Kosten, anderenfalls trägt der Erwerber die Kosten.“

Diese Rechtsfolgenklausel ist deutlich komplexer als die obenstehende veräußererfreundliche Formulierung, was im Wesentlichen an der Möglichkeit, einen möglichen Minderwert der Zielgesellschaft geltend machen zu können, liegt.

Als möglichst verbindlicher und aus Sicht der Parteien weitgehend objektiver Weg wurde in dieser Klausel die Möglichkeit der Ermittlung des Unternehmenswerts durch einen neutralen Schiedsgutachter gewählt, dessen Ergebnis – sofern nicht offenbar unbillig – zwischen den Parteien dann als verbindlich vereinbart wird. Damit orientiert sich die Bestimmung bereits ihrem Inhalt nach an § 319 Abs. 1 BGB, auf dessen entsprechende Anwendbarkeit zur Klarstellung explizit verwiesen wird. Konsequenz daraus ist, dass die Entscheidung des Schiedsgutachters im Falle offenbarer Unbilligkeit durch ein gerichtliches (beziehungsweise schiedsgerichtliches) Urteil ersetzt wird.[685] Dies ist als Korrelat zu der weitreichenden Entscheidungsbefugnis des Schiedsgutachters zu betrachten und stellt für die Parteien im Falle der offenbaren Unbilligkeit – gleich, in welche Richtung – ein sinnvolles Korrektiv dar.

Daneben ist der Umfang des ersatzfähigen Schadens im Vergleich zu der vorherigen Formulierung deutlich größer, da dieser nunmehr auch indirekte (Folge-)Schäden sowie entgangenen Gewinn umfasst. Damit entspricht der ersatzfähige Schaden dem gesetzlich vorgesehenen „Normalfall" im Rahmen der §§ 249, 251 BGB. Ferner muss der Veräußerer nach Wahl des Erwerbers entweder auf der Ebene der Zielgesellschaft oder auf der Ebene der Parteien des Unternehmenskaufvertrags Schadensersatz leisten.

Dieser Formulierungsvorschlag stellt – insofern spiegelbildlich zum erstgenannten Formulierungsvorschlag – eine sehr erwerberfreundliche Variante dar. Zwischen diesen beiden genannten Möglichkeiten bestehen freilich eine Vielzahl weiterer möglicher individueller Rechtsfolgenregelungen, die jeweils nuanciert auch die entsprechenden Verhandlungspositionen von Veräußerer und Erwerber reflektieren. Diese sollten in der Praxis jedoch ohnehin idealerweise im jeweiligen Einzelfall interessengerecht ausgearbeitet und vereinbart werden.

III. Umgang mit objektiven Bilanzgarantien

1. Kaufpreisanpassung als Alternative

Objektive Bilanzgarantien sind in ihrer Anwendung äußerst problematisch; dies wurde vorstehend bereits ausführlich dargestellt.[686] Grundsätzlich ist es daher

685 Vgl. insbesondere zur Frage der offenbaren Unbilligkeit *Würdinger*, in: MüKo-BGB, Bd. 2, 7. Aufl. 2016, § 319 Rn. 6 ff.

686 Vgl. die Ausführungen unter D.II.4.

ratsam, eine objektive Bilanzgarantie und damit auch die mit einer solchen Garantie einhergehenden Unsicherheiten für beide Parteien in einem Unternehmenskaufvertrag – wenn möglich – zu vermeiden. Rein wirtschaftlich, und auch dies wurde bereits dargelegt, entspricht der Regelungsgehalt einer tatsächlich als Garantie der objektiven Richtigkeit verstandenen Bilanzgarantie dem einer sämtliche Bilanzpositionen umfassenden Kaufpreisanpassung.[687]

Eine klassische und als solche auch bewusst vereinbarte Kaufpreisanpassung ist indes aufgrund ihrer für die Parteien eindeutigen Funktionsweise und aufgrund der frei definierbaren Parameter, um die ein konsentierter „Basiskaufpreis“ dann angepasst wird, vorzugswürdig. Letztlich genügt im Zusammenspiel mit einer solchen Kaufpreisanpassung dann eine subjektive Bilanzgarantie, um das Interesse des Erwerbers an einem regelkonformen und ordnungsgemäß aufgestellten Zahlenwerk abzusichern. In wirtschaftlicher Hinsicht kann somit eine mit einer objektiven Bilanzgarantie jedenfalls vergleichbare Wirkung erzielt werden: Der Erwerber kann sein wirtschaftliches Interesse insoweit absichern, als dass er Abweichungen bei bestimmten, vorher als relevant festgelegten Positionen ersetzt bekommen kann. Zugleich sind die Risiken des Veräußerers eingrenzbar und für diesen besser abzuschätzen, was die Bereitschaft, eine solche Kaufpreisanpassung zu vereinbaren, tendenziell erhöhen dürfte.

2. Objektivierte Bilanzgarantie

Daneben kann auch der Weg einer „objektivierten Bilanzgarantie“ gegangen werden; hinsichtlich dieser Ausgestaltung kann an dieser Stelle auf die obige, ausführliche Darstellung verwiesen werden.[688] Die objektivierte Bilanzgarantie ist ganz wesentlich von der genauen Vereinbarung zur Ausübung von Ansatz- und Bewertungswahlrechten abhängig. Gleichwohl erscheint es wenig zweckmäßig, diese nunmehr vollständig aufzulisten. Die hier vorgeschlagene objektivierte Bilanzgarantie ist praktisch eine subjektive Bilanzgarantie, die um die Vereinbarung hinsichtlich der Ansatz- und Bewertungswahlrechte erweitert wird. Daneben kann zu bestimmten Bilanzpositionen vereinbart werden, dass deren „Richtigkeit“ bzw. das, was die Parteien als „richtig“ zugrunde legen wollen, von einem neutralen Schiedsgutachter ermittelt werden soll. Hinsichtlich der Details einer solchen Schiedsgutachtervereinbarung kann ebenfalls auf die

687 Beziehungsweise kann die objektive Bilanzgarantie insofern auch als eine die gesamte Bilanz umfassende Freistellungsverpflichtung angesehen werden; siehe dazu unter D.II.4.a)aa) sowie die entsprechenden Nachweise in Fn. 483.

688 Siehe dazu die Ausführungen unter D.II.4.b).

ausführliche Darstellung unter D.II.4.b) sowie die vorstehenden Ausführungen zu der Ausgestaltung einer subjektiven Bilanzgarantie (unter G.II.2.b) verwiesen werden, die auch einen entsprechenden Formulierungsvorschlag für eine Schiedsgutachtervereinbarung enthalten.

IV. Ausgestaltung einer Eigenkapitalgarantie

Entsprechend zu den vorstehenden Ausführungen hinsichtlich einer objektiven Bilanzgarantie ist auch die „klassische" Eigenkapitalgarantie letztlich wirtschaftlich gesehen nichts anderes als eine Kaufpreisanpassung. Ihre Verortung im Garantiekatalog ist daher jedenfalls nicht zwingend erforderlich, insbesondere, da die oftmals pauschal für den gesamten Garantiekatalog festgelegten Rechtsfolgen nicht unbedingt den Intentionen der Parteien hinsichtlich der Vereinbarung einer Eigenkapitalgarantie entsprechen.

Von essentieller Wichtigkeit ist es zunächst, das Eigenkapital im Unternehmenskaufvertrag aus der wirtschaftlichen Perspektive heraus – und mangels einer genauen Legaldefinition – so zu definieren, wie die Parteien den Begriff des Eigenkapitals in der jeweiligen Transaktion verstehen.[689] Die weitere Ausgestaltung einer Eigenkapitalanpassung ist grundsätzlich abhängig von den Zielrichtungen der Parteien. Möglich sind sowohl eine „freie", also in beide Richtung gehende Kaufpreisanpassung als auch eine mit einer Freistellung vergleichbare Regelung. Im erstgenannten Fall erhöht oder verringert sich der Kaufpreis entsprechend der Differenz des tatsächlichen Eigenkapitals zum vereinbarten „Referenzwert" des Eigenkapitals. Hinsichtlich einer Eigenkapitalgarantie ist eine solche Euro-für-Euro-Anpassung durchaus zweckmäßig.[690] Aus Sicht des Erwerbers muss dieser bei einem über dem Referenzwert liegenden Eigenkapitalbetrag einen entsprechend hohen Aufschlag auf den Kaufpreis leisten; anderenfalls erhält er einen der Differenz entsprechenden Teil des Kaufpreises zurück. Dies stellt grundsätzlich eine wirtschaftlich ausgewogene Lösung dar.[691]

---

689 Siehe zur Problematik der unterschiedlichen Sichtweisen hinsichtlich einer möglichen Definition des Eigenkapitals auch F.II und dort insbesondere die Nachweise in Fn. 661.

690 Vgl. dazu auch die Ausführungen unter F.II.2.

691 Indes ist dabei in den Blick zu nehmen, dass das Eigenkapital auch durch kurzfristige Maßnahmen künstlich „aufgebläht" oder manipulativ verändert werden kann, indem beispielsweise unnötig viele Vorräte aktiviert werden; vgl. dazu auch *Kästle/Oberbracht,* Unternehmenskauf - SPA, S. 97 f. Dieser Gefahr sollte der Erwerber sich bewusst sein und bei der Vertragsgestaltung entsprechenden Wert auf die genaue Formulierung der jeweiligen Klauseln legen.

Eine entsprechende, einfache Formulierung könnte folgendermaßen lauten:

„Der in § X festgelegte Kaufpreis ist zum Zeitpunkt des Closing um den Betrag anzupassen, um den das dann in der Gesellschaft vorhandene Eigenkapital – wie in Anlage Y definiert – von dem mit der als Anlage Z beigefügten Berechnung ermittelten Betrag des Eigenkapitals zum Zeitpunkt des Signing abweicht.
Die auf dieser Grundlage zu erstattende Differenz ist entweder vom Verkäufer (soweit der Betrag des Eigenkapitals zum Closing niedriger ist als der festgelegte Betrag) oder vom Käufer (soweit der Betrag des Eigenkapitals zum Closing höher ist als der festgelegte Betrag) binnen X Bankarbeitstagen nach dem Closing auf das in § Y definierte Konto der jeweils anderen Partei zu überwiesen.“

Wird ein Stichtagsabschluss auf den Zeitpunkt des Closings erstellt, ist es insofern natürlich zweckmäßig, die Eigenkapitalanpassung dann hinsichtlich ihrer genauen Formulierung entsprechend auf diesen Stichtagsabschluss zu beziehen.

Im Sinne einer Freistellungsklausel kann eine Eigenkapitalanpassung ausgestaltet werden, wenn nur die negative Differenz, also der vom Referenzwert aus nach unten abweichende Betrag, erstattet werden soll. Die Ausgestaltung als Freistellung vermeidet insbesondere Schwierigkeiten auf der Rechtsfolgenseite, da insofern keine Garantieverletzung und kein Schaden dargelegt werden müssen. Erforderlich ist lediglich eine Definition des Eigenkapitals beziehungsweise von dessen Berechnungsweise, um zu den zwei verschiedenen Zeitpunkten jeweils aussagekräftige und nachvollziehbare Werte ermitteln zu können. Als Rechtsfolge ist dann lediglich eine simple Rechenoperation durchzuführen, um eine etwaig zu erstattende Differenz zu ermitteln.

Eine dies regelnde Klausel könnte wie folgt formuliert werden:

„Das in Anlage X definierte Eigenkapital beträgt zum Closing mindestens EUR Y. Ist der Betrag des Eigenkapitals zum Closing niedriger, so hat der Verkäufer dem Käufer die Differenz binnen Z Bankarbeitstagen nach dem Closing vollständig zu ersetzen.“

Durch das Wort „*mindestens*“ wird deutlich, dass es sich nicht um eine „freie“ Anpassung handelt, sondern die Differenz nur dann zu erstatten ist, wenn das tatsächliche Eigenkapital zum Closing niedriger als der festgelegte Referenzwert ist.

Freilich darf nicht verkannt werden, dass eine solche Eigenkapitalgarantie recht simpel und in ihrem Umfang her begrenzt ist. Der ersatzfähige Schaden beziehungsweise Differenzbetrag geht insoweit nicht über die „direkte Differenz“ hinaus. Eine Eigenkapitalgarantieverletzung, die sich – möglicherweise – auf zukünftige Ertragswerte auswirkt, wird von einer solchen Eigenkapitalgarantie also nicht erfasst. Insoweit müssen die Parteien abwägen, inwieweit eine unkomplizierte Schadensermittlung und –berechnung den Nachteil der ausgeschlossenen Geltendmachung eines verminderten Unternehmenswerts aufwiegen kann.

H. Thesenartige Zusammenfassung und Fazit

Nachfolgend sollen die vorstehenden Ausführungen, unterteilt in die jeweiligen Abschnitte beziehungsweise Kapitel, noch einmal kurz und thesenartig zusammengefasst werden, bevor ein abschließendes Fazit folgt.

I. Thesenartige Zusammenfassung

1. Abschnitt A.

In Unternehmenskaufverträgen genutzte Bilanzgarantien werden hinsichtlich ihres materiellen Gehalts und ihrer Fähigkeit, regelmäßig primär finanzielle beziehungsweise wirtschaftliche Interessen der Parteien abzusichern, oftmals falsch eingeschätzt. Dies bezieht sich sowohl auf den Tatbestand als auch die – oftmals nicht an den Tatbestand angepasste – Regelung der Rechtsfolge.

2. Abschnitt B.

Die gesetzlich vorgesehene kaufrechtliche Haftungsordnung ist nicht ohne Weiteres auf den komplexen und vielschichtigen Kaufgegenstand „Unternehmen" anzuwenden. Dies liegt im Wesentlichen darin begründet, dass das Kaufrecht des BGB trotz gewisser Reformbemühungen noch immer weitgehend auf den Kauf „einfacher" Sachen zugeschnitten ist. Ein ganzes Unternehmen kann schlechthin nicht zweckmäßig unter dieses Regelungsregime gefasst werden. Insoweit ist es zweckmäßig, die überwiegend dispositiven Regelungen des Kauf- und damit korrespondierend auch des Haftungsrechts durch ein individualvertragliches Regelungs- und Haftungsregime zu ersetzen.

3. Abschnitt C.

In den wohl meisten Unternehmenskaufverträgen wird das gesetzliche Haftungsregime durch eigenständige Garantievereinbarungen ersetzt. Dies liegt neben den individualvertraglichen Regelungsmöglichkeiten auch darin begründet, dass häufig internationale Konstellationen in M&A-Transaktionen gegeben sind. Die individuelle Gestaltung eines Haftungsregimes geht dann der Anwendung nationalen Rechts vor, um beiden Parteien zu ermöglichen, ihre Vorstellungen einzubringen. Zudem dürfte die Akzeptanz eines eigenständigen Haftungsregimes bei internationalen Beteiligten größer sein als die Akzeptanz nationalen Rechts, mit dem womöglich nur eine der Parteien vertraut ist.

4. Abschnitt D.

Der materielle Gehalt einer subjektiven Bilanzgarantie besteht im Wesentlichen darin, dass der Veräußerer mit dieser die Regelkonformität des zugrundeliegenden Jahresabschlusses zusichert. Demgegenüber geht die weithin als „Garantie der objektiven Richtigkeit“ verstandene objektive Bilanzgarantie weiter und fordert die Übereinstimmung des Jahresabschlusses mit der Realität. Dies entspricht hinsichtlich der wirtschaftlichen Auswirkungen jedoch weniger einer Garantie als vielmehr einer umfassenden Kaufpreisanpassung auf der Grundlage der einzelnen Bilanzpositionen. Die jüngere obergerichtliche Rechtsprechung hat dieses Verständnis grundsätzlich bestätigt, was nach der hier vertretenen Auffassung jedoch abzulehnen ist.

5. Abschnitt E.

Die Rechtsfolge einer verletzten Bilanzgarantie ist kein primärer Erfüllungs-, sondern ein sekundärer Schadensersatzanspruch. Der maßgebliche Schaden besteht im Regelfall – und sofern nicht im Unternehmenskaufvertrag abbedungen – in einer Minderung des Unternehmenswerts. Die §§ 249, 251 BGB lassen sich grundsätzlich auch in M&A-Sachverhalten anwenden. Bei subjektiven Bilanzgarantien ist aufgrund ihres materiellen Gehalts – der im Wesentlichen in der Zusicherung der Regelkonformität besteht – grundsätzlich ein fehlerfreier Jahresabschluss geschuldet. Jedoch können auch Schäden, die in einer Minderung des Unternehmenswerts resultieren, ersatzfähig sein.

Bei der objektiven Bilanzgarantie sind zunächst grundsätzlich die gleichen schadensrechtlichen Grundsätze wie bei der subjektiven Bilanzgarantie anwendbar. Jedoch ist der ersatzfähige Schaden grundsätzlich weiter gefasst als bei der subjektiven Bilanzgarantie, da dieser nicht nur auf eine etwaige Minderung des Unternehmenswerts beschränkt ist, sondern auch bereits die Differenzen der einzelnen Bilanzpositionen zueinander umfasst.

Ganz grundsätzlich sind sowohl bei der subjektiven als auch der objektiven Bilanzgarantie – sofern keine anderweitigen Regelungen im Unternehmenskaufvertrag enthalten sind – unter Anwendung der allgemeinen schadensrechtlichen Grundsätze auch mittelbare und Folgeschäden ersatzfähig.

Umstritten ist im Zusammenhang mit den Rechtsfolgen bei der Verletzung einer Bilanzgarantie die sogenannte Bilanzauffüllungsthese. Nach dieser These besteht der ersatzfähige Schaden bei einer Bilanzgarantieverletzung grundsätzlich nur in der Differenz zwischen der „falschen“, die Verletzung begründenden Bilanzposition und der „richtigen“ Bilanzposition. Dies mag zwar eine grundsätzlich einfach handhabbare Lösung sein, greift jedoch im Ergebnis zu kurz: Denn mittelbare oder Folgeschäden könnten mit der Bilanzauffüllungsthese nicht berücksichtigt werden. Zudem missachtet die Bilanzauffüllungsthese das gesetzliche Konzept der Naturalrestitution, welches – anders als die Bilanzauffüllungsthese – zwischen dem durch den Tatbestand der Garantieverletzung indizierten Schaden und dem tatsächlich erst auf der Rechtsfolgenseite zu ermittelnden Schaden differenziert. Letztlich ist diese daher abzulehnen.

6. Abschnitt F.

Es bestehen gewisse Überschneidungen zwischen Kaufpreisanpassungsmodellen und insbesondere der objektiven Bilanzgarantie. Da die Bilanzgarantie sich aber stets auf den gesamten Jahresabschluss bezieht, ist es ratsamer, die Kaufpreisanpassung oder allgemeiner die Höhe des Kaufpreises anderweitig abzusichern. In Frage käme beispielsweise eine separate „Kaufpreisgarantie“, mit der die kaufpreisrelevanten Parameter aus dem Jahresabschluss der Höhe nach abgesichert werden können.

Rückstellungen werden als „ungewisse Verbindlichkeiten“ oftmals als problematisch angesehen. Als bilanziell ausgewiesener Posten sind die Rückstellungen insofern auch mit der Bilanzgarantie verknüpft. Jedoch ist die Handhabung von Rückstellungen dann relativ unproblematisch, wenn bereits bei der Gestaltung des Unternehmenskaufvertrags entsprechende Vorsorge getroffen wurde. So bietet es sich trotz der Bilanzgarantie dennoch eher an, Rückstellungen bereits im Rahmen der Kaufpreisberechnung zu berücksichtigen, um wirtschaftliche Risiken möglichst weitgehend vermeiden zu können.

Die Eigenkapitalgarantie hat zahlreiche Berührungspunkte mit einer Bilanzgarantie; das folgt daraus, dass das Eigenkapital dem Grunde nach ein bilanzieller „Saldierungsposten“ ist. Die Eigenkapital- als Vermögensgarantie vermag jedoch bei zweckmäßiger Ausgestaltung die wirtschaftlichen Interessen insbesondere des Erwerbers durchaus abzusichern.

7. Abschnitt G.

Es ist durchaus möglich, eine zweckmäßige Bilanzgarantie zu vereinbaren. Maßgeblich ist dafür jedoch auch eine entsprechend auf den jeweiligen Einzelfall angepasste Rechtsfolgenregelung, um Missverständnissen bezüglich der Reichweite und des tatsächlichen materiellen Gehalts der Bilanzgarantie vorzubeugen. Dies dürfte für die Parteien insbesondere aus der wirtschaftlichen Perspektive heraus von Bedeutung sein.

Eine objektive Bilanzgarantie ist demgegenüber aufgrund ihrer großen Reichweite und des großen Umfangs an möglicherweise ersatzfähigen

Schadenspositionen eher zu vermeiden. Sinnvoller ist es dann, eine – gegebenenfalls auch umfangreiche – Kaufpreisanpassungsregelung zu vereinbaren. Diese hat den Vorteil, dass die Rechtsfolgen eindeutig und die wirtschaftlichen Risiken für die Parteien eher kalkulierbar sind. Daneben besteht die Möglichkeit, eine durch die genaue Vereinbarung der Ausübung von Ansatz- und Bewertungswahlrechten objektivierte Bilanzgarantie zu vereinbaren.

Eine Eigenkapitalgarantie kann als Ergänzung einer Bilanzgarantie durchaus zweckmäßig sein. Dabei dürfte eine Eigenkapitalgarantie im Regelfall grundsätzlich als reine Vermögensgarantie intendiert sein. Diese kann dann wiederum im Wesentlichen auf zwei verschiedene Arten ausgestaltet werden, nämlich als Kaufpreisanpassung oder als Freistellung. Welche Ausgestaltung sinnvoll ist, muss jedoch im Einzelfall unter Berücksichtigung der Besonderheiten einer jeden Transaktion entschieden werden.

II. Fazit

Naturgemäß kann im Rahmen der Vertragsgestaltung nicht jede denkbare problematische Konstellation erfasst und berücksichtigt werden, insbesondere nicht im dynamischen und oftmals zeitlich „getriebenen" M&A-Geschäft. Dies würde zudem bei den wohl meisten Unternehmenskäufen zu Verträgen von geradezu ausufernden Ausmaßen führen; dies dürfte nicht im Interesse der Beteiligten liegen. Durch eine vorausschauende Vertragsgestaltung kann jedoch bereits bei einer Transaktion ein gewisser Rahmen geschaffen werden, der es Veräußerer und Erwerber erlaubt, etwaige Probleme „post-M&A" genau zu identifizieren und alsdann auch interessengerecht zu lösen. Primär sind die Interessen von Veräußerer und Erwerber in aller Regel wirtschaftlicher Natur. Demnach dürfte auch ein Interesse daran bestehen, Streitigkeiten im Nachgang einer Transaktion (i) entweder gänzlich zu vermeiden oder diese jedenfalls (ii) zielführend und mit einem möglichst geringen Zeit- und Kostenaufwand zu beenden.

Zur Identifizierung etwaiger Probleme ist zunächst deren Umfang zu ermitteln. Bei einer Bilanzgarantie muss also eindeutig bestimmbar und für die Parteien bereits im Vorfeld erkennbar sein, welchen materiellen Gehalt diese jeweils aufweist. Dies determiniert die Reichweite des Garantietatbestands. Ebenso muss die Rechtsfolge einer Garantieverletzung klar formuliert sein, um auch auf der haftungsausfüllenden Ebene den ersatzfähigen Schaden möglichst unproblematisch ermitteln zu können. Zudem müssen die Parteien die wirtschaftlichen Auswirkungen der von ihnen vereinbarten Garantien übersehen und abschätzen können; dies ist nicht zuletzt auch aus der wirtschaftlichen Perspektive von Relevanz. Bei einer Bilanzgarantie ist oftmals bereits unklar, wann diese genau verletzt ist; dies gilt in besonderem Maße für subjektive Bilanzgarantien. Die regelmäßig verwendeten Formulierungen suggerieren dem unerfahrenen Beteiligten eine wirtschaftliche Absicherung, welche die „klassische“ subjektive Bilanzgarantie nicht zu leisten imstande ist.

Eine objektive Bilanzgarantie schießt demgegenüber über das Ziel hinaus: Wenn bereits jede Abweichung des Jahresabschlusses von der Realität eine Garantieverletzung zu begründen vermag, so lässt sich eine solche faktisch kaum verhindern. Neben den dargestellten dogmatischen Unzulänglichkeiten einer objektiven Bilanzgarantie kann eine solche in wirtschaftlicher Hinsicht zu einer faktisch uferlosen, jedenfalls aber kaum im Voraus kalkulier- oder übersehbaren Haftung des Veräußerers führen.

Neben der tatbestandlichen Reichweite ist aber auch die Rechtsfolgenseite in den Blick zu nehmen. Denn diese ist für die Parteien des Unternehmenskaufvertrags in wirtschaftlicher Hinsicht äußerst relevant, wird doch dort der Betrag des ersatzfähigen Schadens ermittelt. Oftmals wird jedoch lediglich auf die §§ 249, 251 BGB beziehungsweise deren entsprechende Anwendbarkeit verwiesen. Zwar ist es grundsätzlich möglich, die Probleme auf der Rechtsfolgenseite mit den gesetzlichen Instrumenten des deutschen Schadensrechts „in den Griff“ zu bekommen; dies wurde vorstehend ausführlich erläutert. Dennoch ist es nach der hier vertretenen Ansicht ratsam, eine individuelle Rechtsfolgenregelung für die Bilanzgarantie zu vereinbaren. Damit ist es möglich, den Umfang des ersatzfähigen Schadens beispielsweise auf direkte Schäden zu beschränken. Freilich spiegeln sich in einer solchen Regelung stets auch die Verhandlungspositionen von Veräußerer und Erwerber wider. Im Ergebnis können jedoch wohl durchaus beide Seiten von einer klaren und kalkulierbaren Regelung profitieren, wenn sich durch diese womöglich sogar ein zeit- und kostenintensiver Streit – also ein Fall der „Post-M&A-Litigation“ – vermeiden lässt.

Letztlich ist der Grundsatz „*caveat emptor*“ bei einer M&A-Transaktion jedenfalls hinsichtlich der Bilanzgarantie um ein „*caveat auctor*“ zu ergänzen. Denn aus der wirtschaftlichen Perspektive heraus wirken sich Streitigkeiten rund um Bilanzgarantien post-M&A regelmäßig auf den Veräußerer aus, welcher die Bilanzgarantie im Unternehmenskaufvertrag übernommen hat. So liegt es naturgemäß auch primär in dessen Interesse, unkalkulierbare Risiken aufgrund einer missverständlichen Vertragsgestaltung zu vermeiden. Insbesondere obliegt es dabei den Transaktionsberatern – hier zuvörderst den auf Veräußererseite beteiligten Rechtsanwälten und gegebenenfalls auch Investmentbankern –, den Veräußerer hinsichtlich der wirtschaftlichen „Sprengkraft“ einer missverstandenen Bilanzgarantie aufzuklären.

Wenn jedoch beiden Parteien an einer zweckmäßigen und vorausschauenden Vertragsgestaltung gelegen ist und wirtschaftlich relevante Regelungen wie die Bilanzgarantie eindeutig sowohl im Hinblick auf den Tatbestand als auch auf die Rechtfolge vereinbart werden, lassen sich die damit verbundenen Problematiken durchaus erheblich verringern. Denn in aller Regel dürfte das Gelingen einer Transaktion und die Vermeidung zeit- und kostenintensiver nachträglicher Auseinandersetzungen im Interesse sowohl des Veräußerers als auch des Erwerbers liegen. Ein gewisser Mehraufwand bei der Vertragsgestaltung, der bei einer individuellen Ausgestaltung von Tatbestand und Rechtsfolge einer Bilanzgarantie regelmäßig nicht zu vermeiden sein dürfte, dürfte gegenüber solchen Streitigkeiten jedoch erheblich weniger schwer ins Gewicht fallen.

www.ingramcontent.com/pod-product-compliance
Ingram Content Group UK Ltd.
Pitfield, Milton Keynes, MK11 3LW, UK
UKHW021932290926
8980IPUK00016B/1592